*法学文库* 主编 何勤华

# 权利表象及其私法处置规则

——以善意取得和表见代理制度为中心考察

吴国喆 著

商务印书馆
2007年·北京

图书在版编目(CIP)数据

权利表象及其私法处置规则:以善意取得和表见代理制度为中心考察/吴国喆著.—北京:商务印书馆,2007
(法学文库/何勤华主编)
ISBN 978-7-100-05549-9

Ⅰ.权… Ⅱ.吴… Ⅲ.民法—研究 Ⅳ.D913.04

中国版本图书馆 CIP 数据核字(2007)第 104996 号

所有权利保留。
未经许可,不得以任何方式使用。

## 本书得到西北师范大学
## 科研经费资助

法学文库
QUÁNLÌ BIǍOXIÀNG JÍQÍ SĪFǍ CHǓZHÌ GUĪZÉ
**权利表象及其私法处置规则**
——以善意取得和表见代理制度为中心考察
吴国喆 著

商 务 印 书 馆 出 版
(北京王府井大街36号 邮政编码 100710)
商 务 印 书 馆 发 行
北京瑞古冠中印刷厂印刷
ISBN 978-7-100-05549-9

2007 年 12 月第 1 版　　开本 880×1230　1/32
2007 年 12 月北京第 1 次印刷　印张 12⅛

定价:24.00 元

# 总　序

商务印书馆与法律著作的出版有着非常深的渊源,学界对此尽人皆知。民国时期的法律著作和教材,除少量为上海法学编译社、上海大东书局等出版之外,绝大多数是由商务印书馆出版的。尤其是一些经典法律作品,如《法律进化论》、《英宪精义》、《公法与私法》、《法律发达史》、《宪法学原理》、《欧陆法律发达史》、《民法与社会主义》等,几乎无一例外地皆由商务印书馆出版。

目下,商务印书馆领导高瞻远瞩,加强法律图书出版的力度和规模,期望以更好、更多的法律学术著作,为法学的繁荣和法治的推进做出更大的贡献。其举措之一,就是策划出版一套"法学文库"。

在当前国内已出版多种法学"文库"的情况下,如何体现商务版"法学文库"的特色？我不禁想起程树德在《九朝律考》中所引明末清初大儒顾炎武(1613—1682)的一句名言。顾氏曾将著书之价值界定在:"古人所未及就,后世所不可无者。"并以此为宗旨,终于创作了一代名著《日知录》。

顾氏此言,实际上包含了两层意思:一是研究成果必须具有填补学术空白之价值;二是研究对象必须是后人所无法绕开的社会或学术上之重大问题,即使我们现在不去触碰,后人也必须要去研究。这两层意思总的表达了学术研究的根本追求——原创性,这也是我们编辑这套"法学文库"的立意和目标。

具体落实到选题上,我的理解是:一、本"文库"的各个选题,应是国内学术界还没有涉及的课题,具有填补法学研究空白的特点;二、各个选题,是国内外法学界都很感兴趣,但还没有比较系统、集中的成果;三、各选题中的子课题,或阶段性成果已在国内外高质量的刊物上发表,在学术界产生了重要的影响;四、具有比较高的文献史料价值,能为学术界的进一步研究提供基础性材料。

法律是人类之心灵的透视,意志的体现,智慧的结晶,行为的准则。在西方,因法治传统的长期浸染,法律,作为调整人们生活的首要规范,其位亦尊,其学亦盛。而在中国,由于两千年法律虚无主义的肆虐,法律之位亦卑,其学亦微。至目前,法律的春天才可以算是刚刚来临。但正因为是春天,所以也是一个播种的季节,希望的季节。

春天的嫩芽,总会结出累累的果实;涓涓之细流,必将汇成浩瀚之大海。希望"法学文库"能够以"原创性"之特色为中国法学领域的学术积累做贡献;也真切地期盼"法学文库"的编辑和出版能够得到各位法学界同仁的参与和关爱,使之成为展示理论法学研究前沿成果的一个窗口。

我们虽然还不够成熟,
但我们一直在努力探索……

何 勤 华

于上海·华东政法大学

法律史研究中心

2004 年 5 月 1 日

# General Preface

It's well known in the academic community that the Commercial Press has a long tradition of publishing books on legal science. During the period of Republic of China (1912—1949), most of the works and text books on legal science were published by the Commercial Press, only a few of them were published by Shanghai Edition and Translation Agency of Legal Science or Shanghai Dadong Publishing House. Especially the publishing of some classical works, such as *on Evolution of Laws*, *Introduction to the Study of the law of the constitution*, *Public Laws and Private Laws*, *the History of Laws*, *Theory of Constitution*, *History of the Laws in European Continents*, *Civil Law and Socialism* were all undertaken by the Commercial Press.

Now, the executors of Commercial Press, with great foresight, are seeking to strengthen the publishing of the works on the study of laws, and trying to devote more to the prosperity of legal science and the progress of the career of ruling of law by more and better academic works. One of their measures is to publish a set of books named "Jurisprudential Library".

Actually, several sets of "library" on legal science have been published in our country, what should be unique to this set of "Jurisprudential Library"? It reminded me of Gu Yanwu's(1613—1682) famous saying which has been quoted by Cheng Shude(1876—1944) in *Jiu Chao Lv Cao* (*Collection and Complication of the Laws in the Nine Dynasties*). Gu Yanwu was the great scholar of Confucianism in late Ming and early Qing Dynasties. He defined the value of a book like this: "the subject covered by the book has not been studied by our predecessors, and it is necessary to our descendents". According to this principal, he created the famous work *Ri Zhi Lu* (*Notes on Knowledge Accumulated Day by Day*).

Mr. Gu's words includes the following two points: the fruit of study must have the value of fulfilling the academic blanks; the object of research must be the significant question that our descendents cannot detour or omit, that means even if we didn't touch them, the descendants have to face them sooner or later. The two levels of the meaning expressed the fundamental pursuit of academy: originality, and this is the conception and purpose of our compiling this set of "Jurisprudential Library".

As for the requirements of choosing subjects, my opinion can be articulated like this: I. All the subjects in this library have not been touched in our country, so they have the value of fulfilling the academic blanks; II. The scholars, no matter at home and or abroad are interested in these subjects, but they have not published systematic and concentrated results; III. All the sub-subjects included in the subjects chosen or the initial results have been published in the publication which is of high quality at home or abroad; IV. The subjects chosen should have comparatively high value of historical data, they can provide basic materials for the further research.

The law is the perspective of human hearts, reflection of their will, crystallization of their wisdom and the norms of their action. In western countries, because of the long tradition of ruling of law, law, the primary standard regulating people's conducts, is in a high position, and the study of law is also prosperous. But, in China, the rampancy of legal nihilism had been lasting for 2000 years, consequently, law is in a low position, and the study of law is also weak. Until now, the spring of legal science has just arrived. However, spring is a sowing season, and a season full of hopes and wishes.

The fresh bud in spring will surely be thickly hung with fruits; the little creeks will coverage into endless sea. I hope "Jurisprudential Library" can make great contribution to the academic accumulation of the area of Chinese legal science by it's originality; I also heartily hope the colleagues in the area of legal study can award their participation and love to the complication and publication of "Jurisprudential Library" and make it a wonderful window showing the theoretical frontier results in the area of legal research.

We are not mature enough
We are keeping on exploring and seeking

*He Qinhua*
In the Research Center of Legal History
East China University of Politics and Law, Shanghai, P. R. C.
May 1$^{st}$, 2004

# 张 序

意思自治乃民法之灵魂。而意思自治无非是说，对于民事生活，私法所能做的，只是听任当事人运用自己的知识，管理自己的事务，追求自己的幸福而已。至于具体教导人们如何行事，并确保一切人皆获成功之类，则断断难能。这就意味着，权利义务之设定，须由当事人自己做主，否则即属非正当。罗马法谚有云："任何人不得让与大于自己权利之权利"，其所表述的，便是纯正的意思自治观念。

不过，生活世界之复杂，远非抽象的"观念"所能尽表。当让与人将"大于自己权利之权利"为让与、而受让人又为善意时，其效果如何，即非一个答案自明的问题。倘若依据上述法谚所体现的规则处理，那么，让与行为便当然归于无效。然而，近代民法至少于动产法领域，却不作如是观，而是采行善意取得制，这也是不争的事实——其中甚至不乏高举意思自治大旗、刻意张扬理性的法例。于是，"意思自治"与"信赖保护"的关系，便耐人寻味，而非"此长彼消"那般过度简化的图式所能模拟，毋宁说，二者恐怕是唇齿相依，并不偏废的共处。其间缘由，或可归诸人类与生俱来的"社会性"：人之形成社会，端赖"合作"二字，假使彼此缺乏基本的信赖，合作如何可能！然而，时贤常以信赖保护为意思自治"没落"之铁证，孰不知，自治原则与信赖原则之共容共依，至少在17世纪，即为"现代自然法的创始人"格劳秀斯氏所揭明，康德氏更提出"意志的自由行使，能够和所有其他人的自由并存"的法则，为上述见解提供了上佳的注脚。

"意思自治"的理念体系,早已灿然大备,而"信赖保护"制度,则仍散乱地嵌于民法实证法之中。国喆博士志趣高远,着意绍续先贤,构建信赖保护的私法体系。伊经由善意取得与表见代理等项制度,抽象出"权利表象"概念,由此继进,更上问其正当化之理念基础,下求其体系性的制度构造,力尽准确思考和细密论证之能事,则属难能。

国喆曾于1995至1998年间从我攻读中国政法大学民法学硕士学位,好学敏思,诚为良材。后在名师方流芳教授门下完成博士学业。此书便是他的博士学位论文。在其付梓之际,邀序于我。国喆心无旁骛,潜心问学,乃仆所目睹,对其思考之能结出硕果,当然期之盼之。故欣然应诺,以为鼓励云。

张 俊 浩<br>
2007年6月于中国政法大学

# 孙　序

法律人常常不得不面对的一个难题是：在什么样的情形下应当探寻实质的法律真实，而又在什么样的情形下却无须如此而仅仅是以表面现象作为确定权利义务关系的依据？究竟是因为绝对的真实事实上无法获得，抑或是因为这样的探寻并无必要？这并非是诉讼法中所谓法律真实与事实真实之间的龃龉与协调，而是实体法中事关权利外在表征形态与其实质真实之间关系的重大问题，同时这也涉及法律思维的重大变化。呈现在读者面前的这本著作在一定意义上对此提供了答案。

权利表象作为虚假的权利表征是私法中的常见现象，私法必须对此做出应对，以体现法律规则对社会问题的关注，同时也彰显私法为人类提供替补性生活规则的冲动与自信。我国现有对这一问题的研究集中在某一特定领域之内的具体制度，还未见到有人从整体上探寻解决这一问题的一般化规则。我认为一般性的研究具有多重价值，首先是进一步拓展理论的必要，一般性规则必然是超越具体规则而又包含具体规则的共性，这就需要在熟悉具体规则的基础上具有相当的理论构建能力，从而起到推演理论、发展理论的作用；其次，一般性研究具有填补具体制度漏洞的价值。具体规则虽然具有针对案件事实的切合性，但总会遇到一些困境无法由规则自身提供救济，这就需要法律思维中的所谓逃避，而走向更抽象的上位概念与规则，因此，一般化规则所提供的基本思路与解决问题的原则具有弥补具体制度不足之功能，这是其自身所具有的抽象性所决定的。除此之外,当面对无法适用具体规则的问题时,一般化规则亦会粉墨登场;最后,一般化规则可以指导具体的司法实践。司法实践中所遭遇的难题都无法通过界定边界清晰的规则来解决,毋宁需要探寻更具有弹性、更具有模糊性的一般规则来指导,必然需仰仗于司法人员的自由裁量,从这个意义上说,一般化规则的探讨是法律对司法人员的一种自信和授权。

"权利表象规则"的概念为作者首次提出,是否准确确有进一步研究的必要,我认为关键不在于词汇的应用,而是所探讨的问题是否是一个真实的法律问题,还是仅仅属于满足于抽象思维偏好的思维想象。权利表象的存在是一个真实的私法问题,因此探寻私法的处置规则就并非一种思维游戏。文章重点在于研究私法在处置时将权利表象所表彰的权利视为真实的处置方式,即所谓的"权利表象规则",该规则属于保护交易安全的重要规则,在这个交易频繁、交易跨越国界且交易方式多样化的时代,这一规则尤其凸显其价值,因此对这一规则的研究就不仅是一个理论的建构,而且还具有重大实务价值。

交易安全与信赖保护问题的研究成为学术研究的热点,私法中许多具体制度的宗旨即在于此,权利表象规则作为对这一问题的回应,其具有具体制度的共性但又适度超越了具体制度因而处于一个较高的位阶,但作为一般化规则必须在特定情境下具体化。权利表象规则所解决的核心问题是权利表象的存在,因而必须研究权利表象的特质及其表现形态,可以肯定的一点是,从形式言,权利表象与权利表征完全相同,区别点在于该形式所表彰的权利内容的差异。作为支撑这一规则的基础法理依据在于信赖原理和归责原理,二者从不同的视角、不同的方面支撑这一规则法效果的发生。作为一个法规则,必须分析其法律构造,这是一个法规则得否确立的标志,对权利表象规则法律构造的解析,必须具有相当的抽象能力且面向具体问题的灵活性。实践中所面临的一个难题是如何界定权利表象规则适用的界限,这事关双方当事人的利益平衡,同时也关涉静态权利归属与动态交易安全之间的协调,因此这一界限的界定成为这一规则能否发挥其应有价值且不会对社会基本秩序造成重大冲击的关键。此外,诉讼当中这一规则能否真正得到实现,端赖于举证责任的分配,因此对这一问题的研究就是必需的。

总体而言,文章对相关问题的把握比较准确,特别是对现有研究成果的梳理,表现了作者较为深厚的学术功力。其对许多熟悉的问题提出了自己独到的见解,试图对它们给出全新的解说与阐释,比如所提的善意认定的法律判断属性及其反推技术的应用、在确定权利表象规则是否适用时采用可归责性与信赖合理性比较权衡因而呈现出弹性化的操作模式,以及在相关当事人之间权利义务关系配置的讨论等等,都具有较强的创新价值。

国喆擅长于抽象思维,勤于钻研。在攻读硕士与博士学位期间,得到了我国著名民商法专家张俊浩先生和方流芳先生的严格指点,奠定了相当扎实的民商法理论基础,曾发表过一些高质量的学术论文。国喆能够比较深入地思考民商法中的基本问题,在思考方式上能结合大陆法系传统民商法的思维模式与英美法系重在解决实际问题的习惯,经常能提出一些独到的见解。他虽然身处西部边远地区,但仍然能够专注于学术的探索,近年来他集中精力于权利表征及其权利变动中的公示问题研究,特别是针对权利表象所引发的法律问题,产生了一系列有价值的成果。

我与国喆的交往由来已久。当年他报考我本人的博士生,尽管专业课成绩很高,但由于其他原因而不能如愿,但自此之后,我俩成为了事实上的师生关系,我不时能够得到他学业上不断进步的消息,同时,他也经常将自己的研究成果让我过目,请我提修改意见。这次博士论文的写作与修改,我也提了不少的意见与建议。喜闻他的文稿将在商务印书馆出版,本人特别高兴,欣然作序将其推荐给学界同仁。虽然本文稿还有进一步提升的空间,但毕竟是一个青年学子多年思索的成果,对于本书的读者来说,我可以肯定的一点是,阅读它绝不会是时间的浪费。

是为序。

孙宪忠

2007 年 8 月于北京

# 摘　要

权利表象是私法中的常见现象,私法本身必须对此做出回应,从而形成独具价值的权利表象规则。本文集中探讨对权利表象的私法处置,特别是将权利表象视为真实的处置方式,从其功能及理论基础、法律构造、遵从或否定这一规则的界限及该规则适用时的举证责任分配几个方面对之进行深入研究,以期对这一规则的理论认识深化,特别是对司法实践发挥一定的指导作用。此外,权利表象规则作为一个具有原则性的一般化规则得以确立,有利于弥补具体制度的不足,且为法律并无明文的具体情境提供规范依据。

首先是一引子,从我国的几个司法判决中抽象出其共性:存在权利表象,并且法院在处理时将该表象视为真实,由此引出本文的研究重点。

第一章是问题的提出,所研究的中心点是权利表象及其表现形式。权利表象是指虚假的权利表征,而权利表征是指用以表彰权利的特定外在形式,它是有形化并表现权利的技术手段。是否需要特定的权利表征,取决于权利表征的本体性功能及该权利的性质。权利表象是一种幻象,它传递着虚假的权利信息,也为他人的合理信赖提供基本依托。权利表象的存在导致了表见权利与真实权利的冲突。与权利表征相对应,权利表象呈现出多样化的表现形式。这一方面取决于法律对权利表征是否有明文规定,另一方面也取决于交易惯例。

面对权利表象,私法究竟应当如何处理?一般性的规则是法律应当追求生活的真实,以真实权利作为确定权利义务关系的标准,这种处置方式系属常态;另一种方式是将权利表象视为真实,而使善意第三人获得其所追求的交易目的。尽管这种方式系属例外,但由于事关交易安全,特别是关涉私法视角的转换,本文仅集中于对这种处置方式的研究,并将之称为权利表象规则。作为一个带有原则性的法规则,其具有理论性及指导性、规范性与一般性。作为一种信赖保护的特殊法规则,权利表象规则与其近似制度及理论之间必然存在交叉,具体而言,其与外观主义、信赖原理以及英美法中的禁反言则存在或近或远的关系,同时存在自己的特殊性。正由于此,本文的研究才具有自己的独特价值。概言之,本文第二章的讨论,是对本文研究问题的进一步界定。

    接下来分析了权利表象规则的价值及其理论基础,这是对该规则建构的基础及深层依据的说明,试图要论证的是这一规则不仅具有重大价值,而且建立在坚实的理论基础之上。就其价值而言,它首先宣示了一种法律理念:法律只对遵从权利、积极行使权利之人提供保障,而于那些对其权利漠不关心,放任自流者,则令其承担不利的后果。这一规则最为重要的价值在于促进交易安全与效率,而信赖保护与大量调查成本的节省是其基本手段。同时,权利表象规则还具有强大的社会功能:促进社会诚信的建构与推动社会信任的产生和扩大,而这主要是通过赋予法律效果而对当事人的行为发生诱导作用实现的。有意思的是,该规则的适用会促使权利人更加关注权利表征,从而通过减少权利表象存在的方式减少自身的适用机会。

    权利表象规则的理论基础集中表现在外观理论上。而其基本含义是行为人基于法律和交易观念,对于法律上视为重要因素的外部要件事实为信赖并为法律行为时,则应受到保护。其实这一理论是权利表象规则最为直接且关系最近的支撑基础,经历了一个逐渐演进的过程,对这一过程的考察,可深化对外观理论的认识,同时可作为权利表象规则的参照而起作用。信赖原理与归责原理是权利表象规则更为深层的理论依据,在某种意义上说也是外观理论的基础,二者从不同的角度说明了权利表象规则的正当性。

在分析了相应的理论基础之后,文章着重论证了权利表象规则的法律构造,而这又分为构成要件和法律效果两个部分。构成要件为法规则自身提供正当性,且属于对生活事实的一种法律抽象。就权利表象规则的适用而言,必须具备三个条件:第一是对权利表象的正当信赖。对当事人主观心态的判断并非简单的事实判断,而是在综合多种因素有时甚至是对方当事人实际的基础上进行价值判断,所得必然是一法律结论,正由此,才有了判断中反推技术的应用。信赖合理性为第三人保护提供正当性,而其本身的判断成为确定当事人主观心态的核心内容,就其实质而言,是对第三人信赖权利表象是否具有过失的判断,因此在不同的制度中应参酌不同的因素;第二是真实权利人就权利表象的形成具有可归责性。在侵权行为法领域,可归责性是行为人承担责任的基础性根据,基于从主观求责任的理念,可归责性总是以过失为基础。而在权利表象规则的适用,可归责性则意味是由于真实权利人自己的原因导致权利表象的形成或延续,其与过失存在若隐若离的关系。与不同的具体制度有关,可归责性的表现形式不同;第三,实施法律行为。这一要件体现了权利表象规则保护交易安全之基本宗旨。就其品质而言,除了存在表见权利与真实权利的对立之外,该行为不存在任何效力瑕疵。上述三个要件必须全部具备,但其要者为可归责性与信赖合理性,二者从不同的角度为权利表象规则法律效果的确立提供支持。

权利表象规则法律效果集中体现在表见权利被视为真实,因此由第三人实现其典型交易目的。但在不同的当事人之间,法律效果有不同的表现。在真实权利人与善意第三人之间,权利表象所表彰的权利被视为真实,在此情形下,真实权利人违背自己意愿地发生了权利义务的变动,与之相对应,第三人非逻辑性地取得权利。当然在这一关系之中,真实权利人享有追认权,而第三人则享有不主张适用该规则的权利。但当第三人要求适用该规则时,真实权利人必须承担履行责任;在表见权利人与善意第三人之间,可能存在着违约责任及其它的法律关系,其宗旨在于:第三人可以不主张适用权利表象规则而要求表见权利人承担责任,以保护自己的利益。第三人与表见权利人之间存在的法律行为是其行使救济请求权的基本依据;在真实权利人与表见权利人之间,区分善意第三人是否主张适用权利表象规则而有不同的法律关系。在前者,由于真实权利人的权利义务关系发生非自愿的变动,表见权利人对真实权利人可能构成侵权行为、违约责任、不当得利及无因管理等关系;而在后者,由于并未发生权利变动,因此这二者之间的关系相对较为简单。

遵从抑或否定权利表象规则的界限不仅是重大理论问题,而且关涉基本的司法实践。因此对这一问题做出回答就是必需且具有重大实用价值的。第六章专门对此进行论证。首先应当明确的是,权利表象规则得以确立的关节点在于信赖保护与私法自治的协调。这二者之间存在一定的紧张关系,私法自治关涉人的基本自由,是传统私法的基本原则与价值追求,而信赖保护又是随着交易安全保护的日渐重要而逐步上升到原则地位的,体现了私法视角的重大变化。这二者的推拉集中表现在静态安全与动态安全的对立,但其冲突并非表现为相互否定,而是以相互妥协与兼容的方式并存。信赖合理性与可归责性要件,体现了信赖保护向私法自治的回归,后者本身是私法自治的重要成分,而前者则从第三人的角度立论,体现了只要尽到必要注意即可实现自治的原则。这二者的协调更加强化了权利表象规则作为一个一般规则的合理性。

遵从或否定权利表象规则的界限定位在可归责性与信赖合理性的比较权衡,其实是进行过失程度的比较,在真实权利人与第三人之间做出选择,其结论必然是弹性化处理,一方面体现在生活事实的法律判断本身具有适度的弹性,另一方面可归责性与信赖合理性之间存在相互影响而需要通过一定的技术手段进行调和。因此除了典型情形之外,这一界限仍然是模糊的,需要综合多种因素进行判断。

第七章论证了权利表象规则适用时的举证责任分配,因为这是该规则实现的决定性因素。举证责任分配并非纯粹的程序问题,它关涉一个法规则的应有功能。对举证责任一般理论进行简要梳理,可为具体问题的解决提供一般依据。而在有关权利表象规则的司法诉讼中,当事人所争辩的关键点在于该规则的构成要件是否具备,因此关于举证责任的分配也集中在这些要件上。根据举证责任分配的一般规则及其特殊化原理,对于权利表象的存在、真实权利人的可归责性及存在法律行为的事实,由善意第三人提供证据,而关于第三人善意且无过失的事实,则适用举证责任倒置,将证明相反事实存在的举证责任交由对方承担。这部分的论证,将为司法实践提供直接的参考。

**关键词**:权利表象,权利表象规则,信赖保护,可归责性,信赖合理性

# 目 录

总 序 ………………………………………………………… 何勤华
张 序 ………………………………………………………… 张俊浩
孙 序 ………………………………………………………… 孙宪忠
摘 要 …………………………………………………………… 12
导 言 …………………………………………………………… 1
 一、拟研究的主要问题和研究目标的整体描述 …………… 1
 二、研究目标的学术价值和实现研究目标的方法 ………… 3
 三、国内外研究现状及不足 ………………………………… 4
 四、主要研究方法 …………………………………………… 6

第一章　权利表象及其表现形式 ……………………………… 7
 引子：问题的提出 …………………………………………… 7
 第一节　权利表象 …………………………………………… 17
  一、权利表征与权利表象 ………………………………… 17
  二、权利表象的表彰性功能：表见权利与真实权利的冲突 …… 30
 第二节　权利表象的表现形式 ……………………………… 34
  一、动产权利表象 ………………………………………… 35
  二、不动产权利表象 ……………………………………… 38

三、债权表象 …………………………………………………… 42
　　四、股权表象 …………………………………………………… 45
　　五、代理权表象 ………………………………………………… 47
　　小　结 …………………………………………………………… 60

第二章　对权利表象的私法处置规则概说——问题的界定 ……… 63
　第一节　两种处理模式 ……………………………………………… 63
　　一、漠视权利表象而追求实质真实 …………………………… 63
　　二、将权利表象所表彰的权利视为真实 ……………………… 64
　第二节　权利表象规则与邻近概念 ………………………………… 73
　　一、权利表象规则与外观主义 ………………………………… 73
　　二、权利表象规则与信赖原理 ………………………………… 85
　　三、权利表象规则与英美法中的禁反言则 …………………… 90
　　小　结 …………………………………………………………… 96

第三章　权利表象规则的价值与理论基础 …………………………… 98
　第一节　权利表象规则的价值 ……………………………………… 98
　　一、一种法律理念的宣示 ……………………………………… 99
　　二、促进交易安全与效率 ……………………………………… 103
　　三、权利表象规则的社会功能 ………………………………… 110
　　四、维护权利表征的真实性,减少权利表象规则的适用机会 ……… 115
　第二节　权利表象规则的理论基础 ………………………………… 117
　　一、外观理论 …………………………………………………… 117
　　二、信赖原理 …………………………………………………… 126
　　三、归责原理 …………………………………………………… 130
　　小　结 …………………………………………………………… 134

## 第四章 权利表象规则的构成要件 ............ 137
### 第一节 对权利表象的合理信赖 ............ 138
一、信赖、善意、恶意及其关系 ............ 139
二、善意与过失之间 ............ 142
三、善意认定的法律判断属性 ............ 148
四、善意认定中反推技术的应用 ............ 155
五、信赖品质的另类评价:信赖合理性 ............ 158
### 第二节 权利表象形成过程中的可归责性 ............ 172
一、可归责性的一般特质:损害赔偿法领域 ............ 172
二、权利表象规则中可归责性的特殊性 ............ 177
三、可归责性是真实权利人承担责任的正当化依据 ............ 180
四、可归责性的表现样态 ............ 182
### 第三节 实施法律行为 ............ 192
一、为何需要法律行为 ............ 192
二、法律行为的品质要求 ............ 193
三、法律行为理论对权利表象规则法效果的解释功能 ............ 204
### 小 结 ............ 208

## 第五章 权利表象规则的法律效果 ............ 211
### 第一节 真实权利人与善意第三人之间 ............ 212
一、权利表象所表彰的权利被视为真实 ............ 212
二、真实权利人承担履行责任 ............ 219
### 第二节 表见权利人与善意第三人之间 ............ 221
一、善意取得场合 ............ 221
二、表见代理场合 ............ 237

第三节　真实权利人与表见权利人之间 …… 246
　一、第三人主张权利表象规则适用的场合 …… 246
　二、第三人不主张权利表象规则适用的场合 …… 252
　小　结 …… 254

## 第六章　权利表象规则的适用界限 …… 256
第一节　权利表象规则确立的关节点 …… 256
　一、私法自治与信赖保护的冲突 …… 256
　二、私法自治与信赖保护的协调 …… 269
第二节　确定界限的技术手段及弹性化机制 …… 275
　一、可归责性与信赖合理性的比较权衡 …… 275
　二、基本结论：弹性化机制的应用 …… 286
　三、实例分析 …… 294
　小　结 …… 300

## 第七章　权利表象规则适用时的举证责任分配 …… 303
第一节　举证责任分配的一般理论 …… 303
　一、举证责任及其分配的涵义 …… 303
　二、举证责任分配的代表性学说 …… 307
　三、举证责任分配对权利表象规则功能实现的意义 …… 319
第二节　权利表象规则适用中当事人所争辩的关键点 …… 321
　一、当事人双方的主张概说 …… 321
　二、双方所争辩的焦点 …… 323
第三节　举证责任的具体分配 …… 324
　一、关于权利表象存在的举证责任 …… 325
　二、关于真实权利人是否具有可归责性的举证责任 …… 327

三、关于第三人善意且具有合理性的举证责任 …………… 330
　　四、关于适格法律行为存在的举证责任 ………………… 334
　　五、实例分析 ……………………………………………… 335
　　小　结 …………………………………………………… 342

结　语 ………………………………………………………… 343
主要参考文献 ………………………………………………… 345
后　记 ………………………………………………………… 353

# Contents

**General Preface** ············································ Qinhua He  1
**Preface** ······················································ Junhao Zhang  6
**Preface** ······················································ Xianzhong Sun  8
**Abstract** ························································································ 10

**Introduction** ················································································· 1
   I. The major research questions and overall description of the research focus ·································································· 1
   II. The academic value of research and the methods of achieving research aims ······················································· 3
   III. The current situation and room for improvement of domestic and international research ································· 4
   IV. Major research methods ··············································· 6

**Chapter I. Fake right semblance and its forms** ················· 7
Introduction remark: The raise of the issues ·························· 7
Section I. Fake right semblance ············································ 17
   1. Right manifestation and fake right semblance ················ 17
   2. The expressing function of fake right semblance: the conflicts between ostensible right and real right ···················· 30

Section II. The forms of fake right semblance ……………………… 34
    1. Fake right semblance of personal estate ………………… 35
    2. Fake right semblance of real estate ……………………… 38
    3. Fake right semblance of creditor's right ………………… 42
    4. Fake right semblance of stock ownership ………………… 45
    5. Fake right semblance of agency …………………………… 47
Summary ……………………………………………………………… 60

**Chapter II. The summary of the disposal rules to fake right semblance in private law—the definition of the questions** ……………………… 63
Section I. Two modes of disposals ……………………………………… 63
    1. Disregarding fake right semblance and pursuing factuality ……………………………………………………… 63
    2. Regarding the ostensible right as factuality ……………… 64
Section II. Fake right semblance rule and relevent concepts …… 73
    1. Fake right semblance rule and outer semblance theory … 73
    2. Fake right semblance rule and reliance principle ………… 85
    3. Fake right semblance rule and promissory estopple in Anglo-American Law …………………………………………… 90
Summary ……………………………………………………………… 96

**Chapter III. The value and the theoretical basis of fake right semblance rule** …………………………………………………………… 98
Section I. The value of fake right semblance rule ………………… 98
    1. The manifestation of a legal idea ………………………… 99
    2. Promoting the security and efficiency of trade ………… 103

3. The social function of fake right semblance rule ……… 110

4. Preserving the factuality of right manifestation and reducing the applicable opportunity of fake right semblance rule …… 115

Section II. The theoretical basis of fake right semblance rule ……… 117

1. Outer semblance theory ……………………………………… 117

2. Trust principle ……………………………………………… 126

3. Imputation theory …………………………………………… 130

Summary ………………………………………………………… 134

**Chapter IV. The requirements of fake right semblance rule** …… 137

Section I. The reseanable reliance of fake right semblance …… 138

1. The relations among reliance, goodwill and malice …… 139

2. The relationship between goodwill and fault …………… 142

3. The attribution of legal judgement based on goodwill ……… 148

4. The application of reverse deduction based on goodwill ………………………………………………………… 155

5. Another evaluation way of reliance quality: reliance rationality …………………………………………………… 158

Section II. The imputability of the formation of the fake right semblance …………………………………………………………… 172

1. The unique qualities of imputability: the domain of indemnity ………………………………………………………… 172

2. Particularity of the imputability in fake right semblance rule ……………………………………………………… 177

3. The imputability is the justified basis of liability by the real obligee ……………………………………………………… 180

4. The manifestation of imputability ················ 182
Section III. Implementing the legal action ················ 192
   1. The necessity of legal action ················ 192
   2. The quality requirements of legal action ················ 193
   3. The explanatory function of the legal action theory to legal effect on fake right semblance rule ················ 204
Summary ················ 208

## Chapter V. Legal effect of fake right semblance rule ········· 211

Section I. The relationship between the real right possessor and the third party with goodwill ················ 212
   1. Regarding the ostensible right as factuality ············ 212
   2. Responsibility to conform by the real right possessor ················ 219
Section II. The relationship between the ostensible right possessor and the third party with goodwill ················ 221
   1. The occasion of bona-fide acquisition ················ 221
   2. The occasion of agency by estoppel ················ 237
Section III. The relationship between real right possessor and ostensible right possessor ················ 246
   1. On occasion that the third party allege the effects of fake right semblance rule ················ 246
   2. On occasion that the third party don't allege the effects of fake right semblance rule ················ 252
Summary ················ 254

**Chapter VI. The applicable borderline of fake right semblance rule** ··· 256
Section I. The key point to establish the fake right semblance rule ·········································································· 256
    1. The conflicts between autonomy of private law and reliance protection ································································· 256
    2. The coordination of autonomy of private law and reliance protection ································································ 269
Section II. The technical means and elastic mechnasim of defining the borderline ························································· 275
    1. Comparison and balance between the liability attribution and reliance rationality ·········································· 275
    2. Basic conclusion: the application of elastic mechanism ······ 286
    3. Case analysis ································································ 294
Summary ············································································· 300

**Chapter VII. The allocation of burden of proof in case of the application of fake right semblance rule** ········································· 303
Section 1. The general theory of the allocation of burden of proof ··· 303
    1. The precise meaning of the burden of proof and its allocation ··········································································· 303
    2. The representative theories of the allocation of burden of proof ············································································· 307
    3. The significance of the allocation of burden of proof in realizing the due function of the fake right semblance rule ······················ 319
Section II. The points argued by the parties concerned in case of the application of fake right semblance rule ································ 321

    1. The general summary of points of two parties concerned ⋯ 321

    2. The foucus argued by two parties ............................ 323

Section III. The specific allocation of the burden of proof ...... 324

    1. The burden of proof on the existence of fake right semblance .................................................................... 325

    2. The burden of proof on whether or not the real right possessor has liability attribution ................................................ 327

    3. The burden of proof on whether the third party is with goodwill and rationality .......................................................... 330

    4. The burden of proof on the existence of the qualified legal action .................................................................................. 334

    5. Case analysis ............................................................... 335

Summary ............................................................................... 342

**Conclusion** ........................................................................ 343
**Bibliography** .................................................................... 345
**Postscript** ......................................................................... 353

# 导　　言

## 一、拟研究的主要问题和研究目标的整体描述

　　首先作一概念解说,本文所称的权利表象规则,是指第三人善意且合理地信赖权利表象并在此基础上与表见权利人为法律行为时,对权利表象的形成有过助力的真实权利人应当承担该法律行为的后果,即将表见权利视为真实。换言之,权利表象规则意味着存在权利表象所表彰的权利与真实权利的背离,表见权利人以其表见权利与善意第三人为法律行为,第三人合理信赖表见权利为真实而于事后发现事实真相时,应当维持先前法律行为的效果的法律规则。

　　权利表象规则包含了私法中诸多制度(诸如表见代理、善意取得、债权让渡中的无权利取得、公司代表董事越权行为、甚至商法中的权利外观主义)的共性,作为一种概括,其具有原则的属性,并具有自己相对确定的法律构造,即构成要件和法律效果。必须对其进行正当性说明,特别应予探讨者,乃为何虚假的权利表象却能够替代真实的权利而在法律交易中真正发挥作用?

　　权利表象规则确立的关键在于自治和信赖的关系协调,自治是私法的基本原则,未经当事人的自觉同意不得变更其权利,而信赖保护又是交易安全的必然要求,成为法定的影响权利变动的原因,由此导致了二者之间的紧张关系。如何进行协调?这是一个很难构造出一般原则而需要在司法实践中进行个案判断的难题,所使用的基本技术手段是

考量真实权利人的可归责性与第三人的信赖合理性,对这两个因素进行弹性化的比较,得出相对平衡自治与信赖关系的结论。由此可见,自治与信赖的平衡只是作为一种原则和思路存在,并不具有绝对性。不过,总会有一些大致确定的规则存在,而这对司法实践具有重要的指导意义。

本文主要研究下列问题:1.权利表象的基本规定及其表现形式;2.权利表象规则的概念分析,特别是与相近概念诸如外观主义、信赖原理及英美法中的禁反言则等制度的界分与联系,这主要是对研究问题的界定,探讨权利表象规则作为民商法基本规则所具有的填补漏洞及宏观指导价值,揭示这一规则所隐含的基本法律理念:法律无需对权利的漫不经心者提供救济;3.权利表象规则的法律构造,即具体对构成要件和法律效果进行概括和抽象。应该强调的是,在构成要件中,信赖合理性与可归责性这一对概念,是合理平衡真实权利人和善意第三人利益的重大技术工具,二者又没有明确的操作标准,因此何者为信赖合理性和可归责性以及具体的判断标准如何是这部分的研究重点,对此必须针对个案予以具体化。就其法律效果而言,需要研究的问题是,对相对人的信赖保护为何不采用信赖利益损害赔偿的方式进行,而是使权利表象被视为真实?这是权利表象规则最为典型的特征;与之相对应,在真实权利人与权利外观者之间以及在权利外观者和善意相对人之间分别存在怎样的法律关系?如何妥适地调整他们之间的权利义务关系?4.权利表象规则的价值与理论基础何在?这是权利表象规则得以确立的根本依据,也是需要深入挖掘的,任何简单的回答都不具有说服力。就其理论基础而言,需要考虑的是,作为支持理论的信赖原理与归责原理是否足以说明权利表象规则的正当性?5.权利表象规则得以确立的关节点在于,如何协调私法自治与信赖保护之间的关系?在权利表象规则下,这二者形成了紧张与冲突,而法律规则则必须在相互冲突的价值之间寻求协调,由此,可归责性与信赖合理性的比较考量,就成为协调二者的必要手段,而前者恰恰是意思自治的回归。6.权利表象规则的适用界限何在? 首先需指出的是,对于权利表象规则而言,单纯信赖原理和可归责性都无法提供正当性依据,因为对于相对人信赖的保护,完全可以通过信赖利益损害赔偿的方式进行,因而无法说明为何须将权利表象视为真实,因此必须进行综合性思考,由此作为考察遵从或否定权利表象规则的界限的基本立足点。7.权利表象规则适用时的举证责任分配,首先考察举证责任分配对权利表象规则功能实现的重要意义,然后分析在这类争议中当事人所争辩的关键点,在此基础上探究证明责任的具体分配规则。

总体而言,本文研究的整体目标在于,探寻解决权利表象问题的最佳私法规则,解析这一规则的基本法律构造,并对其进行正当性说明,使其成为既能妥帖地调整当事人之间的利害冲突,又能在司法中得到确定实现的法律规则。

## 二、研究目标的学术价值和实现研究目标的方法

权利表象规则是保护交易安全、促进交易效率的重要法律制度,在私法观念从特别重视当事人的意思自治发展到强调对相对人的信赖利益予以保护的历史时期,权利表象规则更具有重大的意义。权利表象规则承载着善意保护的重大功能,而且是对信赖者最为有利的保护——使其得其所欲,对这一规则进行法律上的解析,厘清其构成要件和法律效果,特别是对其正当性予以说明,使其得以作为私法的一个一般规则而确立,并使其恰当地契入既有的规则之中,具有理论创新意义。权利表象规则的确立,不仅丰富了私法的基本规则,推进了理论的发展,特别是这一规则所具有的漏洞填补及一般性指导价值,对于解决相关问题具有重大参考价值。这不是一个纯粹理论建构的选题,涉及

实践问题。比如在表见代理中,我国法律对其类型进行了规定,但在法律适用中遇到的问题是,在何等条件下适用这些条款?是否需要考察"被代理人"的过错及其过错程度?在被代理人并不知道另一个人为他的利益出现,但是如果被代理人尽了足够的注意就能够知道并阻止这一事实发生的情况下,被代理人是否要承担履行责任?若是则需进一步追问的是,赋予被代理人"有所作为"的义务基础是什么?因为这种情形下其自身的可归责性极弱。在因本人疏忽大意,导致"代理人"有代理权的表象,是否构成对他人的侵权?特别是在他人选择不承认代理效果时。第三人对代理权的信赖达到何种程度才具有合理性?这些问题都需要回答,而且均属于规则适用中的技术性问题。此外,对于该规则适用的界限及其举证责任分配等问题,既是作为理论问题而存在,同时又具有重大实践价值。

此外,我国的司法实践对权利表象规则的适用有进一步整理和研究的必要。特别是对权利表象规则适用的界限及其举证责任的分配,更直接关涉这一规则的具体适用效果。本文与其说是一个理论建构,不如说是一个解决实践难题的选题。

### 三、国内外研究现状及不足

大陆法系国家的权利表象规则,它最初只是德国法学上的一个概念,因而大陆法系研究者主要是德国学者。除此之外,继受德国法学的日本私法学中对这一概念也有所涉及。迄今为止,权利表象规则已经成为大陆法系的一个重要规则,但是学者们对其系统研究却不够深入。概括地说,从目前所能收集到的资料来看,大陆法系学者的研究重点主要集中在两个方面:一是权利表象规则的来源和演进。通说认为,权利表象规则起源于日耳曼法上的动产保护制度——占有(Gewere);二是权利表象规则的合理性和依据。关于其合理性,学者们多从资本主义经济发展所带来的交易关系复杂化,有可能导致不知情的行为相对人或第三人受到损害来入手;关于保护的依据,这是大陆法系权利表象规则研究的核心,学者们提出的主要学术观点有维斯派彻(Wellspacher)的信赖主义外观论和卡纳里斯(Canaris)的危险主义外观论。

一般认为英美法系中跟大陆法系权利表象规则相似的规则是禁反言法理,禁反言法理在英国普通法形成的过程中就已经开始在司法实践中出现,尤其是诉讼中被作为一种原则广泛地应用。但是,禁反言法理真正在交易领域发挥作用,则是在允诺禁反言原则出现以后,特别是该原则作为约因替代原则之后才在英美合同法中发挥着重要作用。但本文认为,禁反言法理与权利表象规则具有较大的差异。英美法中大量存在的是对合理信赖的保护,如在合同法领域、侵权法领域等均存在信赖保护的问题。由于英美法自身的经验主义传统,尚未见到有对权利表象规则进行统一研究的资料。

权利表象规则是私法外观主义理论的具体表现之一。我国私法理论中存在外观主义这一概念,但对外观主义理论进行较为深入的研究却是近几年的事情。近年来,鉴于外观主义理论对于交易安全的重要性,已经有学者对外观主义的构成、外观主义的理念基础以及外观主义法律制度等问题展开研究并取得一定成果。现有的研究集中于两个方面:一是对外观主义的具体制度进行研究,如专门就善意取得或表见代理进行研究,二是就外观主义或者信赖原理进行研究,探讨的核心问题是外观主义的合理性。权利表象规则的提法尚未见到。我国现有研究的不足之处在于:尽管特别强调当事人之间的利益平衡,但对如何进行平衡却鲜有涉及;仅就外观主义或信赖保护进行整体研究,未就权利表象规则的特殊性进行专门研究;侧重于理论建构,而较少关注我国具体的司法实践,忽视对其司法实现问题的研究。

### 四、主要研究方法

1. 法经济学研究方法。对权利表象规则的正当性说明,涉及经济成本的节约和交易效率的提高,需适用法经济学的方法进行分析。

2. 比较研究的方法。必须考察代表性国家类似制度的规定及其司法实践。基于人类面临问题的同质性及其解决思路的相似性,外国制度具有重大参考价值。

3. 逻辑分析方法。法律制度的建构必须符合基本的逻辑,尽管制度本身是人们实践经验的概括,但制度之间的关系必然与基本逻辑相符,因此利用逻辑进行推演并对有关问题提供答案具有相当的可行性。特别是抽象方法的应用,是从具体法律制度中概括出一般规则的基本方法。

4. 法社会学的方法。权利表象规则涉及各方利益的平衡,也涉及到对行为选择的激励与制约。因此应该从社会学的角度考察这一规则所具有的社会意义,对人们合理信赖的保护,是社会正常存在的基本条件。

5. 大量的社会调查以及案例分析。本文需要进行大量的社会调查,特别是调查我国各级法院对涉及权利表象的具体案件的审判实际,分析其中存在的一般性问题,并寻找可能的解决方案。

# 第一章　权利表象及其表现形式

## 引子：问题的提出

权利表象是一个重要而常见的私法现象，其存在有着非常复杂的原因，法律必须对之做出应对。在探讨法律的规则之前，首先得对权利表象本身的特质及其表现形式进行考究。为此，先来看几个司法判决：

案例1：①

**案情简介：**

原告：南京海为通信设备有限公司。

被告：河南省民权县电信局。

1999年11月31日，原告派其业务员王方成与被告签订了一份工矿产品购销合同，其上加盖了各自单位的公章，王方成在供方委托代理人一栏签名。之后，原告派王方成将合同约定的货物送到被告处，但被告未予付款。2000年3月29日，王方成以原告业务员身份与被告协商签订了一份贴息协议，主要内容是：甲方为民权县电信局，乙方为南京海为公司业务员王方成，甲方欠乙方共计货款34225元。甲方贷款归还货款，乙方为甲方贷款贴息4107元，甲方贷到款后，一次性偿还乙

---

① 参见河南省民权县人民法院(2000)民经初字第93号判决书，案名：南京海为通信设备有限公司诉河南省民权县电信局货款纠纷案。

方货款余额30118元。被告在甲方位置加盖公章，王方成在乙方位置签上了"南京海为通信设备有限公司业务员王方成"字样。协议签订后，王方成以单位需用该货款到安徽省霍山县购原材料为由，要求将货款30118元汇往指定的安徽省霍山县城关信用社。王方成书写了收款单位、开户行、账号及联系电话等内容。被告遂将货款30118元汇付到王方成指定单位和账户。

**双方主张：**

原告主张：王方成虽是原告单位的业务员，但原告只委托他签订合同，并没给他其它代理权，收取货款的事实他无权代理。他在签订合同后的行为，未经原告追认，应属无效。贴息协议是王方成个人与被告签订，并无海为公司的公章，协议不能约束海为公司。被告将货款付给购销合同约定之外的安徽省霍山城关信用社是完全错误的，应后果自负。被告应当支付原告货款34225元。

被告主张：王方成为原告的委托代理人，被告已经按照王方成的指示完成了付款行为，因此不再承担任何责任。

**争议焦点：**

王方成有无处理合同事务的代理权，贴息协议是否有效，被告付款对原告是否有效？

**法院裁判要旨：**

原、被告双方签订的合同有效，双方当事人应按合同约定履行各自义务。被告与原合同签订人王方成达成贴息（变更价款）协议，并将协议约定的货款汇付到王方成指定账户，该付款行为应对原告有效。因为《中华人民共和国合同法》第49条规定：行为人没有代理权、超越代理权或代理权终止以后，以被代理人名义订立合同，相对人有理由相信行为人有代理权的，该代理行为有效。本案中，原告业务员王方成以委托代理人身份与被告签订了购销合同后又送货到被告处，即便原告在签订合同后即终止了王方成的代理权,但原告并没告知被告,被告在不知情的情况下,有理由相信王方成有代理权。因此,王方成与被告签订的贴息协议(实质是变更价款的合同)及指定账户收取货款(实质是变更货款汇付地点的口头合同)的行为,是有效的代理行为,应对原告有效。

案例2:①

**案情简介:**

原告:中国农业银行天津市静海支行城关营业所。

第一被告:天津瀛海集团公司。

第二被告:天津市静海县静海镇三街村民委员会。

第三人:中国银行天津市分行。

1992年8月26日,第一被告的下属企业兴华厂与原第三人所属信托公司签订融资租赁合同,由信托公司向兴华厂提供248万元的融资租赁资金,用于兴华厂购买设备,在租赁期内,租赁物的所有权属于信托公司,兴华厂除非征得信托公司的书面同意,不得转让、转租、抵押租赁物给第三者,租赁期满,兴华厂应向信托公司交付完毕租金并支付设备残值后,双方签订租赁物件所有权转让书,所有权即移交兴华厂。

兴华厂从1990年起与原告发生借贷关系,至1998年4月24日累计欠原告贷款本息262万元。为解决此笔贷款的偿还问题,双方经协商于1998年4月24日签订了最高额抵押借款合同一份,并于同日办理了抵押登记,抵押物为兴华厂设备9台套,抵押期间为1998年4月24日至2000年4月25日,最高抵押金额为262万元。1998年7月29日,双方以"借新还旧"方式就此笔贷款重新签订农银抵借字城第98098号抵押借款合同一份,期限六个月,并以登记抵押物设定抵押担

---

① 该案的审判法院:天津市高级人民法院,判决时间:2001年3月26日。

保。该合同签订时,因兴华厂未按融资租赁合同规定付清租金等费用,故该批租赁物的所有权仍属于信托公司。但兴华厂未将此事实告知第三人,也未将抵押物的权属状况告知原告。贷款到期后,虽经原告多次催收,但兴华厂未履行还款义务。

1998年9月10日,第一被告在未征求原告意见的情况下与第二被告签订协议书,用兴华厂的厂房、设备(包括抵押财产),作价抵偿了所欠第二被告的部分土地使用费,并于1999年2月1日办理了交接手续。1998年11月5日,兴华厂在静海县工商局办理了企业注销登记。在企业申请注销登记注册书中载明:"人员由三街村委会安置,设备、设施、物资归三街村委会所有,债权债务由天津瀛海集团公司负责承担。"

**当事人主张:**

原告请求二被告停止侵害,偿还所欠原告贷款本金及相应利息。

第一被告主张:"借新还旧"的合同明显违反有关金融法规,属于无效;而兴华厂用信托公司所有的财产向原告设定抵押,违反我国担保法的有关规定,也应认定无效。因抵押合同无效,故第一被告用兴华厂的房产和设备抵偿所欠第二被告土地使用费的行为是合法有效的。

第二被告主张:因兴华厂欠自己债务而以其财产抵债,该抵债行为合法有效。而自己与原告既无借款关系,也和本案无任何连带关系,因此原告把我村列为第二被告于法无据,原告对我村的诉讼请求应予驳回。

**争议焦点:**

原告是否取得对抵押物的抵押权?

**法院裁判要旨:**

原告与兴华厂签订农银抵借字城第98098号抵押借款合同,是由一个主合同即借款合同和一个从合同即抵押合同组成。该合同虽是以"借新还旧"方式签订,但该合同系双方自愿达成,并未违反我国法律、法规的强制性规定,也未损害合同双方的合法权益,因此,该合同的主合同有效。兴华厂未按合同约定的期限还款,已构成违约,应承担违约责任。因兴华厂现已注销关闭,其债权债务应由第一被告负责偿还。

关于本案融资租赁合同与抵押合同的效力问题。依据兴华厂与信托公司签订的融资租赁合同,证明大部分抵押设备属于第三人所有,对此兴华厂是明知的。如用该批设备设定抵押,依据融资租赁合同,必须征得第三人的书面同意,但兴华厂在未征得第三人的书面同意的情况下,擅自将第三人所有的设备抵押给原告,侵犯了第三人的财产权,因此而给第三人造成的损失,应由第一被告赔偿。

签订抵押合同时,兴华厂有义务将抵押物的权属状况告知原告,但该厂却隐瞒真实情况与原告订立抵押合同,诉讼中第一被告却又以此为由主张抵押合同无效,明显违背了我国民法通则中规定的诚实信用原则,显系恶意。但不能因此而得出原告抵押权无效的结论。因为基于融资租赁合同,该批设备作为动产事实上是由兴华厂占有和使用,购买设备的发票也是兴华厂开具和持有,且设备上也没有属于第三人的任何标识。原告与兴华厂订立抵押合同时,没有理由不相信该批设备不属于兴华厂所有,原告并无订约过错,因此,原告的抵押权属于善意取得,而且依法办理了抵押登记,应予保护。

关于二被告的以物抵债行为是否侵害了原告的抵押权及第二被告是否应承担民事责任的问题。因本案抵押合同有效,并已进行了抵押物登记,第一被告在未征求原告意见的情况下又和第二被告签订协议书,将抵押物用于抵偿债务,侵害了原告的抵押权。虽然二被告已办理了交接手续,但不能对抗原告的抵押权,因此,原告仍对抵押物享有抵押权。第二被告的损失可向第一被告追偿。

案例 3:①

案情简介:

原告:中国银行五峰支行(以下简称五峰中行)。

被告:海拉尔市鑫达农村信用合作社(以下简称鑫达信用社)。

被告鑫达信用社于 1997 年 4 月增资扩股,华夏公司与千帆公司成为鑫达信用社股东,两公司负责人谭超、孙凡为股东代表。鑫达信用社原法定代表人为张继昌,于 1997 年 2 月病故。自 1996 年元月,由千帆公司经理孙凡实际负责工作,工商登记至 1999 年 3 月 15 日才变更法定代表人为孙凡。1996 年 4 月,鑫达信用社股东代表、华夏公司经理谭超持鑫达信用社营业执照副本原件、经营金融业务许可证原件、任命其为理事长的《新股东代表大会决议》原件到湖北宜昌,以鑫达信用社理事长身份、以该社资金部名义与五峰中行协商拆借资金,同时谭超在宜昌市商业银行、建行宜昌市分行开立资金部银行账户。当月 22 日双方订立资金拆借合同一份,拆入方加盖"呼伦贝尔盟海拉尔市城市信用社资金部"公章。订立合同后,谭超将三份证件原件交给五峰中行,五峰中行划付 300 万元至鑫达信用社资金部在建行宜昌市分行营业部的账户,该笔资金拆借未通过人民银行资金融通中心办理。合同到期后,谭超和鑫达信用社均未归还本息。现谭超下落不明。

另有以下事实:1. 谭超所持鑫达信用社《新股东代表大会决议》载明,该社于 1995 年 12 月 8 日召开新股东大会,经全体股东投票选举决定孙凡为主任、谭超为理事长,其中与孙凡实际主持该社工作时间一致。2. 1996 年 2 月 1 日,鑫达信用社在呼伦贝尔日报上公告工商执照遗失声明,同年 4 月,呼盟人民银行工作检查时发现该社经营金融业务

---

① 见湖北省宜昌市中级人民法院(2000)宜中经初字第 47 号判决书。案名:中国银行五峰支行诉海拉尔市鑫达农村信用合作社资金拆借合同纠纷案。

许可证遗失;3.鑫达信用社在1994年开业申请时向工商部门提供有信用社章程,但该章程未规定理事长产生程序,之后也未修改或新立章程;4.呼盟工商局及人民银行证明,该社未申报选举谭超为理事长和设立资金部机构。

**当事人主张：**

原告:谭超为鑫达信用社理事长,持有该社工商执照、金融许可证、新股东大会决议,足证明谭有权代表鑫达信用社签订合同,原告已履行合同义务,被告应偿还原告资金及利息。

被告主张:被告未与原告签订任何资金拆借合同;合同系经办人谭超个人私刻公章实施的诈骗行为,应提交公安机关处理;原告签订合同拆借资金自己有过错,应自己承担责任。请求驳回原告的诉讼请求。

**争议焦点：**

原被告之间是否存在有效的资金拆借合同?被告应否对所拆借的资金负责?

**法院裁判要旨：**

1."鑫达信用社资金部"与五峰中行之资金拆借合同订立与履行系谭超使用鑫达信用社经营证照,为骗取该项资金实施的违法行为,谭以合法形式掩盖其非法目的,非鑫达信用社的真实意思表示,同时该合同未通过人民银行资金融通中心办理,违反金融管理法规规定,应为无效合同。2.鑫达信用社为股份合作金融企业,法定代表人依法应为理事长,谭超所持《新股东代表大会决议》正是载明经股东大会选举谭超为理事长,该证上鑫达信用社公章真实,对外具有身份证明效力,外人有理由相信谭超为理事长,并且决议载明同时选举孙凡为主任,这与孙凡自1996年元月主持该社工作相一致,印证股东大会事实存在,现鑫达信用社仅自证和呼盟工商局、人民银行佐证谭超不是理事长,法院难以采信。而不论该《决议》内容与实际是否相符,谭超在与五峰中行订立合同时所持证件,兼有鑫达信用社的营业执照副本原件、经营金融业务许可证原件,足以使五峰中行相信其有权代表鑫达信用社进行民事活动,谭超签约行为构成表见代理,鑫达信用社应对该行为后果承担民事责任。至于鑫达信用社在呼伦贝尔日报上公告营业执照遗失,五峰中行无法定注意义务,未注意也不可能注意并无过失。由于谭超现下落不明,已造成五峰中行的资金全部损失,鑫达信用社依法应承担赔偿责任。3.追究谭超的刑事责任或其它法律责任不影响鑫达信用社因管理过失产生的对外民事责任,该责任独立存在,本案不符合法律规定移送或终止审理的条件。

上述三个案例具有一个共同特征:存在一个虚假的权利表现形式,但法院在判决时却将其认定为真实,发生与真实权利存在一样的法律后果。在案例1中,王方成是原告签订货物买卖合同的代理人,原告主张其代理权仅限于签订合同,而不能从事其它的代理行为,但由于一方面他代理原告签订了买卖合同,另一方面他又送货到被告处,使被告误认其享有代理权,从而与王方成签订了贴息协议并根据其指定履行了给付货款的义务。王方成本无签订贴息协议及指定账户收取货款的代理权,但由于其先前的代理行为及后续送货上门的行为,使被告认为其有代理权,此即本无代理权而由于特别的原因使人认为其有代理权,这种特别的原因就成为代理权的虚假表现形式,而在法院处理时,将这种虚假的表现形式视为真实来对待。① 在案例2中,根据融资租赁合同,作为抵押物的部分设备的所有权应属于第三人,但作为动产,其所有权的表现形式是占有,而在为抵押行为时,这批设备恰在兴华厂的占有之

---

① 这一案件能否适用表见代理的规则,并非没有讨论的余地。主要理由是王方成在签订变更货款协议及指定付款账户时,是以自己的名义进行的,这一点与表见代理的要件不符。此外,王方成是否具有代理权,法院并未进行认定,从所用词语"即使……"来看,法院似乎认为这一问题并不重要,其实这事关表见代理的适用前提,不可不察。

下，兴华厂未将该设备的实际权属状态告知原告且设备上也没有属于第三人所有的任何标识，故而对于善意的原告来说，兴华厂是该批设备的所有权人，其接受兴华厂将该批设备作为抵押物而设定抵押权并办理登记，当然是有效且能对抗第三人的。这样，兴华厂占有该批设备就成为其享有所有权的表现形式。由于兴华厂原本并不享有所有权，因而该占有就成为虚假的权利表现形式。在案例3中，根据法院认定的事实，鑫达信用社的法定代表人应为孙凡，但在为拆借行为时，谭超所持的有关证件对外具有身份证明效力，足以使五峰中行相信其有权代表鑫达信用社进行民事活动。这些表彰谭超为代表人的外在形式，就成为代表权存在的虚假形式。①

上述这些虚假的权利表现形式，本文称之为权利表象。先来考究这一词汇的来源，卡尔·拉伦茨在其《德国民法通论》第33章——"权利表见责任是法律行为责任的扩充"中写道，"此外，在有些情形下，法律还保护另一种信赖，即对于那种在正常情况下由法律行为而发生的有效的拘束或授权（如意定代理）的发生或存续的信赖，这种信赖的根据并不是或不仅仅是某项可归责的意思表示，其所根据的只是由其他方式产生的、存在某种相应的权利状态的表象。在这种情况下，那个必须承认这个既存的权利状态的表象之存在（并对之负责）的人，通常是以可归责于他自己的方式引发了这一权利表象的人，或者是具有消除这一表象的能力而未去消除这一表象的人。而在受益人（应予保护的人）这方面，他必须是信赖了这一表象的人，而且在通常情况下，他还是

---

① 本案中法院的判决有进一步研究之必要。从判决理由看似乎肯定了谭超为鑫达信用社的法定代表人，却同时主张成立表见代理制度（尽管表见代表与表见代理制度不同，但其法律效果上是一致的，故可以将二者的差异忽略），但这二者是不能并存的，表见代理的存在是以谭超无代表权为前提的。法院又采用模糊表达，认为"不论该《决议》内容与实际是否相符，……"似乎赞同不管谭超是否为法定代表人，均可成立表见代理。当然从结果论，谭超本身就是法定代表人与成立表见代理是一样的，但其说理有进一步审究的必要。

尽到了交易上应有的注意之后仍然信赖这一表象的人。结果就是,对于这个应予保护的人,有关的法律后果视为已经发生或者继续存在,因而它就处于与他所认为的情况相符的地位。"[1]在这段精彩的论述中,既提出了"权利表象"这一概念,同时还提出了对"权利表象"的私法处置规则,在之后的论述中还提到代理权的"权利表象"。此外法国学者雅克·盖斯丹、吉勒·古博在其名著《法国民法总论》第三部分第二编第三章——"表见"中论道,"这一表面状况并不产生其本身的后果,但是它能够作为权利的揭示。在调查核实之后,发现得出的结论原来是错误的。原来以为见到了实际反映的所谓权利,其实不过是海市蜃楼而已;它只是一种现象,……权利的表象仅是一种幻象,是由于对事实的观察所导致的,它使人将某一法律状况和特定事实状况相联系。"[2]笔者感叹于"权利表象"这一词语概括的精准,特别是考虑到社会生活中存在大量虚假的权利表现形式,故借鉴上述表达而使用"权利表象"这一概念来统称。

无论是在理论还是在实践上,都提出了对权利表象这一现象进行研究的要求,探究其具体表现形式,特别重要的是,面对这些权利表象私法究竟应当如何处置?是一律否定这些权利表象的效力而用实质真实的权利来界定权利义务关系,还是在一定情况下将该权利表象所表彰的权利视为真实?如果是后者,则需要具备怎样的构成要件来限定这样处置的正当性?此外,其法律效果究竟如何?确立这样处置的规则究竟具有什么样的价值及其理论基础何在?因为如是处置意味着否定了当事人之间的真实权利状态,而以虚假的权利表现形式作为确定

---

[1] [德]卡尔·拉伦茨:《德国民法通论》(下册),王晓晔等译,法律出版社2003年版,第886页。

[2] [法]雅克·盖斯丹、吉勒·古博:《法国民法总论》,陈鹏、张丽娟等译,谢汉琪审校,法律出版社2004年版,第780页。

相应权利义务关系的依据,因此必须具有十分强大的支撑基础,方可证明这一做法的社会正义性及合理性。在司法实践中还须面对的重大问题是,怎样确定是遵从还是否定权利表象以及如何分配举证责任方可保障相关宗旨的实现?本文首先进行权利表象的规定性及表现形式的研究,然后在此基础上重点探讨权利表象规则,论证这一规则的基本法律构造及其相关的理论基础等等问题。

## 第一节 权利表象

### 一、权利表征与权利表象

#### (一)权利表征

民事权利是富含利益的一种受法律保护的行为可能性,对于权利主体而言,权利的行使是实现特定利益、彰显人的自由本性和完成私法自决的基本手段,但对义务人而言,则意味着对其自身的约束和限制。因此,民事权利必然涉及人之间的关系协调——法律在保障权利人利益的同时,必须保护义务人,其间的利益平衡是权利实现和正常社会秩序维持的基本保证,也是法律关系主体双方权益终极实现的基本保证,这要求权利人在主张权利时,必须要有足以证明权利存在的基本手段,特别是当义务人不特定时,这一要求就更显迫切。

这种用以表彰权利的特定外在形式,就是权利表征。其基本价值在于,使原本属于无形的民事权利得以通过有形的、可以由外观直接观察的手段表现出来,一方面便利于厘定权利的边界,避免冲突;另一方面也有利于权利的行使和移转,使得他人可以从权利的表征中确定权利的状态。此外,权利表征还具有权利证明价值,在当事人就权利本身发生争议时,权利表征就成为权利存在的强大证据。权利表征在于提供一种显见的、外表的权利推定依据。总之,权利表征的基本功能在于方便权利的实现,这种实现既包括对权利的行使即实现权利所内含的利益,也包括对权利的整体处分即转让。

既然权利表征的功能主要在于权利的实现,而这一问题主要存在于权利人与义务人之间,那权利本身是否需要特定的表征形式就取决于权利的性质。绝对权和相对权的划分具有决定性意义。"有一种权利,它赋予权利人可以对抗所有他人的一种法益,从而每一个他人就此负有义务,要允许权利人享有这种法益,还要不侵犯这种法益,我们称这种权利为绝对权……与绝对权相对的是相对权,相对权是指只针对某个特定的人的权利,这个特定的人负有义务或受到某种特定的约束。"①绝对权与相对权的划分,是民事权利的基本分类,也是构建民法体系的基本依托。由于绝对权所指向的义务人是不确定的,其义务表现为对权利的尊重和对权利行使行为的容忍,因此其具有强烈的表征要求;而相对权的义务人特定化且其义务表现为应权利人的要求而有所行为,故其对权利表征的需求非常微弱。权利是否需要表征,取决于两个因素:一是在权利人与义务人的关系上,是否需要特定的形式来表彰权利,从而方便于权利内容的实现;另一是在与权利人和义务人之外的第三人的关系上,是否需要特定的形式来表彰权利,这一方面是在第三人将该权利作为交易对象时,另一方面则是表彰形式是否是第三人认识权利内容的基本手段,若无表彰形式,第三人是否知悉权利的存在——其旨在于防止第三人因为不知悉权利的存在而自陷于侵权。这就必须结合权利的具体类型论证之。

---

① [德]卡尔·拉伦茨:《德国民法通论》(上册),王晓晔等译,法律出版社2003年版,第300页。需要强调的是,这一划分并非简单的依靠权利所指向的义务人是否特定而进行,作为权利,任何权利主体之外的人均应尊重,着眼于这一意义,一切权利均为绝对权。因此,绝对权与相对权的划分是在特定的意义上进行的。

1. 相对权

就相对权而言,不管其具体类型如何,由于权利人与义务人双方对权利本身的内容(诸如权利主体、客体、内容等等)非常清楚,因此无需特定的表征形式来表彰。故而普通债权原本是无需表征的,债权文书只是债权的"影子",不足以作为债权的表征,即使存在债权文书与实际债权状态不符的情形,当事人仍然是以真实的权利状态来实现权利,[1]因此不存在凭借交付债权表征的方式来交付债权的情形。当然基于意思自治,当事人完全可以自主决定权利人行使权利时所需完成的行为,如出示债权文书等,但这不足以改变前述结论。

需要研究的是,在与第三人的关系上,是否需要债权表征?首先是债权让与场合,受让人属于债权相对关系之外的人,应当有了解债权状况的确定途径,此时,债权文书等可以作为受让人认识债权的初步依据,而且人们在习惯上经常将包括有债务人签字的合同书作为证明自己债权的凭证。如此看来,债权似乎产生了一定的表彰要求,但应注意的是,仅此尚不能确定地获悉债权的归属及内容,最为有效的手段是向债务人求证。一般而言,债权让与必须通知债务人才能发生效力,[2]无论是由转让人还是由受让人进行通知,都存在一个债权确认问题,当债务人对之予以承认时,权利的证明就不存在问题,因此普通债权在让与场合也不需要债权的表征。权利表征并非仅仅是一个简单的权利证明手段,而是应该具有一定的公示与公信效果:足以使第三人产生正当信赖,确信权利的存在。王泽鉴认为不存在一般债权的善意取得,"因债

---

[1] 当然这必须有坚实的基础:要么双方对此无争议,要么主张二者不一致的一方应举证证明真实权利状态。

[2] 参见我国合同法第80条;德国民法典第409条。

权本身并无公示方法可作为权利表征。"①不过,随着债权让与制度的发展,法律可能会对债权让与的形式做出比较严格的规定,但这只是表现了法律对债权让与的重视以及程序要求,本身并不能成为债权的表征。有学者指出,债权虽为相对权,但其可以作为交易客体,所以也需要确定的权利表征方式,以利于交易安全。② 这一点值得反思,在债权让与的场合,试想如果债权文书表彰的权利并不存在,第三人对之合理信赖能否取得本不存在的权利? 答案显然是否定的。③

但与此相关的一个问题是,如果债务人签发了债务证明书,债权人交出该证明书而转让他的债权,依德国民法第 405 条规定,④债务人不得对新债权人主张债的关系的缔结或承认是虚假的,也不得主张与原始债权人有不得转让的约定。在第一种情况下,未产生债的关系,而在第二种情况下转让是无效的,然而新债权人却取得债权,除非他在受让时"知道或应该知道事实情况"。债务人如同债的关系产生、债权让与系为有效的情况下一样,对新债权人承担义务。⑤ 这为债权善意取得的特例,⑥在这种情况下,债务人所立的债权证书就成为债权的表征。

其次在侵权法领域,第三人是否需要债权表征来知悉债权的存在,

---

① 参见王泽鉴:《民法物权 2:用益物权·占有》,中国政法大学出版社 2001 年版,第 241 页。

② 参见叶金强:《公信力的法律构造》,北京大学出版社 2004 年版,第 7 页。

③ 比如一债权文书表明甲对乙享有债权,而该文书系属虚伪,即实际上甲对乙并无债权存在,而甲持有该债权文书将其对乙的"债权"转让给丙,丙对之合理信赖,此时丙并不能取得债权。

④ 德国民法第 405 条规定:债务人就债务立有证书的,在债权以提示此证书而让与时,不得对新债权人援用债务关系的缔结或承认是虚假进行的,或援用让与因与原债权人有协议已被排除,但新债权人在让与时明知或应知事实情况的,不在此限。

⑤ 参见[德]卡尔·拉伦茨:《德国民法通论》(下册),王晓晔等译,法律出版社 2003 年版,第 897 页。

⑥ 参见王泽鉴:《民法物权 2:用益物权·占有》,中国政法大学出版社 2001 年版,第 241 页。

从而防止侵权？答案也是否定的。一般而言,第三人侵害债权必须是以背于善良风俗的方式进行——第三人明知债权的存在,为了损害债权人而故意促使债权人的利益难以实现。① 这就是说,第三人侵害债权,是以其知悉债权的存在为条件的,因此在侵权法领域也无需债权表征,因为第三人不会陷于不测的侵权行为当中。

对于身份性的相对权,如亲权、配偶权、亲属权,由于其无法作为交易客体,因此不用考虑因转让而发生表彰需求问题。有研究必要的是第三人侵害的场合,是否会为保护第三人而产生表彰需要？侵害亲权、配偶权与亲属权的常见形态是侵害了身份关系中一方的身份性利益,从而导致另一方的身份权受到侵害。非常清晰的是,身份关系中一方的身份性利益并非依靠特定的表征形式始可获得,而是正常理性之人都应当知道的,特别是亲权、亲属权所辐射的利益,是人作为人所当然的、生而具有的权利,因此这二者都无需表征。有讨论必要的是配偶权,第三人可能并不了解实情,除非依赖特定的形式,故而配偶权有其表征：结婚登记、结婚仪式,有时甚至是同居行为等。

对于特殊的相对权,如债券、票据、股权等等,由于其有比较严格的文义性特征,特别是在涉及第三人时,完全以特定的形式所反映的权利状态为其内容,因此在处理上适用绝对权的规则,留待后述。

#### 2. 绝对权

权利的表征对绝对权而言更具有意义。因为绝对权的义务人是不特定的,权利人要想证明自己的权利状态,就只能依靠特定的表征形

---

① 王泽鉴认为,债权系相对权,债权人对于给付标的物或债务人的给付行为并无支配力,更重要的是,债权不具有所谓典型的社会公开性,第三人难以知悉,同一债务人的债权人有时甚多,如果一般性地认可侵害债权,加害人的责任将无限扩大,不合社会生活上损害合理分配原则,故应当以故意上背于善良风俗的方法加害于他人债权者,始承担侵害债权的损害赔偿责任作为限制条件。王泽鉴：《侵权行为法》(第一册),中国政法大学出版社 2001 年版,第 174—175 页。

式,否则,就必须逐一证明权利发生的事实根据,这给权利人带来的负担无法想象。其实绝对权不存在如同相对权领域的第三人,权利人之外的人均为义务人,故前述考究权利是否需要表征的两个方面就合而为一。在权利转让场合,因为受让人无法通过类似于在债权让与场合向特定义务人求证的方式获得权利确认,权利表征就是必需的。另外从义务人的角度而言,权利表征的存在使其可以认识到权利的边界,从而相应调整自己的行为,避免陷于无端的侵权纠纷之中。因此对绝对权而言,不管是对权利人抑或对义务人,权利表征都是不可或缺的。

绝对权究竟应如何表征?是由法律明确规定,还是可以由当事人自己确定?这跟法律对待权利的态度有关,特别是跟该权利在社会生活中的重要程度有关,法律经常基于特定的目的有选择性地将一些在社会中具有重大价值的权利表征法定化,比如物权,各国通常明文规定动产物权的表征是占有,不动产物权的表征是登记。而对于不采法定主义的绝对权而言,权利表征通常具有相对的灵活性。如知识产权中的著作权,既可以通过一定的登记手段也可以通过创作行为来表彰(当然这也取决于一国的法律规定)。需要研究的一点是,作为绝对权的重要组成部分的人格权是否需要表征?这一点不无疑问。就其本质而言,人格权的获得是当然、生而具有且人人相同的,凡是出生的自然人均享有平等而无差别的人格权,他人无须借助特定的形式即可知悉其内容,加之人格权也无法转让,因此无设定表征的必要。由于绝对权的行使不限于在特定人之间,故而约定权利表征就成为一种不可能。从原则言,凡是能够证明权利存在及其内容等的形式,都可能成为非法定的绝对权表征。

3. 代理权

代理权的表征形式需要特别研究。"代理权是代理人能够以本人名义为意思表示或者受领意思表示,而其效果直接对本人发生的法律资格。"①代理权虽名为权利,但代理人行使代理权是为了被代理人的利益,是为被代理人计算而进行的,与自己的利益无涉,因此其本质上属于权限。在此存在一个必须回答的问题是:代理权原本属于权限,为何将其纳入"权利"的范畴进行研究?② 首先,在习惯意义上,人们经常非严格地区分权利和权限,通常是把权限称为权利,如人们习惯性地将监护权限称为监护权而纳入权利的范畴,因此将代理权称为权利,是对习惯称谓的遵从,是一种约定俗成。其次,最为重要的是,代理权系属一种权限,不能直接为权限人自己的利益服务(无可否认代理权可为代理人获得某种间接利益),但代理权是可以以他人的名义为法律行为且其效果归属于他人的一种法律资格,是一种行为可能性,而一般权利的本质亦复如是。因此从深层角度看,权利表象就是"资格表象",代理权表象不言自明,在无权处分场合,处分权表象其实就是处分资格表象。故而在探讨对权利表象的处置这一问题时,代理权与一般权利在本质上是相同的,强调的是相对人的合理信赖,二者均作为信赖的基础而存在,因而以之作为善意保护的基础工具。换言之,代理权的权限问题不影响对其进行相同的处理。第三,法律概念内涵及本质的界定,原本是为实现一定的目的。就概念的形成而言,并非将生活中该概念所包含的全部内容作为构建法律概念的要素,黄茂荣指出,"所谓概念已将其所拟描述或规范对象之特征穷尽列举的设定之存在基础,并不真在于概念的设计者已完全掌握该对象的一切重要的特征,而在于

---

① 张俊浩主编:《民法学原理》(上册),中国政法大学出版社 2000 年版,第 318 页。
② 这是笔者在进行博士论文答辩时,答辩委员陈甦教授提出的一个深具启发的问题。对这一问题不能给出很好的回答,将直接影响本文的论证框架。

基于某种目的性的考虑（规范意旨）。"①与之相对应,对法律概念的性质界定,同样是基于目的性的考虑,因而具有一定的相对性,可以为了一定的目的强化概念之间的性质差异,当然也可以为了一定的目的有意识地模糊这种差别,本文将代理权纳入权利范畴,就是基于这种考虑。

代理权既属于据之实施法律行为的法律资格,本质上并无义务人,因为没有人承担必须因应代理权人的行为而为法律行为的义务,故对代理权不能进行绝对权抑或相对权的区分,因为这违反代理权的本质属性以及绝对权与相对权的区分标准。② 但可以根据相对人确定与否进行类似的划分,当然这种划分具有借用概念的倾向。

代理权的相对人是否确定？这是一个比较复杂而必须在此做出回答的问题,因为它决定了代理权是否需要表征。代理权分为意定代理权和法定代理权,基于本文所讨论的问题,除非特别指出,本文将代理权仅限于意定代理权。对前述问题的回答,取决于代理权的取得方式,换言之,即本人的授权手段。③ 意定代理权的授予人通过通常需要有相对人的意思表示授予代理权。④ 一般认为本人授予代理权有两种方式:内部授权和外部授权,前者是由本人直接向被授权人做出,而后者是由本人向代理行为的相对人即第三人做出。⑤ 内部授权的方式决定了由此获得的代理权的相对人是不确定的,代理人可以向符合条件的

---

① 黄茂荣:《法学方法与现代民法》,中国政法大学出版社2001年版,第39页。

② 代理权没有义务人存在,而绝对权与相对权的区分恰恰是根据义务人的确定与否而进行的,义务人的存在是其划分基础。

③ 特别注意,在有关代理的表述中,"本人"特指被代理人,这在后文的表述中经常出现,在此说明。

④ 授权行为是一单方法律行为,且属一种权力授予行为。参见[德]卡尔·拉伦茨:《德国民法通论》(下册),王晓晔等译,法律出版社2003年版,第860页。

⑤ 参见德国民法典第167条第一款第二种情形;台湾民法典第167条第二种情形。

任何人为代理行为;而对于外部授权,代理权的相对人只能为特定第三人。① 与前述绝对权与相对权的情形相同,对于相对人不确定的代理权,需要代理权表征来表彰,如果其相对人为特定第三人,则无需代理权表征。

授予代理权无需特定的形式,书面、口头的意思表示均可,最常见

---

① 需研究的一个问题是,可否通过外部授权的方式使代理人获得代理权? 台湾民法对此持肯定态度,其立法理由是:"……代理人所为的行为,效力直接及于本人,故代理权的授予,对于与代理人为行为之第三人为意思表示,即使之发生效力,亦无弊害,且转有利于交易也。"(林纪东、郑玉波、蔡墩铭、古登美:《新编六法(参考法令判解)全书》,台湾五南图书出版公司1986年版,第89页)这其中存在一个逻辑问题:本人向相对人所为的授权表示,却使代理人获得代理权,这是难以理解的。如果将这一表示看作是已将代理权授予代理人的观念通知(事实通知),则不属于外部授权问题,有学者将这一情形作为与前述两种授权方式相对的第三种授权方式,即授权人授予了内部代理权后,将这一授权事实公之于外部([德]迪特尔·梅迪库斯:《德国民法总论》,邵建东译,法律出版社2001年版,第707—708页)。德国民法第171条第1款即对此做出了明文规定(该条规定:某人已向第三人特别通知或以公告方式,通知其已向他人授予代理权的,在前一情形,此他人基于通知有权向此第三人进行代理;在后一情形,此他人基于通知有权向任何第三人进行代理)。就一般事理推之,向他人授予代理权,只能向他人直接以意思表示为之(这一点也被日本学者山本敬三的观点所佐证,他指出,"在任意代理的情形,代理权因本人授予将成为代理人的人以代理权而产生。"参见[日]山本敬三:《民法讲义1:总则》,解亘译,北京大学出版社2004年版,第233页),如果可以通过所谓外部授权使他人获得代理权,那就必须直面下列追问:本人向第三人为意思表示,而其法效意思却指向他人,那他人获得代理权的根据何在? 法效意思指向他人的对第三人的意思表示会发生什么效力? 此外,如果肯定外部授权,那逻辑的结论是当授权行为完成时,他人就同时获得代理权,而如果此时他人对此并不知情,代理权是否发生? 是应当由本人抑或第三人向他人通知外部授权的情事? 如果是由本人进行通知,为何不直接授予他人代理权而要辗转反复徒增烦忧? 如果由第三人通知,那第三人如何证明外部授权的事实? 特别是当外部授权是口头形式时,这一问题更加棘手。因此,本文主张,应当确定只有向代理人直接进行授权意思表示,才能使代理人确定地获得代理权。但很多立法例却都规定可以通过外部授权使代理人获得代理权,或可以作这样的理解:代理权的实质无非是代理人取得的一种可行为而其后果由本人承担的资格,在本人通过向第三人进行授权表示从而使代理人与第三人为法律行为时,其后果由本人承担并不违背本人的意思,且这种授权对代理人而言无任何负担,因此通过第三人向代理人进行所谓的外部授权是可以理解的。他人获得代理权的依据是本人向第三人的意思表示。但在代理人并不知悉代理权的情况下,固可发生效果归属关系,但存在的问题是,当"代理人"不知代理权授予的情事时,能否以代理人的身份为法律行为? 代理行为所需要的其它要件能否被充分? 这是深值怀疑的。

的是授权委托书,但并不意味着代理权的表征仅限于此,其它一切足以证明代理权存在的方式,都可以成为代理权的表征。"代理权的授予并不以明示为限,如以表意人的举动或其它情事足以间接推知其有授权的意思者,即生效力。"①概括而言,代理权的表征主要有以下几种:授权委托书,本人名义的使用许可,持有空白合同书、介绍信等等。

最后说明的一点是,权利表征为何能够表彰权利?这首先是由于其一贯的一致性,系属经验法则,权利表征经常性地与内含的权利状态相一致,正是这一点,促使权利表征具有一定的公信力;其次对有些权利表征而言,是表征方式法定化的结果,法定化促使权利表征与其内涵相一致,特别是当权利的变动以其表征的变动为条件时更加明显;最后,是权利表征所具有的权利推定效力的结果,权利表征具有权利正确性推定效力,在没有相反的证据推翻这一推定之前,权利表征的归属人当然可以以之作为保护自己的依据,虽然其只能用于防御而不得凭此另有其他主张。这既是前二者效果的体现,也是权利表征能够表彰权利的强大理由。

(二) 权利表象

权利与其表征是内容与形式的关系,也反映了事实与法律之间的关系。这二者的一致系属常态,即权利表征准确反映真实的权利状态。同时由于法律对权利表征自身效力的规定引导着个人的行为,塑造着事实的状态,从而促使权利人真切关注自己的权利表征样态,防止这二者出现偏差,从而在客观上促使二者的统一。但作为例外,权利与其表征的背离又是不可避免的,由于在权利表征形成的过程中,多个主体多个因素参与其中,而任一元素出现偏差都可能导致虚假权利表征的产生。本文将与真实权利状态不符的虚假权利表征称为权利表象。

---

① 黄立:《民法总则》,中国政法大学出版社2002年版,第394页。

在对权利表象进行深入的分析之前,首先得明确一个前提性的观念:作为权利表征所隶属的某一可见的、明显和显然的外部事实,有时自身会受到法律的重视,从而产生一些法律后果,而这与其所隐藏的权利无关。举例而言,卖者应当为出卖物的瑕疵向买者担保,但是当"瑕疵是显而易见"时,法国民法典 1642 条免除了这一义务。出卖物瑕疵的明显性程度,是法律用以界定担保义务范围的标准。事实情况的明显性是立法者考虑的一个因素。作为动产所有权表征的占有事实,自身会产生一系列的法律后果。① "诚然,占有代表着所有权的一个象征,无疑正是因为这些事实经常和权利迭合,立法才赋予占有如此的后果。但是在占有理论中,至少在它的某些方面,表面的事实状况被单独加以考虑,而与隐蔽的法律状况无关。"② 基于商业交往中简便和快捷的要求,商业票据法要求这些票据单证的签发和流转必须遵循一些详细的形式规则,而票据也遵循严格的文义性特征,由此,票据权利即产生于这些形式本身,而与其基础关系无关,这正是事实表面状况的直接法律效力。③

法律除了单纯关注某种外在事实状态之外,在多数情况下,这些事实状态之所以被关注,主要是试图以之确定其背后的权利。真实权利的确定本身有相当的难度,因为法律对权利的得丧变更规定了包括实体要件和程序要件在内的特别复杂的条件,在此背景下,权利表征似与某一权利相对应,但这一权利实际上并不存在,或者出现归属错位。权利与其表征之间的偏差——即权利表象的存在,尽管属于一种偶然,但

---

① 如非所有人可时效取得该动产、占有保护效力、占有被推定为善意、和平和持续占有,以及对物进行适当使用及收益的权利等等。

② [法]雅克·盖斯丹、吉勒·古博:《法国民法总论》,陈鹏、张丽娟等译,谢汉琪审校,法律出版社 2004 年版,第 778 页。

③ 以上例证,参见[法]雅克·盖斯丹、吉勒·古博:《法国民法总论》,陈鹏、张丽娟等译,谢汉琪审校,法律出版社 2004 年版,第 777—779 页。

却是一种非常重要的法律现象。权利表象适用于可见的、显露的事实状况,这一表面状况并不是因其自身而受到关注;相反,它是作为权利的表征而存在的,他人在观察这些事实状况的基础上,无需推论即可确信权利的存在及归属状态且这种确信是无可挑剔的和合理的,但在经过详尽的调查之后,却发现其所反映的权利状态为虚假。概括而言,权利表象具有下述一些特征:

1. 权利表象是一种幻象,它传递了一种虚假权利信息。权利表象揭示了这样一种事实:权利本身与其表征发生了背离,而这种背离表现在两个方面:一是权利的内容不一致(如原本设有抵押权负担的房屋所有权因该抵押权误被涂销而成为无负担的所有权),二是权利的归属错位(如原本属于甲所有的电脑由于乙的占有而使人认为属于乙所有)。这一点无须赘言,只是对其概念的另一种表达。不过应注意者,权利表象是表见事实的一种且与权利相关,而与此无关的其它表见事实则不属之。

2. 权利表象是他人误信权利存在或归属状态的根据,也是其进一步采取行动的基础。权利表象的这一效力来自于它与通常该权利的表征相一致,而权利表征原本就是值得信赖的,只不过其所反映的权利状态与真实不符。

3. 权利表象必须是可以合理信赖的依据。其与其它可观察、可感知的事实之间相互衔接且不存在明显的矛盾,至少它与真实权利之间的不符非显而易见,否则,不可能作为信赖的依据。

4. 对权利表象的形成,真实权利人或源权利人[①]可能有应负责的

---

[①] 所谓源权利人,是指授与表见权利的人,如在代理关系中的本人即是。在此有一问题需要重点提示,由于在不同的具体制度中,对权利表象的形成具有可归责性并承担相应后果的当事人的称谓并不一致,在善意取得制度中是原权利人,而在表见代理制度中是本人或源权利人,这导致在论证时若使用一个涵盖各具体制度的一般称谓时就会陷于困境,因此只能采用提前界定的方式:后文在称谓这一主体时,如无特别说明,一律用"真实权利人"称之,除非特别就善意取得制度进行论证,"真实权利人"就包括源权利人在内。

原因。但也可能与其无关,权利表象本身对此并不涉及。

    5.权利表象会发生何等效力,取决于法律的规定。在有些情形下,法律会将其所表彰的权利视为真实,而在另外的场合,法律会否定其存在而以实质的真实权利为准确定权利义务关系。在缺乏具体明文时,取决于一国法律理论的发展及司法创新法律和弥补法律漏洞的魄力。

    此外,田土城概括的"外观事实"的特征,对于理解权利表象有一定的参考价值。他认为,外观事实虽然是客观事物的反面,但也是一种客观存在。因此,第一,外观事实应具有实在性和公示性。第二,外观事实应当具有一致性。即人们对它的认识不因主体的差异而有所不同,故该事实应当具有公知性和公信力。第三,由于人们在同一历史时期都会对外观事实产生相同的认识,所以它还应具有一定的社会普遍性。第四,人们在一定社会历史时期形成的共同认识,都应具有相对的恒定性。第五,事实有很多种,有的是法律事实,有的则否。由于外观事实能够引起法律关系的变动,所以它应当是一种法律事实,具有法律性。[①] 他所谓的"外观事实"有特定的内涵,"外观事实是指在当事人之间发生、变更或消灭法律关系时,一方使对方信以为真的具有某种权利或意思的外观虚象。由于人们的主观认识与客观本质之间存在差异,所以客观事物总是既有实象(真象),亦有虚象(假象)。实象是事物的本质,虚象则是事物的外在表现。"[②] 可见,田先生是将外观事实界定为本文所述的"表象"这一概念上,尽管这在相当的程度上限制了外观事实的范围,且与通常情况下外观事实是真实的,而虚假仅属一种例外的事理相冲突,但如果做专门的界定,也是

---

    ①  参见田土城:《民法之外观理论初探》,《中国法学》2002年增刊。
    ②  田土城:《民法之外观理论初探》,《中国法学》2002年增刊。

可以理解的。如果把外观事实的范围予以限缩,而将其仅限于权利表象,则这段表述对权利表象具有很高的说明价值。另外,田先生认为"外观事实"属于事物本质的外在表现,是由人们的认识有限性所导致的,这在一定意义上是对问题的格式化说明,简单化了对其存在原因的探讨。

最后还想强调的一点是,进入法律视野中的权利表象,至少应当具备两个特征才具有意义。首先,权利表象与相关因素应当相互印证使得观察者足以对其产生信赖,即不仅权利表象形式符合要求,且与其它一些真实事实相吻合。这并不意味着要求权利表象必须是无可挑剔且足以以假乱真的,但如果其虚假性是如此明显,以致一般人都知道该事实的虚假,则难以作为权利表象,即使有人例外地予以信赖,也因为没有合理性而失却意义;其次,权利表象必须存续合理的时间,如果是转瞬即逝,则难以作为信赖的对象。权利表象存续的时间越长,怀疑其与真实不符的理由就越少。

## 二、权利表象的表彰性功能:表见权利与真实权利的冲突

### (一)表见权利

在存在权利表象的情况下,会衍生出这样一对矛盾:观察者由于对权利表象的信赖而推导出一种权利状态,或者说权利表象本身就宣示了一种权利状态,而实际上这一权利仅仅是表面的,"它只存在于推理者的思想中"。① 此外还存在一个与之冲突的真实权利,它是根据普通法律规则及当事人的行为而确定的,是法律正常适用的结果。权利表

---

① [法]雅克·盖斯丹、吉勒·古博:《法国民法总论》,陈鹏、张丽娟等译,谢汉琪审校,法律出版社2004年版,第780页。

象的存在导致了这两项权利的背离。

　　本文将权利表象所表彰的权利称为表见权利,①而将根据普通法律规则和当事人的行为推导得出的权利称为真实权利。这一对概念的界定,将为后文提供基本分析工具。在此以"登记权利"这一概念为例来说明表见权利的内涵。前已述及,不动产的权利表征是登记,当出现登记错误时,就产生了与实际权利相冲突的"登记权利",从不动产登记法律制度的特征分析,可以把"登记权利"理解为缺少实体法效力前提条件的已在不动产登记簿中登记的具有物权效力的权利。缺少实体法效力应理解为已纳入登记而纯粹从登记的法律效力分析而不考虑实体法的具体规定。② 由此可见,"登记权利"是依据错误登记而产生的权利,是由登记本身所表彰的,而与实际权利无涉。这一点非常清晰地体现了表见权利的特征。③ 概言之,表见权利存在以下规定性:

　　1. 表见权利是由权利表象所表彰的权利,是形式化的产物。由于权利表征在绝大多数情况下与真实的权利状态一致,观察者得以从权利表征中推导出权利情况,这成为一种固定化的思维模式,当出现权利表象时,观察者仍会以原有的经验和固定的模式进行思维,经验性地推导出权利的具体状态,如此便产生了表见权利。可见表见权利并非客观事实,而是作为一种观念存在于人的思维当中,是观察者考察权利表象并进行简单思维活动的结果。

---

　　① 如使他人产生合理信赖的以已经失效的授权文书所表彰的代理权、占有他人动产的自称动产所有权等等。
　　② 参见孙宪忠:《德国当代物权法》,法律出版社1997年版,第134页。
　　③ 表见权利是一种抽象,在具体的法律关系中,针对不同的权利会呈现不同的内容。如在代理关系中存在着表见代理权,在物权关系中存在着登记物权等等。

2. 表见权利缺少实体法的依据,或者说不考虑实体法的一般规定。① 表见权利是缺乏实体法支撑的并且在本质上是对实体法一般原则的反叛。前文已述,表见权利仅是由权利表象所表彰的,在确定表见权利的内容及归属状态时只根据权利的外在表征,而不进行相应的实体判断,不考察表见权利人获得权利的法律上原因及事实根据。之所以说表见权利的存在是对实体法一般规则的违反,其因在于根据实体法的一般规定,是存在一个与表见权利完全不同的真实权利的。

3. 表见权利的存在具有一定的相对性。表见权利仅为信赖其为真实的人存在,而对于真实权利人和其他知悉真实情况的人而言,表见权利并不存在。此外,表见权利仅为善意者的利益而存在,不会为其不利益而存在。换言之,表见权利是为保护善意者的合理信赖而产生的,其旨在于维护第三人的利益,在符合一定条件的前提下,在结果上将表见权利视为真实而让善意第三人获得,或者承认表见权利行使的后果。这一规则体现了在尽量维护法律一般原则的基础上对实体法律规则运行的某种微调,也是为了缓解僵硬适用原有规则所导致的不合理之处。当然第三人完全可以放弃对表见权利的主张而承认真实权利,以维护表见权利之本旨。表见权利人不得主张其表见权利受到侵害而请求侵权行为法的保护,特别是其不得对抗真实权利人的权利主张。这涉及表见权利的法律效果,留待后述。

4. 表见权利必然涉及三方当事人,即真实权利人、表见权利人和善意第三人,它反映的主要是后二者之间的关系。还需说明的是,尽管表见权利的存在,是善意第三人分析权利表象的结果,但从逻辑结构解析,在考察表见权利本身时,剥离了善意第三人得出结论的合理性问

---

① 这一点需要说明,其实在很多情形下表见权利的存在是实体法明文规定的,从这个意义上说,表见权利并非欠缺实体法的依据。但实体法的这种规定是作为一般规定的例外而存在的,因此,严格的表述应该是表见权利的存在是违反实体法的一般规则的。

题。这意味着表见权利更多的是强调权利表象所具有的客观权利表彰功能,其本身剔除了合理信赖这一因素,而将对信赖合理性的考察留待确定法律后果时单独进行。

### (二) 真实权利

真实权利是指在存在权利表象的情况下,与表见权利相对的由当事人之间实际法律关系所决定的权利。① 它是作为表见权利的对立面而存在的,正是由于真实权利自身赋予了表见权利以意义,如果没有真实权利的存在,表见权利就失去了存在的依据。

作为真实权利的特殊情形,有学者在研究由于物权变动的公示原则要求而导致的事实物权与法律物权的区分时指出,已经纳入登记的物权,以及由占有表示的物权,即由法定公示方式表征的物权,为法律物权,而真正权利人实际享有的物权,为事实物权。"法律物权的正确性是按照外观标准进行确定的,即法律不考虑法律物权是否符合客观真实情况,也不考虑权利人取得物权是否具有实体法上的依据,而是根据不动产登记或者动产的占有,直接推定登记物权或者占有表现出来的物权具有正确性。事实物权的生成,采取的是物权正确性判断的事实标准。"②应指出的是,这里所谓事实物权和法律物权,与本文所述真实权利和表见权利并非一一对应。真实权利和表见权利之间相互矛盾且又相互依存,相互给对方提供存在的合理性,其中任何一项不存在,另一项也随之消灭。但法律物权和事实物权并不如此,法律物权并不总是对应着一个与自己相冲突的事实物权,而且在绝大多数情况下,仅

---

① 如原始取得但尚未完成登记的不动产物权、事后被确认交易行为无效但尚未恢复占有的出卖人所享有的动产所有权等等。
② 参见孙宪忠:《论法律物权和事实物权的区分》,载氏著:《论物权法》,法律出版社2001年版,第57—80页。

存在一个"法律物权"——即事实物权与法律物权完全一致,①只有在例外情形即出现本文所称权利表象的情况下,才有法律物权与事实物权的对立。因此,将物权在一般意义上划分为法律物权和事实物权,是模糊了问题的关键点。

对真实权利的界定并不是一件简单的工作。一方面,事后确认已经发生的法律事实本身比较困难,当事人之间关于权利以及行为的争执涉及复杂的举证问题,非进行几场诉讼不为功;另一方面,由于法律对权利取得形式要件的规定,会反过来制约实体权利的归属,因此在当事人完成权利取得的有关行为,依据实体法②应该取得权利时,却会因形式要件的欠缺而无法实现其目的。举例而言,甲将自己的房屋出卖给乙并已交付使用,乙已支付了价金,但尚未办理房屋所有权变更登记,此时根据实体法规则,房屋的所有权利益应归属于乙,但实际上房屋的所有权仍属于甲,因为法律规定房屋所有权的变动以变更登记为条件。这一例证意图说明,真实权利并非是指利益的具体归属,而是指依据实体法规则所推导出的权利归属状态,是与表见权利相对应的。

## 第二节 权利表象的表现形式

一般性的对权利表象的表现形式进行列举,往往会陷于逻辑层次及体系的混乱,因此必须取向于目的性而进行逻辑的整合。本文在此取向于对权利表象的私法处置规则之一,即对权利表象所表彰的权利

---

① 从逻辑上讲,如果仅存在一个所谓"法律物权",而无与之对应的"事实物权",将其称为"法律物权"则不尽准确,称其为"物权"足矣。可以肯定的是,只有与"事实物权"相对而存在时,"法律物权"才具有自己的价值和存在的合理性。

② 应注意的是,这里的实体法是在非严格意义上使用的,其实对权利取得程序要件的规定,也是实体法的内容,因此本文在此是在最狭窄的意义上使用这一概念,是指排除了有关程序的而仅规定权利得丧变更的法律。

视为真实这一视角选择如下的权利表象进行研究,主要是基于为后文从规则的角度研究问题提供便利,从而将权利表象的表现形式限定于特定的范围,而不至于漫无边际。选择动产权利、不动产权利、特殊债权等权利表象,主要是取向于善意取得制度;而选择代理权表象,主要是取向于表见代理制度。

## 一、动产权利表象

动产的权利表象是所表彰的权利与真实权利不符的动产占有。

占有是以物处于某人的事实支配下这样一种客观事实(持有)为基础的,而这种事实支配是指物在社会观念上属于该人支配,即物是因社会秩序的力量而不是凭该人的实力而处于该人的支配之下,既需要有一定持续性支配关系的存在,也需要处于一种可排除他人干涉的状态。[①] 正是基于占有的这种社会观念性,其才可分为直接占有和间接占有。直接占有是基于直接对物的物理上支配乃至把持而形成的占有,这种占有可通过观察而感知,有时则需要社会观念的介入;而所谓间接占有,"指自己不直接占有其物,惟本于一定的法律关系对于直接占有其物之人,有返还请求权,因而对于物有间接管领力。"[②]换言之,间接占有是依靠占有媒介关系而建立的。特别应予强调者,如果他人并不具有独立的占有人地位,完全是本人的占有机关或者占有辅助人,则不是间接占有而属于直接占有,占有辅助人的人格在此意义上被忽略,占有的主体仅为本人,关于转移占有的请求只能向本人行使,而与占有辅助人无涉。间接占有的存在,使动产物权的表征功能得到削弱,

---

[①] 参见[日]我妻荣:《日本物权法》,有泉亨修订,李宜芬律师校订,五南图书出版公司印行 1999 年版,第 422—424 页。

[②] 王泽鉴:《民法物权 2:用益物权·占有》,中国政法大学出版社 2001 年版,第 184 页。

物权人与物之间的联系被疏远,甚至彻底丧失了表征价值,同时使占有的转移变得复杂化,出现了所谓简易交付、占有改定及请求权的让与等多种交付方式,产生了相当复杂的法律问题。

　　作为权利表象的占有,其根本的规定性在于:占有所表彰的权利与真实权利不一致,即存在表见所有权和真实所有权的背离,自称所有人的占有人并非所有权人,而是基于其它法律关系而获得占有,①具体的形成原因及表现形态在生活层面展现得丰富多样,但其本质只有一点:占有人并非所有人,而自己却如此宣称。

　　占有可以成为动产物权表象的根本原因是占有的物权推定效力及其公信力。占有是动产物权的法定表征,因此有占有的权利推定规则,其含义是一般而言,占有人于占有物上行使的权利,推定其适法有此权利。② 需研究的是,占有被推定的权利究竟为何种类型? 这取决于占有人在占有物上行使权利时的意思,推定为其合法享有的"权利"不限于所有权,还包括租赁权、质权、留置权等。但应注意的是,占有人通常被推定为所有权人,在占有人未能表达任何意思时,占有仅是所有权的表征,这其实是限制了占有的表彰功能,这一点是对经验法则的遵循。受物权种类法定主义的影响,可以由占有推定的动产物权类型有限。占有权利推定制度的作用在于使对该推定持有异议者承担举证责任,

---

　　① 如基于借用、保管、运输等契约关系取得他人之物的占有;通过盗窃、抢劫、抢夺等侵权行为取得他人之物的占有以及通过拾得遗失物、发现埋藏物等事实行为获得物的占有等等。

　　② 我国台湾民法第943条对此即有明文规定。就权利推定的效力看,当占有人被推定为权利人时,法院应依职权直接适用相应的效果,即被推定为所有人时,所有人的权利义务就一并归属于占有人;此外,占有权利的推定,不限于为占有人的利益,其不利益也有适用的余地。与之相对应,占有权利的推定效力,不仅占有人可以援用,第三人亦可主张之,且其非仅立于消极地位者得加援用,占有人对于他人积极主张其为有权占有时,亦得援用,非仅用防御,亦可用于攻击。参见王泽鉴:《民法物权2:用益物权·占有》,中国政法大学出版社2001年版,第236—239页。由此可见,占有的权利推定效力,与占有的公信力之间存在重大差异。

亦即占有人之外的主张自己对该物享有权利者必须举出反证。此与不动产登记的权利推定制度相同，但其所要求"反证"的证明程度较低，只须对方能够证明有某种与受推定的权利状态完全不相容的权利状态存在，即可推翻该项推定。正是由于占有权利推定效力的存在，占有作为动产权利的表象才具有合理性，才会与社会生活的一般情理相符。须注意的是，占有的权利推定是在将占有作为物权法定表征的前提下进行的，而动产物权的法定表征并不仅限于占有，对于特殊的动产，如船舶、航空器、汽车等的物权，其法定表征形式是登记，对于这些动产的占有人，就不得根据其占有进行权利推定。①

此外，占有所具有的公信力是占有作为动产物权表象的另一重大原因。由于物权的对世性，物权变动必然事涉他人，物权变动的公示原则就成为保护第三人的有益法律工具，使当事人之间存在的物权交易具有了外观上的可识别性，"这一原则，使得原本存在于人们观念中的物权变动，转化为一个程式化的，并可以为交易当事人以外的第三人知悉的社会活动，从而对处于特定物权交易过程之外的第三人提供了消极的信赖利益，即只要没有公示就没有物权变动。"②公信力原则是指依照法律规定的表征方式所表彰的物权与实际权利不符时，对信赖表征而参与交易的善意受让人来说，表征所表彰的权利即为真实的法律原则。物权表征的公信力需要有严格的法律要件，③其意味着即使占有表彰的物权有误，对善意第三人而言仍然视为真实，这直接导致占有

---

① 我国物权法第 24 条对这些准不动产的物权变动规定为登记对抗主义，这虽然未能变更它们的物权表征为登记的结论，但这一规定使得准不动产的占有具有了适度的权利表彰功能，从而一定程度上可以进行权利的推定。

② 参见[日]远藤浩等：《新版民法（2）——物权》，日本有斐阁 1985 年版，第 37 页，转引自王轶：《物权变动论》，中国人民大学出版社 2001 年版，第 218—219 页。

③ 吴国喆：《建构我国物权登记的效力体系》，《西北师大学报》（哲学社会科学版）1999 年第 5 期。

成为动产物权表象。

在此需明确者,若果占有人为非所有人,而自己也声称其为非所有人,此时的占有是否构成权利表象? 这一点不言自明。① 从严格的概念推演出发,权利表象的概念中内涵这样一个假定:作为权利表象的某种外观事实,必须是可以合理推出权利存在的事实,如果某种原本可以推出权利状态的外观事实因其它因素的介入已经否定了权利状态的存在,则其就难以成为权利的表征,当然就更难成为权利表象。此外,从权利表象这一概念的固有意义看,确立权利表象是为保护合理信赖者服务的,如果占有人已经宣示其非为所有人,则不会存在合理信赖者,即使将其认定为权利表象也不具有实益。因此本文所称的权利表象,并不包括无法推出权利存在的权利表征,这其实是因应目的而作的适当限制。

此外,前已述及,除了可以将占有人推定为所有权人外,还可根据其主张推定为质权、留置权人等,一般情况下,质权的存在必须有债权相伴,②因此债权人可以对占有的动产主张质权,他人对此的信赖便是合理的,如果与实际情形不符,就成为一个质权表象。同理,占有也可以成为留置权表象。

关于动产,最后再补充说明一点。法律视为不动产的动产的法定表征形式是登记,当出现登记错误时,登记就成为该动产的权利表象。

## 二、不动产权利表象

不动产的权利表象,是所记载的物权与真实物权不一致的不动产

---

① 这一结论的得出是建立在一般将占有作为所有权表征的基础之上,如果将其视为其它权利(如质权)的表征,则结论可能不同。

② 质权作为担保物权,必然附属于债权而存在,这是其从权利的性质所决定的,但在最高额质权中,质权的存在便不以现实债权的存在为条件,我国物权法第 222 条规定,出质人与质权人可以协议设立最高额质权,在此情况下,单纯占有就可能成为质权表象。

物权登记。

"按所谓登记,通常是指土地权利经登记机关依土地登记规则登记于登记簿,并校对完竣,加盖校对人员名章后,始告完毕。"①物权登记具有如下的内涵:1.必须是物权登记,而非别的权利登记,亦非其它事项的登记。2.登记的具体内容为物权主体及其变更、物权客体及其上负担的权利类型,基于物权法定主义,物权的内容非为物权登记的事项。3.登记本身是静态结果与动态过程的统一体,前者是当事人申请登记所追求的目标,是实现登记价值功能的基本手段,物权登记效力的发生以此为依托。后者是前者实现的手段,是为前者服务的,其本身是一程序性司法行为。② 在不同的语境中,"登记"具有不同的意义,作为不动产物权表征的登记,指的是静态的登记结果。③

同动产的情形相同,登记可成为不动产权利表象的原因在于登记的公信力及其权利推定效力。不动产物权的法定表征形式是登记,而其所具有的公信力及权利推定效力与立法所选择的物权变动模式无关。在登记生效要件主义立法例下,物权登记是基于法律行为的物权变动的基本条件,也正由此导致物权登记具有权利推定效力和公信力。"因不动产登记簿是国家档案,是以国家信誉支持的、统一的不动产物权的法律基础,故不动产登记簿就自然而然的对不动产物权的变动发挥着正确性推定的作用——即以登记的物权为正确的不动产物权并依

---

① 王泽鉴:《民法学说与判例研究》(第7册),中国政法大学出版社1997年版,第221页。

② 孙宪忠认为,物权登记"不是行政行为而是司法行为,但又不是决定当事人实体权利的司法行为,而是程序性司法行为。"孙宪忠:《德国当代物权法》,法律出版社1997年版,第143页。鲍尔、施蒂尔纳也认为,"土地登记官员的行为,并非行政行为,而是属于司法活动范畴。"鲍尔、施蒂尔纳:《德国物权法》(上册),张双根译,法律出版社2004年版,第281页。

③ 参见吴国喆:《物权登记制度一般研究》,载江平、杨振山主编:《民商法律评论》(第一卷),中国方正出版社2004年版,第97—98页。

法予以保护。同样,在登记簿涂销一项不动产物权时,也应依法认为该项权利已经消灭。"①德国民法第891条和台湾土地法第43条便是登记的权利推定效力的典型反映。② 在此基础上,产生了登记的公信力,德国民法第892条第一句及瑞士民法第973条是典型的关于土地登记簿的公信力的规定。③ 公信力原则的适用,使得登记簿所记载的物权与真实物权不一致时,该登记就成为权利表象。

需研究在登记对抗主义立法例下,物权登记是否具有推定效力及公信力?在该模式下,登记是不动产物权变动的对抗要件,这一效力决定了不动产登记仍然具有权利推定效力及公信力,这是对抗效力的反射结果。登记对抗主义的基本观念是不动产物权变动非经登记不得抗第三人。④ 这意味着在当事人之间达成意思合致之后,当事人之间物权变动的结果即已发生,但在变更登记之前,登记簿上所记载的权利人仍然是原权利人,当他人信赖登记簿的记载,在此基础上进行取得该登记权利的交易行为并完成登记时,前权利取得人的物权就不得对抗信赖登记者所取得的物权,这一点跟登记具有公信力的效果完全相同。加贺山茂指出,日本民法中关于登记对抗效力的规定,"可以改读为,第三者因具备了对抗条件,在实现第三者保护目的的范围内,可以否认不

---

① 梁慧星主编:《中国物权法草案建议稿:条文、说明、理由与参考立法例》,社会科学文献出版社2000年版,第154页。

② 德国民法第891条规定,在土地登记簿中为某人登记一项权利时,应推定此人享有此项权利。在土地登记簿中涂销一项被登记的权利时,应推定此项权利不存在。台湾土地法第43条规定,依本法所为之登记,有绝对效力。

③ 德国民法第892条第一句规定,为权利取得人的利益,关于以法律行为取得土地的物权或者土地物权之上的物权的情形,土地登记簿记载的内容应为正确,但是土地登记簿上记载有对抗此项权利的正确性的异议抗辩时,或者取得人明知此项权利不正确时除外。瑞士民法第973条规定,出于善意而信赖土地登记簿的登记内容因而取得所有权或其它权利的人,均受保护。

④ 参见日本民法典第177条。

具有对抗要件的物权取得者的权利。"①结论是,登记的对抗效力与公信力的效果是基本相同的。这种立法例下登记的权利推定效力,也是毋庸置疑的。在登记公信力的作用下,对于善意第三人而言,登记当然具有权利推定效力,而不动产权利的登记人也可据以主张自己的权利为真实,正如学者所指出的,"以登记权利为正确权利的推定作用,实际上是凡建立不动产登记制度的各国法律均承认的普遍法理。此效力在德国法、瑞士法、中国台湾地区民法中得到承认固然不是问题,即使是采纳形式主义登记即对抗主义登记的日本民法,也承认这一效力。日本民法第177条规定,登记后的不动产物权才具有对抗第三人的效力。故建立不动产登记制度,就应该承认这一效力。"②由此可见,在登记对抗主义立法例下,登记也可以成为不动产权利表象。

此外,不动产占有能否作为不动产物权表象?首先应肯定的是,不动产占有也有权利推定效力。关于占有的权利推定所适用的范围,各国民法的规定不尽相同,德国、瑞士民法都仅以动产为限,③而日本、中国台湾民法都包括不动产和动产,④基于占有权利推定效力的宗旨在

---

① 参见[日]加贺山茂:《日本物权法中的对抗问题》,于敏译,《外国法译评》2000年第2期。

② 梁慧星主编:《中国物权法草案建议稿:条文、说明、理由与参考立法例》,社会科学文献出版社2000年版,第154—155页。

③ 德国民法第1006条规定,"1.为动产占有人的利益,推定其为动产的所有人。物因被盗、遗失或其它事由,而脱离占有者,对于原占有人,不适用前段的规定,但其占有物为金钱或无记名证券者,不在此限。2.为前占有人的利益,推定其在占有期间内,为物的所有人。3.在间接占有的情形,对于间接占有人,也适用此种推定。"可见德国关于占有的权利推定是有严格的限制条件的,不仅限于为了占有人的利益,且限于推定为动产所有人。当然推定为所有人是最典型的。瑞士民法第930条规定,"动产的占有人,推定为所有人。原所有人推定其在占有时期为物之所有人。"

④ 日本民法第188条规定,"占有者于占有物上行使的权利,推定其适法有此权利。"我国台湾民法物权编修正草案第943条规定,"占有人,在占有物上行使的权利,除已登记的不动产物权外,推定其适法有此权利。"即对于不动产占有的权利推定,限于未登记的不动产。

于维持社会秩序、促进交易安全且在多数情形下与本权统一的特点，本文认为将不动产的占有纳入其中是有合理性的。① 不过应注意的是，登记是不动产物权的法定表征，当存在登记时，不动产的占有就不足以作为享有权利的外部表征，一方面是因为人们会更加信赖登记而相对忽视对占有的考察，另一方面占有的权利状态也很容易被登记的记载所推翻，因此应当将已经登记的不动产排除在外，这样，不动产占有的权利推定就仅限于未登记的不动产物权，以及以不动产为标的物的债权。在此基础上，也会产生不动产占有的公信力，故而不动产的占有就可成为未登记的不动产物权表象。

### 三、债权表象

债权表象是债务人②出具的与真实债权状态不符的债权文书。

前已述及，债权人与债务人之间无需债权表征，自然不存在债权表象。亦即债权人所持有的"债权文书"不能作为债权表征，当双方之间不存在债的关系而债权人持有债权文书向债务人主张权利时，③债务人当然可以拒绝。但当将债权作为交易客体，因而涉及到第三人利益时，就产生了对债权的表征要求。德国民法第405条的规定，其实是将"债务人出具的关于债务的证书"作为债权表征来对待的，在此情况下，债权人将自己的债权依托该债务证书转让给善意第三人，则

---

① 我国有学者也赞成这一观点，"占有权利的推定因并不限定适用于动产，故解释上不动产也有适用的余地。"陈华彬：《物权法原理》，国家行政学院出版社1998年版，第805页。

② 在此，"债务人"这一概念容易引起误解，应该将其分为两类来说明，一是当事人之间原本存在债的关系，只是其具体内容与债权证书的记载不符，此时存在真正的债务人，理解不存在问题；二是当事人之间原本就不存在债的关系，是由"非债务人"签发了债权凭证，此时便不存在真正的债务人，只是由于后来的"债权转让"导致其承担债务，在此意义上将其称为债务人。

③ 如金钱借贷关系，债务人已经清偿完毕，但未能收回借条，债权人又以该借条主张权利。

债务人不得对新债权人拒绝承认债务的存在。当该债务证书缺乏法律事实的根据时,就成为债权表象。由此可见,债权表象只限于债务人所签发的债务证书,且必须与债权的转让相结合方可成立。① 不过卡纳里斯认为,这种情况其实是债务人对原本是虚假的义务签发证明书,有意地造成他人享有债权的表象,故他必须对第三人由此产生的信赖负责。因此应该扩大德国民法典第 405 条所规定的信赖保护的狭窄范围,将有意制造法律表象的各种行为纳入其中,债务人口头表示亦不例外。② 这种观点殊值重视,特别是关于将口头表示作为债权表象的观点。

但应注意的是台湾民法第 309 条第 2 项:"持有债权人签名的收据者,视为有受领权,但债务人已知或过失而不知其无受领权者,不在此限。"依刘德宽的见解,此为对"债权的准占有人"的清偿,"收据的持有人未必悉有受领权,但法律为了保护清偿人的动产安全起见,对于持有收据之人,视为有受领权,而认为清偿人的清偿有效。"③这其实是对善意清偿人的保护,而非指债权转让过程中善意受让人能从"债权的表面拥有人"处获得债权,此不可不辨。与此具有相同功能的是德国民法典第 409 条第 1 款,"债权人向债务人通知其已让与债权的,即使未进行让与或让与无效,仍须对债务人承受通知的让与。"债务人信赖让与通知并向新债权人履行后即得免除义务,即使让与事实并不存在。这都不属于债权表象问题,只是对债务人信赖保护的结果。因为债权表象必然是超越了债权人和债务人,而使第三人相信该虚假权利外观,但在

---

① 参见[德]卡尔·拉伦茨:《德国民法通论》(下册),王晓晔等译,法律出版社 2003 年版,第 896 页。
② 参见[德]卡尔·拉伦茨:《德国民法通论》(下册),王晓晔等译,法律出版社 2003 年版,第 897 页。
③ 刘德宽:《民法诸问题与新展望》,中国政法大学出版社 2002 年版,第 288 页。

债权人与债务人之间,是没有债权表象存在的空间的。

　　特殊债权是否存在权利表象值得研究,这些债权均属于广义的证券化债权,①主要包括以下几类:债券、各种票据②、提单、仓单③及存款单。上述几类特殊的债权,在社会生活中具有举足轻重的地位,发挥重大交易价值,因此法律对这些债权的交易安全特别重视,表现为将这些债权的表征形式绝对化,即对于这些债权的善意受让人而言,债权的内容完全取决于书面记载而与实际的法律关系无涉,相应的债务人仅是根据书据的记载履行义务。因此,属于广义的证券化债权的上述债权,基于其文义性、流通性特征,与其所发生的事实上原因相区分而独立存在。就单纯证券化债权而言,不存在证券化债权与真实债权不符的情形,只要符合形式要求,其就是真实的,从这个意义上说,不存在证券化债权表象。④ 但存在的问题是,有时证券化债券的持有人并非真正债权人,比如持有人从真正权利人手中窃得、抢得书据或者拾得他人遗失的书据等,此时持有人持有表彰债权的证券,就成为证券化债权表象,本文也是在此意义上主张特定债权是存在权利表象的。⑤ 其实,这是

---

　　① 本文在此所用的"证券"是广义的证券概念,包含所有表彰特定权利的有一定形式要求的书据。

　　② 票据权利的表征为票面记载,票据行为具有要式性、文义性、抽象性、独立性(参见谢怀栻:《票据法概论》,法律出版社 1990 年版,第 44—46 页)。出票人以及其他票据义务人,按照票据所记载的事项承担票据责任,票面记载成为票据权利的法定表征方式。

　　③ 仓单与提单的特殊性在于不仅是一个债权凭证,同时也是一个物权凭证。

　　④ 应指出的是,如果将证券化债权与其发生的事实上原因相联系,就会出现证券化债权与原因事实不符的情形,虽然法律会保障证券化债权的实现,但终究会在当事人之间发生基于原因关系的不当得利返还等救济性权利。在此意义上,票面记载就成为证券化债权表象。

　　⑤ 谢怀栻在论证票据权利的取得时举一例:甲发出票据给乙,丙从乙处窃得票据并转让于丁,若丁完全不知道丙的票据来历而受让,就能合法地取得票据权利,这种情形称为票据权利的善意取得(参见谢怀栻:《票据法概论》,法律出版社 1995 年版,第 61 页)。在这个例子中,丙对票据的持有就构成票据权利表象。

将证券化债权作为一个利益整体来看待,问题的核心转化为该利益的归属是否正确,而不是表彰的债权是否为真实的债权,因此其权利表象是对表彰该债权的书据的持有,而非书据本身。这一点与物权表象不同,物权表象的情形有二:一是物权归属与真实权利状态不符,这一点与证券化债权表象相同;二是物权内容本身与真实物权内容不符,这一点则与证券化债权不同。在后者,证券所表彰的债权就是真实的债权,此二者不可能发生冲突。特别提请注意的是,这里论证特殊债权表象的前提条件是债权票面形式已经做成且已交付——即已产生了证券化债权,此时不存在一个与证券化债权相对的真实权利,而仅仅可能是证券权利归属的错误,因此将其表象界定为书据的占有。如果情形与此相反,即证券权利尚未产生(证券行为人仅做成证券而尚未交付),如果因为一定原因导致证券做成人丧失证券的占有,此时则出现证券权利与真实权利的冲突:原本并不存在证券权利,但证券形式(证券书据)却表彰存在证券权利。由此,证券的书据即成为证券权利的表象。这两种情形的区分,殊值重视。

### 四、股权表象

股权表象有复杂而颇受争论的表现形式。

表征形式单一化的固定模式,是鉴于相应领域交易安全的强烈需要,这与相应交易的重要性密切相关。股权交易的重要性正处于持续上升阶段,对便捷、可靠的股权信息传递渠道的需求也在加强,这就需要建立统一的股权表征形式。

首先应肯定的是,股权的表征不能是出资行为,因为还存在其它获得股权的途径,正如韩国学者李哲松在论及股份公司的股东和股东权时指出,"与其说是因出资而成为社员,还不如说是因取得资本构成单位的股份而成为社员。对此不得有例外。"①但施天涛认为,股东身份确定的实质条件是向公司出资或者认购股份,而形式要求是股东姓名或者名称被记载在公司章程或者股东名册,②换言之,股权的表征为公司章程或者股东名册的记载。这一论证忽视了出资以外其它手段获得股东资格的可能性;此外,这种观点是根据不同对象而用不同的标准来界定股东身份:依据公司章程来认定股东身份,只能局限于有限责任公司的股东和股份有限公司的发起人,而股份公司社会公众股东的确认却依赖于股东名册,这一点原本就难以操作,更何况如果这二者出现交叉、冲突,究竟以何者作为确定股权的权威标准将是一个难以解决的问题。蒋大兴对此专门作过研究,他综合考察了公司股东资格的取得与缴纳出资、公司章程记载、工商登记、股东名册以及持股(出资)证明之间的关系,其结论是每一种形式都有自己独特的价值,但都存在瑕疵,应当结合具体情况进行确定,但对于记名股东而言,股东名册是充分的表面证据。如果各种表面证据之间存在冲突,应当按照争议当事人的具体构成确定各类表面证据的选择使用规则。③ 这样的结论尚未对问题的解决提供清晰的答案。本文对这一问题的基本观点是,对于股权的表征,应当根据公司的类型进行确定。对于有限责任公司而言,股权的表征应当是股东名册;而对于发行无纸化股票的股份公司而言,股权的表征为证券登记结算机构的记载。在确定了股权的表征之后,股权表象的确定就十分简单,错误的表征即足当之。

　　就实在法而言,我国对于股权的表征形式缺乏统一的明文规定,只能根据公司的不同类型具体确定。新修正的公司法第33条第2款规

---

① [韩]李哲松:《韩国公司法》,吴日焕译,中国政法大学出版社2000年版,第217页。
② 施天涛:《公司法论》,法律出版社2006年版,第227页。
③ 蒋大兴:《公司股东资格取得问题研究》,载氏著:《公司法的展开与评判》,法律出版社2001年版,第444—498页。

定:"记载于股东名册的股东,可以依股东名册主张行使股东权利。"似乎规定有限责任公司的股权,其表征形式是股东名册,但其第3款又规定:"公司应当将股东的姓名或者名称及其出资额向公司登记机关登记;登记事项发生变更的,应当办理变更登记。未经登记或者变更登记的,不得对抗第三人。"似又肯定登记机关的登记为股权的表征形式,这其中的间隙有待进一步研究。对于股份公司而言,根据公司法第97条(股份有限公司应当将公司章程、股东名册、公司债券存根、股东大会会议记录、董事会会议记录、监事会会议记录、财务会计报告置备于本公司)、第103条第2款(无记名股票持有人出席股东大会会议的,应当于会议召开五日前至股东大会闭会时将股票交存于公司)及无纸化股票的规则,记名股东的股东名册记载、无记名股东对股票的持有及在无纸化股票的场合证券登记机构的记载,是股权的表征形式,与之相对应,股权的表象也就与其表征形式相同。

### 五、代理权表象

代理权无法定表征形式,因应其多样化的表征,代理权表象必然有多样化的表现形式。代理权表象的认定,并不是一项经简单推理即可完成的工作,有时需要进行利益衡平,特别是对于非典型的代理权表象形式,必须全面斟酌当事人的利益、行为习惯等等因素进行认定。

(一)与真实权利不符的授权委托书。作为代理权表象的授权委托书,其基本表现形式为:本人原以授权委托书的形式授予他人代理权,事后以其它形式撤销之,但未能收回该授权委托书;本人实际授予他人代理权的范围小于授权委托书的记载,即由于自己的原因在授权委托书中将授权范围扩大;将授权委托书中的权限部分空缺,或者纯粹是空白授权委托书,而代理人所填的代理权限超出授权范围;代理权终止后,本人未能收回授权委托书,自称代理人所持有的该授权委托书。

(二)向第三人所为的表示授予他人以代理权的口头或书面通知。即本人以自己的行为向第三人通知以代理权授予他人,而其实这种授权行为并未发生,或者事后撤销或对其权限予以限缩,却未能以适当的方式通知第三人,且第三人对通知予以信赖并与自称代理人为法律行为,则该通知就成为代理权表象。

与前述情形极其相似的是公开告示,只是前者所指向的是特定人,而后者则无确定的对象。

(三)特定的沉默。如果本人明知他人以其代理人的名义与第三人为法律行为而不作否认表示,或者不进行其它的干预行为,而他原本是可以进行这种干预的,该沉默就成为代理权表象,这种情形称之为因"容忍"而产生的表见代理权。①

应注意的是,这里所谓沉默与对代理人通过"可推断的行为"而进行内部授权的情形不同,后者是只有当本人的行为对于应向之做出授权的代理人而言具有内部授权的意义时才涉及,因此如果代理人清楚

---

① 对此,我国有许多司法判决支持这一观点。如在"何小红等诉黎就兴、梁安景财产损害赔偿纠纷案"中(该案简要案情为:何小红与李文武之妻,李文武跟村委会签订鱼塘承包合同,交由第三人李兴盛经营,后第三人李兴盛与被上诉人黎就兴、梁安景签订转包协议,李文武未提出异议,李文武死亡后,因为政府补偿鱼塘青苗给被上诉人,何小红对之有异议认为该款应属于李文武而发生诉讼),法院认为:"第三人与被上诉人签订的《鱼塘转包协议书》,虽非李文武签订,但从第三人以李文武之名与琼山县铁桥乡林村、红星乡玉成村、玉雅村签订《承包合同》及代为交纳承包金的情况看,以及在《鱼塘转包协议书》签订后二年内,被上诉人在承包鱼塘上养鸭、养鱼,并建有房子,李文武应当知道此事项而没有提出任何异议,且收取了承包金,应认定李文武实际认可了第三人的行为,第三人的行为构成表见代理。上诉人诉称其不知道第三人的转包行为,没有事实根据,无法自圆其说。"见海南省海南中级人民法院(2002)海南民二终字第262号判决书。该案中法院认为本人的沉默是代理权存在的表象。再比如在"湖南省安化县烟溪农村信用合作社诉袁雄辉借款合同纠纷案"中,法院认为:"被告袁雄辉明知案外人张建华借用自己的房产手续及私章,并以被告袁雄辉的名义向原告烟溪信用社借款而不作否认表示,应认定案外人张建华的行为是表见代理行为,被告袁雄辉应对案外人张建华的该代理行为承担民事责任。"见湖南省安化县人民法院(2000)安经初字第237号判决书。有所区别的是,在这里还存在代理人持有本人的房产手续及私章的积极条件。

本人并不愿授予其代理权,只不过因为决定不果断或其它原因才这样做时,便不存在内部授权。①

需要进一步研究的是,如果本人并不知道代理人的"代理行为",因而并不是"容忍"这种行为,但是若他足够小心谨慎,如对其雇员进行必要的监督,那么他原本是可以且应该注意到的,第三人因而认为本人是知道并容忍代理行为时,是否构成代理权表象?这一点必须结合本人的可归责性进行认定,因此留待后述。

(四)特定职务的赋予或特定身份的存在。在公司中,董事、经理人以及其他有权代表公司的代表人,如监事等,在其职责及法律规定的范围内享有对公司的法定代理权。② 当这些人表面上拥有该职位而实际上并没有时,③或者他的职位事实存在,只是公司内部对其代理权予以剥夺或限缩,而对此又未经过特定方式公示时,该职位就成为公司代理

---

① 参见[德]卡尔·拉伦茨:《德国民法通论》(下册),王晓晔等译,法律出版社2003年版,第892页。

② 我国的司法判决中有相同的观点。如在"昆明博采装饰工程有限公司诉昆明天和装饰工程有限公司购销纠纷案"中,昆明市盘龙区人民法院认为:"李坚在被告方的职务是采购人员,其就有权对工地所需材料进行采购。"明示其因职务而具有特定的代理权。见(2000)盘经初字第083号判决书。再比如在"楼世良诉宁波保税区艾卡拉房地产开发有限公司、熊绩强、李连昌房屋买卖纠纷案"中,法院认为:"李连昌虽不是艾卡拉公司的法定代表人,但其行为符合表见代理的法律特征。"见浙江省高级人民法院(2000)浙法民终字第125号判决书。这一判决尽管存在说理上的不足,但似乎是肯定因为李连昌是艾卡拉公司的总经理,故有表见代理之结论。

③ 笔者在调查时了解到一个颇具启发性的案件:某甲为A公司的董事长,某乙为其好友,一日乙去甲的办公室聊天,适逢甲有急事外出,便让乙在其办公室稍坐,等自己办事归来继续聊天,某乙便在甲的办公桌后就座并翻阅报纸。某丙为A公司的债务人B公司的出纳员,因刚从银行取得一笔资金便顺道来甲的办公室清偿其债务,见董事长办公桌后坐一人,即询问对方是否为董事长,某乙宣称自己是董事长并问有何事,丙信赖之(丙并不认识甲)并提出还款,某乙收下丙交来的现金5万元并写了一份还款证明交给丙。之后乙携款逃跑。存在的问题是丙的清偿对A公司是否有效?问题的核心点在于:在此情形下,某乙是否为A公司的表见董事长?这也必须结合可归责性及信赖的合理性来进行认定,留待后述。

权的表象。① 此外,雇员在其职责范围内享有对雇主的代理权,如销售公司的营业员在销售物品时,当然是公司的代理人。当雇主实际上未赋予其代理权或对其代理权予以限缩时,雇员地位就成为代理权表象。这里需说明的是,尽管基于职位所享有的代理权属于法定代理权,但公司对该职位人选的确定属于自主选择的范畴,因此本文将这类情形也纳入委托代理权的范畴进行讨论。

在此应指出的是,在我国立法层面及主流判决中,认可享有对外缔约权、能够代表公司进行法律行为的人似乎仅限于法定代表人,而之外的人除非得到法定代表人的授权,均无权代表或代理公司独立进行交易活动,这一点堪称特色。如在"汕头市金桥企业总公司诉赖文贵、南澳对外经济企业总公司进出口代理合同纠纷案"中,赖文贵为南澳对外经济企业公司副总经理兼进出口一部经理。但法院仍认为:"赖文贵不是南澳对外企业公司的法定代表人,又未曾得到公司法定代表人的授权和事后追认,没有对外签订合同权和代理权,其以南澳对外企业公司名义与汕头金桥公司签订的代理进口协议书、解除进口协议书的协议及延期付款协议书实是赖文贵的个人行为,对南澳对外企业公司不产生法律约束力。"②明确否定其享有职务代理权。

此外,夫妻为日常家务,互为代理人,这也是英美法和大陆法的一项基本原则。③ 在此前提下,会因如下的原因导致代理权表象存在:第

---

① 此时根据其所表现的职位的不同,相应的称为表见董事、表见经理等等。
② 见广东省南澳县人民法院(1996)南经初字第22号判决书。
③ 英国学者盖斯特指出,"如果已婚妇女同他的丈夫共同生活,就要假定她有以丈夫的信誉担保的隐含代理权,即凡一切家务方面的必需品都委托于妻子管理的这种代理权。"[英]A.G.盖斯特:《英国合同法与案例》,张文镇等译,中国大百科全书出版社1998年版,第554页。台湾学者林诚二指出,"夫妻为日常家务,互为代理人,但夫妻之一方滥用其代理权时,他方得限制之,但不得对抗善意第三人。"林诚二:《民法债编总论——体系化解说》,中国人民大学出版社2003年版,第107页。

一，表见夫妻身份的存在。各国对婚姻关系的成立均规定了一定的程序要求，其本质属于对婚姻关系的公示，如果当事人双方未进行必要的公示而以夫妻名义同居生活，且其住所地社区的居民均对其夫妻关系予以认可，这就成为事实上的婚姻关系，而在不承认事实婚姻为合法夫妻关系的国家就成为表见夫妻关系，这一表见关系的存在就成为夫妻日常家务代理权的表象。第二，夫妻一方对另一方的日常家务代理权予以限制，但这种限制未予公示，此时，夫妻关系的存在就成为夫妻另一方享有完整日常家务代理权的表象。

（五）允许他人以自己的名义行事。如出租车行、会计师、律师、助产师、医师、药剂师等将"牌"借给他人，日本学者称为名义贷与。① 再如公司允许他人以其支店名义营业、公司允许他人以公司名义为同一营业、同意他人印制公司的名衔使用等。② 另外还有把盖有印章的空白合同用纸借与他人使用而收取使用费、使用他人的介绍信③等等。

（六）其它

1. 将印章交与他人保管使用

交付印章与他人是他人享有代理权的表象，这一点为台湾地区判

---

① 参见林诚二：《民法债编总论——体系化解说》，中国人民大学出版社2003年版，第107页。

② 王泽鉴将这几种情况概称为"允许他人以其名义为营业"，参见王泽鉴：《债法原理》（第一册），中国政法大学出版社2001年版，第320页。

③ 对于这一点，我国最高法院曾有司法解释，尽管已经废止，但其中所反映的法理却应值重视。最高人民法院1987年7月21日《关于在审理经济合同纠纷案中具体适用〈经济合同法〉的若干问题的解答》问题一："（一）合同签订人用委托单位的合同专用章或者加盖公章的空白合同书签订合同的，应视为委托单位授予合同签订人代理权。委托单位对合同签订人签订的合同应当承担责任。（二）合同签订人持有委托单位出具的介绍信签订合同的，应视为委托单位授予代理权。……（三）合同签订人未持委托单位出具的任何授权委托证明签订合同的，如果委托单位未予盖章，合同不能成立，责任由签订人自负；如果委托单位已经开始履行，应视为对合同签订人的行为已予追认。"问题二：关于借用业务介绍信、合同专用章或者盖有公章的空白合同书签订的经济合同："借用人与出借单位有隶属关系，且借用人签订合同是进行正常的经营活动，……出借单位与借用人对合同的不履行或者不完全履行负连带赔偿责任。"

例所支持,但同时也存在相反的判例,应值重视。① 1963 年台上字第 3529 号判例:"上诉人等既将已盖妥印章之空白支票交与某甲,授权其代填金额以办理借款手续,则纵使曾限制其填写金额 1 万元,但此项代理权之限制,上诉人未举证证明,为被上诉人所明知或因过失而不知其事实,依第 107 条(代理权之限制及撤回,不得以之对抗善意第三人)之规定,自无从对抗善意之被上诉人。"②该判例被王泽鉴用来讨论关于代理权的限制不得对抗善意第三人的问题,但本文认为这一判例用来说明持有盖妥印章的支票是代理权存在的表象更为恰当,而且这一代理权是不存在任何限制的。此外,1955 年台上字第 1428 号判例认为将印章及支票既系交与他人保管使用,自足使第三人相信曾授予代理权,纵令该他人私自签发支票,应依第 169 条(由自己的行为表示以代理权授予他人,或知他人表示为其代理人而不为反对之表示者,对于第三人应负授权人之责任。但第三人明知其无代理权或可得而知者,不在此限)的规定负授权人责任。1967 年台上字第 2156 号判例所持观点与此完全相同,认为上诉人既将盖有本人私章及所经营工厂厂章的空白合约及收据,交由某甲持有向被上诉人签订契约及收取定金,显系由自己的行为表示以代理权授予他人,自应负授权人责任。

但应特别注意的是,1981 年台上字第 657 号判例谓:"人们将自己印章交付他人,委托该他人办理特定事项者,比比皆是,倘持有印章之该他人,除受托办理之特定事项外,其它以本人名义所为的任何法律行为,均须由本人负表见代理之授权人责任,未免过苛。原审徒凭上诉人曾将印章交付于吕某之事实,即认被上诉人就保证契约的订立,应负表见代理之授权人责任,自属率断。"由此可见,将印章交付他人保管是否

---

① 本节下述关于代理权表象的台湾判例,均引自王泽鉴:《债法原理》(第一册),中国政法大学出版社 2001 年版,第 320 页。

② 王泽鉴:《债法原理》(第一册),中国政法大学出版社 2001 年版,第 314 页注释 4。

构成代理权表象不可一概而论,应斟酌相关情事审慎认定。另外,林诚二指出,"买卖土地、房屋,将土地权状、印章交由土地代书办理过户,却被土地代书拿去办理自己之抵押贷款,不生表见代理。盖'最高法院'认为表见代理仍须有代理意思,且在代理权限范围内,方有其必要关联性,故此非表见代理。"①

概言之,持有他人的印章能否作为代理权的表象,一跟交易习惯有关(如果持有他人印章系属生活的常态,则其不能作为代理权表象),二取决于一国的司法政策(若其重在保护静态安全,则持有他人印章不是代理权表象),同时需结合本人的可归责性及相对人的信赖合理性进行判断,极为复杂。检索我国的案例会发现,是否将持有他人的印章作为代理权表象在我国法院也存在争议。如在"镇平县丰源城市信用社诉王帮哲借款合同纠纷案"中,河南省高级法院明确肯定了持有他人印章可以成为代理权的表象,②但在"王高升诉高宪隆、襄汾县供销合作联社借款纠纷案"中,山西省高级人民法院似乎认为持有财务专用章并不能作为代理权的表象。③

2. 特殊的人际关系及其先前一贯的代理行为

基于本人与代理人之间的特殊人际关系,以及代理人一贯的行为

---

① 林诚二:《民法债编总论——体系化解说》,中国人民大学出版社2003年版,第107页。

② 见(2002)豫法民一终字第128号判决书。其判决理由为:"1996年11月29日借款合同是王帮哲之弟王延武持王帮哲的私章代王帮哲签订的,所借款项又是用于偿还王帮哲的借款。丰源信用社有理由相信王延武有代理权。即使王帮哲未授权王延武行使其代理权,也不影响该代理行为的有效性,被代理人王帮哲仍应承担还款责任。王帮哲以关于其'不是实际借款人'、'未委托王延武'而不应承担责任的上诉理由不能成立。"

③ 见(2000)晋申民监字第7号判决书。其判决理由为:"王高升所提借款协议虽盖有经济技术开发公司财务专用章,但借款时,该公司法定代表人并不知情,也未授权予高宪隆,后在该公司清产核资时王高升、高宪隆也未告知过公司法定代表人,且该款始终也未进入过公司账户。另高宪隆在检察部门调查时也承认该笔借款由其应诉,与公司和县联社无关,此有笔录在案佐证。故此款应由高宪隆偿还。"

表现,可以认定存在代理权表象。我国法院对此著有判决,如"林泓杰诉厦门东南海俱乐部有限公司追索劳动报酬纠纷案"中,法院认为:"关于原告林泓杰的身份问题:东南海俱乐部虽注册为外商独资企业,实为美国 JPI 公司与林昭南合资经营,林昭南系隐名合伙人,即以暗股形式投资。1999 年 6 月 16 日原告林泓杰代理其父林昭南所签订的确认书,系林昭南退伙的确认书。从原告签发的公司签呈、原告签字的市内交通费报销表、原告代理其父林昭南所签订的确认书可以看出,原告实际上履行的是公司管理者、经营者的职责,由于原告林泓杰与林昭南系父子关系,林昭南虽未明确授权或委托原告,但原告的上述行为足以使相对人有理由相信原告有代理权,属表见代理,即原告林泓杰在被告公司的身份应认定为股东林昭南的代理人。"①

再比如在"林相贵诉中国平安保险股份有限公司大连分公司人身保险合同纠纷案"中,法院认为:"在夫妻关系存续期间,汤桂珍为林相贵办理退保,虽然申请书中林相贵署名系汤桂珍填写,但按照本案保险合同的约定,申请退保时汤桂珍所提交的证件齐全,退保申请人林相贵的署名系汤桂珍填写、林相贵与汤桂珍的离婚诉讼及随后双方经调解离婚,保险公司在审核退保、给付退保金时,对此并不知悉,保险公司已善尽其退保审核义务;且在本案保险合同履行过程中,林相贵保险费的交付、住院医疗险理赔手续办理及保险金领取均由汤桂珍经办,保险公司足以相信汤桂珍具有代理林相贵办理退保、收取退保金的权利,故汤桂珍为林相贵办理退保的行为属表见代理,由此造成的法律效果——保险合同的解除,依法应由原告林相贵承担。"②依据法院的见解,关键性的因素在于:双方为夫妻关系、相对人对夫妻关系出现的问题不知

---

① 见福建省厦门市思明区人民法院(1999)思民初字第 370 号判决书。
② 见大连经济技术开发区人民法院(1999)开经初字第 736 号判决书。

情、代理人一贯的代理行为。值得进一步反思的是,法院认定在此情形下存在代理权表象且将其所表彰的权利视为真实,对相对人的利益考虑是否周全?就退保这一行为而言,本人并无可归责性。代理人伪造的签名也发生真实的效力,颇值注意。

但也应注意的是,代理人一贯作为本人的代理人,并不是在特定案件中存在代理权的绝对有效证明。如在"珠海东洋之花化妆品有限公司诉张柏芝演出合同案"中,北京市高级人民法院认为:"邢程曾代表樱华公司与天兵广告公司签订合同,以及樱华公司的股东与东洋之花公司股东完全一致的事实也不能得出邢程的行为构成表见代理的结论。"①这一点有重大参考价值。代理权的授予属于被代理人的意思自决范围,在特定交易中授予某人以代理权,甚至某人一贯作为代理人,都不足以使人产生他一定是代理人的信赖,因为一贯表现为代理人,总会有代理权终止之时,谨慎的相对人应当考察在自己的交易中是否其还存在代理权,其理是不言而喻的。

还有一个案例具有典型意义。在"上蔡县计划生育委员会诉邵凯承包合同纠纷案"中,法院认为:"本案中,被告邵凯与李咪娜系夫妻关系,李咪娜又是宾馆的管理人,具有完全民事行为能力。从整个宾馆承包管理、账目结算中可以看出,该宾馆属邵凯夫妻共同承包,其对宾馆的投入和收益,属双方共有财产。《中华人民共和国婚姻法》第 17 条第 2 款规定:'夫妻对共同所有的财产有平等的处理权。'从李咪娜 2002 年 9 月 26 日第一次领回抵押金 10 万元,至次月 31 日全部领回抵押金和部分费用 60 万元,在长达 1 个多月的时间内,被告未作否认表示,应视为被告认可李咪娜所作的上述行为。基于李咪娜的特定身份及以上事实,足以使原告客观上有充分的理由相信李咪娜具有代理权的表征。

---

① 见北京市高级人民法院(2002)高民终字第 295 号判决书。

因此,本案中李咪娜与原告之间所实施的民事法律行为,适用表见代理的规定,对被告具有法律约束力。"①明确肯定了特定身份的存在及先前一贯的行为可作为代理权的表象。

3. 综合多个证件作为代理权的表象

在我国审判实践中存在综合多个证件作为代理权表象的情形。如在"洛阳市商业银行九都支行诉洛阳市高新天昱环保设备工程有限公司借款合同纠纷案"中,②除了职务本身具有代理权外,法院还特别强调了代理人提供的被代理人的经济情况表、开户情况表、营业执照复印件等资料,似乎认为这些资料具有强化代理权表象的价值。另外在"青岛市城阳区木材总公司诉上海西南房地产有限公司清理小组、上海桂明房地产开发公司债务纠纷案"中,③也是将多个证件交付他人直接作为授权行为来看待。

检索我国案例,可以发现对代理权表象的认定,司法实践通常并

---

① 见河南省上蔡县人民法院(2002)上经初字第 265 号判决书。这一案件值得研究的问题是,究竟是属于本人对"代理人"行为的"默示认可"从而使代理人获得代理权,还是因为相对人信赖了代理人的身份及其先前的一贯行为而使代理人具有了"代理权表象"。另外在"上海申威集团有限公司诉晋江金童蚊香制品有限公司加工合同纠纷案"中,上海市第一中级人民法院认为,"被上诉人现辩称,其未授权龚智盈与上诉人对本案所涉债权债务进行和解,但鉴于龚智盈在与上诉人进行本案所涉业务活动中的特殊身份,足以使上诉人相信龚智盈有代理被上诉人行使涉及本案债权债务的权利,这也符合民法'表见代理'的法律特征。"(见 2000 沪一中经终字第 1444 号判决书)特别强调了身份的重要性。

② 见河南省高级人民法院(2002)豫民二终字第 008 号判决书。法院认为,"王明安系天昱公司的经理,对外有代理天昱公司进行民事活动的职权范围,且王明安在签订保证合同时,还向九都支行提供了天昱公司的经济情况表、开户情况表、营业执照复印件等资料,天昱公司亦在保证合同上加盖了公章,故王明安的行为应是代理天昱公司的职务行为,天昱公司与九都支行签订的保证合同已经生效,因此天昱公司应按保证合同的约定对惠隆公司的借款本息承担连带清偿责任。"

③ 见最高人民法院 1999 年 8 月 26 日的判决书。最高人民法院认为,"西南公司将其营业执照、单位公章及法人代码证书交给彭平华使用,其性质属民事授权行为。彭平华利用西南公司提供的手续并以西南公司名义对外从事民事活动,其法律后果理应由西南公司承担。"

不是特别强调前述的典型形式,更多的则是采用综合认定的方式,且多从代理人的行为进行认定。在笔者查阅的大量案例中,有关法院认定存在代理权表象,多是从"代理人"的行为出发进行考察,凡是代理人与本人有一定的关系并进行了一定的行为,就会被认定代理权表象存在。如黑龙江省哈尔滨市中级人民法院在"金良诉尚志市国有林场管理局帽儿山林场返还货款纠纷案"中,认定代理权表象存在的裁判要旨在于:"案外人王利民虽无被上诉人金良的书面授权,但王利民与上诉人林场达成的购买削片协议,被上诉人金良予以认可,并预付了货款,故王利民与被上诉人金良的代理关系成立。在购买削片协议履行过程中,王利民多次在林场查看生产情况,看货、催货,而且还给林场工人开过工资,以上种种行为均是代理关系的延续。王利民连续取走金良预付货款,虽其与金良均称王利民没有金良授权,但通过王利民上述种种代理行为,上诉人林场有理由相信王利民取走货款是经过金良授权,将货款支付给王利民并无不当。"① 这里存在的逻辑基础是:双方当事人之间先前存在代理关系,之后在履行义务的过程中,存在他人予以协助、配合的情事,即以此为理由认定存在代理权延续,当然这其中的合理性值得进一步反思。此外在"环球株式会社诉蓬莱外贸集团公司购销扇贝柱欠款纠纷案"中,法院认为:"在龙口外运与蓬莱外贸签订出口代理协议及环球株式会社与蓬莱外贸口头订立购销合同的过程中,孙世强承认在其中起到了介绍、撮合的作用。孙世强向环球株式会社介绍身份出示名片的职务是'蓬莱外贸公司经理'。从环球株式会社开出信用证到信用证的修改都是孙世强出面联系,并同蓬莱外贸一起操作的,对此蓬莱外贸一直未提异议。货物出现质量问题时,环球株式会社发电报、传真找的联

---

① 见(2000)哈经终字第1381号判决书。

系人是蓬莱外贸经理孙世强,至此孙世强仍未向环球株式会社澄清其真实身份。孙世强在本案中的行为使环球株式会社相信其有代理权,环球株式会社系善意且无过失,对环球株式会社构成表见代理。"① 对于这一认定,需要进行讨论的是,一方面该判决在说理时混淆了代理与代表的概念,另一方面,所列举的孙世强的系列行为是否足以构成代理权的表象,似有进一步研究的必要。与其说是行为作为代理权的表象,毋宁说是本人知悉他人表示为其代理人而不作否认表示,更符合本案的特征。

在分析了权利表象的表现形式之后,现简要说明一下权利表象存在的意义。权利表象的存在与否并非一个简单的事实判断问题,因而不会出现一种非此即彼的清晰结论,毋宁是一种法律判断,表现出相当的灵活性。在很多情况下,只有结合有关主体的可归责性及其信赖合理性方可认定,从而表现出思维在权利表象与其它要素之间的相互穿梭,所认定的后果必然是它与其它要素相互印证且相互支撑,这就使得对权利表象的认定本身表现出一种非线性、非程序性的特点。其所具有的基础性价值在于:

1. 为善意第三人的信赖提供基础

权利表象作为一种客观的可被人识别的外观事实,为善意第三人提供信赖对象,因此也为对其给予保护提供了合理性。正是由于第三人对权利表象的信赖才导致法律规则上的特殊设计,如果没有权利表象的存在,则无第三人保护问题。这在具体司法中的价值大于纯粹的理论解说,其原因在于这一点在理论上属于自明之理,但在实务中由于其它因素的影响,特别是一些重要的干扰因素导致人们思维的重心发

---

① 见山东省高级人民法院(2002)鲁民四终字第88号判决书。

生偏差时,这一点经常被忽略。谢在全在论证不动产登记的公信力①问题时,所举的一例及其说明具有非常典型的说明意义,兹引述如下:"所谓登记的公信力系指原登记的公信力,如原来并无登记存在,第三人当无信赖登记之可言。例如甲出资建筑房屋一栋,而原始取得其所有权。惟承建该房屋的承揽人乙,因积欠丙的债权,丙误认该房屋系乙所有而申请法院予以查封拍卖,由丁拍定后,将之出售于戊,并将执行法院所发给的权利移转证书交付戊,戊迳持权利移转证书与丁出据的权利转让证明书,以戊自己的名义办理第一次所有权登记(保存登记)完毕。甲嗣后发现其事,仍得本于所有权请求戊涂销登记,此际,戊无从主张受公信力之保护。盖其并无原有之登记(乙、丁均未办理登记)可资信赖之故。"②这一案例说明,生活事实的复杂会影响人们对问题关键点的考察,而这恰恰应该在理论梳理时予以强调。

  同样,在表见代理制度中,代理权表象的存在也特别重要。如甲授权于乙,以甲的名义向丙租屋,其后甲向乙撤回授权,而乙仍以甲的名义向丙租屋时,其情形与乙自始未获授权而迳以甲的名义向丙租屋的情形相同,并无可使丙信赖乙有代理权的表征。③ 在此情形下,丙既无所信赖,自无保护之必要。由此,代理权表象的存在与否,就成为区分

---

 ① 不动产登记的公信力,既属于不动产权利善意取得的理论基础,又由于其在要件和效果上几乎相同,故大致可以认为善意取得是公信力原则的另一种表示方式。(参见吴国喆:《善意取得制度的缺陷及其补正:无权处分人与善意受让人间法律关系之协调》,《法学研究》2005年第4期)因此,这里所引尽管名为不动产登记的公信力问题,但也同时属于不动产善意取得问题。

 ② 谢在全:《民法物权论》(上册),中国政法大学出版社1999年版,第83页。应特别注意的是,对所述案件的处理,在不同的立法例中结果是不同的,关键点在于如何认定法院拍卖的性质,如果将其认定为私法性质的买卖而与普通的买卖契约无异,则丙不能因法院的拍卖取得所有权,因此只能依靠善意取得制度来寻求救济,处理的结果则如所述。反之,如果将法院的拍卖认定为公法性质的行为,丙就会原始取得所有权,此时就无通过善意取得制度进行救济的必要,其处理结果当然与所述情形不同。

 ③ 参见王泽鉴:《债法原理》(第一册),中国政法大学出版社2001年版,第317页。

表见代理和狭义无权代理的决定性标准。

2. 为对真实权利人的归责提供判断依据

正是由于真实权利人对权利表象的存在和延续具有相当的原因力,才使这种归责具有合理性,如果不存在权利表象,则完全丧失了归责的基础。换言之,对真实权利人可归责性的考察,集中在其对权利表象的形成与延续是否有过助力。

3. 为判断第三人的信赖合理性提供基础

第三人的信赖指向权利表象,因而权利表象本身的表现形式、其与表见权利人之间的联系以及其它与之相关的一些因素,成为判断第三人信赖合理性的重要参照,而其要者,乃权利表象自身。

## 小　　结

民事权利是一种观念形态的存在,虽然其自身包含有特定的利益,但民事权利无法自己表彰自己因而必须借助于一定的形式,这种用以表彰权利的特定外在形式即为权利表征。由于权利表征的价值主要在于权利的实现,而这主要存在于权利人与义务人之间,因此不同的权利对表征的要求就不尽相同。一般而言,具有排他性的绝对权要比相对权更加需要表征。

通常情况下权利表征会准确反映权利的归属和内容,但在例外情形下,由于特殊因素的介入,会导致出现错误的权利表征,这就是所谓权利表象。权利表象是一种幻象,它传递了一种虚假权利信息。在经验层面权利表征的一贯正确性导致权利表象成为他人误信权利存在或其归属状态的正当根据。

正是由于出现了权利表象这一虚假外在事实,才导致表见权利与真实权利这一组相反概念的诞生,前者是由权利表象所表彰的权利,而后者是与前者相对的由当事人之间的实际法律关系所决定的权利。这一组概念相互依存且相互为对方提供存在的正当性。也正是由于这一组概念,为本文的后续分析提供基本工具。

权利表象有多样化的表现形式,这就必须针对具体的权利进行具体分析。本文基于目的化的考虑限缩了所考察权利的类型。动产权利表象是所表彰的权利与真实权利不符的动产占有,而不动产的权利表象是所记载的物权与真实物权不一致的不动产物权登记。物权表象得以成立的理由主要在于物权表征的权利正确性推定效力及其公信力。一般而言,普通债权无需表征,因而不存在债权表象,但在特殊情形下,由债务人出具的与真实债权状态不符的债权文书可以充任债权表象,当然对于证券化债权而言,则有不同的规则适用。股权有复杂而颇受争论的表象存在,应当区别公司的类型进行不同的认定。由于代理权表征的多样化,决定了代理权表象必然有多样化的表现形式,具体而言,与真实不符的授权委托书、向第三人所为的表示授予他人代理权的口头或书面通知、特定的沉默、特定职务的赋予或特定身份的存在,以及其他许多情形都足以充任之。在我国,对代理权表象的认定,通常是采用综合认定的方式,且多从"代理人"的行为进行考察。

权利表象的存在与否并不是一个简单的事实判断问题,因而不会出现非此即彼这样一种非常清晰的结论,毋宁是一种法律判断,表现出相当的灵活性。在很多情况下,它只有结合有关主体的可归责性及其信赖合理性方可认定,从而表现出思维在权利表象与其它要素之间的相互穿梭,所认定的后果必然是它与相关要素相互印证且相互支撑,这就使得对权利表象的认定本身表现出一种非线性、非程序性的特点。权利表象是善意第三人的信赖基础,它为真实权利人的归责提供判断依据,也为第三人的信赖合理性提供判断基础,这是权利表象自身所具有的基础性价值。

总体而言,本章提出了本文的研究对象——权利表象。本文重在研究对权利表象的私法处置规则,因而在首章提出权利表象作为一法律现象的存在根据及其表现形式,正是由于这一现象的存在,私法规则必须对之做出应对,因而探寻私法上的处置规则就显得必要而迫切。

# 第二章 对权利表象的私法处置规则概说——问题的界定

## 第一节 两种处理模式

**一、漠视权利表象而追求实质真实**

就其实质而言,权利表象系为虚假的权利信息传递途径,在该现象存在时就必然伴有表见权利与真实权利的对立。面对权利表象,私法处置规则只能在两种模式中选择而不存在他途,即或者将该权利表象所表彰的表见权利视为真实,而由相关主体承受相应的权利义务,或者否定表见权利的存在,而以真实权利作为决定权利义务关系的依据。

在这两种处置模式中,第一种处置模式需要具备非常严格的构成要件,这成为本文研究的核心问题。在此先简要探讨一下第二种模式,即漠视权利表象的存在而以实质的真实来决定权利义务关系。这种方式的具体操作是:当事人基于权利表象而发生一定的交易关系且不能充分第一种处置模式所需要的条件,[①]在确定当事人之间的权利义务关系时,法律会揭开权利表象的面纱,探寻隐藏在其后的真实权利状态并以之为标准来决定当事人之间的权利义务配置。在真实权利与表见

---

① 这些要件留待后述,缺少任何一个要件都足以导致该模式的无法适用。

权利之间,法律确实应当维持真实权利状态,以保障权利人对法律秩序的信赖。

追求法律关系的真实——即权利义务的配置立基于真实的生活基础——是法律孜孜追求的目标,其实这一点典型地体现在司法诉讼之中,之所以设置繁杂而详尽的诉讼程序,其旨就在于剥离虚假的信息传递媒介,查知事实真相并在此基础上依法确定权利义务的归属。追求实质的真实也在于保障静态权利安全。根据私法自治原则,当事人的权利只有在其意志支配下才能发生移转或其它变动,除非是为了交易安全的特殊需要而不得已做出例外的选择,静态权利应受尊重,这是毋庸置疑的。

由此可见,漠视权利表象而追求实质真实的处置方式,系属私法面对权利表象时的常态,这也符合一般民众的法感情。同时可得出的结论是,关于权利表象的两种处置模式,系处于非此即彼的关系当中,在符合第一种处置模式所需条件的情况下,将权利表象所表彰的权利视为真实,而在其它任何情况下,一律以实质的真实作为确定权利义务关系的依据。

## 二、将权利表象所表彰的权利视为真实

一律按照真实权利状态确定权利义务关系归属的处置模式所面对的最大挑战是如何保护第三人的合理信赖,换言之,交易安全成为重大问题。善意第三人相信表见权利为真实并在此基础上从事相应的法律行为时,①所面对的一个难题是必须在同样具有基础意义的两种重大价值之间进行选择,一方是代表市场交易主体的善意第三人,而交易安

---

① 如甲谎称从乙处租借来的电视机为己有而出让给丙,丙合理信赖由甲的占有所表彰的表见所有权,双方达成交易后,完成了电视机和价金的交付,其后乙向丙主张自己的所有权,此时将如何处理?

全与交易效率是市场存在的基本要求,因此必须保护善意第三人;另一方是代表静态秩序的原权利人,维护静态权利归属关系和保障社会生活基本秩序也是法律不能不考虑的目标,这两者之间的冲突如何协调?

在符合特定条件时,私法对权利表象的处置规则是将权利表象所表彰的权利视为真实。这里必须对这一规则的含义进行说明。"将权利表象所表彰的权利视为真实"是从法律处置的结果立论,即其结果同于以真实权利为依据而实施法律行为,但这涉及对这一结果的解释路径:这样的结果是否确实是将表见权利视为真实而获得,并非不存在理论的争议,本文即主张是由于信赖保护而强制切断真实权利的效力,因此是法律强制规定的结果,这一点与将表见权利视为真实之间存在差异。这种方式的具体操作:将表见权利作为真实权利对待,让合理信赖表见权利为真实者取得其所追求的目的,与之相对应,真实权利人的权利即告消灭,或者由其承受相应的后果。本文将权利表象所表彰的权利视为真实的私法处置模式称之为权利表象规则,[①]并以此作为本文的重点研究对象。

权利表象是一事实状态,其本身并不是规则,本文所称"权利表象规则"是将其作为一个完整概念使用的,有其独特的法律内涵,不得用望文生义的方式来解释。

(一) 权利表象规则的基本含义

权利表象规则的宗旨在于以可归责性为前提,保护他人对权利表

---

[①] 权利表象规则的提法是笔者首先提出,是否成立尚需论证,但本文并非着意于所用的指称词汇,而是强调它的内涵。为了不至于在词汇本身浪费宝贵的智力资源,本文采用清晰界定概念内涵的方式,避免在这一问题上存在争论。至于是否还会有更好的词汇,将有求于大家。在此需要对概念的理解作进一步解释:从原本意义上说,权利表象是一事实状态,它本身并不是法律规则,而所谓"权利表象规则"并不意味着权利表象就是规则,而是意指关于权利表象的法律规则,或者说是法律处理权利表象时的特殊法律规则,必须整体性地把握这一概念。

象的合理信赖。其含义为,第三人合理地信赖权利表象并在此基础上与表见权利人为法律行为时,对权利表象的形成有过助力的真实权利人应当承担该法律行为的后果,即发生如同将表见权利视为真实一样的结果。质言之,权利表象规则意味着,首先存在权利表象所表彰的表见权利和真实权利的背离,[1]表见权利人以其表见权利与善意第三人进行法律行为,第三人合理地信赖表见权利为真实,而事后发现事实真相时,应当维持法律行为的后果的法律规则。

### (二) 权利表象规则的性质

#### 1. 介乎法律原则与具体规则之间的属性

实证法是由规则和原则所组成的。[2] 德沃金认为,规则与原则之间存在这样的区别:前者具有一种全有或全无的特性,因而未留下活动的空间,相反,后者则占据着分量和重要性之纬度。[3] 当各个原则相互交叉的时候,要解决冲突就必须考虑各有关原则分量的强弱。[4] 悉言之,规则的适用具有绝对性,或肯或否,不存在诸如原则之间相互挤压而适用的情形,它属于一种"确定的要求"[5]。其实,原则与规则之间的此项区别,已经在很大程度上被淡化了。法规则总是在追求一定的目的,而这种目的的实现是通过对构成要件及法律效果的确定来完成的,但无论是关于某生活事实是否充分构成要件的判断还是法律效果的确

---

[1] 其实这一点是权利表象这一概念的题中应有之义,无需特别指出,这里只是为了强调。

[2] [德]哈贝马斯:《在事实与规范之间——关于法律和民主法治国的商谈理论》,童世骏译,生活·读书·新知三联书店 2003 年版,第 259 页。

[3] [德]阿图尔·考夫曼、温弗里德·哈斯默尔主编:《当代法哲学和法律理论导论》,郑永流译,法律出版社 2002 年版,第 152 页。

[4] [美]罗纳德·德沃金:《认真对待权利》,信春鹰、吴玉章译,中国大百科全书出版社 1998 年版,第 46 页。

[5] [德]罗伯特·阿列克希:《权利、法律推理与理性言说》,季涛译,载《浙江大学法律评论》2003 年卷,中国社会科学出版社 2004 年版,第 85 页。

定,都无法离开弹性化机制,因此关于法律规则适用的刚性原则存在弱化的趋势。哈特认为,"规则"并非总是精确的,留下隐晦地带和模糊空间,如果一个难案不能为一个法律规则明确覆盖,那么法官就进行裁量,在裁量活动空间里,法官的判决仍属正当。① 权利表象规则尽管系属法规则,但其实具有原则的特点,其法律构造必须面对生活事实予以具体化。正因如此,有学者指出,"由此我们应当这样理解,在我们的法律制度(从广义上讲的'法律')中存在着一个不成文的、在法律条文中只是很零星分散地体现的原则,根据该原则善意第三人的误信是可以产生法律后果的。在真正的权利人没有转让的意思,而表见权利人又没有权利转让的情况下,权利可以仅根据相信表见的人的信任而产生。"② 其实是将权利表象规则直接界定为原则。

  本文之所以不直接采用"原则"的概念而使用"规则",是因为本文所指向的权利表象规则比一般性原则更加具有具体性的特质。原则与具体的法规则之间存在如下的差异:前者是法律价值的原则性体现,不能提供具体的、可操作的行为模式,而后者则为人们提供一定的行为模式;规则兼具行为规范与审判规范的功能,而原则则处在具体规则的候补地位,只有在缺乏具体规则时始能发挥行为规范与裁判规范的职能;原则比规则具有更高的位阶,因而对规则的制定及适用具有指导价值;规则比原则更具有技术性要求。③ 总体而言,原则事关基本法律价值的实现,体现的是更加宏观与根本的要求,而具体规则是将原则具体化的产物,相对更加细化与特定。

---

  ① 参见[德]阿图尔·考夫曼、温弗里德·哈斯默尔主编:《当代法哲学和法律理论导论》,郑永流译,法律出版社 2002 年版,第 152 页。
  ② [法]雅克·盖斯旦、吉勒·古博:《法国民法总论》,陈鹏等译,法律出版社 2004 年版,第 783—784 页。
  ③ 对此可参见民法基本原则与民法规范的比较。参见马骏驹、余延满:《民法原论》(上),法律出版社 1998 年版,第 53 页以下。

权利表象规则介于二者之间,与原则相比,它更加具体且特定化,有其自身的法律构造,同时可作为裁判规范而有司法实现问题,在这个意义上更加接近于具体规则;但与具体规则相较,其自身又具有一定的原则性,因此本文将其界定为具有原则性质的法规则。

2. 理论性及指导性

权利表象规则是一抽象性概念,它包含有诸如善意取得、表见代理、债权的表见让与以及商法中的表见代表人制度、空白票据等许多具体制度的共性,但应当指出的是,权利表象规则并非是从具体制度中抽取共性而构建的,恰恰相反,是私法在面对权利表象时的一个理论化、逻辑化的妥协规则,其要件的构造在于说明自身的正当性,而其效果则为该处置模式的具体化呈现。不过这一规则在面对具体情境时却需具体化为具体制度,这就导致在该规则构建时必须考虑具体规则的特殊性。这一方面彰显其普遍适用的基础价值,另一方面也反映了作为规则一般化的难度。

权利表象规则包含有具体制度的共性,其本身不能脱离具体制度而单独存在,在适用时必须取向于生活事实而具体化,即在具体的情境中,权利表象规则就被特定化为具体制度。在立法层面,也不可能存在一个一般化的权利表象规则,而只能是以一个个具体规则的面目出现。这很类似于哲学中的唯名论,其强调唯有个别事物才是真实存在的,共相在理智之外实际上并不存在,但共相并非纯粹的想象物,它作为一种概念产生于个别事物中的某种"共同性"。唯名论提供了一个重要的观点:个体先于一般而存在,个别是一切分析方法的初始点。[①] 其区别在于权利表象规则的构建方式并非来自抽象。作为一般规则,其目的在于涵摄各具体制度,特别是当生活事实出现

---

① 关于唯名论参见易军:《个体主义方法论与私法》,《法学研究》2006年第1期。

无法用具体制度解决的难题时，提供原则性解决方案，从这个意义上说，权利表象规则含有指导理论及原则性处置意见的性质：在具体规则适用时处于幕后发挥指导作用，而在具体规则无法解决时，则走向前台粉墨登场。

这样就出现了所谓理论化的法规则。如果将权利表象规则视为纯正的法规则，则不仅意味着有其自身的理论构造，同时存在一个可以在司法活动中直接适用的规范性依据，而且其应用具有相对的刚性；但如果将权利表象规则就视为一种理论，意味着将权利表象规则作为调整有关权利表象的具体法律制度背后的基本原理来看待，其重点就在于探讨各项具体制度的正当性及必要性，换言之，其实是为现有法律制度寻找解说托词。

本文是将权利表象规则作为一带有理论性的法律规则进行界定的，其基准在于规则而非理论，这主要是基于两个方面的考虑：一是规则比理论更具有确定性。作为规则具有相对确定的法律构造，因此在表达时受到较大的约束，而理论则具有相对的弹性，作为一种解说托词，其本身是多角度、多层面的，因而"随心所欲"的余地较大；二是规则可以为司法提供直接的借鉴。其实，权利表象规则的研究价值就在于直面实践中的具体难题并为之寻找答案。规则是可以直接适用的，这与纯粹的理论不同，因为理论要经过法规则的中介才可予以实现。

3. 规范性与一般性

这是一般法规则都具有的特征。所谓规范性，是指法规则所具有的要求其调整对象按其要求进行行动的拘束力，假使这些规则同时是裁判规范，则有权就争端的解决为裁判者亦须依此为判断。大部分的法规则都同时是国民的行为规范及法院或机关的判断规范。所谓的一般性，是指法规则并非指向特殊对象，而是无差别地适用其调整对象。

拉伦茨对此曾有经典论述。① 权利表象规则作为法规则,当然具有法律规则的这两个重要特质:规范性与一般性。这也就是哈耶克所说的"一般性的和非人格化的规则",他指出,"法律若想不成为专断,还需要满足一项条件,即这种法律乃是指平等适用于人人的一般性规则。这种一般性,很可能是法律所具有的特性(亦即我们所称的抽象性)的一个最为重要的方面。由于真正的法律不应当指涉任何特定者,所以它尤其不应当指向任何具体的个人或若干人。"②

### (三) 权利表象规则所须回答的问题

1. 善意第三人误信表见权利为真实权利,并以获得该权利为目的进行交易型法律行为,在完成相应的权利变动公示方式或其它程序性工作之后,真实权利人主张权利时,善意第三人能否实现其交易目的? 如果答案是肯定的,真实权利人的利益如何保护? 这之间存在着显见的利益冲突,应界定怎样的标准来妥适地平衡双方的利益? 当事人之间会发生怎样的权利义务关系?

2. 善意第三人信赖表见权利为真实并在此基础上与表见权利人完成一定的法律行为,而实际上表见权利人并无该权利时,这一法律行为的效力如何? 给表见权利人赋予权利表象的真实权利人是否应该承担法律责任? 究竟是承担信赖利益的损害赔偿责任,还是由真实权利人承担法律行为的后果?

---

① 他指出,"每个法秩序都包含一些——要求受其规整之人,应依其规定而为行为的——规则。假使这些规则同时是裁判规范,则有权就争端的解决为裁判者亦须依此为判断。大部分的法规则都同时是国民的行为规范及法院或机关的判断规范。此处所指的'规则'具有以下两点特征:其具备的有效性要求,质言之,其系有拘束力的行为要求,或有拘束力的判断标准——其规范性特质;其次,其非仅适用于特定案件,反之,于其地域及时间的效力范围内,对所有'此类'事件均有其适用——其一般性特质。"[德]卡尔·拉伦茨:《法学方法论》,陈爱娥译,商务印书馆 2003 年版,第 132 页。

② [英]弗里德里希·冯·哈耶克:《自由秩序原理》(上册),邓正来译,生活·读书·新知三联书店 1997 年版,第 92、191 页。

3. 善意第三人对权利表象的信赖有何品质要求？与之相对应，对这些品质的判断应斟酌哪些因素？

4. 真实权利人承担他人行为的后果需要具备哪些条件？

**（四）权利表象规则成为本文中心论题的理由**

本文选择将权利表象规则作为重点研究对象，主要是基于如下一些考虑：

1. 为私法调整社会生活提供特例

尽管在私法处置权利表象时追求真实系属常态，但这种处理方式是作为一般原则而存在的，即在无例外时均应如此，因此关键点在于对特例的研究，在明确了特别情况之后一般原则就是非常清晰的，而将表见权利视为真实恰恰系属特例，此为相反的处置方式——追求真实——提供反面参考标准，具有提供特别规则的价值。因此权利表象规则是作为私法调整社会生活的特别规则而存在的，其本质上也是为一般规则服务的。本文研究的权利表象规则，并不是主张将这种方式作为一般的处置模式，而是在特例情况下，探寻在特例中的一般性，就其宗旨而言，原本是限制这一规则的适用的，本文在所预设的价值判断——交易安全和利益平衡——基础上一贯将这种做法作为不得已的措施来对待。因此必须要有严格的条件予以限制，以彰显这一规则适用的正当性。

2. 私法理念的变迁对传统私法规则的挑战

现代私法出现了保护交易安全、保护合理信赖的倾向，而这必然跟传统私法的基本规则——私法自治产生某种冲突，责任者义务的承担并非出于自主的意思决定。这之间的冲突究竟演化到了何种程度，能否实现这些基本规则之间的协调，是否真的出现了所谓的私法社会化、公法化的倾向，均成为重大研究课题。本研究在一定程度上就是对这些问题的回应。

3. 信赖保护成为现代私法的一个标志性研究课题

随着市场经济的发展,特别是随着交易的频繁化、陌生人化,交易的范围、广度和深度都较以前有了质的变化,信赖保护已成为促进市场效率与安全的重要规则。而权利表象规则恰属于信赖保护中的核心制度,对保护交易安全、提升交易效率具有重大价值,在私法观念从特别重视当事人的意思自治发展到强调对相对人的信赖利益予以保护的历史时期,权利表象规则更具有重大的意义。权利表象规则承载着善意保护的重大功能,而且是对信赖者最为有利的保护——使其得其所欲,故对这一规则进行法律上的解析,厘清其构成要件和法律效果,特别是对其正当性予以说明,使其得以发挥作为私法的一个一般规则的功能,并使其恰当地契入既有的规则之中,是一项很有意义的工作。

4. 理论抽象化的需要

现有的信赖保护制度的研究,集中在对具体制度的考察上,尚未对此进行一般化的研究,特别是对权利表象这一现象寻找一般化的处置模式。本文认为一般性研究具有如下的价值:第一,能够推进理论的进一步发展。抽象化原本就是对理论的推进,可以在一般意义上考察这一规则的整体构造、社会价值及其理论基础,特别是研究尊崇与否定这一规则的界限,具有直接发展理论的功能。第二,对于演进具体制度、弥补具体制度适用中的漏洞提供一般性指导。具体制度必然具有自己的个性,但同时也必须在一般规则的指导下进行运作,因此理论抽象具有提供宏观指导的功能,一方面可以推动具体制度本身的完善,另一方面可以由此弥补具体制度适用中出现的漏洞,特别是当生活事实无法用具体制度调整时,一般规则就成为候补规范,发挥其填补漏洞的价值。第三,司法借鉴意义。一般规则中所涉及的一般化理论探讨,对于司法实践具有重大参考价值。理论的抽象一方面来自于实践,另一方面反过来则反哺实践。第四,寻找思维抽象的乐趣。进行抽象化思维原本是一项富有乐趣的活动,权利表象规则可以满足这方面的需要。

(五)权利表象规则的体系归属

将研究对象置于其所属的法体系之中,有利于厘清该对象的价值位阶以及与相关制度的关系,体系化思考应当成为法学思维的基本方式。权利表象规则的上位概念是信赖保护制度,而信赖保护的基础是民法中的诚信原则,其实,信赖保护自身已成为私法中的基础性命题,具有原则的地位。根据信赖保护的基本手段——是让信赖者得其所欲抑或获得信赖利益损害赔偿,可以将信赖保护制度一分为二:权利表象规则与一般信赖保护制度。这二者的区别集中表现在两个方面,一是信赖的对象存在差异,前者仅限于权利表象,后者则是除权利表象之外的其他外部事实;二是法律后果的差异,前者发生如同将权利表象视为真实一样的效果,而后者在于信赖利益损害赔偿。将二者进一步细分,权利表象规则包括善意取得、表见代理、债权让与中的非债取得以及其他;而一般信赖保护制度包括意思表示解释中的客观主义、表见行为能力或行为资格、表见婚姻关系以及其他。

## 第二节 权利表象规则与邻近概念

### 一、权利表象规则与外观主义

(一)表见事实种种

在社会生活层面,良好的法律实施可以导致实际的法律状态与其表现的外观事实相一致,从而形成社会的秩序与协调,这是法律发挥价值功能的具体表现,也是法律功能主义的基本目标诉求。真实的法律状态呼唤其相应的外观表现,尽可能达到二者的一致,从哲学层面讲,这一对范畴反映了实然和应然的关系。但其背离又近乎是必然的,或者是当事人有意追求的,或者是疏忽大意的结果,或者由他人的原因所造成,凡此种种,不一而足。

如果单纯考察实际法律状态和外观事实的对立,而不将法律效果考虑进来,那对问题的考察就陷于一般化,抑或成为一个法哲学问题,因为在多数情况下,真相如何是无法得到确认的,法律运作的通常模式是由中立的权威裁判者对已经出现的纠纷提供救济,而裁判者并非亲历纠纷发生的全过程(即使参与了整个过程,也会因为认识局限性而陷于片面,特别是当他人刻意隐瞒真相的时候),裁判者据以做出判断的根据无非是争议双方所提供的各种证据,基于事件发生的时间进程,要想在事后全面准确地复原过程,这本身是一个美丽的幻想,因此,裁判者所依据的是通过证据模拟的"法律事实",至于真正的客观事实如何,那是无关紧要的,换言之,是将外在事实作为客观真实进行处理。在这种操作模式下,裁判者所认定的事实与客观真实之间难免存在冲突,但仍以认定的事实为根据。这其中包含有如此的价值判断:事后的认识只能无限接近但不能完全达于客观真实,在符合证据规则的前提下,认定的事实就是客观真实。当然,在裁判做出之后的法定期限内,当事人提出新的证据证明所认定的事实不符合客观真实时,在符合程序法的前提下可以推翻原有裁判。

可见,在司法裁判过程中,出现认定的事实与客观真实之间的距离是不可避免的,但这非属于在此讨论的表见事实,因为在司法理念当中,认定的事实就是客观真实,而且在绝大多数情况下也是正确的判断。当然这种表述是站在一个旁观者的角度,且这一旁观者属全知全能,在现实生活中,是无法给出这一说法的。但可以肯定的是,对裁判者来说,并不存在一个与所认定的事实相反的客观真实存在。而本文所言的表见事实总是与以下的法律效果相联接:已经发现了与表见事实相对的客观事实,但为了保护他人的信赖,法律强制性地规定将表见事实作为客观真实来处理,这样就从法律效果的角度将非常广泛的"虚假现象"进行筛选,得出表见事实的具体类型。无论如何,表见事实一定是与客观真实相对应而存在的,而且客观真实是已经被确认的。正如有的学者所指出的,"表见事实是指能够使他人产生一定的确定性认识的外在事实,并且,由此产生的确定性认识与真实情况不符。"①

总体而言,出现表见事实与真实法律状态不符的情形有二,一是所谓的权利表象,二是其它的与权利无关的表见事实。由于本文重点将探讨前者,因此在此简单介绍第二种情况。

综合考察大陆法系主要国家的民法,发现与权利无关的表见事实主要有:②

1. 表见行为能力或行为资格

限制行为能力人的行为能力和行为资格均受到法律的限制,其主旨在于对限制行为能力人提供保护,使其法定代理人享有事后对其所为的法律行为进行重新审酌并决定其效力的决定权。为贯彻这一主旨,法律对限制行为能力人所为的法律行为的效力做出了具体规定,③而且这一规定是不因相对人的善意而改变的,亦即相对人善意无过失地信赖限制行为能力人为完全行为能力人且为法律行为,仍然不足以使限制行为能力人的行为能力变得完全。如此,限制行为能力作为一

---

① 叶金强:《信赖原理的私法构造》,清华大学 2005 届博士学位论文。
② 以下所列举的表见事实,就其实质而言,与权利表象并无本质的区分,也属于相关表征的虚假表现,在法律的处置上,有时与权利表象规则的结果类似,但由于不涉及权利,故有此区别。其实是建立在形式的基础之上。
③ 限制行为能力人所为法律行为的一般效力为:除例外情况外,限制行为能力人进行法律行为应经得法定代理人的同意或事后承认,否则所为的契约行为效力待定,相对人享有撤回权和催告权;而所为的单独行为则无效。参见梅仲协:《民法要义》,中国政法大学出版社 1998 年版,第 98—100 页。此外,我国合同法第 47 条规定了限制行为能力人所签订的合同的效力,与前述的原则完全相同。

种事实状态,不会因他人的信赖而发生任何变化,这一点与权利迥然有别。① 但如果限制行为能力人使用诈术,形成了其具有完全行为能力的主体资格外观,或者外观显示其已经获得法定代理人允许的,则构成行为能力或行为资格具备的外观,此即所谓表见行为能力或行为资格。运用诈术制造资格具备的外观,说明行为人"不仅智力不薄,且竟能玩弄手段,殊无再予保护之必要"。② 这是各国立法例普遍承认的一项规则。③ 其所使用诈术的具体方法,包括但不限于伪造户籍证明、伪造法定代理人的特别授权证明、让他人作伪证以证明自己已经成年等。就其法律效果而言,他人信赖该未成年人的行为能力而进行的法律行为自始有效,相对人也不得撤销,此即所谓的法律行为强制有效。④ 从而相对于限制行为能力人所为的法律行为的一般效力,这一结果属于重大调整,体现了对限制行为能力人的惩罚和对相对人的保护。限制行

---

① 法律为了保护合理信赖者的利益,有时会赋予无权利人以权利,或者相当于有权利的效果,善意取得制度即为典型,但单纯的事实状态则不会因他人的信赖而发生变化。史尚宽在论述土地登记的公信力问题时指出,相对人的善意须与登记簿的记载事项有关,"即信赖登记权利而言,故虽信无行为能力人为有行为能力人,不因而受保护,因其它登记(如身份登记、夫妻财产登记、商业登记)所公示的法律关系或事实,土地登记簿虽未有若何记载,取得人仍应视为已知。"参见史尚宽:《德国土地登记之公信力》,载《法学杂志》第二卷第一期,1951年1月。此外,物权公信力原则紧紧地与表见权利联系在一起,而与其它因素无涉,是故有关权利之外的事实表见,并不会发生公信力的效果。如土地登记簿上记载有十亩土地,取得人虽信赖此记载,惟实际上因土地面积只有五亩,故只能取得五亩而不能取得十亩的面积。参见吴国喆:《物权登记制度一般研究》,载江平、杨振山主编《民商法律评论》(第一卷),中国方正出版社2004年版,第97—98页。

② 郑玉波:《民法总则》,中国政法大学出版社2003年版,第329页。

③ 台湾民法第83条规定:"限制行为能力人,用诈术使人相信其为有行为能力人,或已得法定代理人之允许者,其法律行为为有效。"日本民法第20条规定:"无能力人,为使人信其为能力人而用诈术者,不得撤销其行为。"法国民法第1307条规定:"未成年人在订立契约时,自述其已成年的简单声明,不妨碍取消其订立的契约。"第1310条规定:"未成年人不得主张取消因其侵权或准侵权行为引起的损害赔偿之债。"即只是简单表述为成年人,不妨碍其行为的效力,但如果构成侵权行为或准侵权行为,则应承担责任。

④ 参见史尚宽:《民法总论》,中国政法大学出版社2000年版,第365—366页。

为能力人的法律行为效力制度原本是为保护未成年人而存在的,相反的规定则体现了对这一原则的违反。此外,从相对人角度言,行为有效一方面实现了其追求的目的,另一方面避免了主张行为无效而索赔时不得不面对的损害举证困难问题。

2. 真意保留行为

此时存在的外观事实与实际状态的背离表现为,法律行为的外观表现与行为人内心真实意愿有意识的不一致。德国民法第116条规定,表意人对于表示事项内心保留有不愿的意思者,其意思表示并不因此而无效。但若相对人知道表意人有此保留,该意思表示则无效。郑玉波指出,"真意保留者,即表意人故意隐匿其心中之真意,而表示与其真意不同意义之意思表示也。"① 可见真意保留行为中外部表示出的意思与其意欲追求的效果不一致。如果将内心追求某种法律效果的意思视为客观事实,那本应作为其表现形式的意思表示就是其表见事实,这二者是不一致的。应注意的是,"在这里,表意人之发出该内容的意思表示的决策并无瑕疵,表示行为本身同样也没有瑕疵。表意人表示的,正是他想表示的内容。表示并不因表意人不想使表示产生法律后果而成为有瑕疵。"② 表意人所表示的意思是自己所追求的,这一点不同于自己因错误、被诈欺、被胁迫而做出意思表示。也就是说,表意人的决策过程及表示行为本身都不存在问题,只是所表示出的行为效果并非自己真正所追求。其实关于真意保留的法律效果的规定本身意义很小,"每一个具有理智的人都知道,对于自己有拘束力的表示的事项,他必须承认其效力。因此,主张对表示事项内心保留有不愿的情形是

---

① 郑玉波:《民法总则》,中国政法大学出版社2003年版,第337页。
② [德]卡尔·拉伦茨:《德国民法通论》(下册),王晓晔等译,法律出版社2003年版,第494页。

十分罕见的。"①

　　意思表示原本是实现当事人自治的手段,宣示了人的基本自由和对人的尊重,因此法律规定意思表示与其真实意图不符的,其效力受到影响,根据二者背离的程度及其发生原因,分别有无效、可撤销、可变更等后果,但在表意人有意识地保留真意而为意思表示时,为了保护善意相对人的利益,法律规定该意思表示有效。当然,相对人知悉真意保留情况的,则不值得保护。在此应注意的是如此规定的立法政策问题。从信赖保护及意思表示之宗旨的角度观之,这样的规定无可厚非,但换个角度观察,真意保留原本是表意人为了欺骗相对人而做出的,因此法律保护的重点应倾向于相对人,而非故意欺罔他人的表意人,因此在相对人知悉真意保留的情事之后,仍应肯定行为的效力。②

　　此外,德国民法第118条规定,并非出于真意的意思表示,如预期其非出于真意不致为他人误解而为之,则无效;同时第122条规定,在为缺乏真意的表示的情形,表意人必须赔偿他人因信赖其表示有效而遭受的信赖损害。

　　3. 通谋虚伪表示③

　　与前述真意保留中接受意思表示一方(也可能不存在该方)的主观心理可以是善意的情形不同,通谋虚伪表示中的当事人双方均存在主

---

① [德]卡尔·拉伦茨:《德国民法通论》(下册),王晓晔等译,法律出版社2003年版,第494页。

② 关于德国民法第116条的立法政策批评,参见[德]卡尔·拉伦茨:《德国民法通论》(下册),王晓晔等译,法律出版社2003年版,第494—495页。

③ 一般认为,通谋虚伪表示是指当事人双方通谋有意做出与其真意不符的意思表示,其要件为:1.须有意思表示的存在;2.须表示与真意不符;3.须其非真意的表示系与相对人同谋。而其效果因当事人之间的关系与其对于第三人的关系而不同,就当事人之间的效果言,通谋虚伪表示无效,而对于第三人而言,则不得以其无效对抗善意第三人,申言之,善意第三人固得主张其无效,但亦得主张其有效,若主张其有效时,则表意人不得以无效对抗之。参见郑玉波:《民法总则》,中国政法大学出版社2003年版,第339—340页。

观故意且有串通的事实,关于其要件及效果的规定,一般是考察这一行为在当事人之间的效力,而不会进入表见事实的考察视野之中,惟如果存在善意第三人,其信赖虚伪表示为真实且在此基础上做出法律行为,就存在一个真实与表象的背离,通谋双方之间的表象行为呈现为一种状态,而其真实的行为又表现为另一种状态,也只有在此条件下,才将其称为表见事实。

在此前提下,所存在的表象行为成为善意第三人进行法律行为的基础,在其法律效果的规定上,是将表象行为作为真实行为来处理的。

4. 表见婚姻关系

婚姻关系是男女双方以一定的法律所承认的方式所形成的身份关系,以共同生活为目的。婚姻关系是最基础的社会单元,婚姻关系的稳定及协调是构筑和谐社会最主要的条件,因此各国都规定了婚姻关系形成的基本条件,除了需具备感情因素这一实体性条件之外,一般都规定有以特定的形式作为婚姻关系建立的宣示方式,因而成为其形式要件。① 由于婚姻关系的外在反映形式可能并不能准确反映婚姻的状况,比如出现婚姻无效的情形,②但若婚姻登记仍然存在,就出现一个

---

① 我国婚姻法第 6 条规定,"要求结婚的男女双方必须亲自到婚姻登记机关进行结婚登记。符合本法规定的,予以登记,发给结婚证。取得结婚证,即确立夫妻关系。"即我国将结婚登记作为婚姻关系确立的形式要件。我国台湾地区民法第 982 条规定,"结婚,应由公开仪式及二人以上之证人。经依户籍法为结婚之登记者,推定其已婚。"可见我国台湾地区结婚所需的形式要件主要为公开仪式,而根据台"最高法院"对该条的解释,多为公开之仪式,实质"结婚之当事人应行定式之礼仪,使不特定人得以共闻共见,认识其为结婚者而言。所谓二人以上之证人,只须有行为能力在场亲见而愿证明者为已足,不以证婚人为限。"法国民法第 165 条规定,"结婚,应在夫妻一方,于第 63 条规定的公告之日,或者在免予公告的情况下,以下第 169 条所指的免除之日,有其住所或居所的市政行政区的户籍官员前公开进行。"第 63 条规定:"在举行结婚之前,户籍官员于市政政府门口张贴一份公告。"

② 我国婚姻法第 10 条规定,"有下列情形之一的,婚姻无效:(一)重婚的;(二)有禁止结婚的亲属关系的;(三)婚前患有医学上认为不应当结婚的疾病,婚后尚未治愈的;(四)未到法定婚龄的。"

由婚姻登记所表彰的婚姻关系和实际状态的冲突,由此,可以将一定外在表现形式所表彰但与实际不符的婚姻关系称为表见婚姻关系。

　　需要研究的是,表见婚姻关系的外观事实是否仅限于法定的结婚形式要件？其它事实能否构成婚姻关系存在的假象？在此先予说明的是,既言表见婚姻关系,则必然是有婚姻关系存在的外观但实际上并不存在婚姻关系而言,而非事实上存在婚姻关系但在外观上没有显示的情形。前列形式要件为婚姻关系成立的法定条件,因而成为婚姻关系存在的表征形式,但人们对婚姻关系存在的判断,除了依据前述的法定形式外,尚可根据其它事实,如男女双方以夫妻名义长期同居、周围群众公认其为夫妻。这是典型的事实婚,尽管我国目前对事实婚在法律上并不承认,但却无法否定民众在生活中对事实婚的肯认。综合上述,构成表见婚姻关系的表见事实有:婚姻登记、结婚证、特定仪式、以夫妻名义同居生活等。

　　由于婚姻会在当事人之间发生一定的法律关系,如因日常生活需要而处理夫妻共同财产的,任何一方均有权决定。① 夫妻一方因共同生活需要对外所负担的债务,应当由夫妻双方的共同财产承担。② 此外,一般认为夫妻享有日常家务的代理权。夫妻一方滥用该代理权时,他方得限制之,但不得以之对抗善意第三人。③ 而表见婚姻关系对善意第三人而言,会发生如同真实婚姻关系存在一样的法律效果。"当同居者对第三人表现为夫妻时,他们应同夫妻一样承担责任。这一解决方法一般是通过民事责任的途径,引发民事责任的过错是使他人相信,

---

　　① 参见《最高人民法院关于适用〈中华人民共和国婚姻法〉若干问题的解释(一)》第十七条第(一)款。
　　② 我国婚姻法第 19 条第 3 款规定:"夫妻对婚姻关系存续期间所得的财产约定归各自所有的,夫或妻一方对外所负的债务,第三人知道该约定的,以夫或妻一方所有的财产清偿。"根据该条的反面解释,如果第三人不知道该约定的,应当将所得的财产视为夫妻共同财产而承担该债务。
　　③ 参见台湾民法第 1003 条。

存在着适用于配偶的法律规定产生的信用。"① 因此就会有如下的法律效果：表见夫妻一方因日常生活处分"共同财产"时，第三人当然获得该财产的所有权；表见夫妻一方因共同生活所负债务，善意债权人可主张以"夫妻共同财产"清偿；而日常事务代理权对善意第三人当然有效。②

但表见婚姻关系与表见配偶权并不同一，其中前者所包含的范围更广。前述表见婚姻关系所产生的法律效果，很多都难以纳入表见配偶权的范畴之中。

5. 其它表见事实

表见商人资格可以证明商事法院的管辖权；表见合伙人或商铺表见经理的资格可以证明商业债务的清偿义务；第三人可以主张公司表见存在；一份表见的建议报告可以证明委托人的民事责任。③

应当特别注意的是，前述所列举的外观事实种种，并不能涵盖表见事实的全部。此外，并非所有传递与交易相关信息的外在表现形式，均可以称为表见事实，有些虚假现象法律在处理时并不将其视为真实，而是以真实信息为准，法律其实是将调查真实信息的义务赋加给行为人，在其怠于进行调查或者调查后未能获得事实真相的情况下承受相应的不利后果。④

---

① [法]雅克·盖斯旦、吉勒·古博：《法国民法总论》，陈鹏等译，法律出版社 2004 年版，第 794—795 页。

② 如某甲借给某乙 1000 元，一天，某甲的表见妻子丙找到某乙，声称为了自己夫妻购置日用品而主张乙清偿欠甲的钱，某乙合理信赖甲丙的表见婚姻关系而予以清偿，则这一清偿对某甲发生效力。

③ 参见 [法]雅克·盖斯旦、吉勒·古博：《法国民法总论》，陈鹏等译，法律出版社 2004 年版，第 795—796 页。

④ 比如有关交易商品质量的虚假证明，所传递的信息是质量上乘，其实这一证明是伪造的，而交易相对人信赖这一证明书而进行交易时，并不发生如同证明为真的效果，此时，它可以主张出卖人承担质量瑕疵担保责任及其它违约责任形式。这里所暗含的规则是，交易相对人未能谨慎审查有关事项，因而应承担相应的结果，一方面交易的目的难以达成，另一方面，他还得承担主张责任的相关成本。

## (二) 外观主义

1906年,法制史上外观主义理论的首倡者德国私法学者维斯派彻(Wellspacher)在分析了19世纪德国民法中关于动产善意取得的正统理论"处分权限说"的不足之后,主张"行为人对于成文法规、或交易观念上之一定权利、法律关系、其它法律上视为重要要素之外部要件事实为信赖,以致为法律行为时,如其要件事实系由于其信赖保护受不利益人之协助(Zutun)而成立者,其信赖应受法律之保护"。① 在此之后,关于外观主义概念的探讨,形成了大量的文献,各个学者之间的观点近乎相同,只是在个别问题上存在分歧。②

所谓的外观主义,是指在交易关系中凡是能够识别为典型的权利、意思或主体资格等的表征形式,当该表征形式与交易本来的真实状况不相符合时,法律为保护交易相对人对表征的信赖以及交易的安全与效率,强制该交易发生表征为真实状况时的法律效果。③ 换言之,所谓外观主义,是指他人信赖前述的种种表见事实并有所作为时,法律将表见事实作为真实而予以处理的规则。由此可见,外观主义的基本宗旨在于保护他人对表见事实的信赖,而这些表见事实是与欲进行的交易紧密相关且与真实情形不符的,由此达到保护交易安全及提升交易效率的目的。

## (三) 权利表象规则与外观主义:以相对人的信赖对象为标准区分

权利表象规则与外观主义的突出区别在于相对人的信赖对象的范围大小不同。就权利表象规则而言,第三人信赖的对象仅限于权利表象,而在外观主义中,相对人信赖的对象是包括权利表象在内的各种表

---

① 高金松:《空白票据新论》,五南图书出版公司1987年版,第57页。
② 关于外观主义概念的探讨,参见仝先银:《外观主义研究——以商法为中心》,中国社会科学院法学研究所2003届博士论文。
③ 丁南:《民法外观主义的法理学研究》,第7页,2003年吉林大学博士论文。

见事实,可见,这二者构成了整体与部分的关系,权利表象规则是包含在外观主义之中的。

权利表象规则只能适用于涉及三方当事人的类型。高金松将法律生活上实在与外观为龃龉的场合分为三种类型,即 A·B·C 型、AB·C 型及 A·BC 型。① 在这一分类体系中,前二者是比较典型的,需要研究者为第三类,即所谓时效取得问题。正如有的学者所指出的那样,"A·BC 型能否成为交易关系上的外观主义类型是令人置疑的,因为,其一,由于占有人及权利的取得人为同一主体,所以交易无从发生,权利的取得完全是基于法律的直接规定,不存在实际的交易关系。其二,如果认为取得时效为外观主义,虽然在体系的形式上似臻完满,但对于抽象出来的外观主义的一般理论,是无丝毫益处的;相反,还有可能导致外观主义内容的空洞化,并使对外观主义的讨论变得缺乏实际意义。"② 除此之外,就取得时效本身而言,是否要求占有人确信自己的占有为自主占有,即信赖为有权占有,在不同的立法例中是不同的,谢在全指出,动产所有权取得时效的要件之一是以所有的意思占有,"所谓以所有的意思占有,非为法律行为之法效意思,更无需为取得所有权的意思,仅需为自己占有其物,且事实上对于占有物具有与所有人为相同支配之地位为已足。至其占有究为不知为无所有权而误信为有所有权之善意占有,抑或是明知无权占有而为占有之恶意占有,占有之始,是

---

① 举例以明之:第一,如 A 为真实所有权人,B 为表见权利人(基于借用关系占有 A 之物),C 为信赖外观之第三取得人(如从 B 处购买 A 的物),系从非权利人处为善意取得动产的场合,这三个鼎立的当事人称为 A·B·C 型。此时权利人(A)与处分人(B)及第三人(C)之间有三个损害分配问题;第二,意思与表示不一致的场合,即意思人(A)、表意人(B)为同一人,与相对人(C)之间有一个损害分配问题,称为 AB·C 型;第三,取得时效的场合,即外观保持人(B)与信赖外观之人(C)为同一人,与真正权利人(A)之间有一个损害分配问题,称为 A·BC 型。参见高金松:《空白票据新论》,五南图书出版公司 1987 年版,第 57—61 页。

② 丁南:《民法外观主义的法理学研究》,2003 年吉林大学博士论文。

否合法,均非法律所问。"①王泽鉴也指出,动产所有权时效取得"占有人不须为善意:德国民法第937条第2项规定,取得占有非出于善意,或于事后知其所有权不属于自己者,不得主张时效取得。台湾地区未设类似规定,通说认为占有人的善意,非属动产所有权时效取得的要件。"②亦即占有人明知自己的占有为无权占有,但若以自主占有的意思公然、和平、持续占有一定期限,仍可获得占有物的所有权。因此取得时效是以占有或准占有及时间的经过为要素的法律要件,③时效取得完全是占有自身效力的体现,是为了维持社会秩序而不得不做出的选择,这一点已经获得通说的地位。④ 由此可见,时效取得并不符合外观主义的基本要件,除此之外在民法中还未见到符合A·BC型的具体制度,因此可将这一类型排除。⑤

权利表象规则中,表见权利人直接以自己的名义,或者以他人的名义与相对人为法律行为,尽管表见权利人为法律行为时所秉持的名义有所不同,但均涉及表见权利人、真实权利人和第三人,即属于所谓的A·B·C型,与此不同,在外观主义适用的其它场合,可能存在只有双方当事人的情形,如前述的真意保留、表见行为能力或资格等情形就仅有双方当事人,这实际是对善意相对人的保护措施,从某种意义上说,难谓善意第三人保护制度。

---

① 谢在全:《民法物权论》(上册),中国政法大学出版社1999年版,第148页。
② 王泽鉴:《民法物权1:通则·所有权》,中国政法大学出版社2001年版,第189页。
③ 史尚宽:《物权法论》,中国政法大学出版社2000年版,第69页。
④ 参见高金松:《空白票据新论》,五南图书出版公司1987年版,第64页。
⑤ 不过应注意的是,在德国法中,由于时效取得时占有必为善意,因此在此范围内可将其视为是外观主义的一种类型。莱德如普(Naendrup)主张应依外观理论来解释时效取得问题:"对于物权表象形式的占有为信赖者,应牺牲对于外观事实(Rechtsschein)的存在予以原因之权利人,以保护自主的善意占有人,系为德国中世纪发达的沉默思想,影响于外观事实理论,即对于自己的权利为沉默者,应对于其自主占有人负予以原因的责任,乃属由A·BC型演绎的构成。"见高金松:《空白票据新论》,五南图书出版公司1987年版,第60—61页。

本文仅限于对权利表象进行研究,而对权利表象之外的其它表见事实不予关注,主要是基于如下的考虑:

1. 权利表象是最典型,因而也是最普遍的表见事实。现实生活中存在的表见事实主要是权利表象,因此仅选择权利表象进行研究,可以将最重要的表见事实凸显出来,把握重点,解决实践中最常出现的问题。同时,权利表象规则也是保护善意第三人最主要的制度,称其为第三人保护制度也更为准确。

2. 可以把对问题的研究推向深入。对研究问题的范围进行限缩,有利于对该范围内的问题作较深入的研究,防止出现大而全但不够深入的结果。

3. 由于权利表象涉及三方当事人,因此其法律关系相对比较复杂,其间不仅涉及到自治与信赖保护的协调这一根本性难题,也涉及到不同当事人之间的利益平衡。相对而言,仅涉及双方当事人的其它表见事实的法律关系就简单一些,因此研究权利表象就具有代表性意义。

## 二、权利表象规则与信赖原理

信赖原理也成为一个热点的学术问题,[①]在整个社会强化保护交易安全、促进交易效率的大背景下,这一热点的出现是可以理解的,它是丰富而活跃的市场交易的反映,也是变革社会的基本法律要求。信赖原理与权利表象规则之间存有交叉,但由于二者观察问题的视角不同,因此不是同一问题。

### (一) 信赖原理概说

法律原理是储存有基本价值的抽象观念,这些基本价值构成法律所追求的全部目的,是指导法律规则制定、解释及适用的基本准则,同

---

① 参见叶金强:《信赖原理的私法构造》,清华大学 2005 届博士论文。

时在法律规则缺失时,起到填补漏洞的作用。法律原理是法律基本原则的具体化,但仍停留在抽象理论水平,尚未规则化。信赖原理是私法中的一个重要原理,是私法价值体系的一部分。信赖原理所宣示的价值取向为,法律应当为社会生活中的合理信赖提供保护,故信赖原理系指合理信赖应受法律保护的原理。依据信赖原理,即使信赖者所信赖的信息与真实信息不符,信赖者也可获得法律救济。[1] 换言之,信赖原理是指合理信赖虚假的、传递与交易相关的重要信息的外在表现形式,并在此基础上有所作为且使自己的状况发生相应改变时,法律应当为此提供保护的原理。从一定意义上说,信赖原理与信赖保护的含义是相同的。

信赖原理之所以需要进行探讨,其基本理由在于当事人所信赖的外在形式与其实际状况之间存在差异,如果这二者是同一的,则无需信赖原理的介入,依"事物当然之理"即可解决问题,只是在某些场合并不特别强调这一点而已。正是在这个层面上,信赖原理与权利表象规则之间存在交叉点,因此对其间的区分进行研究很有必要。

现行法秩序中,许多制度所体现的均是信赖原理。例如:善意取得、表见代理等,此外,在意思表示解释中的表示主义或者合同客观解释、缔约过失责任、权利失效、[2]要约撤销之例外、[3]侵权过失之客观标准等等,作为背后之支撑的原理,都是信赖原理。

(二) 权利表象规则与信赖原理:以考察问题的视角为标准区分

信赖原理与权利表象规则之间存在如下的关联:

---

[1] 参见叶金强:《信赖原理的私法构造》,清华大学2005届博士论文。

[2] 有关权利失效的理论,可参见王泽鉴:《民法学说与判例研究》(第1册),中国政法大学出版社1998年版,第307页以下。

[3] 《合同法》第19条第2款规定,受要约人有理由认为要约是不可撤销,并已经为履行合同做了准备工作的,要约人不得撤销要约。此项规定旨在为受要约人对要约不可撤销的合理信赖,提供保护。

1. 二者所考察问题的前提相同,即都关注外在表现形式与其真实信息不符的情形。权利表象规则所针对的对象特定化为权利表象,而信赖原理所关涉的对象范围很广,甚至比前述外观主义所关涉的范围还大。比如对合同解释中的客观主义,即很难纳入外观主义的范畴。但可以肯定的一点是仍存在真实与表象不符的问题,即使是合同解释中的客观主义,也只有在客观意思与主观意思之间存在差异时才有意义。

2. 二者均要求合理信赖,即对虚假的信息传递途径合理地信以为真,这一点是不言自明的。

3. 功能的一致性。即从法律效果观之,二者都体现了法律对合理信赖的保护,从而在客观上促进交易的效率和安全。权利表象规则所关注的问题包含在信赖原理的范围之内,因此如果单纯从功能的角度观察,二者具有整体与部分的关系,权利表象规则是作为整个信赖保护制度的一部分而存在的。

正是由于上述的相似之处,权利表象规则与信赖原理似乎是同一问题,但二者之间存在重要差异。如关注对象的范围之间存在大小区别,信赖原理所关注的对象远比权利表象规则所关注的范围大;涉及到的主体不同,权利表象规则至少涉及三方当事人,而信赖原理则否,这些都无待详论,特别需要指出者乃如下差异:

1. 视角的差异:表象与信赖

权利表象规则和信赖原理所欲解决的问题近乎相同,而二者解决问题的视角则不尽一致,权利表象规则是从权利表象入手,先考察权利表象这一客观性要件,在此要件具备的情况下,再来考察对权利表象的信赖是否合理,然后才决定相应的法律后果。权利表象规则的关键词是表象。与之相对,信赖原理是从相对人的信赖入手,首先确认相对人的合理信赖,再秉持信赖应当保护的原则来确定相应的法律后果。在信赖原理的视野中,最为重要的因素是信赖,而作为其前提的虚假信息传递途径则是作为第二位的因素被考虑。

当然,无论哪一种处理方式,表象与信赖二者是断不可决然割裂的,表象是信赖的对象,而信赖是对表象的信赖,这二者缺少其一,任一方法都不能使用。但二者关注的重点不同,这一点不得不辨。

2. 效果的差异:表象视为真实与信赖利益损害赔偿①

就法律效果言,二者存在较大的差异。权利表象规则的基本法律效果是:对于善意第三人而言,表象视为真实,即将表见权利当作真实权利来处理,合理信赖者实现自己典型交易目的,而与之相对的是,真实权利人则会出现未自决的权利受损或义务承担。

信赖原理的法律效果则呈现出较强的弹性化余地,除了部分与前述有关权利表象规则的效果相同之外,大量信赖保护的法律后果是信赖利益损害赔偿。② 通常情况下,信赖利益损害赔偿包括以下几部分:订约的费用、为准备履行契约所支出的费用及因另失订约机会而遭受的损害等,即因信赖契约有效所受的全部损失,但一般情况下,该损害赔偿不得超过履行利益。就对善意者的保护而言,将表象视为真实的保护方法显然比信赖利益损害赔偿更有利,主要理由为:前者通过使有关行为有效的方式,使信赖者直接实现其交易目的,而后者则仅使信赖者获得损害赔偿,这一方面离其交易目的较远,至多只是恢复到订约前的状态,另一方面,进行信赖利益损害赔偿需要经过复杂的诉讼程序,

---

① 对此,亦可参见丁南:《信赖保护与法律行为的强制有效——兼论信赖利益赔偿与权利表见责任之比较》,《现代法学》2004年第1期。

② 所谓信赖利益,是指"当事人相信法律行为有效成立,而因某种事实之发生,该法律行为(尤其是契约)不成立或无效而生的损失,又称为消极利益之损害。于此情形,被害人的请求赔偿者,系赔偿义务人在经济上应使其恢复到未信赖法律行为(尤其是契约)成立或有效时的状态。"王泽鉴:《信赖利益之损害赔偿》,载氏著:《民法学说与判例研究》(第5册),中国政法大学出版社1998年版,第212页以下。而所谓信赖利益赔偿,是指"法律行为外形上虽然成立,当事人之一方因善意无过失信其有效致受损害之赔偿。"林诚二:《民法理论与问题研究》,中国政法大学出版社2000年版,第237页。

这其中包含繁杂的举证及其它程序问题,耗时费力。

3. 规则与原理的区分

权利表象规则与信赖原理的区分还表现在法律规则与法律原理这一一般问题的区分上。法律原理是储存价值的基本原则,它体现的是法律所追求的基本目的,是整个法律制度的背后支撑理论,法律原理具有抽象性、指导性及候补性,一方面他对整个的立法、司法活动起指导作用,另一方面,当现行法律对有关问题缺乏规定时,法律原理则起到弥补法律漏洞的作用。而法律规则是指法条与法条之间逻辑地并列在一起,它们一直是取向于一定的价值,针对某种生活类型被做成各种组合,而后才成为能达成一定规范功能的规定。① 析言之,法律规则是法律对某种生活事实的具体规范,其表现为将一定的法律效果一般性地赋予该生活事实的承当者,其基本构造为法律要件与法律效果,法律规则正是通过效果的赋予来间接影响当事人的行为,从而实现法律对生活的调整。从上述对原理和规则的简要分析中可以看出,二者的关系体现为法律原理为法律规则的制定和适用提供理论支持,同时为法律规则的完善与漏洞补充提供基础依据。但同时法律原理体现的价值,需要结合生活事实加以具体化,在这样的过程中,其它原理也会渗透进来以寻求各种价值的兼顾,由此决定了法律原理的弹性,以及涵盖生活事实的广泛性。与之相对应,法律规则是法律原理的具体化,是法律原理面对生活事实进行细化的结果,是在司法活动中可以直接用来裁判案件的基本依据,规则在适用时应不断回归原理以寻求指导。

就信赖原理与权利表象规则的关系而言,信赖原理是作为权利表象规则的基础性支撑理论而存在的,是权利表象规则的正当化说明依

---

① 参见黄茂荣:《法学方法与现代民法》,中国政法大学出版社 2001 年版,第 107 页。不过应注意的是,黄茂荣将法律规则称为法律规定。

据,信赖原理为权利表象规则的类型丰富提供指导。与之相对应,权利表象规则是信赖原理的具体化展现。但应指出的是,权利表象规则仅是信赖原理应用的一个很小的领域,在非常广泛的意义上,信赖原理已经成为一个民法的基本原则。

### 三、权利表象规则与英美法中的禁反言则

#### (一) 禁反言则的核心观点

英美法中的禁反言则[1]发端于诉讼程序,但最终在实体法中确立了其基本原则的地位。它的基本含义是,一方当事人做出某一行为,如果他方当事人合理地信赖其行为并根据他的行为行事,那么该当事人主张的可能损害他方当事人而使自己获得或可能获得利益的行为将不被允许。[2] 换言之,禁反言则是法律禁止一方当事人做出与自己的原有行为相冲突的表述,不允许以一个不一贯的状态、态度或者行为过程损害另一方当事人。禁反言则是一项禁令,它不允许否定某一事实或某些事实状态的宣称,它使得另一方有权保有其利益,就如同先前的陈述为真实一样。禁反言则的关键点在于,一方的处境得以改变,因此另一方试图改变自己的原有行为就会对该方的利益造成损害。禁反言可以被认为是一项原则或原理,要求由于某人先前的行为(conduct)、主张(allegation)或否认(denial)而引起一定事实或状态,法律禁止此人

---

[1] 关于英美法中的禁反言则,参见 Elizabeth Cooke, *The Modern Law of Estoppel*, Oxford University Press, 2000。还可参见 Sidney W. Delong, *The New Requirement of Enforcement Reliance in Commercial Promissory Estoppel*, Wis. L. Rew. 943, 971. (1997)。

[2] See *Black's Law Dictionary* (fifth edition), west publishing co. 1979. p.494. 此外,Denman 的观点也与此相近,在此作为佐证。他认为,"某人以言词或行动,故意使他人相信某种事实状态时,该他人因信其表示的结果,以变更以往的地位而受损害者,其某人不得向该他人主张不同事实状态之存在。"见高金松:《空白票据新论》,五南图书出版公司1987年版,第59页。

否认或主张此种事实或状态。其本质在于,当事人如果对自己坚持的一贯立场、态度或持续进行的某一行为的改变可能会损害他人利益或造成他人损失时,不允许他做出这种改变。①

为了克服英国普通法过于严格而不能适应社会生活多样性的缺陷,英国发展出了衡平法,禁反言则是衡平法的一个原则,该原则首先在诉讼当中使用,一方当事人在诉讼中做出某种表示,即使该表示不能真实反映自己的内心意愿,也必须受该表示的约束。之后,这一主张逐渐延伸至实体法领域,"为了促使人们在现实生活中保持正直态度,禁止做出与已作的承诺相反的表示,发展确立了禁反言则。禁反言则是 fair play 的道德观在法律世界中的具体化,是法律认定的范围内实现公平精神的一项原则。"②

禁反言则主要有三种类型,即记录、证书及行为的禁反言,③关于记录的禁反言则,其实是判决的既判力问题,不具有典型意义,而有重大价值的是后两者,其实二者都是关于行为的禁反言,只不过是由于英美法系在合同法上,对于盖印契约有着相当的重视而单独提出证书的禁反言这一概念而已。无论是当事人的签字证书还是当事人的行为,都只不过是当事人的意思表示而已,因此有学者称这两种禁反言为表

---

① 参见全先银:《外观主义研究——以商法为中心》,中国社会科学院法学研究所 2003 届博士论文。
② [韩]李井枃:《韩国商法上的表见责任制度之研究》,载王保树主编:《商事法论集》(第 3 卷),法律出版社 1999 年版。
③ 所谓记录的禁反言,又称判决的禁反言,是指如果一个事实已经在法院记录中被达成一致或者被确认,只要判决没有被推翻,任何一方当事人都不允许再对此提出疑问,并且其后的任何时候都不能就同一事实再一次地被审问;所谓证书的禁反言,是指在当事人之间制作某种签字证书表示一定事实时产生的禁反言,这种禁反言禁止一方当事人否认签字证书中记载的事实;所谓行为的禁反言,又称衡平法上的禁反言,是指一方当事人做出某种行为或行动后,禁止他主张某一权利,这种权利是如果他不做出先前的行为或行动就可以享有的。全先银:《外观主义研究——以商法为中心》,中国社会科学院法学研究所 2003 届博士论文。

示的禁反言(estoppel by representation)①。除衡平法上对当事人表示出的意思禁止反悔以外,在普通法上也有与衡平法上的禁反言相类似的理论与制度,即允诺禁反言(promissory estoppel)。②

(二) 权利表象规则与禁反言则在功能上的一致:保护相对人的合理信赖

从前述对禁反言则的核心观点的简述中可以看出,与权利表象规则的功能一致,禁反言则的基本价值也在于保护相对人的合理信赖,在一方当事人已做出某种行为并预期他人会将其作为行为的基础,而他人恰好对之予以信赖并相应地有所作为时,该当事人就不得主张否定自己的行为,从而避免使他人陷入不利。正如有的学者所指出的,禁反言的本质是保护他方当事人由于一方当事人的行为而诱使的信赖,使其免遭损害。③ 从一定意义上说,权利表象规则和禁反言则"不过是将外观优于实际的同一结论用不同的语言表现出来罢了"④。在权利表象规则,对合理信赖表象者而言,表见权利视为真实权利而发生效力,从而使其在交易时可以免去繁琐的求真和确证过程,交易的安全和效率得以实现。在禁反言则,不论其先前的表示是否真实,⑤都不允许表

---

① 鲍尔(Bower)就持这种见解。参见全先银:《外观主义研究——以商法为中心》,中国社会科学院法学研究所 2003 届博士论文。

② 所谓允诺禁反言,又称允诺后不得翻供或不得自食其言,是指在某些情况下,允诺人所作的赠与的允诺或无偿的允诺具有拘束力,而须加以强制执行。全先银:《外观主义研究——以商法为中心》,中国社会科学院法学研究所 2003 届博士论文。

③ Robertson, Andrew, *Reliance, Conscience and the new Equitable Estoppel*, Melbourne University Law Review v. 24 no1 (Apr. 2000), p.218—235.

④ [韩]李井杓:《韩国商法上的表见责任制度之研究》,载王保树主编:《商事法论集》(第 3 卷),法律出版社 1999 年版。

⑤ 有意义的是先前的表示不真实的情形,行为人可通过一定的言语、行动,甚至包括特定情形下的沉默表示自己的意思,或者与交易有关的重要情况,当相对人对之发生信赖并相应的决定自己的行为时,就不允许行为人以所表示的情况不真实为由否定自己先前的表示。当然,如果先前的表示是真实的,自然不允许事后有相反的主张,这一点其实是事物的自然之理,无需借助于禁反言则来实现。

示者在事后有相反的主张,从其客观效果观察,禁反言则适用的效果是:对于被表示者而言,表示者的表示是真实的,法律后果的发生也是建立在此基础上的。这是禁反言则的直接功能,从客观方面看,这一原则的适用也会间接促进交易目的的实现。

权利表象规则和禁反言则为同一个目的而存在,禁反言则也认定经济目的,权利表象规则也要求伦理的动机,因此在功能上很相似,并有相互接近、相互融合的倾向。从本质上说,这二者同属于私法上保护交易安全的制度。① 正如有学者在论证"表面的代理权"②时所指出的,"这种按照通常所谓的表面代理权或外表可见的代理权的理论实际上乃是对禁止翻供原则的应用,因为禁止翻供的意思只是不允许一个人妨碍一个有理性的人根据他的言行进行的推定,因此如果一个人明确的或隐含的代替另一个人取得替他办事的代理权,以便使第三方当事人合理地相信他的代理权而且同他交易时信任他所作的陈述,那么做陈述的人就要按照实际所赋予他的实际代理权承担责任,不允许他不承认他所设定的代理权。"③

(三)二者在作用机制上的差异

虽然说权利表象规则和禁反言则在基本功能上一致,但二者在作用机制上有重大差异,在此需要究明。

---

① 参见[韩]李井杓:《韩国商法上的表见责任制度之研究》,载王保树主编:《商事法论集》(第3卷),法律出版社1999年版。

② 英美法中所谓"表面代理权",根据盖斯特的介绍,"当事人可根据语言或行为推测某一代理人有代替他行事的代理权,尽管实际上并无代理权的存在。在这种情况下,如果代理人在其表面的代理权范围内订立合同,虽然并不存在实际上的代理权,则当事人亦应向第三方当事人为其代理人的行为负责。"([英]A.G.盖斯特:《英国合同法与案例》,张文镇等译,中国大百科全书出版社1998年版,第550页。)可以认为与大陆法中的"表见代理权"是同一含义,而表见代理权是权利表象规则的重要适用领地。

③ [英]A.G.盖斯特:《英国合同法与案例》,张文镇等译,中国大百科全书出版社1998年版,第550页。

1. 信赖事实的差异：权利表象与行为

权利表象规则中，善意者所信赖的是权利表象，对此不再赘述。而在禁反言则中，相对人所信赖的是表示人先前的行为，具体包括：记录、证书和法庭外的行为三种类型。① 所谓记录，是指法院对已经认定的事实或者当事人无争议的事实的记录，其实是法院判决中关于事实的部分；而证书是指当事人之间制作的表达特定意思的签字证书，是最为严格的合同形式；法庭外的行为，就是指除法庭记录、签字证书之外的其它行为，即通常所谓的衡平法上的行为。需要重点探讨的是后两者，即所谓表示行为。就其具体形式而言，语言、文字、表情动作甚至特定情形下的沉默均足当之，但应注意的是，将沉默作为意思表示方式，必须要有法律规定或者当事人约定的存在，② 并且因情形的不同而需要不同的条件。③ 同时，禁反言则中所信赖的表示必须是通过一定行为所做出的关涉交易的重要意思，是表示人所期待能够引起他人信赖的明确的并试图发生一定效果的意思，这其实是一般意思表示规则的具体化反映。

由此可以看出，权利表象规则和禁反言则所信赖的事实完全不同，一个关注权利的表征形式，而另一个关注的是意思表示方式，尽管二者都属于重要的私法法律事实，但毕竟二者在表现形式、多样性等方面都

---

① 参见[韩]李井杓:《韩国商法上的表见责任制度之研究》，载王保树主编:《商事法论集》(第3卷)，法律出版社1999年版。
② 参见[德]卡尔·拉伦茨:《德国民法通论》(下册)，王晓晔等译，法律出版社2003年版，第485—491页。
③ 在"带表示的沉默"或者"规范化的沉默"当中，沉默所具有的意思表示的意义是法律直接规定的，当事人如果要追求另外的不同于法律规定的效果，就必须做成特定的行为，否则法律规定的效果就无可逆转的归属于沉默人。而单纯的沉默，在有些情况下，恰好表明沉默人想使某种法律效果发生效力，"当然，确定这一点总是需要具备特殊的情形，人们从这些情形中能够推导出对先前的某种表示、要求或通知的沉默即意味着是某种表示的手段。"参见[德]卡尔·拉伦茨:《德国民法通论》(下册)，王晓晔等译，法律出版社2003年版，第489—491页，第485页。

存在差异。

2. 达到相同法律效果的根据差异

权利表象规则和禁反言则的法律效果,都在于使合理信赖者得其所欲,即在其合理信赖有关外在表现形式并有所作为时,法律会维护这一行为的效力,不因存在一个与外在表现形式相反的事实或主张而发生变化,但在不同的规则下,这一法律效果的达成是通过不同的解释路径实现的。在权利表象规则,有一种解释思路是在符合条件时,将表见权利视为真实权利而使相应的法律行为发生预期的法律效果,这是一种符合私法逻辑的解释方式,是将表象视为真实的自然结论。而与之相反,禁反言则的法律效果,是通过禁止行为人主张与自己先前的表示相反的主张而实现的,其实是对行为人的一种制裁,体现了法律对伦理的追求。

3. 理论基础的差异:交易安全与诚实信用

权利表象规则和禁反言则的支撑理论不尽相同。在权利表象规则,之所以发生信赖者得其所欲的效果,是保护交易安全的需要,特别是在市场经济当中,这一点显得十分迫切。权利表象规则可以维持权利表征的信用,减少权利与其表征背离的发生机会,从而在客观上强化行为人信赖权利表征的合理性,这就会提高交易效率,保护交易安全。与之相反,禁反言则尽管也可以发挥保护交易安全的作用,但这只是其间接效果,就其直接理论基础而言,禁反言则的根基在于诚实信用原则。当个人先前已经做成某种表示,而在事后又试图否定之,这种否定又会对他人造成不利,显然是与诚信原则相冲突的。"禁反言则是为了促使人们在实际生活中保持正直态度,作为禁止做出与其表示相反表示的理论发展而来,它是伦理观念的法律化。"[1]

---

[1] [韩]李井杓:《韩国商法上的表见责任制度之研究》,载王保树主编:《商事法论集》(第 3 卷),法律出版社 1999 年版。

总之,权利表象规则和禁反言则在产生、发展过程、法律思想上是不同的,权利表象规则是将信赖权利表象的第三者的行为正当化,是便宜论意义上的保护主义;而与之相反,禁反言则则是禁止当事人实施与其过去言行相反的行为,是正义论意义上的制裁主义。① 本文在考察权利表象规则时,不能将禁反言则纳入其中,尽管它本身很具有研究的价值,并且与权利表象规则具有近乎相同的功能。

## 小　　结

私法面对权利表象只能有两种处置方式:要么漠视权利表象而追求实质真实,要么将权利表象所表彰的权利视为真实,前者属于常规化且符合法律一般原则的处置模式,也是法律人所追求的目标之一,后者则是在不得已情形下的例外,这种处置方式就是本文所称的权利表象规则。

权利表象规则意味着,首先存在表见权利与真实权利的背离,表见权利人以其表见权利为基础与善意第三人进行法律行为,第三人合理地信赖其为真实而事后发现事实真相时,应当维持法律行为的后果的法律规则。权利表象规则具有介乎于法律原则和具体规则之间但倾向于规则的属性,因而比原则更具有确定性。同时由于自身的一般化特色,而具有理论性及指导性、规范性与一般性。

之所以选择将权利表象规则作为本文的研究重点,主要是基于如下的以下考虑:一是为私法调整社会生活提供特例;二是面对私法理念的变迁对传统私法规则的挑战;三是因应信赖保护成为现代私法的一

---

① 参见[韩]李井杓:《韩国商法上的表见责任制度之研究》,载王保树主编:《商事法论集》(第3卷),法律出版社1999年版。

个标志性研究课题;四是理论抽象化的需要。就这一规则的体系归属而言,其隶属于信赖保护制度,而民法中的诚信原则是其最为根本的基础支撑。

权利表象规则具有自身的特色,因而与相邻近的概念之间存在或多或少的差异,本文主要比较了权利表象与外观主义、信赖原理以及英美法中的禁反言则之间的区别与联系,从而进一步彰显权利表象规则自身的价值与特殊性。

总体而言,本章是对所研究核心问题的初步界定,这主要是通过两个方面来进行:一是直接就权利表象规则本身的含义及其规定性进行说明,突破主题;二是对权利表象规则与邻近概念进行比较研究,从而间接凸现这一规则的特殊性。权利表象规则具有自身的特色,这就决定了本文的研究并非是对既有问题的重述,而是一个全新的视角。

# 第三章 权利表象规则的价值与理论基础

权利表象规则作为一个法律规则，必然具有其自身的价值和理论基础。其实这二者关涉权利表象规则的深层理论，本文这一部分的论述，是探寻权利表象规则所具有的功能，同时揭示其背后的支撑原理，使得对问题的讨论不限于其本身而有一定的拓展性。

## 第一节 权利表象规则的价值

所谓权利表象规则的价值，是指这一规则的确立所具有的积极意义，悉言之，是指权利表象规则作为一个一般性的法律规则必然发挥的重大作用。当然，价值与作用的概念不尽相同，价值重在揭示其内在的诱导因素，而作用则突出其外在的具体表现。

在此需要阐释的一个观念是，在终极意义上，私法规范系属生活自身的选择，而非立法的结果，是社会主体在长期实践中通过经验摸索与理性思考而逐渐形成的系列生活规范——只要出现群居生活，就必然涉及人之间的关系协调，社会主体就会探索和平相处并共同发展的规则，通过试错及纠错的过程，加之一些反思与理性思考，就会逐步形成一些生活规范，这些规范是互利共赢的、能够妥帖调整各相关当事人的利益，使人之间的关系处于最佳状态。这些规范首先在开明人士之间适用，通过教育、示范、惩戒等手段不断扩展，而后慢慢发展成为相对社会性的规范——立法者的基本任务就在于发现生活中已经存在的规范并将其确认为法规则,因此良好的私法规范并非立法者制定或设计的结果。如此看来,从本质上讲,私法规范是无意志的,不存在一个价值选择问题,规范本身就是价值,之外别无其它价值追求。法规则成型之后,通过一定的文化传承、法学训练以及法律职业群体共有的偏见,人们会从法规则中抽象出价值。因此所谓法规则的价值,是由归纳、解读法律之人自身所具有的价值辐射到法律规范之上的产物,而并非规范自身的价值。因此,对于不同的法规范解读者而言,法规范的价值不尽相同就是完全可以理解的现象。悉言之,所谓法规范的价值是由人们赋加于法规范之上的,是人们主观意识的产物。①

### 一、一种法律理念的宣示

私法调整社会生活的基本手段在于:通过对符合一定条件的法律事实赋予特定法律效果的方式,宣示一种法律理念,依此对行为人产生积极的激励或消极的遏制,使行为人面向结果而调整自己的行为,从而使其行动符合立法者预先所设定的目标,也因此在整体上符合立法者所认同的社会秩序要求。这一点恰好构成私法区别于公法的重大特征。与公法不同,私法一般并不直接对人的行为予以强制,而是在意思自治的范围内任由当事人行动,但当事人的每一种选择都有相应的法律后果相伴随,这一后果在客观上对行为人的选择产生强烈影响,这其实是法律理念实现的结果。正如哈耶克所言,"我们对人课以责任,并

---

① 必须注意这一表述的限定条件:"在终极意义上"。在现象与技术层面,私法规范仍表现为由立法者制定或创设,在这一过程中也进行立法理由的编制以及法律价值的讨论,因此,这一表达并不意味着法律的创制这样的提法失却意义,但这种制定或创设必然受到社会既存生活规范的制约,当法律与这些规范冲突时,就面临修法的任务。私法本为维护人的自由生活服务,断不可成为干涉、控制人们生活的外来力量。

不是为了说原本的他便可以采取不同的行动,而是为了使他本人发生变化。如果我因疏忽而对某人造成了伤害,尽管这种疏忽在特定情形中'是我无能为力的',那么这也不能使我免除对此后果承担责任,而且应当使我比此前有更深刻的教训,即必须将发生这种后果的可能性牢记心头。"①

与一般的私法规则相同,权利表象规则所附随的法律后果也宣示了一种法理念,而这一理念对私法活动具有重要指导意义。

### (一) 权利表象规则所宣示的法理念内容

权利表象规则所宣示的法律理念是:法律只对遵从权利、积极行使权利之人提供保障,而于那些对其权利漠不关心、放任自流者,则令其承担不利的后果。悉言之,如果当事人漠视自己的权利,任由他人处分,则其只能承担该行为的结果。② 与之相对应,意欲得到法律的保护,就必须尽到适度的注意义务。而这种义务的诞生一方面来自整体社会秩序,另一方面则源于具体的交易情境。

这一理念的得出,是权利表象规则要件和效果的简单推论。从其构成要件角度观察,真实权利人要承担表见权利为真的法律后果,就要求其对权利表象的形成具有可归责性。尽管对可归责性的理解和判断存在诸多的争议,但可以肯定的一点是,真实权利人对他人可能以权利表象为依托进行法律行为,从而对第三人造成确定的信赖存在某种放任,与之相对应,对于因该行为可能给自己造成的损害也采取同样的态度。在此基础上,由其承担相应的结果是必要且合理的。这从一个侧

---

① [英]弗里德里希·冯·哈耶克:《自由秩序原理》(上册),邓正来译,生活·读书·新知三联书店1997年版,第88页。

② 应当注意的是,权利表象规则本为信赖保护之设,这一理念其实是该规则适用的反射效应所导致的。应当说归责问题原本是为了兼顾私法自治,而并非权利表象规则的基本点。

面反映了真实权利人对自己权利的漠视,未能尽到本应尽的注意义务。从第三人的角度看,其积极从事法律行为并无过失地对权利表象予以充分的信赖,且其信赖符合合理性的要求,换言之,一方面其行为方式符合通常情况下理性人的行为标准,另一方面他尽到了足够的谨慎,由此,对其进行保护就是完全正当的。

正如有的学者所指出的,"表见权利常常掩盖着属于他人的真正权利。根据表见直接赋予第三人权利,就会导致剥夺真正权利人的部分或全部权利。不过,这正是该制度的代价:第三人因表见理论作用取得的权利,可以对抗真正的权利人。……即使真正的权利人可以对以表见资格使其承担责任的债务人提起诉讼,他的利益还是大大地被牺牲了。因此,我们可以理解为什么判例曾长期从民事责任制度中寻求庇护。如果引起误解的事实状态的形成或存续可归咎于真正的权利人,就不难以有利于第三人的方式解决纠纷。但是,即使真正的权利人没有任何过错,结果仍然是这样。因此这显然是在保持原有状态和保证新取得的权利之间、静态安全和动态安全之间所进行的有意识的选择。第三人受到保护,那是因为他的积极行为,躲在权利的脆弱的保护伞下消极无为的人就只能受委屈了。"①

其实,因怠于行使权利,或者对自己的权利漠不关心而导致权利的丧失或减等,是私法的基础价值理念,很多具体制度都建立在这一理念的基础之上,典型者如权利失效制度(权利者在相当期间内不行使其权利,依特别情事足以使义务人正当信任权利人不欲使其履行义务时,则基于诚信原则不得再为主张的制度。就要件言,必须有权利在相当期间内不行使的事实,并有特殊情况足使义务人有正当信任权利人已不

---

① [法]雅克·盖斯旦、吉勒·古博:《法国民法总论》,陈鹏等译,法律出版社2004年版,第804页。

欲其履行义务,致权利的再为行使有违诚信原则①)、被保险人的请求权消灭制度(保险事故发生后,被保险人怠于积极施救,就扩大的损失不得请求保险人予以赔偿)、时效取得制度、形成权的除斥期间以及罹于诉讼时效制度等等。其最基本的支撑在于诚实信用这一民法的帝王条款,权利表象规则是这一理念的又一制度体现。

### (二) 这一理念所具有的积极意义

从上述对权利表象规则所宣示的理念的内容来看,这一理念所具有的重大意义在于:通过权利表象规则结果的赋予,促使权利人关注自己的权利表征,认真防止他人利用权利表象进行法律行为,从而在客观上避免权利表象规则的适用,使权利的表征与真实状态相一致。概言之,权利表象规则的适用会促使自身适用机会的减少。这一点意义重大,留待后文详细论述。

权利表象规则所宣示的理念仍然属于私法基本理念的组成部分:在私法领域,只有本人才是自己利益的最佳维护者。尽管从意识形态的角度言,宣传构建和谐社会、培养人之间的信任与诚意,是官方获得统治秩序的基本手段,从整体而言,良好的信誉和信赖关系是一个社会正常发展的必要条件,即使绝大部分社会关系是可信赖的,但法律的设计总是要考虑到各种复杂的情形,不管社会诚信的发展程度如何,背信与欺骗总是无可避免的,这样法律就要求一个人成为足够谨慎且自负其责的社会主体,设若他不能尽到相应的注意义务,则只能承受不利后果。权利表象规则建立的根基在于:基于有利于法律关系的动态安全之需要,其所保护的人应当是主动获得权利之人,而不是坐享现存法律

---

① 王泽鉴:《民法学说与判例研究》(第一册),中国政法大学出版社1998年版,第309—311页。

状态利益的人。不挫伤积极性,激励行动是这一制度的目的。① 因而,权利表象规则激励人们积极行动,关注自己的权利状态。

这一理念同时也造成一种负责的精神。如果权利表象规则得以适用,其所宣示的精神就会培养民事主体的负责精神。自主选择消极状态,就甘愿承受由此带来的不利后果,这种自我选择、自我负责的精神是市民社会的基本要求,有利于塑造完善的民事人格。这也是市场经济得以发展、个体权利得以彰显的基本条件。同时,在行为当时尽到适度的注意义务,这也是成为适格民事主体的基本要求,是单个人对于这个由各关系网所联结成的社会应尽的义务。

## 二、促进交易安全与效率

权利表象规则最重要的制度价值在于促进交易安全与交易效率,这也是需要将其作为一个一般法律规则进行研究的最为重要的理由。随着社会的演进发展,一个社会交易秩序的好坏,已经成为影响社会发展的决定性因素,而这无非包括交易安全和交易效率两个方面,权利表象规则恰恰对这两个方面具有显著的促进作用。

### (一)对交易安全的促进

权利表象规则对交易安全的促进,主要表现在这一规则所具有的善意保护功能。善意交易第三人尽到了交易上的必要注意,在符合一般规则的前提下信赖了权利表象并进行法律行为,此时即可实现自己的典型交易目的,从而交易安全得以确保。同时,这里所谓的交易安全并不限于单个具体的交易,诸多善意第三人受到保护就会形成一定的交易秩序,从而在整体上促进人们的安全感。其理在于,只要行为人尽

---

① 参见[法]雅克·盖斯旦、吉勒·古博:《法国民法总论》,陈鹏等译,法律出版社2004年版,第805页。

到适度的注意就能实现自己的交易目的,这当然会给人一种安全感,而不至于陷入对未来无可掌控的恐惧之中。生活之中总会存在假象,而这些假象构成人们安全生活的重大障碍,权利表象规则的适用所宣示的理念是:只要能尽到适度注意义务,假象也会被当作真实来对待,此时人们在生活中就不会过度谨慎,对假象也不会过分紧张,行为人完全可以实现自主。这其中所包含的道理并不复杂,试想如果是相反的情形,即如果按照真实的权利状态决定当事人之间的法律关系,会发生何等的结果呢?真实权利人自然乐意接受这样的处理,因为这才符合自己的意思从而实现自己利益的最大化,①但对于善意相对人而言,这样的结论却非常可怕,因为其对权利表象的信赖就会落空,其所追求的交易目的无法实现,因而先前对自己生活的设计即会遭遇障碍,尽管他可以通过追究表见权利人责任的方式在一定程度上弥补自己的损失,但其交易目的终究无法实现,而且可能会丧失最佳的缔约机会。概言之,交易安全根本得不到保障。正如有的学者所言,"这一原则适应了法律关系安全的需要。因为只有当人们确信,在审视事实后并可以合理地信任法律状态的情况下所取得的权利不会有危险时,他们才会放心地行动,这样获得的安全是行动的动力,是对行为人的一种激励。这是一种动态的安全。当然他会对真正的权利人构成某种威胁,使他不能保持其所有的权利。但是真正的权利人所期望的安全是静态的,是恒定财产的安全,它可能造成固守现状,从某种方面看对社会的益处甚

---

① 尽管从客观的结果看,依据真实主义来处理并不一定实现真实权利人的最大化利益,建立稳定的交易秩序对真实权利人也具有重要意义,但从其意思自主的角度言,毕竟是自己控制自己的私法生活,而不至于陷入他律之中。此外,秩序所带来的利益是潜在的,而目前的损失却是确定的。如此看来,对于现代社会独立的私主体而言,实现自主可以说是利益最大化的基本要求。

微。"①

　　这里就涉及到"静态安全"与"动态安全"的冲突,"前者系保守的安全概念,即非经权利人的同意,不得剥夺其既得权利,以强调维持现状为目的。后者系革新的安全概念,即第三人与具有财产所有者外观之人,进而为交易,以合理信赖其外观者应受保护,以促进其交易活动为目的。盖在法律生活上,实在与外观有龃龉,致使第三人信赖其外观的场合,究应确保其权利人的实在权利,抑保护信赖其外观的第三人,均属有趣的法律问题。……就纯粹理论上言,应确保权利人的权利乃属正当。盖物的所有权,非由所有权人为转让不得移转,债务非债务人对于真实的债权人为清偿不得消灭也。然而法律秩序非只为一种理论,乃为规律健全生活与交易关系的一种手段。尤其是,其交易行为不能一一审究其事物的真相,故务须信赖外观,始能期望交易生活的圆滑与迅速。因此法律秩序,以便宜与衡平为准绳,有时以外观为实在,藉以促进保护交易之安全。罗马法乃以'任何人不得以自己所有以上的权利给与他人'为原则,以确保静的安全。德国固有法,则以'您应对于授予信赖的地方,寻找您的信赖'为原则,以提供动的安全之端绪。近世各国乃进而采用扩张其思想,交易安全之保护,遂成为近代法之特征也。"② 这一段经典的论述,准确地概括了近代法治精神的转化:交易安全的保护已经成为法的安全的核心,为达此目的,必须在一定范围内、一定条件下牺牲静态权利。在此情形下,选择为了动态安全而牺牲静态安全就是不得已的。

　　日本学者田岛顺明确指出,私法上的权利必须和更高位阶的社会整体利益相一致,当私人间不可避免地发生利益冲突,注定要由一方负

---

① [法]雅克·盖斯旦、吉勒·古博:《法国民法总论》,陈鹏等译,法律出版社 2004 年版,第 784 页。
② 高金松:《空白票据新论》,五南图书出版公司 1986 年版,第 52—53 页。

担损害时,为了共同的幸福特别是交易安全,有必要强使真正权利人做出某种牺牲,而为了公共利益对私法权利进行种种限制,与权利的本质并不矛盾。我妻荣也认为,交易安全不仅仅是一种利益,而且是现代民法最重要的指导理念,如果没有交易的安全,必将对现代生活的根基构成威胁。① 由于许多单个的交易构成了社会整体的交易秩序,如果人们合理地信赖权利表象并从事交易行为,但结果却是与自己的意愿相违,那整个社会就丧失了交易的基础——信任,对方都是不可信赖的,这不仅导致交易安全的彻底丧失,更为严重的结果是,这种情形的发展会从根本上消灭交易,特别是陌生人之间的交易,社会就会回归到自给自足的农耕时代。全先银在论证外观主义的安全价值时指出:"安全价值经历了由静到动,由个体到社会整体的变化,而外观主义正是适应了安全价值的这一变化。一方面,外观主义理论以交易中重要事项的外在表现形式来决定其法律效果,切断了交易中重要事项的外在表现形式背后的各种不为行为相对人所知的因素对交易法律效果的影响,从而使交易中重要事项的法律效果具有稳定性,保护的是交易关系中的另一方(行为相对人)的利益,使交易安全得以维护;另一方面,现代交易行为多为连续交易,成为一种具有多重交易关系的交易链。如果某一在前的交易在交易达成之后而无效,则势必影响到后续交易的效力和稳定。以外在表现形式决定交易行为的效力,使某一交易行为具有确定的法律效力,即使该外在表现形式与实质不一致也不影响交易行为的效力,自然不会出现前面的交易无效而影响后续交易的情况,那么后续交易的效力和稳定性得到维护,不至于使连续交易中断,引起经济

---

① 上述日本学者的观点,参见孙鹏:《民法上信赖保护制度及其法的构成——在静的安全与交易安全之间》,《西南民族大学学报》(人文社科版)2005年第7期。

秩序的混乱,从而维护了社会整体安全。"① 尽管其论证的是外观主义的价值,但完全适用于权利表象规则。特别是其连续交易之论,关涉社会整体安全,具有重要说明价值。

无可否认,交易安全的建构需要多种法律制度、法律规则以及人们的道德、文化观念等共同协作才能实现,是一个非常重大的课题。但权利表象规则的正式确立,无疑会对交易安全起到重大的促进作用。

(二) 对交易效率的促进

权利表象规则除了促进交易安全之外,尚可提升交易效率。尽管相对于交易安全而言,交易效率的重要性属于其次,但交易效率已经成为影响社会与经济发展的重要因素,因此具有重大价值。

权利表象规则对交易效率的促进主要是通过减少为获得交易对象的信息而进行的必要调查活动而实现的。在现实的交易当中,一方当事人为了保证实现自己的交易目的,就必须对交易对方的诚信情况、权利状态、资产状况以及交易对象等有足够的了解,而获得必要的信息就成为了解对方的唯一方式。特别应值重视的是,交易对方所处分的权利是否属于自己、自称代理人是否获得确定的授权等信息直接关涉交易目的之实现,对交易的进行具有决定性影响。信息的获得必须支付成本,获得信息无非通过两种方式,即自我调查或从专业的信息提供者手中购买,无论是哪一种方式都必须支付可观的经济成本。在权利表象规则的作用下,交易当事人无需进行详尽的调查,只要掌握必需的信息即可。下面具体分析权利表象规则的适用对交易成本的影响。

一般来说,在一个交易当中,所花费的成本主要有以下几项:一是信息收集成本,这是当事人为了达成交易、实现自己的交易目的而进行

---

① 全先银:《外观主义研究——以商法为中心》,中国社会科学院法学研究所2003届博士论文。

的了解对方及交易标的物而支付的成本,二是当事人之间进行磋商而支付的谈判成本,三是履约成本,四是风险防范成本。在这四类成本中,与权利表象规则相关的只有第一种成本,下面对此进行专门论证。

在不同的交易环境及不同的制度背景下,当事人所支付的信息成本是完全不同的。在一个熟人社会,存在着较为丰富的关于交易当事人及交易事项的信息,而这些信息是通过日常的生活交往而获得的,因而无需支付成本,口耳相传、街头巷议也成为信息获得的重要途径。另一方面,熟人社会存在着特别的担保机制,道德感、信誉,甚至某种遵守允诺的信念都成为其行动的强大约束力量,加之在熟人之间不断存在的交易博弈,当事人一般会诚实履行自己的义务,由此就会极大节省信息成本。当然,这也可能阻止当事人之间发生交易,尤其是一方对另一方的履约能力存在怀疑时,从一定意义上说,熟人社会具有阻止交易发生的特点。这一点是与陌生人社会相对应而存在的。在熟人社会,由于信息的丰富,交易一方对他方充分了解,在其知悉对方信用较差时就会拒绝与其交易,这一点与陌生人社会不同。在后者,由于人们对对方信息的掌握总是有限的,因而很多交易是在信息不完全的情形下进行的,其结果是进行了许多在充分信息的情况下可能根本不会发生的交易。现代市场经济交易属典型的陌生人之间的交易,当事人无法通过免费的方式获得交易信息,但是在不同的法律机制下,所支付的信息成本也存在重大差异。

在法律采纳真实主义机制的环境中,① 当事人必须支付下列信息成本:对交易对方当事人基本情况的了解成本、对交易标的物的真实权利状态的调查成本、对对方当事人意思表示是否真实的判断成本等等,

---

① 所谓真实主义机制,是指根据交易主体所展现的权利、意思等法律行为要素的内在真实情况确定交易行为法律效力的一种方法。

而且每一项所支付的费用均非常巨大,比如对交易标的物权属状况的调查,可能是一个无穷追溯前手的过程,直至到达原始取得。① 而在权利表象规则的模式下,诸多的信息成本就可节省。通过物权表征来传递物权信息是一项简捷而有效的方式,同时,权利表象规则的法律构造也导致只要当事人尽到交易上的必要注意,法律后果就由呈现出来的权利表征来决定,即使面对权利表象亦然。故权利表象规则可以降低交易双方的信息成本,由此导致双方总交易成本的降低,实现个体利益的最大化。

由此可见,权利表象规则对交易效率的提升,主要是通过减少调查活动从而节约信息成本而实现的。此外,这一规则本身具有直接加快交易速度的功能。由于该规则给谨慎的行为人一种法律保护的保证,会在交易当事人的内心产生积极作用,使其减少调查活动而迅速完成交易,并确信自己的交易目的能够实现。权利表象规则"通过向个人保证其合理信任足以保障其权利,更能促使他们行动,并且由于不必采取一些可能的,但复杂的预防措施,使他们能够更快地行动。"②

同时,权利表象规则也能促进社会整体效用的最大化。"关于双方当事人之间的商事交易行为效力问题,由于交易相对性的存在,一般不会涉及第三人,即通常不会加大社会总体成本,造成社会整体效用的损害,因此,根据经济理性人的第三命题,个人效用的最大化也会导致社会整体效用的最大化。"③ 在权利表象规则适用的背景下,双方当事人

---

① 康德指出,作为物的买受人,并没有被规定甚至也没有权利去追究售货人的资格问题,"因为这种追究的过程会成为一系列的无穷尽的追究过程"。[德]康德:《法的形而上学原理——权利的科学》,沈叔平译,商务印书馆 2005 年版,第 126 页。

② [法]雅克·盖斯旦、吉勒·古博:《法国民法总论》,陈鹏等译,法律出版社 2004 年版,第 787 页。

③ 全先银:《外观主义研究——以商法为中心》,中国社会科学院法学研究所 2003 届博士论文。

之间的交易也会涉及第三人的利益，由于不同的第三人构成了社会整体利益，因此会产生社会整体效用最大化的问题。权利表象规则会维护有关交易行为的效力，使第三人实现其典型交易目的，这就避免了因行为无效而导致的善后处理费用及第三人重新进行交易而支付的费用，尽管真实权利人为保护自己的权利会支付一些成本，但其数量比起节省的费用显然要少。[1]

### 三、权利表象规则的社会功能

权利表象规则的社会功能集中体现在两个方面，一是促进社会诚信的建构；二是推动社会信任的产生与扩大。前者是权利表象规则对真实权利人一方所产生的权利义务关系的辐射效应，而后者则是从第三人角度观察而得出的结论。本文重点对后者进行研究。

权利表象规则所隐含的基本观念是：因自己的原因所导致的权利表象，相对人对之信赖时，自己必须承担相应的后果。这其实是宣示了一种理念：不得主张与自己所表现的外观不符的事实，即使这一事实是真实的。这一宣示会从反面推进诚信观念的确立。换言之，权利表象规则所宣示的对外观的尊崇，一定意义上具有促使行为人尊重自己前期行为的作用，即使这一行为与自己的意思相违。这从消极方面促进了诚信观念的形成和诚信行为的培养。这一点尚需明确：真实权利人即使主张与自己的先前行为相反的事实，也不会得到法律的尊重，由此导致行为人会维持既有的行为而不提出相反的主张，这相当于遵从自己的承诺，诚信于焉产生。之所以说是从消极的角度，是因为这一效果的获得是通过使行为人的相反主张不能得到支持这样的手段来实现

---

[1] 因为如果令第三人不能取得预期效果，他必须支付维权的诉讼成本，这一点与真实权利人主张救济的成本近乎相同，前者至少节省了恢复原状所需费用。这当然是一般情况，不排除在特殊情况存在例外。

的。哈耶克指出:"事实上,我们常常可以通过教育和示范、理性的劝说,以及赞成或反对的方式影响人的行动,这一点很可能从未有人作过持之一贯的否定。因此,鉴于人们知道,他们所采取的一项行动将使其周围的人提高对他们的尊敬或降低对他们的尊敬,而且他们能够对其行动做出奖惩的预期,因此人们可以有充分理由追问的就只是这样的问题,即处于特定环境中的个人,可能在何种程度上受上述知识(或预期)的影响而趋向于所欲求的方向。"① 明确说明了经常承受其行为后果对人行为方式的反作用,人们会基于预期而适当调整自己的行为,时间的延续及其重复就会使人养成习惯。这一点用来说明权利表象规则的适用对人们诚信的养成所起的作用,是十分恰当的。

不过应当指出的是,一项法律规则起到对人的行为导向作用且逐渐形成一种新的行为习惯与行为方式,并不是一蹴而就的,而是一个经历渐进的试错、纠错过程慢慢养成的。一定法律效果的赋予,会促使行为人在新的行动之前,认真地考虑相关因素,特别是关于先前行为的结果,在此基础上做出新的行为选择。而且必须是不特定多数人都经历这样一个过程,才会从整体上改变社会的现状。法律规则的设计,也是基于人是理性的这样一个预设前提,由此法律规则也试图通过给行为人赋加特别后果的方式来影响其行动。但由此导致一种新的社会规范与行为模式出现,将是一个非常漫长的经历。

人之间存在最低限度的信任是社会存在与发展的基本前提。拉伦茨指出,"只有当人与人之间的信赖至少普遍能够得到维持,信赖能够作为人与人之间的关系基础的时候,人们才能和平地生活在一个哪怕是关系很宽松的共同体中。在一个人与人之间互不信任的社会中,大

---

① [英]弗里德里希·冯·哈耶克:《自由秩序原理》(上册),邓正来译,生活·读书·新知三联书店 1997 年版,第 87 页。

家就像处于一种潜在的战争状态,这时候就无和平可言了。"① 我国也有学者表达过同样的观点,"现代社会中,信赖已成为重要的秩序形成与维持的媒介。合理信赖的保护,是法秩序的必然要求,一个合理信赖得不到保护的社会,将是一个动荡的社会、一个处于持续断裂状态的社会。唯有对合理的信赖给予充分保护,社会成员才可能建立稳定的行为预期,社会秩序才可以建立。合理信赖如果不予保护,人们便会生活在一种行为预期不断地被打破的境地,其安全感也必将荡然无存。"② 而权利表象规则的社会功能恰恰在于保障合理的信赖得以实现,从而促进社会整体的信任水平。

　　作为人之间各种关系总和的社会,必须充斥信任,③这是社会存在最为基础的要件,《牛津英语辞典》将"信任"定义为"对某人或某物的品质或属性,或对某一陈述的真实性,持有信心或依赖的程度"。④ 这里将信心纳入信任的概念之中,并以某种方式与信赖联系在一起。"信任意味着事先已经意识到了风险的存在,但信心却相反。信任和信心都与在可能会遭到挫折或失败的情况下的期望相关。信心概念,如卢曼所理解的那样,是人们对于熟悉的东西将保持稳定所持的一种想当然

---

　　① [德]卡尔·拉伦茨:《德国民法通论》,王晓晔等译,法律出版社2003年版,第484页。

　　② 叶金强:《信赖原理的私法构造》,清华大学2005届博士论文。

　　③ 对社会信任有着不同的理解,一些人将之视为法制度的产物,认为人们之所以讲信用,是因为法规则所强加的责任对其行为产生约束力,人之所以相信他人,是因为相信这些社会机制的有效性。另外一些人认为社会信任是文化价值观的产物,人之所以守信或信任他人,是因为文化中含有倡导诚信的道德规范和价值观念并得到人们的认可和内化。也有一些学者的观点是将这两种取向予以综合,认为制度与文化价值观一起构成社会信任的基础。参见彭泗清:《诚信的根基是什么》,载《博览群书》2002年第5期。福山强调文化因素对信任建构的重要作用。参见[美]弗兰西斯·福山:《信任——社会道德与繁荣的创造》,李宛蓉译,远方出版社1998年版。

　　④ 参见[英]安东尼·吉登斯:《现代性的后果》,田禾译,黄平校,译林出版社2002年版,第26页。

的态度。"① 信任跟缺乏权力无关,而是因缺乏完整的信息而产生的,即所谓信任与在时间和空间中的缺场有关。② 吉登斯在进行一系列的分析之后,提出了其关于信任的概念,"信任可以被定义为,对一个人或一个系统之可依赖性所持有的信心,在一系列给定的后果或事件中,这种信心表达了对诚实或他人的爱的信念,或者对抽象原则(技术性知识)之正确性的信念。"③ 郑也夫指出,"信任关系具有下述性质:第一,时间差与不对称性。行动和兑现较之诺言和约定必然是滞后的。言与行,承诺与兑现之间存在着时间差,信任者与被信任者之间存在着某种不对称性。第二,不确定性。具备了确定性,就不存在风险与应对风险的这一特定方式了,也就不叫信任了。第三,因为没有足够的客观根据,信任属于主观的倾向和愿望。信任是一种态度,相信某人的行为或周围的秩序符合自己的愿望。它可以表现为三种期待,对自然与社会的秩序性、对合作伙伴承担的义务、对某种角色的技术能力。它不是认识论意义上的理解,它处于全知与无知之间,是不顾不确定性去相信。"④

只有在合作中人们才能得到最大的好处。艾克斯罗德指出,"人们

---

① [英]安东尼·吉登斯:《现代性的后果》,田禾译,黄平校,译林出版社2002年版,第26页。此外卢曼指出,"关于信心的常见例子有:你深信你的期望将不会落空,相信政治家们会力图避免战争,相信星期天下午在路边散步时,汽车不会坏掉或突然驶离道路并且把你撞倒。没有对突发事件的漠视你就不能生存,你必须大致忽略那令人失望的可能性。这不仅因为它只是一种十分罕见的可能性,而且也因为你不知道除了这样,你应该怎么办。否则,你就得生活在一种永不稳定的状态之中,在无法用任何东西去替代的情况下,放弃期望。"卢曼:《熟悉、信心与信任》,转引自[英]安东尼·吉登斯:《现代性的后果》,田禾译,黄平校,译林出版社2002年版,第27—28页。

② 这一点其实是强调信任的发生与缺乏信息紧密相关。对于一个行动持续可见而且思维过程有透明度的人,或者对于一个完全知晓怎样运行的系统,不存在对他或它是否信任的问题,因为对此是可以完全肯定的。只有对对方不太了解时,才可能存在对他的信任。

③ [英]安东尼·吉登斯:《现代性的后果》,田禾译,黄平校,译林出版社2002年版,第30页。

④ 郑也夫:《信任论》,中国广播电视出版社2001年版,第19页。

习惯于零和对局,在这种情况下,一个人赢,另一个就输。然而生活中的大多数情况都是非零和的。一般来说,双方都可以做得很好,也可以做得很差。双方的合作是可能的,但并不是总能实现。"① 合作可能出现是因为人们预测到未来的重要性,即未来的关系及利益影响了今天的选择。郑也夫指出,艾克斯罗德的观点就是如此,他认为"你今天的行为(合作还是欺骗)将影响他再次相遇时对你的态度(合作还是报复)。如果未来将频繁相遇,就没有独立于对方的最佳策略,即合作是大家共同的最佳选择。合作的唯一前提是未来的关系是否重要,唯一的促进方式是使相互作用更持久、更频繁。合作可以在利己主义者中产生,并且不需要朋友关系、道德、政府,甚至预见性这些前提。"② 不过,艾克斯罗德合作理论的第一前提是,未来将持续相遇且没有确定的终结期,这一前提限制了合作的范围,在社会生活当中,一次性的遭遇很多,如果听凭个体依照生物界的逻辑去处理,其结果就只能是背叛,由此,就必须有道德与权威这两个重要因素的引进。不管如何,合作是具有重要社会学价值的。

经济学的研究也表明,合作方可实现利益的最大化。合作必须具备一定的条件,才能使得合作更为理性、持续时间更为长远,信任就是进行合作的重要要素,如果双方均不能给对方以信任,即对对方履行允诺的能力及态度没有足够的信心,真诚合作是不可能的,由此需要在社会公众之间建立广泛的信任关系。艾克斯罗德指出,"合作的出现、发展和持续确实需要一点关于个体和社会背景的假设,他们要求个体能够识别出那些曾经相遇过的其他个体,并且要求记得与这些个体相互作用的历史以便能做出反应。一个策略可以使用以往的对局历史来决

---

① 艾克斯罗德:《对策中的制胜之道》第 85—86 页,转引自郑也夫:《信任论》,中国广播电视出版社 2001 年版,第 43 页。
② 郑也夫:《信任论》,中国广播电视出版社 2001 年版,第 43—44 页。

定他在当前是合作或背叛。"①这明确说明了信任对合作的重要性。而信任关系的建立,仰赖于人们的实践经验及对风险的态度。过去的经验对人们内心世界会产生重大影响,设若他曾经给过信任,事后却被证明落空,这就会促使行为人反思自己先前的态度,在遇到同样情形时采取更加谨慎的态度,而不会轻易信任他人。尽管信任的产生并非一种方式,多样性的环境中的持续交往极可能产生信任,一次也没有接触过却获得了其它根据——比如对一位资深的大夫或一位高学历的谋职者,同样可能产生信任。"但在互惠行为确实是信任发挥功能的最重要领域,重复遭遇确实是产生信任的最主要的条件之一。"②

此外,人们对风险的态度也是影响其是否给予信任的重要因素,风险意识强烈就会阻碍信任的产生。

再来考察权利表象规则。其效果在于当第三人尽到了交易上的合理注意,权利表象所表彰的权利就被视为真实,其实质在于第三人对于权利表象的信赖会变为现实,其交易目的得以实现。换言之,法律将生活中惯常的信赖当作正当的信赖而予以保护,之后由于法律规则的作用,使得信赖能够实现,在经过多次重复之后,第三人就会对呈现出的现象一体表现出信任,当然这些现象既包括真象,也包含假象,因为在结果上,这些现象是足以信任的。由于第三人的不特定性,从整体而言,社会的信任水平也会因此而提升。此外,由于交易目的的实现,会相应地减少人们的风险意识。

## 四、维护权利表征的真实性,减少权利表象规则的适用机会

权利表象规则尽管属于抽象性一般法律规则,具有自身的价值和

---

① 艾克斯罗德:《对策中的制胜之道》第 133、77 页,转引自郑也夫:《信任论》,中国广播电视出版社 2001 年版,第 53 页。

② 郑也夫:《信任论》,中国广播电视出版社 2001 年版,第 55 页。

意义,但这一规则所规定的法律后果,毕竟与真实权利人的意思相违,[①]也与权利的一般变动逻辑不符,它只不过是为了对第三人提供保护而由法律所创设的一项特殊规则。重要的是,这一规则的适用,使得虚假的权利表象被视为真实,这与私法自治的基本原则产生尖锐冲突,从权利移转的角度看,法律后果是法律强制赋予的,由此导致权利的正常流动被切断。由此可见,减少权利表象规则的适用机会是法律为了维护正常交易秩序、贯彻意思自治而不得不追求的一个目标。而颇有意味的是,权利表象规则的适用本身却减少了自己的适用机会,而这一点是通过权利表象规则所具有的强化权利表征的权利表彰功能来实现的。

权利表象规则的首要前提在于存在权利表象,缺少了这一点,有关问题的讨论就丧失了基本前提。前已述及,权利表象规则的适用具有强化权利表征的功能,之所以发生了权利表象规则所规定的法律效果,就在于真实权利人对于权利表象的形成有过原因力。由于该规则的适用可以导致真实权利人丧失权利,或者非自主地负担法律义务,真实权利人为了防止这种不利结果的发生,其所能采取的有效手段就是阻止权利表象规则构成要件被生活事实所充分。在这些要件中,能够为真实权利人所控制的只有可归责性与权利表象的存在,其实这二者又是统一的,由此真实权利人就会特别关注自己的权利表征形式,在有可能存在或已经存在权利表象的情况下,采取谨慎的态度防止其发生或采取积极的行为消灭之,从而防止他人对权利表象的利用。由此可见,权利表象规则的适用可以减少自己的适用机会,主要是通过促使权利人认真防止权利表象的发生而实现的。尽量使权利表征与真实的权利状

---

① 这一论断,并非绝对准确。在某些特定场合,权利表现规则的法律后果,可能会跟真实权利人的意思相一致,但可以肯定的是,这种情形毕竟属于特例,多数情形下,该特定效果是跟真实权利人的意思相冲突的,至少是未经其同意的。

态相一致,从而维持权利表征的权利表彰功能,①也有利于实现权利移转符合当事人的意思及其权利变动的逻辑性。②

## 第二节 权利表象规则的理论基础

寻找权利表象规则的理论基础,其实就是为这一规则寻找正当性依据,就其实质而言,就是要说明为何要对第三人提供保护以及对相对人承担责任的基础。

### 一、外观理论

前文已述,外观理论是指"当行为人基于法律和交易观念,对他人的主体资格、权利状态和表意行为等法律上视为重要因素的外部要件事实为信赖,与之为法律行为时,如该要件事实确实具有可信赖性,那么其基于信赖所为之法律行为应受法律保护。这种重视外观、保护信赖、兼顾动静安全的理论,以德国法学家莫瑞茨·维斯派彻(Moritz Wellspacher)为奠基,此后又经赫伯特·迈耶(Herbert Meyer)等人逐步得以丰富。"③ 由此可见,外观理论的基本思想是,行为人合理信赖一定的外观事实且为法律行为时,应当受到法律的保护。这一理论立基于社会公共利益,以在一定范围内牺牲静态利益为手段来保护交易安全,其核心要件包括三个方面:外观事实的客观存在、相对人的合理信赖、本人的与因协助。外观事实不限于权利表象,还包括其它法律上视为重要的因素,诸如他人的主体资格、意思表示、事实状态等,在不同

---

① 当然,促使权利表征的权利表彰功能,具有重大实益。
② 所谓权利变动的逻辑性,是指权利的变动符合原权利人的意思,实现从前者到后者基于意思的移转。
③ 田土城:《民法之外观理论初探》,《中国法学》2002年增刊。

类型的具体情境中,外观事实的表现可能不尽相同。这些外观事实必须客观存在才具有信赖的基础,因而构成外观理论适用的前提条件。相对人的合理信赖意味着对外观事实所宣示的信息与真实信息之间的龃龉缺乏了解,且对外观事实所宣示的信息信以为真,并在此基础上为法律行为,从而使自己的处境发生改变。本人的与因协助是指本人对外观事实的存在具有可归责性,或者说外观事实的存在是本人可以控制的因素造成的,因而外观事实的存在原本是本人可以避免的,这一点明确了本人承担责任的正当性。

著名法学家雅各比(Jacobi)对外观理论的发展做出过重要贡献,他在论证票据权利善意取得时指出,"票据行为的成立以交付契约为必要,票据纵欠缺其交付,签名人之作成证券,似具有负担票据债务的外观,而唤起第三人的信赖者,对于法律外观的成立予以原因之人,对于善意第三人应负法律外观之责任。"[①] 以一个实际的操作诠释了外观理论的含义。按照一般规则,票据以交付于相对人为其效力发生的条件,这也是票据做成人意思表示的形式,例外,在交付欠缺的情形适用权利外观理论,以保护善意第三人。按高金松的观点,"权利外观理论的责任,乃非基于票据做成人的意思表示的责任,系票据上未有意思表示时所发生的责任,乃属对于原则的例外问题也。外观理论具有两个构成要件,即1.信赖主义,信赖外观的善意第三人应受保护;2.原因主义(与因主义),对于外观的存在具有原因者,应受信赖保护之不利益是也。"[②]

---

[①] 高金松:《空白票据新论》,五南图书出版公司1986年版,第45页。
[②] 高金松:《空白票据新论》,五南图书出版公司1986年版,第46页。不过应注意的是,这里的两要件说与前述的三要件说其实是没有区别的,因为三要件说中所包含的外观事实的存在在两要件说中,是包含在信赖主义的内容里面的,因为信赖主义就是指对外观事实的信赖,外观事实是一个前提性的暗含问题。

## 第三章 权利表象规则的价值与理论基础

从法律渊源上讲,外观理论主要植根于日耳曼法中的占有与权利合一的占有(Gewere)观念。① 在日耳曼法中,占有与所有的观念是浑然一体在 Gewere 制度之上的。Gewere 不仅是支配权的外在表现形式,也具有占有的实际意义,正因如此,支配权若发生变化,则必然表现为 Gewere 的变化,与之相对应,一旦 Gewere 发生变动,则必然发生权利的变化。由此可见,支配权与 Gewere 是浑然一体绝对统一的。"根据日耳曼法的规定:在占有脱离的情况下(如被盗、被侵夺等),因其并非基于所有人的意思丧失占有,故所有人不丧失其所有权,得依法向盗窃人、侵夺人请求返还该物;在占有委托的情况下(如将物出借、寄存等),当借用人或保管人擅自出卖该物给第三人时,因财产所有人对此非法转让有与因,故无论第三人是善意还是恶意取得,所有人均不得请求返还该物。"② 为何在日耳曼法中区分占有脱离和占有委托两种情况而异其法律效果?其因就在于 Gewere 制度,据此,非由于自己的意思丧失占有者,不应丧失对其物的占有。其实,这里已经包含了可归责性的因素。在占有委托的情形,不论第三人善意与否都能取得标的物的 Gewere,自然也获得相应的支配权。这里所隐含的一个法律理念是,对某人提供某种信任,而他人却背弃了这种信任,则只能由提供信任者对之承担责任。这已是外观理论的萌芽。

罗马法以静态保护为主。"当外观事实与客观情况发生冲突时,往往以当事人的真实意思来寻求真正的客观事实,从而判断法律行为的效力。因此,在保护物权时,罗马法立足于区分第三人的善意和恶意。

---

① 叶金强认为,在日耳曼法上,占有既有权利,权利者也需占有,故受让占有者可能取得权利,而未占有之权利的效力也因之减弱。参见叶金强:《公信力的法律构造》,北京大学出版社 2004 年版,第 83 页。

② 田土城:《民法之外观理论初探》,《中国法学》2002 年增刊。高金松也表达过相同的观点,参见高金松:《空白票据新论》,五南图书出版公司 1987 年版,第 57 页。

在占有脱离时,第三人无权取得物权自不待言。在占有委托的情况下,只有第三人是善意时才能取得该物权;如其为恶意,则必须返还给原所有人。"① 第三人善意的观念于焉产生。

由此,日耳曼法中的以手护手原则(Hand Wahre Hand),结合罗马法中的第三人善意,就有了外观理论诞生的制度基础。

外观理论主要经历了如下的发展阶段:

1. 外观理论产生的标志

权利外观论由德国实体法上的公示主义原则发展而来,一般认为,德国法学家莫瑞茨·维斯派彻(Moritz Wellspacher)的专著《民法上外部要件事实的信赖》一文中正式阐述了外观优越的私法理论。在该书中,莫氏认为,近代资本主义经济发达以后,出现了分离第三者的法律地位与第三者所不知或不可知的内部原因之间的关系,以对第三者设定的权利及法律关系的外部表现形式为标准,保护交易安全的倾向。这意味着赋予权利的表征以优于实际权利的地位而谋求第三人的利益。②

外观理论从初期维斯派彻的信赖主义外观论开始,经过了赫伯特·迈耶的与因主义的发展,雅各比将其应用于证券法领域,而卡迪亚斯则以民法上的表见代理为出发点,发展了其危险主义的外观主义论。

2. 莫瑞茨·维斯派彻的信赖主义外观论

莫氏从批判当时有关动产善意取得的正统解释理论——处分权限说——来展开自己的理论。他认为之所以能够发生善意取得,其因并非像处分权限说所主张的那样是因为转让人享有处分权限,而是因为法律对受让人的善意提供保护,并结合占有的客观基础而被法律规定

---

① 田土城:《民法之外观理论初探》,《中国法学》2002年增刊。
② 参见[韩]李井杓:《韩国商法上的表见责任制度之研究》,载王保树主编:《商事法论集》(第3卷),法律出版社1999年版。

的结果。

莫氏理论的核心思想是,特别强调作为法律上重要要素的外部要件事实,将之作为其理论的重要组成部分,此外强调单纯的对外观事实的善意并不足以受到法律的保护,还必须在善意的基础上有所作为并因此而使自己的处境发生改变。"善意虽为第三人的主观判断,但对于一定的外部要件事实为信赖时,其外部要件事实,即对于此信赖为客观的基础,此善意始为正当。因此善意与外部要件事实之间,乃具有主观与客观一致的原则也。"① 同时,该说也强调外部要件事实因应受不利益之人的协助而形成,以此作为为保护交易安全而牺牲静态权利的正当理由。概括而言,莫氏理论强调三个因素:外部事实、对外部事实的合理信赖、可归责性。可以看出,莫氏理论与权利表象规则的要件已达到惊人的近似。

莫氏反对用代理关系中授权行为的无因性理论解释交易安全的保护问题,批判如果根据该理论甚至会保护无信赖正当性的人,认为交易安全的保护应根据信赖保护原理,而不是代理权的无因性结构。② 莫氏理论强调的是对正当信赖的法律保护,以此作为保护交易安全的重要手段。保护的方法多在于承认发生外部事实为真的法律效果,当然也可采用信赖利益损害赔偿的方法。

莫氏理论所受到的批判是,只注重第三者的信赖保护,本人的归责根据只要求具备外部事实的成立条件,从而将本人的责任几乎绝对化。

3. 莱德如普(Naendrup)对信赖主义外观理论的体系化

莱德如普重在对信赖外观理论中本人的可归责性问题进行系统的梳理。他于1910年发表了《权利外观业书》,提出权利外观即使非因本

---

① 高金松:《空白票据新论》,五南图书出版公司1987年版,第57—58页。
② 参见[韩]李井杓:《韩国商法上的表见责任制度之研究》,载王保树主编:《商事法论集》(第3卷),法律出版社1999年版。

人的意思或过失,只要本人的原因或者即使本人没有诱发外观发生的动因,但有保护第三者信赖的衡平法上的理由时,应认定本人的外观责任。在此基础上,它概括出了外观责任的成立要件:第一,信赖外观无重大过失;第二,其外观根据法律有可信赖性;第三,原则上外观的发生或维持是起因于不利者的故意、过失;即使非因故意或过失,但给外观的存在赋予动因或即使未赋予动因,有必要保护信赖的特别事由时;第四,外观的信赖者为了获得其权利的目的物,提供自身的价值或财产。①

由此可见,莱德如普扩展了本人可归责性的范围,认为只要对外观事实的发生存在原因,或者即使未有原因,但有保护合理信赖者的必要时,也应当由本人承担外观责任。这其实是将可归责性的要求予以弹性化处理,可根据实际需要灵活决定。

4. 赫伯特·迈耶(Herbert Meyer)的与因主义

1909年,赫伯特·迈耶出版了《德国民法之公示原则》一书,提出了德法传统的与因主义原则。以外观优越之法理,补正了维斯派彻协助概念的欠缺,其所谓"不仅为占有及登记,凡得为认识一切典型的权利表现形式,皆得为权利推定的基础,亦即发生权利外观。"即善意人得从非权利人取得权利,是因为该权利人依据外观事实,对于善意取得人予以实质权利的原因。② 换言之,真实权利人对于无权处分人权利外观的形成赋予原因,是第三人能够善意取得权利的根本原因。其主要理由在于"有与因即有归责"。简言之,善意人从无权处分人处取得物权,根本原因在于真正权利人赋予了无处分权人以有权处分的法律外观。显然,迈耶特别强调两个因素,一个是关于权利的外观,另一个是

---

① 参见[韩]李井杓:《韩国商法上的表见责任制度之研究》,载王保树主编:《商事法论集》(第3卷),法律出版社1999年版。
② 参见高金松:《空白票据新论》,五南图书出版公司1987年版,第61页。

对该外观的形成给与原因。也正由于此,他特别强调物权公示原则,外观事实的公示性是外观理论适用的重要前提。他认为,日耳曼法上的"以手护手"原则是与因主义的历史基础,因为占有(Gewere)把真实权利与其表现形式统一在一起,任一权利发生变动,都以 Gewere 的变动为前提,由此所导致的结果是,真正权利纵不存在,只要 Gewere 存在,就可以推定其权利的存在。正是由于特别强调本人与因的重要性,因此在占有脱离的场合,第三人不能取得标的物的权利,而在占有委托的场合,借用人、受托人基于原权利人的意思取得权利外观——原权利人对此给与原因,才能够发生权利取得,即使原权利人并无过错,对结果也不发生影响。

迈耶在分析了第三人的信赖与原权利人的与因之后,提出了相对正义的思想,来平衡当事人双方的利益,这类似于信赖合理性与可归责性之间的比较权衡,对此问题本文将专门进行讨论,此不赘述。迈耶还将相对正义的思想应用于损害赔偿领域,认为绝对化地适用"无过错即无责任"的原则,有时会造成极端的不公平,因此在特殊情况下,行为人尽管没有过错,但只要对损害的发生给与原因,即应负其责任。

一般认为,该学说的理论不足在于,过分强调了与因行为的可归责性,而忽视了对信赖合理性的考察。

5. 雅各比的表示主义

雅各比在 1909 年出版的《意思表示之理论》一书中指出:外观理论不仅适用于物权制度,还应适用于行为制度。正是这一伟大发现,开辟了外观理论的崭新空间。[①] 关于意思表示内容的确定,当内在意思与其表示行为所彰显的意思不一致时,历来有意思主义和表示主义的区分。拉伦茨在分析意思表示的效力时指出:"表示对于他人,尤其是对

---

① 田土城:《民法之外观理论初探》,《中国法学》2002 年增刊。

于表示的相对人,可能具备不同于表意人想要表达的或者相信要表达的内容。"其效力如何确定?他认为这一问题"体现出了意思表示的双重功能,首先意思表示是一种决定性的行为,它是表意人实现其法律行为意思的一种手段。从这个角度看,通常处于意思表示背后的表意人的意思,似乎就对法律后果具有关键意义。我们完全可以这样说:意思表示之所以生效,'是因为表意人想要使这一意思发生效力'。不过,意思表示同时是一种表达出来的东西,它的性质决定了它应为他人所知。因此意思表示是一种人际交往的行为,一种社会交际的行为。作为这样一种行为,意思表示与它所涉及的地方也有着某种联系。这个人对意思表示有自己的理解,或者他应该对意思表示做出某种理解。对其所理解的内容,他通常是能够信赖的。因此意思表示的表述内涵就获得了独立的意义。"① 这非常清晰地说明了意思主义与表示主义的含义。意思主义强调探究表意人的真实意思,并以之作为决定法律行为内容的根据,而与之相反,表示主义则侧重于意思表示对一般人所具有的意义,即通常所能引起的理解,并以之作为决定法律行为内容的标准。高金松也指出,"与表示相对的真意不存在时,外观上恰似有真意的存在,有使交易相对人陷于误信,受不测之损害。又相对人知悉其内心意思均属困难,因而如以欠缺真意为理由,使其意思表示即为无效,有碍交易之安全,对于表意人均属不利。因此对于善意无过失信赖外观之人,应保障其交易安全,藉以保护资本主义经济之商品流通,系属表示主义理论。质言之,信赖其表示具有真意的存在者,实质上虽欠缺真意,仍应与以真意存在的法律效力,认其表示具有一种公信力,拟制其真意的存在,系属表示主义理论也。"②

---

① [德]卡尔·拉伦茨:《德国民法通论》(下册),王晓晔等译,法律出版社2003年版,第454—455页。
② 高金松:《空白票据新论》,五南图书出版公司1987年版,第66—67页。

雅各比从否定表示主义的立场为其出发点,认为意思在意思表示的效力中具有重要意义,①但应注意的是,雅各比所谓对意思表示具有决定性影响的意思,非为欲发生一定法效果的效果意思,而是对相对人可能产生的意思的一种主观意图,即对对方对自己行为的理解的自我认识,如果对方的理解与自己的观念是一致的,则为无瑕疵的意思表示。前文已述,雅各比的意思表示理论,对于解决未经交付的证券责任问题具有重要的意义。

6. 卡纳里斯(Canaris)危险主义的外观理论

卡纳里斯的外观构成要件的法律根据在于德国民法第 171、172 条关于代理权消灭后的表见代理的规定,通过该规定的类推试图扩大其适用领域。他首先肯定从德国联邦最高法院的判例中形成与发展起来的默认代理及外观代理的概念,并试图将之适用于商法领域。卡纳里斯的观点是,商法上适用外观代理时,将自称代理人的行为后果归属于本人的标志不在于过失,而从信赖发生要件的法律外观在本人的危险负担领域中形成,不论本人是否有过失都承担责任。即"责任归属者没有认识到自己的行为在交易中所具有的通常意义而做出行为,引起对方的信赖或者责任归属者以特殊的商组织形式从事经营,其外观的做出伴随该组织而产生的风险时,应承担责任"。②

在分析了关于外观理论的几种主要学说之后,再来看高金松对外观理论的经典总结。"法律外观说本存立于日耳曼古法之 Gewere 原始林为其根干,生长于公示主义地盘,以中世纪德国动产法所生 Hand

---

① 他以错误为例进行说明,错误的意思表示,在未撤销之前为有效,但一经撤销,即溯及为无效,因为该意思表示欠缺真实意思,故而意思表示的有效以意思为必要。参见高金松:《空白票据新论》,五南图书出版公司 1987 年版,第 67 页。

② [韩]李井杓:《韩国商法上的表见责任制度之研究》,载王保树主编:《商事法论集》(第 3 卷),法律出版社 1999 年版。

Wahre Hand 为枝叶，伸长于与因主义。嗣后应摄取罗马法的 Fides（信赖）为营养，始得于信赖主义上开花结果，成为现今德国民商法典有体系之学说也。"① 这一总结从历史发展的视角概括了外观理论最为重要的特征，确实具有经典的意义。但外观理论尚不足以对权利表象规则提供充分的理由，从某种意义上说，权利表象规则只是外观理论的直接应用，有时甚至在不严格的意义上将二者等同（所指的范围不同自不待言），故还必须更深入地寻找权利表象规则的理论基础。

## 二、信赖原理

信赖原理的基本含义是，在存在虚假外观的情形下，有必要保护信赖该虚假表象并从事法律交易的第三人。

"信赖的意义，在语言学上得分析其特征，为'比希望为高度，而比确信为弱度的期待'也。期待系求他方诚实相对为目的，系属双方性的概念，与罗马法的信赖（Fides）、德法的信义诚实，同具有伦理的意义。质言之，第三人不知外观与真实有异，而为信赖者，相对人对于其信赖，应以诚实相对，始合乎第三人的信赖外观之期待。"② 应当进行深入探究的是，当事人的合理信赖为何值得法律提供保护？其背后的原因究竟何在？

1. 对当事人的信赖提供法律保护，是对其受到的心理伤害进行的补救。当事人的信赖如果被违背，就会对信赖者心理产生一种被伤害的感觉。在当事人信赖对方的陈述或其它外观事实时，他就会对之产生一种期待：将来自己会因此而有所得，从而可能改变自己。假设这一期待事后未能实现，就会使信赖者产生一种被剥夺了原本属于自己的

---

① 高金松：《空白票据新论》，五南图书出版公司 1987 年版，第 74 页。
② 高金松：《空白票据新论》，五南图书出版公司 1987 年版，第 73 页。

东西的心理感受。① 这是一种令人十分沮丧的内心体验,极大地影响当事人的生活态度。作为社会的法律,其所追求的目标之一就在于设法通过自己的方式使社会公众生活在一个心情舒畅的环境之中。当然,法律一般难以对这种心理损害提供直接救济,但完全可以通过间接的方式使之得到缓解。在侵权行为法中,对当事人所遭受的心理损害进行经济赔偿,就是典型的对当事人心理的直接救济。在信赖原理中,对当事人的心理痛苦或失落提供间接补救,是值得重视的一个问题。

2. 对信赖者提供法律保护的第二个强大理由是由于经济和制度方面的原因。"信用经济的实质在于它倾向于设法减少现在财货与将来财货之间的区别,为了交易的目的,对将来价值的预期就成为了现在的价值,在一个信用已经成为一项重要而普遍制度的社会,一个具有可强制执行的允诺所产生的期待就不可避免地被视为是一种财产,因此对该允诺的违反就被视为是对该财产的侵害。"② 富勒(Fuller)尽管是针对契约来论证自己的观点的,但关于契约中受诺人对允诺人的信赖,是完全可以适用于一般的信赖原理的。在一个信用高度发达的社会,或者说在一个市场经济有了高度发展的社会,人们对未来的期待无可置疑的成为自己的当前财产,对此自可进行处分以期获得更大收益,如果这部分财产根本无法实现,这不仅是对该主体的极大伤害,也可能影响到进一步交易的他人,从而产生连环效应,其影响是巨大的。可见,对合理信赖的违背会对信赖者的财产构成一个实质性的减损。这时信赖者无法对信赖所代表的财产进行使用,就如同在一般的土地侵权诉讼中,被告侵入他人土地时影响原告对土地的使用一样,有时甚至是对将

---

① 参见 L. L. Fuller; William R. Perdue, Jr. *The Reliance Interest in Contract Damages*:1. The Yale Law Journal, Vol. 46, NO. 1(Nov. 1936),52—96。

② L. L. Fuller; William R. Perdue, Jr. *The Reliance Interest in Contract Damages*:1. The Yale Law Journal, Vol. 46, NO. 1(Nov. 1936),52—96。

来使用可能性的侵害。与任何人均可以成为一般财产的侵害者的情形不同,若当事人因信赖而产生的财产权利受侵害,其责任只能由特定的对该信赖的形成具有可归责性的人承担。尽管存在这样的区别,合理信赖可以产生财产是无可否认的。①

从这个意义上说,对当事人的合理信赖提供法律保护,是促进经济发展与社会制度健全的重要手段。市场经济的发展需要社会信用的强大支持,整个社会的信用体系会导致从事交易者的财产都得到增加,从而增长社会财富总量。对合理信赖提供保护是社会信用建构的重要途径和手段,单个微观的信用保护能够促使形成社会的整体信用。悉言之,对合理信赖提供保护,涉及到市场经济基础建构的重大问题。正如拉伦茨所言,"只有当必不可少的信赖被保护时,人类才有可能在保障每个人各得其应得者的法律之下和平共处。全面绝对的不信赖,要么就导致全面的隔绝,要么就导致强者支配,质言之,导致与适法状态相反的情况。因此,促成信赖并保护正当的信赖,即属于法秩序必须满足的最根本要求之一。"②另一方面,信赖保护也关涉到整个社会的诚信建构,这是经济发展的社会伦理要求。社会诚信的建构需要点滴累积,通过一定的制度保障、人们对自己行为结果的预期和人们的道德自觉等方式逐步建立起来。在此特别强调的一点是,信赖保护对建立人们稳定的

---

① 富勒指出,这样解释的一个明显的反对意见是这里包含着一个悖论:一个允诺具有现在价值,为什么? 理由在于法律强制执行它。换言之,期待被视为一种现在财产,这不是法律干预的原因而是法律干预的结果。这一点也为法律史所支持,在一个关于信用的一般体系被建立起来之前,允诺就被强制执行,并且恢复原状一开始就是对衡量特定的允诺行为的价值来进行的,因此,这样的观点:信用体系的最终出现是由于其在很大程度上是建立在一个法律制度发展的基础之上的,是受到质疑的,因为信用体系出现在法律制度的发展之前。参见 L. L. Fuller; William R. Perdue, Jr. *The Reliance Interest in Contract Damages*:*1*. The Yale Law Journal, Vol. 46, NO. 1(Nov. 1936),52～96。

② [德]卡尔·拉伦茨:《法学方法论》,陈爱娥译,五南图书出版股份有限公司 1996 年版,第 392 页。

行为预期具有至关重要的作用,而后者又是一个社会稳定、持续发展的必要因素。稳定的行为预期具有外在的可预见性和内在的确定性两个特征,它可以激活人们创造财富的冲动,鼓励人们积极参与交易并据此调整自己的行为,选择利益最大化的行为方式。稳定的预期也可以舒缓人们在参与市场竞争时所产生的紧张心理,相应地获得社会安全感。

信赖保护涉及到社会制度的健全。一个社会的良性运行,仰仗于一系列制度的正常运作,这其中任一个环节脱节均有可能导致社会运作链条的断裂。信赖保护所涉及的社会制度主要是法律制度,许多的法律制度都跟信赖保护有关,或者说其理论基础都体现为信赖保护。这些法律制度运作的结果是,能够保障当事人交易目的的实现,或者至少在其交易目的不能实现时能够得到相应的赔偿。之所以特别强调这一点,是因为这些制度的运作相互之间存在错综复杂的关联,一个制度的良好运作会对其它制度提供辅助或影响,相反,如果一个制度陷于瘫痪,其它的制度往往会遭遇困境。可以说,是由于人们对协议的履行而非协约的签订增长了人们的财富,正因如此,只有当契约得到履行,社会分工方得以实现,商品才会流通到最需要的地方,且人们的经济行为会受到激励,但这些益处会因为与信赖利益保护相反的规则而受到威胁,这些规则在实践中会损害信赖。正如富勒所言,信赖保护的政策并非仅仅在于防止或者填补信赖利益的损害,而且在于为了提升或促进交易中信赖的产生,就如同有关交通红绿灯的法规,其目的不仅仅在于防止交通事故,重要的在于提高交通速度。因此对信赖提供保护是建立在两个目的之上,其一是救济和防止因信赖而产生的损害,其二是促进商业交易中的信赖。[①] 可以说,这两个方面非常深入全面地总结了

---

① L. L. Fuller; William R. Perdue, Jr. *The Reliance Interest in Contract Damages*: 1. The Yale Law Journal, Vol. 46, NO. 1(Nov. 1936),52—96.

信赖保护的宗旨。

从一定意义上说,信赖保护在法律领域内具有公理性的地位,其理由是无需探讨而自明的。正如高金松所指出的,"信赖主义为一先验的法律理念,超越法律发展史,为法律秩序的最终目的,系为一般所承认。"①

### 三、归责原理

归责原理的基本含义是,对造成虚假权利表象具有可归责性的人,承受不利益是不得已的。

在侵权行为法中,归责原理具有连接损害赔偿与其承担者的重大价值。一般情况下,只有在损害赔偿义务人与损害事故之间存在某种关系时,赔偿他人因一定的事故于其法益所遭受的损害才具有合理性。而诸关系中最为要者,乃故意或过失不法侵害他人法益。"对吾人的法律意识而言,此乃至明之理:我为独立自主之人,则我应对可非难于我,即因我故意或过失侵害他人之行为负责。所谓负责,就是负担行为之结果,对受害人而言,即填补其所受的损害。因故意或过失不法侵害他人权利者,应负损害赔偿责任,为事物当然之理。"②

意思自治是民商法的一般原则,其直接表现为自主选择和自己责任,而后者表现为不仅承受自己行为所造成的积极后果,也意味着对因自己的过失行为给他人造成的损害,③必须承担相应的责任。"所谓过失,是指加害行为实施之际未尽应有注意,以及虽尽注意却料事失误这

---

① 高金松:《空白票据新论》,五南图书出版公司1987年版,第74页。
② [德]卡尔·拉伦茨:《德国法上损害赔偿之归责原则》,王泽鉴译,载《民法学说与判例研究》(第5册),中国政法大学出版社1998年版。
③ 应说明者,在私法领域,依据举轻以明重之法则,过失尚且如此,遑论故意。因此本文关于过失的讨论,除非与其本质不相符合,均包括故意在内。

两种心理状态。意思自治理念,一方面规定有过失的加害人必须对加害行为负责,同时也规定,加害人只对有过失的行为负责。这就是著名的'无过失即无责任'的原则,简称为'过失原则'。意思自治理念尊崇意思,向意思求责任。"①

所谓归责,系指将一定的责任归属于特定的人承担,通常是将一定的损害终极性地归属于某人,如果该损害已由另一方先行承担,则责任者应对之进行补救。换言之,归责是指将一定的不利后果根据特定的准则确定给某人承担。② 损害既已确定的发生,法律就必须将之分配给特定的承担人,一方面发挥对损害的具体救济,另一方面发挥民商法通过具体责任的分担实现对人的行为导向功能,但其要者,系属事后救济措施。邱聪智指出,"在责任原理上,'归责'也者,顾名思义,即指归究法律责任的根源而言。亦即在法律规范上,吾人对其'容态'或'结果'所关系之'法律效果',应加以负担之意;换言之,亦即决定何人,对于某种法律现象,在法律价值判断上,应负担其责任而言。……在法律规范原理上,使遭受损害的权益,与促使损害发生之原因者结合,将损害因而转嫁由原因者承担的法律价值判断要素,即为'归责'意义之核心。故归责也者,似可进一步定义如下:即行为人因其行为或容态,侵害他人权益,在法律价值判断上,因而应负赔偿责任的成立要素。"③由此可以看出,归责体现的是一种宏观性的法律价值判断,是将一定损害

---

① 张俊浩主编:《民法学原理》,中国政法大学出版社 2000 年版,上册,第 33 页。此外,关于过失,可参见 Richard A. Posner, *A Theory of Negligence*, see Robert L. Rabin, *Perspectives on Tort Law*, Little, Brown and Company, 4th. ed. 1995.

② 在此应注意的是,在司法诉讼中,法院并不进行损害的分配,而是确定损害应当由谁终极性地承担,其实关涉受害人的补救。

③ 邱聪智:《庞德民事归责理论之评介》,载氏著:《民法研究》(一),中国人民大学出版社 2002 年版,第 84 页。不过应指出的是,邱聪智的这一论述,将"归责"和"可归责性"视为了同一概念,其实这二者是不同的,前者仅关涉责任的归属,而后者则界定责任归属的基础和理由,不过这二者的关系如此紧密,以致可以将其大致作为同一概念来对待。

归属于其原因者承受的一种合理性。王利明认为,归责的含义,是指行为人因其行为或物件致他人损害的事实发生以后,应依据何种根据使其负责,此种根据体现了法律的价值判断。①

所谓的归责原理,就是确定责任归属所必须依据的基本法律准则,又可以称作归责原则,王泽鉴认为,损害归责事由或归责原则是指应将损害归由加害人承担从而使其负赔偿责任的事由,乃侵权行为法的核心问题。② 其所解决的核心问题是,依据何种事实状态确定责任归属问题。王卫国认为从理论上区分,民事责任的归责原则大体上有两类,一是主观归责原则(即所谓过失责任原则),二是客观归责原则(即所谓无过错责任或严格责任)。③ 而拉伦茨则认为,德国法上的损害赔偿,可以分为四项:第一项,过失责任原则;第二项,因特定危险事物享受利益者,对于因此危险所生损害之责任;第三项,于法律例外允许使用他人物品所生损害之赔偿责任;第四项,基于法定担保义务,尤其是因自己行为创造某信赖要件而生的损害归责。④ 但不管是哪一种原则,其所蕴含的基本理念是责任承担总是与一定的原因相关联,而考虑到责任负担的前提以及目的:"课以责任,因此也就预设了人具有采取理性行动的能力,而课以责任的目的,则在于使他们的行动比在不负责任的情况下更具有理性。它还预设了人具有某种最低限度的学习能力和预知能力,亦即他们会受其对自己行动的种种后果的认识的引导。"⑤可

---

① 参见王利明:《侵权行为法归责原则研究》,中国政法大学出版社1996年版,第17页。
② 参见王泽鉴:《侵权行为法》(第一册),中国政法大学出版社2001年版,第12页。
③ 参见王卫国:《过错责任原则:第三次勃兴》,中国法制出版社2000年版,第245—246页。
④ 参见[德]卡尔·拉伦茨:《德国法上损害赔偿之归责原则》,王泽鉴译,载《民法学说与判例研究》(第5册),中国政法大学出版社1998年版。
⑤ [英]哈耶克:《自由秩序原理》,邓正来译,生活·读书·新知三联书店1997年版,第90页。

以看出,归责的基础,必须取向于行为人的主观心理,这恰恰是私法尊崇意思、预设理性的必然结果,也即所谓主观归责。

由此可见,原本的私法归责原理应仅限于过失责任,其基本观念是因自己故意或过失行为造成他人损害,应当承担相应的责任,"过失主义被奉为金科玉律,视同自然法则。"① 过失主义一方面宣示了责任的承担需以故意或过失为必要,另一方面也宣示了有过失一般就要承担责任,这两方面都具有关键性的意义。

在权利表象规则背后的归责原理与一般的归责原理不完全相同。通常情况下的归责原理是探究归责的基础根据即当事人承担责任的理由,而这里所强调的归责原理则带有不得已而为之的观念。既然第三人合理地信赖了权利表象并在此基础上为法律行为,其当然应受到保护,可选择的路径就只能由对权利表象的形成具有可归责性的当事人承担责任。山本敬三在论证表见代理制度时指出,"就外观的做出,需要本人有可归责性。这是以如下的立场为前提的:从保护真正的权利人(本人)的观点出发,重视'承担责任只限于有不得已的理由的情形'这种归责原理的立场。"② 关于可归责性,本文将在下一章详细论证,它与过错相关而又不等同于过错。如果真正的权利人对权利表象的形成具有过错,那使其承担责任是可以理解的,但如果可归责性表现为仅仅是因为权利表象系由真正权利人的意思而形成,而该意思却是人们生活的正常状态时,让真正权利人承担责任就完全是一个价值衡量下的不得已措施。

但可归责性终究是不可或缺的,它毕竟说明了责任承担的正当性依据。

---

① 王泽鉴:《侵权行为法》(第一册),中国政法大学出版社 2001 年版,第 13 页。
② [日]山本敬三:《民法讲义 1:总则》,解亘译,北京大学出版社 2004 年版,第 266 页。

本文虽然将外观理论与信赖原理和归责原理放在同一层面论证，但这之间存在层级差异，外观理论是第一层次，在某种意义上，权利表象规则是该理论的直接应用，二者近乎处于同等地位，同时都需要正当性说明；而信赖原理和归责原理则处于第二层次，两者从不同角度更深入地探讨了权利表象规则的理论基础，因而具有更基本的支撑价值，其本身的必要性尽乎到了无需讨论的地步。不过，这二者必须妥当地结合，才能充分说明问题。因此必须强调这两个理论支撑的相互协作，任何单一理论都无法作为其基础。一方的合理信赖值得保护，而他方又具有可归责性，让其承担责任就是一种虽然是不得已但终究是可以理解的举措。在这两个原理中，信赖原理强调对权利表象的正当信赖，而归责原理强调的是可归责性，这两者恰恰是权利表象规则最为重要的两个要素，二者的比较权衡又成为尊崇或否定权利表象规则的标准，因此具有决定性的意义。

高金松在总结这两个原理时指出，"故受信赖之人，一则，应不背于第三人的期待方属正当。如欠缺其诚实者，应负其责任，系为信赖保护的归责问题也。二则，其予以外观存在的原因者，应负担信赖保护的不利益，系属原因主义也。外观的信赖者应受保护，外观的原因者应负其责任，系法律生活基于人类相互间之信赖关系而为然也。"[①]可见，信赖原理与归责原理的结合，是权利表象规则同时也是外观理论的深层根据。

## 小　　结

本章是对权利表象规则的价值和理论基础的探讨。

---

① 高金松：《空白票据新论》，五南图书出版公司1987年版，第74页。

权利表象规则作为一个法规则，必然具有其自身的价值。权利表象规则首先宣示了一种基本理念：法律只对遵从权利、积极行使权利之人提供保障，而对于那些对其权利漠不关心、放任自流者，则令其承担不利后果。这一理念所具有的重大意义在于：通过权利表象规则法效果的赋予，促使权利人关注自己的权利表征，认真防止他人利用权利表象进行法律行为，从而在客观上避免权利表象规则的适用，使权利的表征与真实状态相一致。概言之，权利表象规则的适用会使自身的适用机会减少。更为重要的是，这一规则可以极大地促进交易安全，提高交易效率，这是这一规则最为重要的价值，而这是通过对善意信赖提供保护和减少获取交易对象的信息成本实现的。就权利表象规则的社会功能言，主要集中在两个方面，一是促进社会诚信的建构，二是推动社会信任的产生与扩大。前者是权利表象规则对真实权利人一方所产生的权利义务关系的辐射效应，而后者则是从第三人角度观察而得出的结论。

就权利表象规则的理论基础言，其实是为这一规则寻找正当性依据。主要有三方面的根据。一是外观理论，意味着当行为人基于法律和交易观念，对他人的主体资格、权利状态和表意行为等法律上视为重要因素的外部要件事实为信赖，与之为法律行为时，如该要件事实确实具有可信赖性，那么基于信赖所为的法律行为应受法律保护。外观理论是权利表象规则的直接理论基础，从一定意义上说，是这一规则的另类表达。二者的区别在于，外观理论所涉及的信赖事实远比权利表象规则中的权利表象要广泛、全面，因而其适用范围更广。外观理论尚不能成为权利表象规则的终极理由，因为其自身也需正当性说明。权利表象规则的第二个理论基础是信赖原理。其含义为，当存在虚假外观的情形下，有必要保护信赖该虚假表象并从事法律交易的第三人。信赖保护成为现代市场经济条件下的公理性命题，其正当性基本无需论证，这是正常市场交易所需要的基本条件。权利表象规则的第三个根据是归责原理。其含义是，对造成虚假权利表象具有可归责性的人，承受不利益是不得已的。归责原理将信赖保护与私法自治关联起来。

应当说明的是，外观理论与信赖原理和归责原理之间存在层级差异，外观理论是第一层次，信赖原理和归责原理则处于第二层次，两者从不同角度更深入地探讨了权利表象规则的理论基础，因而具有更基本的支撑价值，其本身的必要性尽乎到了无需讨论的地步。不过，这二者必须妥当地结合，才能充分说明问题。因此必须强调这两个理论支撑的相互协作，任何单一理论都无法作为其基础。一方的合理信赖值得保护，而他方又具有可归责性，让其承担责任就是一种虽然是不得已但终究是可以理解的举措。在这两个原理中，信赖原理强调对权利表象的正当信赖，而归责原理强调的是可归责性，这两者恰恰是权利表象规则最为重要的两个要素，二者的比较权衡又成为尊崇或否定权利表象规则的标准，因此具有决定性的意义。

# 第四章 权利表象规则的构成要件

权利表象规则作为一个法规则，有其自身的构成要件和法律效果，后文的讨论，就在于从这两个方面具体解构这一规则，[①]从而对该规则的具体内容形成一个清晰的认识。进行这种解构的基础有二，一是考虑将表见权利视为真实应当具备哪些要件，另一是综合考虑这一规则适用的正当性依据。

所谓构成要件，是指法规则予以适用的一般性事实条件，或者说是以一般方式描述的案件事实。"构成要件包含一系列以一般的方式描绘出来的、个案决定系诸其存否的情境。"[②] 构成要件的选择，体现了立法者对生活事实的判断。为了实现特定目的，立法者会对社会生活中丰富多彩的事实进行判断和选择，恰当地界定法律的边界，为当事人在法律之外享有广泛的自由留下足够的空间。所选择出的生活事实一般具

---

[①] 构成要件和法律效果是一个法律规定或法律规则的基本逻辑结构。法律首先将一个通过抽象的方式加以一般地描写的"法律事实"，规定为构成要件，然后将同样以抽象方式加以一般地描写的法律效果，归属于该抽象的法律事实。这二者的关系在于，当该构成要件所描写的法律事实存在时，该法律效果便随之发生，换言之，该法律效果便在具体的案件发生效力。参见黄茂荣：《法学方法和现代民法》，中国政法大学出版社2001年版，第111—114页。应当指出的是，法律效果并非构成要件的自然推论，认识论上无法进行真假的判断，在抽象层面上，这只是一种规范意义的归属关系，是法律为追求特定意旨而做出的技术性规定。正如卡尔·拉伦茨所言，"结合构成要件和法效果不是一种主张，毋宁是一种适用命令。制定规范者不是在陈述事实上如何，而是在指出法律上应如是，应予适用。"[德]卡尔·拉伦茨：《法学方法论》，陈爱娥译，商务印书馆2003年版，第134页。

[②] [德]卡尔·拉伦茨：《法学方法论》，陈爱娥译，商务印书馆2003年版，第162页。

有相对的重要性、重复性及应予规范性,这或者是因为其涉及整个社会生活的基本秩序,或者是因关涉他人因而影响交易安全。因此构成要件的选择,是取向于法规则的规范意旨,准确界定法规则适用的具体情景,这一方面要求构成要件必须将生活事实中的本质要素概括出来,从而确立适用特定法律效果的正当性,①另一方面,也要防止过于抽象化的倾向,使得法律规则的适用过多仰赖于法官的自由裁量。

  法律应当追求真实,权利表象规则本属例外,因此在其要件的构造上必须斟酌多种因素,在具体应用中应从严掌握,只有在不得已的情景下其构造要件才可得以充分,以防止这一规则的适用对正常生活秩序的干涉,万不可有意识促成条件的具备。王泽鉴在论证与权利表象规则具有相同境地的权利失效制度的要件时,明确表达了同样的态度,具有重大参考价值。他认为,"权利原得自由行使,义务本应随时履行,故权利失效是一种特殊例外的救济方法,适用之际,宜特别慎重。在做此(即构成要件)判断时,必须斟酌权利的性质、法律行为的种类、当事人间的关系、经济社会状态、及其它主客观因素而决定之。总之,权利失效的要件,须从严认定,以避免软化权利效能,使债务人履行义务的道德趋于松懈。"②

## 第一节　对权利表象的合理信赖

  第三人对权利表象的合理信赖,是权利表象规则的正当性依据之

---

 ①　构成要件的选择,涉及法律效果归属的正当性。在恰当的要件前提下,特定效果的赋予才具有合理性,才符合一般的正义观念,也因此使其得以被自觉地遵守。正因如此,构成要件和法律效果的法律规定都出现了相对弹性化的倾向,使得法律规则在面对具体案件时进行适当调整:在法律效果相对严苛时,则提高构成要件的达成难度,反之,则应适当降低构成要件的标准,以实现具体的法律目的。

 ②　王泽鉴:《民法学说与判例研究》(第一册),中国政法大学出版社1998年版,第311页。

一,也是司法实践中遵从或否定权利表象规则的基本标准之一,它一方面构成权利表象规则的适用条件,另一方面又制约这一规则的适用效果,因此具有至为关键的作用。

## 一、信赖、善意、恶意及其关系

就其本质而言,信赖属于主观心理范畴,它是指对某种外在事实真实性的内在确信,换言之,即信以为真。信赖含有在信的基础上加以依靠的意思。法律在使用信赖一词时,往往强调因信而依靠以至于有所行为,①其依靠的强度已达到足以产生行为的程度。因为法律关注的是因合理信赖而有所行为时的制度安排,信赖关涉现实的行动,仅有信而无行为时,因不涉及实质性的利益变动且任何人不会因信而遭受损失,故无需法律的介入。诚然,具有法律意义的信赖必然是与行为联系在一起的,但本文在使用信赖的概念时,主要取其"信以为真"的含义,而关于行为的要求,则涵盖在另一要件中。生活层面上某一主体信赖为真的情事在客观上可真可假,一般情况下外在事实总是反映事物的本质属性,因此对其给予信赖是正当而符合经验法则的,但在法律范围内,有探讨必要的是对虚假现象信以为真的情形,如果外在事实真实地反映了事物的内在属性,那对该事实的信赖就不会引起法学的特别关注,因为根据真实情况发生法律效果本属"事物当然之理"。此外,除了信赖虚假的事实为真实之外,还存在对影响法律效力的行为瑕疵的不知情。由此看来,虚假外观事实或包含瑕疵的行为的存在,是法律上信赖的逻辑性前提。就本文所研究的问题而言,第三人所信赖的权利表象恰恰属于虚假情事。

在此前提下,就出现两个概念,一是信赖,二是善意,这之间的关系

---

① 参见[德]迪特尔·梅迪库斯:《德国民法总论》,法律出版社 2000 年版,第 590 页。

如何?"善意"的另一称谓是"不知情",①谢在全就明确地支持这一观点。② 此外,杨与龄认为,所谓善意,"不知有某事实之谓也。"而恶意者,"知有某事实之谓也。"③ 按《法学词典》的解释,善意是"拉丁文 bona fides 的意译。亦译'不知情',系'恶意'的对称,指不知存在足以影响法律效力的事实而进行的行为。"④这一界定存在的问题是,将善意最终落脚在"行为"上,这与人们通常所理解的属于一种主观心态的常识不符,也为本文所不赞同,但这一定义所包含的有益启发是,善意必须与当事人的行为相联系才具有意义,如果割裂了行为,单纯的主观心态一方面很难从外部认定,另一方面也不具法律意义,因此当无考察之必要。在逻辑层面,不知情并不必然意味着信假为真,因为还存在既不知其为虚假,也不知其为真实这样一种可能性,但基于人们思维的整体性与统一性,特别是考虑到所面对的外在事实通常情况下是真实的,加之当事人在此基础上并有所行动,可以大致得出这样一个结论:不知情就意味着对外在事实真实性或无瑕疵的信赖,这样,信赖与善意就大致同义,本文是在这一层面使用这一对概念。周枏在论证罗马法中的取得时效制度时指出,"占有人必须为善意。……一般地说,就是占有人确信自己是合法的占有。如果让与人本非让与物的所有人,或本无出让其所有物的能力,受让人明知这些情况而受让其物,即不得视为善意占有。反之,如果

---

① 在法律语言中善意有时是一道德评价术语,具有伦理学上"善"的含义,系指行为人在行为时所抱持的一种基于良好愿望而追求正义目的的态度。换言之,系指动机的纯正和无可指责,即以最大化他人利益为其行动之宗旨。有学者指出,"善意恶意本属道德领域之事项,不适于充当法律规定的内容。如内在的意识状态有足以影响法律关系变动结果的必要者,仅可回归法理,以已知、应知或不知的标准规范之。"曾世雄:《民法总则之现在与未来》,中国政法大学出版社 2001 年版,第 229 页。

② 他在论证善意取得的要件——受让人须为善意时指出,"所谓善意是指不知让与人无处分权而言。"谢在全:《民法物权论》(上册),中国政法大学出版社 1999 年版,第 229 页。

③ 杨与龄:《民法概要》,中国政法大学出版社 2002 年版,第 16 页。

④ 《法学词典》编辑委员会:《法学词典》(增订版),上海辞书出版社 1984 年版,第 921 页。

误信让与人为真实的所有人,或误信其有出让其物的能力,这是指对事实的认识发生错误。至于对法律上的错误,原则上是不能原谅的。"①

与之相反,当行为人对虚假信息明知而进行法律行为时,其心理状态即为恶意,换言之,行为人明知其行为的基础存在瑕疵——真实信息与外在的表现形态不一致——仍然以外在表现形态为依据进行法律行为以追求特殊利益,这样的心态并不符合法律所设定的规则要求,也不符合社会一般诚信观念,因此无法得到法律的保护。"明知"为恶意,这一点毋庸置疑,但值得研究的是,尽管当事人内心对虚假信息不知情,但客观情形已经提供了足够的警戒,当事人原本是应当发现事实真相的,而竟未能发现,此时是否为善意?这涉及到善意与过失的关系,同时也涉及善意恶意划分的价值追求,对此留待后述。

应当肯定的一点是,面对虚假信息传递途径,当事人只能有善意和恶意两种心态,二者处于非此即彼的关系,不存在第三种可能性,因此在认定了一种心理状态时,就可以肯定地推出另一状态的不存在,同时,在认定一种心理状态是否存在时,可以通过认定另一状态是否不存在的方式来实现。换言之,善意和恶意互为全异关系。

有学者指出,"民法的规定及传统的法学,本诸行为本位之理念,悉认法律规定的对象,乃法律上主体的行为,又因外部行为受内在意识状态之支配,从而法律规定之内容并及内在之意识状态,分之为善意及恶意。善意恶意源自罗马法……善意恶意偏属道德领域之文辞,竟成法律规定之辞句,显然为罗马法残留在现代民法之痕迹,法学理论上是否妥当,有待探讨。……不知为善意,已知为恶意,应知为善意抑恶意,视情形而定。应知仍属不知,原则上仍属善意,惟法律规定如将善意与过失一并提论,则应知即为恶意。当事人或第三人内在意识状态,本即为

---

① 周枏:《罗马法原论》(上册),商务印书馆1994年版,第326—327页。

知或不知之单纯问题。民法一方面受罗马法之影响适用善意恶意之标准,他方面回归法理适用知或不知之标准。以两种辞句、两种标准规范同一内容之事项,无端添加解释民法之难度,立法技术上非无可议。"①可见,曾世雄也认为,善意恶意问题与知与不知的问题属"同一内容之事项",显然是将二者画上等号,并对这种做法持有异议。

由此可见,信赖、善意和恶意均属于对主观心态的描绘,且都与一定的外在行为相联系。但信赖原本只是一事实问题,指对外在事实信以为真,不含有法律判断因素,也不包含品质的评价,但后文将要指出,善意及恶意的定性则为法律判断。基于法律设定概念的目的在于追求一定意旨的观念,②善意恶意的规定在于强调信赖保护,由于信赖这一概念本身不关涉这一目的,因此其所指向的对象不分真假,而善意指向的对象必为虚假。但就面对权利表象时行为人内心的具体状态而言,信赖与善意的情形大致相同,只是后文将要指出善意排除了重大过失,而信赖本身则不考虑过失及其程度,因此关于信赖的考察,很大程度上可以通过对善意的考察来进行。

### 二、善意与过失之间

就对权利表象信赖的一般品质而言,通常性的观点是,首先需对权利表象传递信息虚假性的不知情,这一点应属自明,且是"信赖"概念题中应有之义。其次是无过失,这一点被学者广泛认可。就过失的原本意义而言,尽管存在理论争议,但根据德国民法第 276 条第一项规定的法

---

① 曾世雄:《民法总则之现在与未来》,中国政法大学出版社 2001 年版,第 228-229 页。

② 有学者指出,法律概念是应目的而生,因此在法律概念的构成上必须考虑拟借助该法律概念所欲达到的目的,亦即必须考虑所构建的法律概念是否具备实现所期待的目的或价值的功能。参见黄茂荣:《法学方法与现代民法》,中国政法大学出版社 2001 年版,第 45-46 页。

定解释,系指未尽事件必要的注意义务而言,过失本身包括两个要件,一是"可预见",二是"可避免",即对于损害事件的发生,行为人如尽必要的注意义务,原本是可以预见并且可以避免的,竟任其发生,即为有过失。邱聪智指出,"依传统说法,尤其是大陆法系原所构想的过失责任主义,其所谓过失,乃指行为者个人主观的心理状态欠缺注意,亦即所谓其人之心理,本能注意而不注意,以致在伦理上、甚或是道德上具有可非难者而言。"①将之应用到对权利表象的主观心态的考察,意味着对权利表象的存在,第三人不知真实信息,但其本应进行适当的调查方为合理,竟因疏失而不为,可视为未尽适当的注意义务。换言之,如尽必要的注意义务,原本是可以发现真相并避免发生相关的法律行为的,即是"应当知道"的。

在此必须研究的是,善意概念之中是否包含无过失因素?善意与过失之间究竟是何关系?对此,学者有很多的论述。林诚二在论证表见代理的构成要件时指出,"表见代理既仅系在使本人负授权人责任,则:第三人须善意并无过失,故第三人明知表见代理人无代理权或可得而知者,本人不负授权人之责任。"②谢在全在论证动产善意取得的要件时指出,受让人必须为善意,而"所谓善意是指不知让与人无处分权而言,……至其不知无处分权是否出于过失固非所问,然依客观情势,在交易经验上,一般人皆可以认定让与人无让与之权利者,即应认系恶意。"③由此可见,人们在观念上是将"善意"和"无过失"进行区分的,前

---

① 邱聪智:《庞德民事归责理论之评介》,载氏著:《民法研究》(一),中国人民大学出版社2002年版,第73页。

② 林诚二:《民法债编总论——体系化解说》,中国人民大学出版社2003年版,第107页。

③ 谢在全:《民法物权论》(上册),中国政法大学出版社1999年版,第229页。应注意的是,"至其不知无处分权是否出于过失固非所问",似乎意味着受让人无需无过失,但该表达的后半部分其实又是对"无过失"的要求,因为依客观情事,在交易经验上一般人皆可认定让与人无让与之权利,而受让人竟予以信赖,显系存在过失,而这种情形被认定为"恶意",故这是一个矛盾的表述,从其上下文判断,是支持包含无过失的观点的。

者是指对有关事实的不知情,而后者则是指这种不知情是可以理解的,没有可归责的原因。有学者认为,"将善意与有无过失问题分开,符合善意的本意,逻辑上也更为严谨。善意作为主观不知之状态,应与是否因过失而不知无关,即使是因重大过失而不知时,主观上也应可认为是善意。而且,将二者区分开来分别进行认定,更符合各自的问题属性。"① 而另有一些观点却将善意与过失结合在一起,认为善意一定是排除了过失,至少是排除了重大过失,典型者如王泽鉴,他认为善意就其文义言,固可解为不以无过失为必要,此在体系上亦有依据,但衡诸善意受让制度在于兼顾所有人利益及交易安全之立法目的,受让人对于让与人是否有受让权利,应自负一定程度的注意义务,故而在因重大过失而不知时难以成立善意。② 在我国的司法判决中,也存在仅认定善意而不考虑过失的情形,其实是将无过失包含在善意的概念之中,比如"梁维顺诉郝绍力、范家温侵权纠纷案",③即是如此。由此可见,善意与过失的关系问题需要予以明确。

先来考察有关立法例对善意与过失关系的规定。德国民法典第932条第2款规定:"受让人明知或者因重大过失不知物不属于出让

---

① 叶金强:《论善意取得构成中的善意且无重大过失要件》,《法律科学》2004年第5期。

② 王泽鉴:《民法物权2:用益物权·占有》,中国政法大学出版社2001年版,第267页。

③ 见河南省新乡县人民法院(1999)新民初字第941号判决书。裁判要旨:"原告与被告合伙期间,购置的房产属共同共有财产。二被告以原告和孙学顺代理人的身份与第三人签订转卖合同,有中间人见证,并已履行完毕,第三人有理由认为原告同意出卖共有房产。另外,在协议签订后第三人电话与原告联系商议大门是否出卖时,原告对出卖共有房产未提出异议,故应确认买卖关系成立,第三人是善意,有偿取得房产所有权。"应当指出,这一判决也有值得商榷之处。"二被告以原告和孙学顺代理人的身份与第三人签订转卖合同,有中间人见证,并已履行完毕"并不能得出"第三人有理由认为原告同意出卖共有房产"的结论。其实本案的关键因素在于,本人知悉他人以自己的名义为代理行为而不作否认表示。

人的,视为受让人非出于善意。"这意味着善意不包括重大过失,换言之,不知且非因重大过失不知始为善意。日本民法典第92条规定:"平稳而公然地开始占有动产者,如系善意且无过失,则即时取得行使于该动产上的权利。"这里将善意与无过失并列,意味着善意概念本身仅指不知情而不包含无过失因素。意大利民法典第1147条规定:"不知晓侵犯他人权利进行占有的人是善意占有人。善意占有不适用于因重大过失造成不知的情况。"可见,意大利民法典虽然是将善意定位于不知,但同时在善意中排除重大过失。我国台湾地区"民法"第948条规定:"以动产所有权,或它物权之移转或设定为目的,而善意受让该动产之占有者,纵其让与人无让与之权利,其占有仍受法律之保护。"可见台湾法对善意与过失的关系并未做出规定。但应注意的是,台湾物权编修正草案于其第948条第1项增设但书规定:"但受让人明知或因重大过失而不知让与人无让与之权利者,不在此限。"即确认受让人因重大过失而不知,非为善意。① 由此可见,善意本身是否包含无过失的要求,各立法例不尽相同,无法对此问题提供答案,因而必须回归善意恶意这一对概念所追求的价值目标上来探求解答。但可以肯定的一点是,多数国家肯定重大过失无以成立善意,这是具有借鉴意义的。

就其最朴素、最基本的功能言,善意的认定负载有双重价值,一是进行利益平衡,二是对第三人的保护给予正当性支持。前者留待后述,就第二个价值而言,法律确保行为人的预期得以实现,当其对虚假信息

---

① 其立法理由为:"现行规定在于保障动的交易安全,故只要受让人为善意,即应保护之。惟受让人不知让与人无让与之权利系因重大过失所致者,因其本身具有疏失,应明文排除保护范围以外,以维护原所有权静的安全,此不但为通说,德国民法第932条第2项亦作相同之规定,爰仿之增列但书规定,并移列为第1项。"王泽鉴:《民法物权2:用益物权·占有》,中国政法大学出版社2001年版,第267页。

传递途径不知情,因而是真诚进行法律交易时,法律会确保其交易目的的实现,善意就是支撑这一法律效果的强力理由,从而通过使其得其所欲的方式保护交易安全,提升交易效率,防止行为人在交易之前花费过量的调查成本去获知真相。就此功能而言,善意应仅仅意味着不知情,而不包含无过失因素。与之相对应,恶意应当是对虚假情事的明知,这样其承担不利后果就具有了充分的正当性,这也与人们的一般观念相吻合,同时也体现了法律对明知故为者的一种惩戒和阻止。因此立基于第三人,从以主观心态为标准对行为人获得某种法律效果提供支持这一角度观察,善意恶意原本只是知情与否的判断,而不包含无过失因素。

然问题的关键在于:民法规则的关节点在于相关主体之间的利益平衡,同时必然在两个甚至更多的均应受到保护的利益之间进行选择,而此恰恰成为考验法律人智慧的重大难题。权利表象规则的适用就涉及两项重大利益:交易安全和效率(动态价值)与归属利益和安全(静态价值),这二者之间的协调是法律设定平衡保护规则的目标之一,因而就需要在第三人及真实权利人之间进行比较权衡,而对于第三人,关键性的制约因素就是善意与否。在此,"应当知道"是作为善意抑或恶意来对待,就是一个必须明晰的问题。按照前述分析,应当知道而实际不知道原本属于善意,但如果客观情形已经为行为人提供了足够的警示,一个普通之人只要尽到起码的注意义务,原本是可以发现事实真相的,而竟未能发现,此时如果对其提供保护,就会在相冲突的当事人之间过分倾向于信赖者而导致利益的失衡,因此,当信赖者存在重大过失[①]时

---

[①] 所谓重大过失,"是一种超过一般平均值的非常疏忽,即未采用最平常的注意,不知晓所有人均知晓的东西。"[意]彼德罗·彭梵得:《罗马法教科书》,黄风译,中国政法大学出版社1992年版,第78页。

即不成立善意,这一点也为我国的大多数学者所认可。① 同时这样的规则也有利于对第三人产生适度的行为谨慎激励,在交易过程中应该尽到一般人应尽的注意义务,这并不构成一个过苛的要求。此外,"无重大过失要件的设置,也可为从证明第三人明知之困难中摆脱,提供一个便宜的通道,使得在虽可推断出第三人明知但却难于证明时,可以透过无重大过失要件,达到同样的妥当结果。"② 同时,无重大过失要件的设置,也具有弹性化处理问题的功能,对此留待后述。

一般性过失与轻过失是否影响善意的构成,需要进行利益衡量,本文的基本观点是否定的。其主要理由有:如果一般性过失或轻过失会影响善意的构成,则行为人为了获得法律的保护并实现其所追求的交易目的,势必进行大量调查,支付极大的交易成本,从而影响交易的快捷甚至达成,同时会导致相关权利表征所具有的节省信息成本的功能被干扰或破坏。③ 特别重要的是,这里还涉及与真实权利人之间的利益权衡。真实权利人对虚假外观的形成具有可归责性,这是其承担相应不利后果的正当性依据。而在法律对第三人信赖权利外观的行为持

---

① 据不完全的资料分析,我国学者基本持这一观点,如董学立认为,若行为人因欠缺一般人起码的注意,为重大过失,依"重大过失等于恶意"规则,推定为恶意。参见董学立:《物权变动中的善意、恶意》,《中国法学》2004 年第 2 期。叶金强认为,在重大过失的场合,往往是相关信息足以引起对处分人的合理怀疑,而第三人却仍置之于不顾。第三人过于懈怠而贸然行事,其自应承担不利后果。此时,适当的调查是恰当的。所以,选择"无重大过失"作为善意的要件,更为妥当。叶金强:《论善意取得构成中的善意且无重大过失要件》,《法律科学》2004 年第 5 期。孙鹏也认为"我国学者普遍认为,未来物权立法,也应规定只有在受让人不知且非因重大过失而不知让与人无处分权时,才能认定其为善意。"孙鹏:《物权公示论——以物权变动为中心》,法律出版社 2004 年版,第 377 页。

② 叶金强:《论善意取得构成中的善意且无重大过失要件》,《法律科学》2004 年第 5 期。

③ 比如动产物权的表征——占有本身具有权利正确性推定效力,其价值就在于肯认人们对占有的信赖是合理的,在没有特别信号提示应当进行调查而行为人迳以此为基础从事交易行为时,法律会肯定其属正当而实现其目的,尽管事后证明这一权利表征为虚假,结果也不受影响,由此就发挥了权利表征传递信息、减少调查之功能。

肯定态度的同时,就必须与真实权利人所具有的可归责性进行比较权衡,[1]在第三人处于一般过失或轻过失时,权衡的结果就会更倾向于保护第三人,这不仅是因为前文已经陈述的理由,更重要的是这里宣示了一种法律的价值追求:当事人应当对自己的权利或行为尽到适度的注意,这一要求同时体现在真实权利人与第三人身上,前者具有可归责性地导致权利表象的存在,意味着其对自己的权利未能尽到适度的注意,与之相比较,后者对原本可以信赖的权利表象给予信赖,未能尽到特别的调查和注意义务便是可以理解的。基于前述不知情即为善意(除非存在特别理由)的观点,一般过失和轻过失并不影响善意的构成。

由此,本文的观点是,善意原本是与过失相分离的概念,但基于利益衡量,善意应不包含重大过失,与之相对应,一般过失和轻过失并不影响善意的构成。

从对善意与过失关系的论证中可以看出,善意其实是对信赖的品质考量,意味着合理信赖,即排除重大过失的存在。因此,对善意的认定,其实带有信赖合理性的判断因素。

### 三、善意认定的法律判断属性

有必要澄清的一个重大问题是,对当事人主观心理的判断究竟属于事实判断抑或法律判断？对这一问题的不同回答,将直接影响认定的结果及对相关概念的使用,因此具有特别的理论意义。在一般观念上,"信赖"、"善意"等概念属于主观心态范畴,是对当事人内心倾向的一种描述,这种描述应尽量与当事人的内心相一致。通常观念都是将对当事人主观心态的判断作为一种事实判断来对待,试图探究当事人

---

[1] 吴国喆:《可归责性与信赖合理性的比较权衡——弹性化机制的应用》,《甘肃政法学院学报》2006 年第 6 期。

的真实想法,就如同判断者自身就是当事人一样,用自己的心态来揣度他人。① 当事人的心态可能包含丰富的内容,也可能存在诸如确信程度的差异,而人们的认定就是试图尽量准确地对这种心态进行描绘,从而无限地接近真相。但这种处理存在的重大困难在于,对当事人的心态外人根本无法进行准确的事实判断,谁也不能进入当事人的内心去感知,也不能伴随事态的发展进行实地考察。曾世雄指出:"行为人之主观状态除其本人外,事实上难以切实掌握。因此,方法上只有借助外界存在之事实或证据推敲之。如此,主观认定之本意难免遭到扭曲。"② 当然根据认识论的基本观点,人们的内心世界总是会通过客观的情形予以表达,或者说是主观见之于客观,但后文将要指出,如果试图通过综合当事人的行为及相关因素来对当事人的主观心态进行描绘,那其认定性质就已发生了变化。另一方面,从事实认定的必要性言,在私法领域,当事人内心的具体状态如何,对其行为效果的处理并无影响,只要符合善意的要件,就产生同样的效果,因此准确描绘当事人的内心状态,从而揭示事实真相的做法并无必要。这与责任法的有关规则相一致,在民事责任领域,当事人在行为时主观上究竟属于故意抑或过失,对其责任的承担都无影响,只要能认定其有主观过错,责任的额度是一样的。③ 那在权利表象规则适用中,当事人内心善意的程

---

① 有学者明确指出,"善意是一事实判断,而过失则是合法性判断。"并且认为,"所以,直接的基于'恶意'本来不能得出违法的评价,但在法律被视为公知的法治原则下,则事实判断与合法性判断就被紧密地关联起来了。"即认为其是事实判断,但亦可说是法律判断。参见丁南:《论公信力与交易主体的善意——从民法信赖保护角度的阐释》,《社会科学战线》2004年第2期。

② 曾世雄:《损害赔偿法原理》,中国政法大学出版社2001年版,第73页。

③ 王泽鉴认为,"须注意的是,在侵权行为的法律效果方面,区别故意或过失,亦有实益。"并列举了五种情形。参见王泽鉴:《侵权行为法》(第一册),中国政法大学出版社2001年版,第253—254页。但总体说来,就一般财产损害赔偿而言,故意与过失区分的意义不大,"亦有实益"的表达就体现了这一点。

度,对其行为效果并无影响,便是可以理解的。

其实,从相关程序及其认定特征来看,主观心态的认定与其说是一事实判断,毋宁说是一法律判断。① 这样就不仅能更加准确地解释这一认定的性质,同时也达到更加经济的目的。具体而言,支持其为法律判断的基本理由有:

### (一) 认定方法的综合判断属性及其对客观事实的适度超越性

就认定的具体方法而言,是判断者根据当事人的行为与其它相关情事进行的对当事人主观心态的一种性质推定。善意意味着"非因重大过失而不知",后文将要论到,除非存在相反的证据,"不知"系属法律推定,因此善意认定的关键就在于这种不知是否存在重大过失,如此,"重大过失"就成为认定善意的重要技术手段,这就决定了善意认定的法律判断性质及其推定特征。认定善意属于认定者根据各种情况所进行的推断,必须考虑法律所追求的价值及公平正义观念,具有一定的灵活性,因而适度超越了真实的心理。② 这一点也为史尚宽的观点所佐证,他认为,"此所谓知之与否,非绝对之真事实,乃为最可能之盖然性。其主张不知,有背于诚信原则者,不得诿为不知。其不欲知之者,应视为已知。盖善意取得制度,在于保护交易之安全,如依周围之情事,在交易经验上,应可知让与人之无让与权利之结论者,应认为恶意。"③对此可以比较日本学者棚濑孝雄关于解决纠纷的一种类型——"实质的决定过程"的论证,"这种过程中作为决定基准的是包括当事者在内的

---

① 曾世雄指出,"论说有以过失为法律问题,亦有以之为事实问题。其实,过失兼具法律问题及事实问题二种性质。"曾世雄:《损害赔偿法原理》,中国政法大学出版社 2001 年版,第 73 页。

② 王泽鉴指出,"过失类型化含有客观责任的性质,与严格的个人责任未尽相符,在某种程度并具担保的因素,旨在实践侵权行为法填补损害及预防损害的机能。"王泽鉴:《侵权行为法》(第一册),中国政法大学出版社 2001 年版,第 260 页。

③ 史尚宽:《物权法论》,中国政法大学出版社 2000 年版,第 564 页。

社会成员一般接受的实质性道德准则及正义感。这一类型的决定以在当事者之间确立实质上的衡平为目的,当事者的动机、社会性以及对将来的影响力等全部作为决定的资料,决定者对这些因素全面衡量后做出决定。而且由于这种决定旨在恢复当事者将来关系中实质上的衡平,因此很多情况下都是根据具体的状况采取富有弹性的解决方法。……适用实质性的价值规范不是机械地从一定的事实导出一定的结论,而是在对多种多样的事实进行综合衡量判断基础上,根据实际状况得出具有灵活性的结论。这里不得不存在决定者主观裁量的很大余地。"① 由此可见,关于当事人主观心态的判断,跟这种"实质的决定过程"非常类似,只不过二者的工作目的不同而已:后者旨在于对纠纷进行判断处理,而前者在于判断当事人的内心状态,就其整个的判断过程而言,其操作近乎相同。

(二) 认定结论的弹性化

事实判断的结论十分确定,某一事实是否存在及其状态不存在弹性化处理的空间,而与之相反,法律判断的结论却具有非绝对性,弹性化是必不可少的。在认定善意时,由于过失因素的存在,导致其认定结论必然具有一定的灵活性。这一点与违法性的判断非常类似,陈聪富在论证环境污染责任的违法性判断问题时指出,"所谓违法性,系指行为人之行为,客观上违反特定的法律规范,或违反一般的行为规范。违法性之判断,带有法价值判断的意涵,必须斟酌行为人侵害的权利或利益的种类、行为人是否知悉侵害他人权益、行为人与被害人权益之利益衡量等因素,综合判断之。"② 关于认定结论的弹性化的论证,留待后文详述。

---

① [日]棚濑孝雄:《纠纷的解决与审判制度》,中国政法大学出版社1994年版,第15—16页。
② 陈聪富:《环境污染责任之违法性判断》,《中国法学》2006年第5期。

### (三) 认定结论的非检证性

善意的认定原本是一项主观的具有灵活性的工作,这是由参考标准的不确定性和认定过程的主观性所决定的,在此基础上所得的结论就无法通过实验进行确证或证否,因为属于对行为的性质判断,其结论不具有唯一性与客观性。

其实,法律问题的判断系属法官的专利,由法官根据自己的独特体验来进行,他人无法进行认定结论的验证。拉伦茨指出,"大家向来区分'事实问题'(=实际发生者为何的问题)与'法律问题'(=实际发生者,依法秩序的标准应如何安排的问题)。通常是以下述程序来答复法律问题:通过涵摄,将被认定的案件事实归属于法条的构成要件之下。事实与法律问题的区分贯穿整个诉讼法,当事人进行原则更以之为前提。就'事实问题',法官系依据当事人的主张与举证而为判断,关于法律问题,法官则应依其本身的法律认知来决定,而不须取决于当事人的主张。只有事实(实际状况及实际发生的事件)才适宜并且必须证明。对事实的法律判断并非——应由当事人提出之——证明的客体,毋宁是法官考量及决定的标的。"[①]对善意的认定恰好如此,法官在考察证据的基础上判断行为人是否不知且是否存在重大过失,其结论不具有可重复再现性。

### (四) 认定结论很难直接以反证推翻

善意的判断是法官在综合各种因素的情况下所形成的一种法律推定,与一般的法律推定可通过反证推翻的规则不同,对善意的认定往往很难通过反证推翻,这其中的理由在于:既然属于一种综合性评价,在相关事实基础上的性质判断,必然具有一定的超越事实本身的属性,如

---

① [德]卡尔·拉伦茨:《法学方法论》,陈爱娥译,商务印书馆 2003 年版,第 186—187 页。

此,存在的部分与已经认定的事实不符的证据,无法根本性的改变这种判断,除非这一反证是如此强烈以至于从根上改变了先前认定的事实基础,比如获得行为人"明知"的证据,即可以瞬间推翻善意的存在。但如果对"不知"无法推翻,不存在"重大过失"的认定就无法推翻,因为这原本就非属证据可推翻的因素。

拉伦茨所理解的法律判断主要是通过对已经确实发生且通过一定方式表达出来的事实进行法律性质的界定,来判断其是否符合某一法规则的构成要件。正因如此,关于对事实的表达方式就至为关键,如果可以借助于与法律用语相区分的日常用语来表达,事实问题和法律问题就能清晰地予以区分,"然而,对已发生的事件,借下述表达方式所为的归类,则属于法律问题:只能透过法秩序,特别是透过类型的归属、'衡量'彼此相歧的观点以及在须具体化的标准界定之范围内的法律评价,才能确定其于既存脉络中之特殊意义内涵的表达方式。"①即当某些事例,事实及法律问题如此接近,以致两者不可能再截然划分,如案件事实只能以本身已包含法律评价的用语来描述时,此时的事实认定本身就是法律判断。在考察当事人的善意时,必须借助于一定的事实进行"类型的归属"——非因重大过失而不知——而无法用脱离法律评价的日常用语来表达,故而其本身就是法律判断。

因此本文将对当事人主观心态的考察作为一个法律判断来处理。判断者进行复杂工作之后所得的结论是一法律结论,是为了将一定的法效果适用其上而采用的技术性手段,具有一定程度的灵活性,这种判

---

① [德]卡尔·拉伦茨:《法学方法论》,陈爱娥译,商务印书馆2003年版,第187页。他所举的一例,非常清晰地说明了这一点,属于事实问题的是:当事人在缔结契约时说了些什么以及此方或彼方当事人于此所考量的是什么,至于对每位当事人而言,其表示将以何种意义发生作用,质言之,意思表示的规范性解释的问题,则属法律问题(见该书第187至188页)。其实,这与对当事人主观心态的认定非常近似。当事人的内心是通过其行为得以反映的,行为方式多样化,须借助于法官的法感情来判断其是否属善意,近似于判断某行为的法律属性。

断需综合多种因素,而这些因素不仅仅包括在事实判断之下应该考虑的当事人的各种行为。由此看来,主观心态认定系属一种法律判断抑或事实判断,具有如下的不同:1.判断的依据不同,前者依据多种因素,甚至会参酌对方的可归责性进行判断;后者则侧重于当事人的行为,以之来判断其内心状态。2.判断的重点不同,前者重在判断行为人应否信赖,即在其已经相信权利表象的情况下判断是否存在过失及其程度;而后者则侧重判断行为人内心是否信赖,而不涉及"有无过失"问题。3.判断的结果也不同,前者是一法律结论,可直接适用法律效果,是对一定事实的法律性质认定;而后者则属于法律事实的范畴。4.证据的作用不同。尽管进行法律判断的基础事实需要证据来证实,但法律判断本身在诉讼程序中无从依赖证据来证实或证伪;而事实判断则可以以证据来证实,有时甚至必须依赖于证据。①

以法律判断的眼光来审视某些观点,就可以发现其谬误之处。民法学对善意的界定有"积极观念说"与"消极观念说"两派观点,前者要求行为人在为法律行为时"相信"其行为有法律依据或其行为相对人权利合法,依该说,善意无法与"怀疑"并存;后者仅要求行为人"不知"、"无法知道"或"不应知道"其行为无法律依据或其行为相对人缺乏合法权利,"有怀疑"的情形并不排除在外。② 史尚宽对此也有专门论述,③这种界定,一方面区分了"不知情"和"信赖"这两个原本属于同一的概念,另一方面,将当事人的主观心态根据确信程度进行划分,认为一种

---

① 拉伦茨认为,法律问题"在诉讼中无从以证据来证实,反之,法律问题的答案所取决的实际状态,则可以(必要时,亦必须)以证据来证实。"[德]卡尔·拉伦茨:《法学方法论》,陈爱娥译,商务印书馆 2003 年版,第 188 页。
② 汪泽:《民法上的善意、恶意及其应用》,《河北法学》1996 年第 1 期。
③ 他在论证动产善意取得制度所需的要件时指出,"善意有以之为积极观念者,谓占有人须有以他人为权利人之积极的信念。有以之为消极的观念者,谓只需不知他人之非为权利人。"史尚宽:《物权法论》,中国政法大学出版社 2000 年版,第 564 页。

仅为低层次的不知情,而另一种除了不知情之外,还包含积极的信赖。这种区分的理论基础是将善意认定问题作为当事人内心心理的事实判断问题来对待,试图非常准确地描绘当事人的内心状态。依据本文的观点,这种区分是无意义的,并且是非常困难的。

## 四、善意认定中反推技术的应用

### (一) 关于善意的举证责任分配及认定程序

关于善意的举证责任分配,本文将在最后一章详细论证之,在此仅简要阐述其重点。对真实信息的不知,原本属一消极事实,根据举证责任分配的基本原理,对消极事实,主张者并不对之承担举证责任,通常是由主张该事实不存在的一方承担举证责任。其实这种举证责任分配的规则,包含对生活经验的肯认以及法律的推定。法律上的推定可以反证推翻之,但在此之前有减轻主张者举证责任之功能。周枏在论证罗马法中的取得时效制度时指出,"善意与合法原因在举证责任上是不同的,原因是否合法,应由占有人举证,善意、恶意则应由对方证明,因法律推定一切占有人都是善意的。"[①]

由上述分析可知,在权利表象规则适用的具体争讼案件中,主张受保护者直接声称所依赖的具体规则的构成要件被充分,关于善意无需主张者单独举证,而对造要推翻这一认定的成立,就必须证明其非为善意——即恶意,如此对当事人主观心态的认定就转化为对其是否为恶意的判断。这一点也与法律规则本身的规定相一致,近现代以来的法律在界定善意恶意时,都是从恶意入手,国外立法例也只是对恶意概念的具体化,而鲜有对善意直接做出规定的条文。[②] 因此,在司法实践中

---

① 周枏:《罗马法原论》(上册),商务印书馆1994年版,第327页。
② 参见林新生:《论无因性原则下的恶意第三人问题》,《甘肃政法学院学报》2006年第2期。

具体判断第三人的是否善意时,法官所面对的真正难题是对行为人是否恶意的认定,这就为反推技术的应用奠定了基础。

(二) 主观心态认定中反推技术的应用

善意与恶意非此即彼关系的存在为善意认定中反推技术的应用提供了支撑。如前所述,正是由于认定的结果只有善意和恶意两种情形且法律已经推定善意的存在,因此通常的做法是考察当事人是否属于恶意。由此看来,前文对善意认定过程的分析,是属于在静止的层面并从理论上进行的分析,与实际争讼案件中的认定过程并不一致,但由于即使是从反推的角度论证,其性质也与"因重大过失而不知"的情形完全相同,因此不会因反推的存在而使前述论证失却意义。判断当事人的"明知"相对比较容易,有一些直接的证据可以证明,比如当事人向他人所作的知悉真情的陈述、自己所作的表明自己知情的某种记录等等,加之适当的推理就可得出结论。比如我国的一个司法判决"韦景华诉海南三亚吉亚大酒店有限公司车辆保管合同纠纷案"中,法院就是根据被上诉人的行为认定其对无代理权的情事明知,即所谓行为自证。[①]而与此不同,"因重大过失而不知"的判断要复杂得多,必须综合各方面的情况进行认定。下面重点论证与信赖有关的重大过失的认定,可以肯定的一点是,过失程度与信赖合理性程度成反相关关系。

---

[①] 见海南省三亚市中级人民法院(2000)三亚民终字第136号判决书。法院裁判理由为,"被上诉人将摩托车交由上诉人后停车场保管时,已被值班保安告知上诉人对外没有办理此项业务。但被上诉人仍将车开至上诉人的前停车场停放,并要求上诉人的当班保安为其保管,该保安也同意为其保管并收取了保管费,但不给被上诉人保管凭证。由此可见,被上诉人是明知该保安没有代理权而仍与之订立保管合同,因而在上诉人未予追认的情况下,根据合同法第四十八条第一款的规定,该保管合同对上诉人不发生法律效力。"此外法院还可能采用简单的推理进行认定,如在"陈圣经、林开芬、林铁秀诉黎公鹏鱼塘转让纠纷案"中,海南省三亚市中级人民法院认为"上诉人作为头灶村人,明知原审被告黎公鹏无权处分该土地使用权及鱼塘经营管理权,却与之签订《转让鱼塘协议书》,不符合善意取得的构成要件。"(见2001三亚民终字第120号判决书)

1. 过失认定的客观标准

对过失的判断存在着所谓主观标准和客观标准之争。曾世雄在论证过失的认定标准时指出,"主观的标准,以行为人的生理及心理为基础具体判断能否预见发生及能否避免发生。客观的标准,以同一事件下,一般人、正常人、理性人的情况为基础抽象判断能否预见发生及能否避免发生。就事理言,主观的标准过分偏重医学、心理学,导致同一事件可能发生截然不同之结果,如此应非法学寻求定位之取向;就证据法言,主观的标准其依凭的具体生理及心理状况,端赖鉴定,举证困难度较高;就比较法言,主观的标准,如以德国法学及英国法学的论说为借镜,递遭否定,两国法学无独有偶同样定位在客观之标准,即一般人、正常人、理性人之标准。"[1]因此,在判断行为人是否过失时,应当综合多种因素,考察一般人、正常理智的人及与行为人相同情形的人在这种情况下的行为表现。[2] 庞德认为,"过失成否的判断,与个人的主观能力并无密切的关系,而系建立于客观标准之上,其内容则为社会之一般认识及道德意识,故性质上乃系一种社会性过失,而与所谓个人心理上的过失状态无涉。"[3]可见,客观标准是主流性观点。但应注意的是,人们一般化地将认定标准划分为主观标准和客观标准,似乎这二者是完全不同的,"事实上所谓的客观过失(negligence)与主观标准同样是过错或有责性(fault or culpability)的检测手段。"[4]如此看来,主观标准和客观标准都是作为判断行为人主观心态的方法,都是通过观察人们

---

[1] 曾世雄:《损害赔偿法原理》,中国政法大学出版社 2001 年版,第 81 页。
[2] 参见叶金强:《信赖合理性之判断:理性人标准的建构与适用》,《法商研究》2005 年第 3 期。
[3] 邱聪智:《庞德民事归责理论之评介》,载氏著:《民法研究》(一),中国人民大学出版社 2002 年版,第 73 页。
[4] George P. Fletcher, *The Fault of Not Knowing*, 3 Theoretical Inq. L. 265, 268. (2002).

的外部行为进行判断的,正如有的学者所言,"主观标准与客观标准均为同样的目的服务,不同之处仅在于方法的选择。"[1] "主观标准"更加强调行为人自身的特殊性,侧重以具体化的方法进行认定,与之相反,"客观标准"则更加强调在此情形下一般人的行为表现,侧重以抽象化的方法进行认定。

2. 过失认定中应斟酌的因素

这是一个非常重要的问题,极其复杂,应当分类进行考察,但由于与下述信赖合理性判断中应斟酌的因素完全相同,故留待后述。

3. 反推的应用

通过综合斟酌一系列因素,来判断行为人对权利表象的信赖是否存在重大过失。重大过失属于过失中的极端情形,相对比较容易认定,如果能肯定地得出重大过失的存在,就直接得出恶意的结论,认定工作即告结束,若果结论是否定的,则直接反推为善意。这其实是一种基于目的的简化问题的处理方法,具有相当实用价值。

### 五、信赖品质的另类评价:信赖合理性

对主观心态是否善意的认定,其实是对信赖是否合理的判断,是判断者对第三人信赖的品质进行的认定,属于对主观心态的客观评价。就其实质而言,就是判断在第三人所处的情景之下,其未能采取措施调查真相而对权利表象给予信赖是否正当,悉言之,是对第三人的信赖"是否有过失"的判断。善意意味着行为人的信赖不存在重大过失,但并非不存在过失,也并非意味着必然具有较高的合理性。合理信赖是指第三人对权利表象的信赖在当时当地是可以理解的,是与第三人类

---

[1] Warren F. Schwartz, *Objective and Subjective Standards of Negligence: Defining the Reasonable Person to Induce Optimal Care and Optimal Populations of Injurers and Victims*, 78 Geo. L. J. 242. (1989).

似的一般人普遍都会产生的,因而符合一般人的认识状态。换言之;第三人未能发现事实真相并非基于自己的疏忽大意,而是由于权利表象自身的不易识别性,而且在该当情形下赋予第三人进行调查的义务是没有必要的。信赖合理性则是行为人对权利表象给予信赖是否合理的考量尺度,从信赖具有高度合理性(即信赖无任何过失)到信赖不具有任何合理性(信赖存在重大过失),中间又包含大量过渡形态,因此信赖合理性存在较大的弹性幅度。就信赖合理性与善意、恶意的关系而言,信赖合理性包括了善意和因"重大过失而不知"的恶意,但不包括"明知"的恶意在内。由此可见,虽然信赖合理性与善意有一定的关系,但二者并不等同,而是从另一视角对信赖的品质进行的评价。但由于其所包含的范围较广,基本囊括了信赖品质的全部,因此后文将主要使用"信赖合理性"概念,在此特别加以说明。

(一) 信赖合理性标准的界定

信赖意味着对虚假信息信以为真,即在主观上发生错误,因此信赖合理性的问题可以转化为错误的类型问题,行为人发生怎样的错误方具有合理性?对此,存在着所谓"共同错误"与"合理错误"之分。所谓"共同错误"是指错误必须是普遍的,共同的,是出于为共同利益而保护法律关系的安全的考虑。在此场合,存在着一种每一个人都可能合理地信以为真的表面现象。"共同错误不一定是所有人的错误,某些人可能知道真实情况,但是大多数人都犯这个错误。按这样的说法,该概念是客观的,即需要有足够数量的人被表见所迷惑。"[1]共同错误是不能克服的、正常情况下无人可避免的错误,因为传递虚假信息的权利表象是如此确定,以至于尽管出现了虚假的表征形式——权利表象,普通人

---

[1] [法]雅克·盖斯旦、吉勒·古博:《法国民法总论》,陈鹏等译,法律出版社2004年版,第785页。

也会将其信以为真。相信表见权利的客观人数,仅是事实上虚假表象不可避免特征的反映:正是因为错误是不可避免的,它才是共同的。而与"共同错误"相比,"合理错误"的严格性不是太过分,有利于实现保护交易安全的目的,其灵活性表现在两个方面,首先,它仅仅涉及的是个人的错误,其他人是否犯错是无关紧要的。这样对错误的裁量就从抽象(共同错误理论要求所有有理性的个人必定以同样方式犯错)过渡到了具体(认为主体有合理理由犯错:他的错误是合理的)。其次,它不要求错误不可能被消除,利害关系人进行某些调查后可能可以发现真相。但是这种情况下,这些调查超过了通常关注的限度,没有进行调查是合理的。①

如此看来,是采用共同错误还是合理错误,将直接影响权利表象规则的构成,从判断标准而言,前者显然要高于后者。在不同的具体制度中,信赖合理性当然有不同的标准,那在权利表象规则中,应当将信赖合理性的标准界定在哪一类型?确立标准的基本原则为:一是该标准不能定得过高,否则就会从根本上否定权利表象规则,二是必须兼顾真实权利人的利益,在真实权利人与第三人之间选择合适的利益平衡点。

首先需要说明的是,在那些权利与其表征之间有紧密联系,表征经常能够反映真实的权利状态因而行为人极易形成对权利表象信赖的场合,为了当事人之间的利益平衡,其信赖合理性标准应当较高,即采用共同错误标准。换言之,过失的标准应当较低。其理由在于:在此情形下,信赖原本是极易形成的,此时如果采用较低的标准,就会使信赖合理性的判断显得多余,其原本的功能即无法实现;另一方面,即使采用共同错误标准,也不至于导致善意保护制度无法构成。不过有意思的

---

① [法]雅克·盖斯旦、吉勒·古博:《法国民法总论》,陈鹏等译,法律出版社 2004 年版,第 786 页。

是，既然通常情况下表征能够准确反映权利的真实状态，则应当承认第三人对权利表象的信赖具有合理性，要求其进行深入调查真相的义务很弱，那为何还要采用较高的信赖合理性标准？这其中的理由即在于对他人利益的兼顾。如果在此场合采用较低的标准，信赖合理性均可构成，这相当于否定了这一要件的价值。概括而言，有下述因素影响着权利与其表征之间的联系：首先是所信赖的表象所表彰的权利的性质，其次是对于表征是否有相应的规范程序要求。换言之，权利与其表征间的关系的紧密程度是否足以使人确信该表征形式就是权利本身的强力证明，即其表征是否具有较强的权利信息传递功能。第三，表征形式是否具有权利推定效力。有些权利变动结果的发生，必须以一定公示手段的完成为强制性要件，这就促使权利变动与表征形式的变动同步，表征形式标示的权利当然正确，如此，这样的权利表征就具有权利推定效力，除非存在反证。反之，如果对权利表征的需求很弱，法律对其无形式强制和程序强制的规定，则权利与其表征之间的联系是如此松散以至于该表征不具权利推定效力，在此情形下，对权利表象的信赖原本就不易形成，此时对当事人进行调查以获得真相的要求较强，而且在通常情形下，获得这类权利真相的难度相对较小，这类场合如果采用较高的信赖合理性标准——共同错误，就会导致这一要件无法被充分，从而在根本上排除信赖保护制度。

此外，还有一个重要因素决定着信赖合理性标准的高低，这即为交易的快捷性程度。如果某一交易并非在仓促之间进行，并且其属性质重大，行为人经常会采取较为谨慎的调查真相的行动，反之，如果该交易系属普通商业交易，并且有较高的时效要求，则行为人往往不能过多的调查，尽管进行调查的要求并不比前者为弱。在时间急迫无法进行详尽调查的场合，应当是更加容易达成信赖的合理性，这就决定了对其应当确定较低的标准，否则也会排除善意保护的制度。

综上所述，共同错误常常出现在表见物权的场合，即某人与一般人都认为是物权人的人交易，而获得该物权或创设新物权的情形。物权交易的完成并非在仓促之间，必须有必要的调查活动，另外，物权表征具有强力权利推定效力，而且要获得物权真实信息，确实是很困难的。正如此，表见物权场合，特别是在善意取得制度中，对物权表象产生共同的普遍的错误是完全可能的，因此对第三人信赖合理性的标准应当较高。而在表见代理场合，基于前述代理权及其表征的特质，代理权的表征与其真实权利状态之间并非一一对应，特别重要的是，在表见代理的场合，通常因涉及商务关系而具有某种紧迫性，此外，第三人欲获得代理权的真实信息是非常容易的，只要向委托人询问即可，因此在该领域不适用共同错误。

为了保障常见交易关系的安全，本文主张，在权利表象规则中，信赖合理性达到合理错误即可，这意味着实际情况使主张表见的第三人有理由不核实表见权利人的权利，当然如果达到共同错误将更优，这取决于权利表象规则适用时所处的具体情境。当一个基本的预防措施足以消除误解时，或者当实际情况有不寻常之处足以使人产生怀疑时，这一信任就不是合理的了。

（二）信赖合理性的功能

信赖合理性是权利表象规则的正当性依据之一。权利表象规则的法律效果对真实权利人构成一种不利益。由此，就必然涉及双方当事人的利益衡平，权利表象规则适用的结果是轻视一方而保护另一方，因此必须具有相当的理由，信赖合理性就是理由之一。正是由于第三人的信赖无可挑剔，才具有对抗真实权利人的强大效力。这其实是从他人的角度论说了对真实权利人归责的合理根据。但应当注意的是，这一依据是间接的、侧面的。同时，信赖合理性也为第三人实现其交易目的给予直接的、正面的理由。

信赖合理性除了赋予权利表象规则以正当性之外,另一个重大价值在于为法律提供保护的信赖划定界限。众所周知,社会生活中随时都在发生信赖关系,这也恰恰是正常社会生活所必需的,离开了信赖,这个社会就不复存在。但在这些信赖中,总是有些会落空,对于这种落空的信赖无非有两种处理方法,要么是由信赖者自己承受相应的不利后果,要么是法律为其提供救济,使自己的信赖得到保护。这必然要涉及的问题是:究竟法律应当为哪些信赖提供保护?信赖合理性的引入就能恰当地回答这一问题。

信赖合理性还能发挥良好的行为导向作用,使得行为人在对他人给予信赖时,必须注意尽到必要的谨慎义务,避免风险的发生,从而遏制轻率。合理性的要求会对人们的行为提出适度谨慎要求,这样就可以合理地支出避免双重风险:一是交易目的落空的风险,二是大量增加信息费用的风险。同时,这一点也关涉信赖者的安全与自主,只有其尽到合理的谨慎,就可以实现自己的目的,从而可实现对私法生活的自主,保障其行为的安全。在权利表象规则中,采用合理错误的信赖合理性标准,意味着法律通过向个人保证只要其尽到了足够的谨慎,尽管其对虚假权利表象所传递的信息予以信赖,而且有人在此情形下可能会采取调查措施以获取确认,其仍然能够实现所追求的交易目的,这样就能促使人们积极行动,并且由于不必采取一些可能但复杂的预防措施,使人们能够更快地行动。

(三) 信赖合理性的判断方法

信赖合理性主要跟交易中本应有的注意有关,如果客观情形决定了第三人必须有高度的警觉,而疏于注意竟予信赖权利表象,则合理性极低,或者根本就不具合理性。可见信赖合理性与过失程度存在反相关关系,而信赖合理性的标准与过失的标准也呈正相关关系。其理由在于,在行为已经确定的情况下(即对同一行为而言),信赖合理性的标准定得较低,意味着行为人的信赖较容易被认定为具有合理性,这同时表明较难认定行为人存在过失,这恰恰与将过失的标准提高所得的结果完全相同,即要有过失,必须犯较大的错误(当然,从注意义务的角度言,则意味着行为人原本应尽较轻的注意义务);反之,如果信赖合理性的标准定得较高,则意味着过失的标准定得较低(行为人应尽到较重的注意义务)。换言之,信赖合理性标准的高低与当事人在交易中所应尽的注意义务呈正相关关系,如果权利表征的可信赖性程度较低,行为人应当有较为积极的调查义务,此时就对其信赖合理性的判断标准界定为较高。但是在标准确定之后,一定的事实发生而要对第三人进行信赖合理性程度的判断时,由于行为人未能积极采取措施调查或者是经过调查而未能获知事实真相是确定的,其信赖合理性程度就取决于在该情境下调查义务的强烈与否,如果有很多的信息提示该权利表象可能存在疑虑,第三人应积极获取真实信息,而竟未能采取措施,则其信赖不具有合理性可定矣。反之则反是。

在权利表象规则中,本文主张对第三人信赖合理性的判断采取综合判断的方法,即主要依据个案提供的具体情事,及社会一般正常的人对该情事的正常认识来加以判断。悉言之,其具体的操作方式是以第三人的实际情事为基准,同时参酌一般人、正常理智的人及与行为人处在相同情形的人在这种情况下的行为表现来判断。即使在主观标准之下强调对行为人自身特性的考量,在判断其信赖性质时亦不得不通过比较其自己的行为方式与通常情形下普通理性人的行为方式来进行,只有这样才能体现其法律判断属性——用一定的标准来衡量具体情事。如此判断方法与前述信赖合理性标准的合理错误之间并不矛盾,合理错误意味着并非人人均可发生错误,且错误原本并非不可避免,这并不排斥在具体判断时通过比较普通行为人的行为方式来进行。如果普通人在此情景下都会犯错,在合理错误标准下行为人的信赖就倾向于合理,尽管这并不一定符合共同错误的标准;因为在此情况下,除了需要其他人同样产生了误解的事实之外,更重要的是需要证明错误的不可避免性,是任何人都不可能发现的,无论采取何种预防办法。这就是说,信赖合理性标准的确定与实际判断是可以适度分开的两个问题,尽管并不能截然分开。本文之所以采用综合判断的方法,是建立在如下理由的基础之上:一是证明主观精神状态的固有困难,这一点无须多论;二是建立标准的或一般性的行为标准的需要。之所以要参酌一般人的情事来认定,其旨就在于建立一定的行为标准,以发挥行为导向功能;第三是保护他人合理期待的要求,这些期待建立在行为人是一个通常之人、行为人外在行为反映其主观状态的假设之上。① 正如有的学者所指出的,法律需要做的是确定一定的标准,来判断应当托起何种信赖,以恢复被破坏的秩序。这里,社会通行的公平、正义观念仍然应是最终的依据。② 但是,公平、正义观念需要具体化,并和具体法律关系相结合,方才可能做出确定的判断。③ 这就必须研究判断时的具体参酌因素。

(四) 信赖合理性判断应斟酌的因素

有学者在论证信赖合理性的判断时,④主张采用理性之人的标准进行衡量,先通过在常人基础上加减的方式建立一个理性人标准,这一理性之人并非一个理想的或完美的人,而是一个共同体的普通成员。

---

① Banks McDowell, *Foreseeability in Contract and Tort: The Problems of Responsibility and Remoteness*, 36 Case W. Res. 286, 291. (1985/1986).

② 齐佩利乌斯认为,法官或行政官员应以"社会中具有支配力的法伦理"、"通行的正义观念"为其评价行为的标准。参见[德]卡尔·拉伦茨:《法学方法论》,陈爱娥译,商务印书馆2003年版,第7页。

③ 参见叶金强:《信赖合理性之判断:理性人标准的建构与适用》,《法商研究》2005年第3期。

④ 参见叶金强:《信赖合理性之判断:理性人标准的建构与适用》,《法商研究》2005年第3期。

理性之人的标准是普通市民的标准,他通常被说成是一个普通的、小心的、谨慎的人。① 在此基础上,结合具体案件对之进行修正。修正时应当考虑被判断者的学识、能力等要素,从而将理性之人具体化,这一具体化后的理性之人就被作为判断标准,将其置于特定当事人的位置,即将标准置于所谓"情境客观性"(situated objectivity)之上,②来判断理性之人在面对该权利表象时会如何作为,从而确定信赖者的信赖合理与否。这样,理性之人可被视作一种将个案事实与共同体标准紧密联系在一起的司法尝试。③ 但本文认为,理性之人的建构及其面对个案的具体化,尽管具有十分复杂的理论要求及操作规范,但无非是一种对认定结论的解说方式,就其操作实质而言,还是必须借助于法官的生活经验,对一些关键因素进行综合考量,并以普通人在该情景下的一般行为方式作为参照标准,来与行为人的行为方式相比较,从而得出信赖合理与否的结论。无论如何,一些判断时必须参酌的关键因素都是不可或缺的,因此本文主张直接探讨在判断时所应考虑的因素及其影响,一方面简化问题,另一方面对司法操作更具有直接借鉴意义。

首先来考察在善意取得制度中认定信赖合理性应斟酌的因素。

第一,交易地点

交易地点对当事人的主观心态具有重大的影响,通常情况下,如果第三人在出售同类商品的市场进行交易,对权利表象的信赖就具有相当的合理性,因为一般人不会怀疑同类交易市场上出售人所拥有的商

---

① Henry T. Tery, *Negligence*, 29, Harv. L. Rev. 40(1915), in Lawrence C. Levine、Julie A. Davies、Edward J. kink, eds. *A Torts Anthology*, Anderson Publishing Co. 1993. p. 36.

② Bailey H. Kuklin, *The Justification for Protecting Reasonable Expectations*, 29 Hofstra L. Rev. 863,867. (2001).

③ Larry A. Dimatteo, *The Counterpoise of Contracts*; *The Reasonable Person Standard and the Subjectivity of Judgment*, 48 S. C. Rev. 293, 347. (1997).

品所有权,而且一般社会的信用基础也对此提供支持。相反,如果是在偏僻之地且仅有一个出售人,则通常人们会怀疑其出售物品的性质,那第三人对该物权利表象的信赖就不具有合理性,在这两个极端之间,存在大量的过渡情形,概括而言,交易市场从公开的同类市场逐步向隐秘的地方过渡,当事人信赖的合理性就随之递减。

第二,交易价格

交易的商品通常都有一个正常的市场价格,而且通常的交易规则都推定买受人对这一市场价格是知情的,如此,出售人所宣称的交易价格越是接近市场价格,则第三人对权利表象的信赖越是具有合理性,反之则反是,因为当价格过分低于市价时,①一般理性的购买人就会有所怀疑。

第三,处分人本身

与处分人本身有关的一些因素对于判断第三人的信赖合理性也具有重大意义,如处分人是否具有商人身份、跟第三人的熟悉程度、信用情况、资产情况、是否有过不良记录,甚至其衣着、言谈举止神情等等因素,都影响第三人对权利表象的信赖,因而成为合理性判断的重要参酌因素。如其为经营同类商品的商人、很熟悉的人、信用度较高的公司、大型企业等等,则第三人的信赖就具有一定的合理性。

第四,交易标的物的状况

交易标的物的性质、外在状态,如颜色的新旧,是否有划伤、磨损之痕迹,交易标的物的价值等因素,成为重要的判断因素。特别是关于二手汽车的交易,根据我国法律的有关规定,如果交易价格显著低于正常市场价、交易地点非在旧车交易市场、车辆登记码、发动机码被改动的,

---

① 通常情况下,在善意取得场合,出售人由于自己不具有处分权,因此所要求的交易价格一般低于正常的市场价格,但也有相反的情形,不过这种情形极其例外。

推定买受人明知为无权处分,此时就根本不存在信赖合理性。

对于不动产的交易,一般对于登记簿的记载的信赖就具有合理性,无需进行特别的考察,这是一种法律推定,但如果有其它的情形足以引起一般人对该登记权利人的怀疑与警觉,竟未能注意,则应认定其信赖不具有合理性。[1]

第五,其它因素

如声称权利人已经对权利表象提出异议、已经得到诚信之人的善意提示等等。

其次再来分析表见代理制度。该制度中对第三人信赖的判断要比善意取得制度复杂得多,因为代理权的表象远比物权表象的类型为多,且因法律对此无规定而缺少明确性。由此,对于第三人信赖的品质判断,在两种制度中有不同的处理原则,一般情况下,第三人对物权表象的信赖被推定为是合理的,除非有特别的情形提示应警惕权利表象的真实性,这是法律对物权法定表征形式的尊重,反之,在表见代理场合,第三人对代理权表象的信赖,只有在具备相当的原因的前提下,才能被认定为是合理的。正如雅克和吉勒所指出的,"大部分关于表见代理的判决经常采取如下业已成为传统的成熟模式:实际情况使主张表见的第三人有理由不核实代理人的权限。当一个基本的预防措施足以消除误解时,或者当实际情况有不寻常之处足以使人产生怀疑时,这一信任就不是合理的了。表见的客观因素和心理要素正是在此处形成交叉连接。"[2]影响第三人对代理权表象信赖合理性的主要因素有:

---

[1] 如根据登记权利人的非常拮据的经济情况,一般不会拥有位置特别好、面积很大的新住宅,此时就须进行必要的调查,如疏于调查,则其信赖应被认定为不具有合理性。

[2] [法]雅克·盖斯旦、吉勒·古博:《法国民法总论》,陈鹏等译,法律出版社2004年版,第789页。

第一,交易惯例

交易习惯的存在,[①]对于判断第三人对代理权表象的信赖具有至关重要的意义。人们应当遵从交易惯例,这是市场存在的基本要求,是形成正常交易秩序所必需的,如果当事人在行为当时违背了交易惯例并信赖了权利表象,则这种信赖就不具有合理性。[②] 第三人违反常态地违背了这些交易惯例,成为指责其对代理权表象信赖的不合理性的重大理由。其基础在于,一般交易惯例对行为的要求具有普适性,是一般人都应当、能够且一贯予以遵守的,而行为人竟未能遵从,其不合理性显而易见,无需赘言。

第二,代理权表象的形式

代理权表象并无法定形式,由于其自身的形式差异导致其对第三人具有不同的影响力,从而对其自身的信赖就存在合理性方面的差异。一般而言,代理权表象所传递的信息越是具有确定性,对它的信赖就越具有合理性,反之则反是。在前文所述的代理权表象形式中,授权委托书、向第三人所为的表示授予他人以代理权的口头或书面通知、特定职务赋予等形式,明确了代理权存在的状态,因此对这些表象的信赖就具有合理性。除此之外,其它的代理权表征由于自身传递的信息比较模糊,必须与其它的因素相结合才能成为合理的信赖对象,因此对这些代理权表象的信赖,就需要比较严格的配套条件。

第三,特定的交易地点

特定的交易地点,对于职务代理之信赖的认定具有重要意义。如在公司的办公、营业地点等场合出现的自称代理人,第三人对代理权表

---

[①] 这也包括仅仅在当事人之间存在的交易习惯。

[②] 如在台湾,"拿印章给他人作保证者,一般惯作业要求,银行应进行对保,以确认他人作保无误,故未进行对保时,应认其有过失(可得而知),以不得主张表见代理为宜。"林诚二:《民法债编总论——体系化解说》,中国人民大学出版社 2003 年版,第 107—108 页。

象的信赖就具有合理性,因为该地点与职务代理之间存在紧密的关联。本文在前述中,引用了一个特殊案件,即债务人将金钱清偿给了总经理办公室的自称代理人。需要研究的是,该债务人对该所谓经理的信赖是否合理?其所处的特殊环境——总经理办公室,为这位自称代理人的代理权表象增加了非常强大的可信赖力量,再退一步,即使该人与总经理无任何关系,亦可肯定的一点是,总经理将办公室门打开允许他人自由进入,其本身具有一定的过错。①

第四,交易行为的性质及交易额度

当事人所为的法律行为的性质及交易额度的大小,直接影响着当事人对交易的重视程度,因而决定着其采取行动时的谨慎态度。一般而言,如果交易涉及的内容复杂,标的额巨大,当事人通常都会采取一定的措施去向本人复核事实,以确认代理权是否存在及其范围。如果第三人未能尽到必要的调查义务,盲目信赖代理权的表象,则难谓具有合理性。

此外,诸如行为人的知识情况、自称代理人的行为能力(自称代理人有必要的行为能力是判断合理信赖的首要因素,对于无行为能力人所作的代理权表示,应保持相当的警惕)、品质(自称代理人一向品质良好,为人诚实,对其予以信赖应倾向于合理)、自称代理人与第三人之间的信任关系(若自称代理人与第三人一直相处良好,彼此相互信任,第三人的信赖应倾向于合理)、其所使用的语言及文字(所使用的语言文字表明其意思表示具有真实性和确定性,第三人的信赖具有合理性)等等,对于判断信赖合理性也具有重大影响。比如在我国一司法判决中,

---

① 应当指出的是,这里的讨论显然已经进入一般化的讨论,而不是仅仅局限于那一案件,因为在该案中,所有的关系都是特定化的,不存在很多假定的情形,比如该自称代理人就是与总经理为好朋友,而非不存在任何关系。此外还应指出,信赖合理性的判断必须与真实权利人的可归责性结合而进行,因为这里必然涉及利益衡量、比较与取舍问题。

法院认为行为人所从事的行业特征对于其信赖合理性的判断具有决定性作用。①

需要强调的是,上述诸因素必须相互结合并相互呼应,才能从整体上进行信赖合理性的判断,任何单纯一项因素的考察都难以得出正确的结论。法国学者的总结具有重大参考价值:"大部分关于表见代理的判决经常采取如下业已成为传统的成熟模式:实际情况使主张表见的第三人有理由不核实代理人的权限。当一个基本的预防措施足以消除误解时,或者当实际情况有不寻常之处足以使人产生怀疑时,这一信任就不是合理的了。表见的客观因素和心理要素正是在此处形成交叉连接。法官应当核实事实是否排除主张适用表见理论的人的疏忽和过失,最高法院对此有审查权。在这个方面,惯例有很重要的作用,……表见受害人的职业活动也会被考虑:行家里手不应该像普通人那样轻易落入圈套。某些领域对快捷的特别要求,还可能使在其它有考虑时间的领域内不合理的对表见的信任成为合理的。当然在要求有共同错误的情况下,解决的办法就会更严格:除了需要其他人同样产生了误解的事实之外,更重要的是需要证明错误的不可避免性,是任何人都不可能发现的,无论采取何种预防办法。"②

---

① 四川省成都市中级人民法院审理的"成都市青羊区信达货运配载经营部诉中国农业机械西南公司运输合同赔偿纠纷案"案号:(1998)成经终字第 459 号。该案裁判要旨为:"刘龙生和付卫华在向信达货运部联系运输业务时,付卫华作为川 A16426 号车的驾驶员,以四川农机公司名义与信达货运部签订了货物运输合同,此时刘龙生、付卫华除持有本人身份证、驾驶证和川 A16426 号车行驶证明,未再出具任何能够证明他们有权代表西南农机公司的有关介绍信、授权委托书等有效证件,信达货运部作为专门从事货运信息服务的机构,对与之签订运输合同的相对人身份,特别是单位不在当地,又未持有单位介绍信和授权委托书的个人,其行为是否能够代表单位,应具有较高识别能力,且付卫华签订运输合同时并未以西南农机公司名义,而是以四川农业公司名义,因此信达货运部没有正当、充足的理由相信付卫华有权代表西南农机公司,付卫华的行为不具备表见代理的构成要件。"

② [法]雅克·盖斯旦、吉勒·古博:《法国民法总论》,陈鹏等译,法律出版社 2004 年版,第 789 页。

## 第二节　权利表象形成过程中的可归责性

### 一、可归责性的一般特质：损害赔偿法领域

基于本文前述关于归责的论证，所谓可归责性，系指主体承担责任的基础性根据，析言之，当法官面对一个案件，将一定的不利结果归属于特定的人承受时，就可以肯定该人具有可归责性，这当然是一种从结果推导原因的思维方式，与法官处理案件的基本思考程序恰好相反，但对于理解可归责性的含义却具有重要意义。可归责性首先是一个侵权行为法领域内的命题，但应指出的是，这一问题并非仅限于侵权法领域，而是贯彻于民法的全部，属于损害赔偿的基础概念。可归责性并非一个很技术化的术语，而是通过这一术语来概括各种不同情形下的细节问题：承担责任的基础性根据。[①]"现代侵权法讨论得很多的问题之一就是，即使客观上存在的不当行为（即偏离理性之人的标准）导致了可赔偿性损害，行为人能否或在什么条件下不承担赔偿责任。换句话说：法院能否或在什么条件下必须进一步考察行为人是否'应当能够'避免不当行为，对于未履行应有的行为义务他具有个人可归责性吗？"[②]亦即可归责性成了行为人承担责任的必要条件。

根据向意思求责任的基本观念，所谓的可归责性，就是行为人在主观上具有可非难性，未能达到一般人从事这一行为时所应有的注意，就其本质而言，系属有过失。曾世雄指出，"解释可归责的含义时，殊少直

---

[①] 参见[德]克雷斯蒂安·冯·巴尔：《欧洲比较侵权行为法》（下卷），焦美华译，张新宝审校，法律出版社2004年5月版，第287页。

[②] [德]克雷斯蒂安·冯·巴尔：《欧洲比较侵权行为法》（下卷），焦美华译，张新宝审校，法律出版社2004年5月版，第286页。

接切入,……可归责仍以过失为中心向上向下移动而规定或酌定。"①在法律条文及学者的论述中,间或存在"过失"、"未尽事件必要注意义务"、"可归责"、"需负责"等表述,"不问其为须负责或可归责,在损害赔偿仍以过失主义为原则下,以过失为主轴,当属理所当然。"②对于这一论述,本文深表赞同。其实从某种意义而言,可归责性与过失是同一概念,这一点是主观归责的必然结论。"对于被告来说,如果认识到和避免不当行为都是不可能的,他对其不当行为就不具有可归责性。"③显然,可归责性涉及到两个关键要素:一是能够预见自己不当行为会产生不利后果,二是此不利结果能够避免,这两者缺一不可。如果从这一视角观察,可归责性就与过失近乎同义。

可归责性具有非常重要的意义。在损害赔偿法的逻辑结构上,损害、因果关系、违法性及归责事由等法律要件因素,是其法律效果的原因,而发生损害赔偿请求权的法律效果,则系因归责事由等的作用而生。④ 不过应注意的是,法学与自然科学或其他社会科学中所揭示的因果关系不同,它不仅仅是对一种客观关系的抽象提炼,更在于通过这种方式宣示一种社会秩序,从而为人们的行为确定标准,因而就具有规范性、当为性的意义,而损害、因果关系和违法性所具有的自然属性或其它不足,都无法满足这一要求,反之,归责则不仅关注具体个人与法律秩序的关系,而且将违法、违法的效果及行为样态,与发动该事由的特定个人紧密结合,以进行价值判断。由此,可归责性成了损害赔偿中最为重要的因素。"由于归责的意义,系在于从法律判断上,确认行为

---

① 曾世雄:《损害赔偿法原理》,中国政法大学出版社 2001 年版,第 73 页。
② 曾世雄:《损害赔偿法原理》,中国政法大学出版社 2001 年版,第 75 页。
③ [德]克雷斯蒂安·冯·巴尔:《欧洲比较侵权行为法》(下卷),焦美华译,张新宝审校,法律出版社 2004 年版,第 287 页。
④ 参见邱聪智:《庞德民事归责理论之评介》,载氏著《民法研究》(一),中国人民大学出版社 2002 年版,第 85 页。

者负担法律效果。因此其基础乃很容易从行为人主观的意思或能力上求其根据。近代理性哲学大放光彩,归责根据为人类内在自由意志或心理状态欠缺的理论,乃告奠定,亦惟有如是,始能合理说服令行为人使其负担赔偿责任之根据。从而在道德上或伦理上,获致高度的妥当性。过失责任主义,在人类文化发达史上,若具有高度的评价,其主要理由,当在于此。"①

从前述的分析可以看出,基于法律规范的伦理基础以及当为根据,可归责性的本质含义即为过失,而且这里的过失完全是从行为人主观的角度来判断,从而使得行为人的责任承担与其主观心态相联系。不过应注意的是,随着社会的发展与进步,损害赔偿法所关注的应当承担责任的行为已经很难全部再用主观过失的标准来衡量,此时关于可归责性的认识就相应发生变化。巴尔指出,"与刑法不同,私法中的损害补偿通常不以个人的可归责性即过错为前提,导致归责结果的是对所要求的行为标准的偏离。"②颇有意思的是,上述引文中所使用的语词是"损害补偿"而非"赔偿",不知是否在非常严格的意义上使用,但可以肯定的是,在这一说法中,巴尔是将可归责性等同于"主观过错"的概念,而"对所要求的行为标准的偏离"则强调外在行为的不当特质。一个无需争论的事实是,对于一个在客观上属于不当的行为,亦存在行为人确实不存在主观过错的可能,因为在社会生活中存在许多当事人根本无法选择正确行为而行为正确性依赖于巧合的场合。③ 同时也存在

---

① 邱聪智:《庞德民事归责理论之评介》,载氏著《民法研究》(一),中国人民大学出版社2002年版,第85—86页。

② [德]克雷斯蒂安·冯·巴尔:《欧洲比较侵权行为法》(下卷),焦美华译,张新宝审校,法律出版社2004年版,第290页。

③ 如由于时间紧迫而不得已作出带有一定风险性的决定,事后证明当时所作决定的基础不存在时,就可能是一个错误的决定,但这一决定从行为人的主观来分析则并不具有不正当性。

一些虽源于当事人的主观决定但却不能为当事人所左右的行为。如一个以法院定型化了的司法实践为行为依据的人不可能预见到,一个至今为止被法院所容忍的行为突然间被认定为不合法了。① 在这种情形下,责任的归属似乎脱离了主观心态的考察,而走向了客观归责,由此,可归责性就走向了客观过失。"'客观过失'为过失责任主义扩大现象之一,其甚焉者且经常表现为'过失推定'及'违法视为过失'的现象。在英美法上,此种现象亦极明显,'事实推定过失法则'及'法规违反等于过失'等制度,在现代侵权行为法上所扮演的角色,所以逐日重要,并使过失归责原理,得以吸收'严格责任'而减低'严格责任'的适用,致过失责任类型,成为侵权行为法的重心。"②过失责任主义的扩大,只意味着过失认定标准的客观化及举证责任的倒置,关于前者,在本文前述关于当事人主观心态的认定时已经究明,在此不赘;后者其实是通过将举证责任分配给侵害人的方式以达到减轻赔偿权利人举证责任的目的,根据举证责任分配的基本原理,赔偿申请人必须对自己的主张提供证据,当然须证明相对人的过失,这一点有时系属不易,法律就会设计相关制度来减轻赔偿申请人的举证责任,所采用的基本手段之一就是推定过失技术的应用。所谓推定过失,是指一定行为或结果的发生,即可权宜性的认定行为人具有过失,在行为人举证证明自己无过失之前,这一推定一直存在,并将其作为责任承担的依据。如台湾民法典第184条第2项规定,违反保护他人之法律者,推定其有过失,即为典型例证。所谓"推定,乃依表面所见之事实,暂且据以认定另一事实之存在或不

---

① 参见[德]克雷斯蒂安·冯·巴尔:《欧洲比较侵权行为法》(下卷),焦美华译,张新宝审校,法律出版社2004年5月版,第290页。

② 邱聪智:《庞德民事归责理论之评介》,载氏著《民法研究》(一),中国人民大学出版社2002年版,第75页。

存在。斯此认定,系表见性、权宜性、假设性之认定。"① 除了推定过失这一技术之外,法律规定中还存在一些明确规定举证责任倒置的情形。由此可见,不管是过失认定的客观化还是举证责任的倒置,仍然是以过失作为归责的基础。

此外,现代损害赔偿法原理中出现的危险归责,也对传统可归责性提出了挑战。危险归责原理是人类面对危险活动所带来的损害而不得不采用的风险分配方式,②从世界性的立法趋势来看,基本的模式是通过特别立法与判例的综合应用,概括出关于危险责任的一般条款,而该条款在通过适当的方式固定化之后,反过来又对具体的立法和判例发挥补充作用。毋庸置疑的是,危险责任已成为与过失责任相对的另一种重要的责任形式,而不仅仅是作为过失责任的例外而存在的。③ 本文认为,危险责任的存在,原本是基于有损害就有救济的基本原理而产生的,是由人类面对危险活动时所处的尴尬处境所决定的,此时的责任承担已非原本意义的归责,不具有对侵害行为人主观上的非难和谴责,也不具有警戒后人、预防损害的结果,因此与其说是一种责任,毋宁说是一种风险分配,而这种分配是不可避免的,其关节点就在于将危险活动所带来的损害分配给从事这种活动的人,从某种意义上说,这些人恰

---

① 曾世雄:《损害赔偿法原理》,中国政法大学出版社 2001 年版,第 83 页。
② "现代之科技活动,无论是科学机械的操作、管理或科学成品的占有、使用,往往隐含许多吾人思虑所不及预见,甚或虽有预见,但吾人现有的能力却无法控制之危险,而此类危险,则常在操作、管理、占有、使用的过程中爆发事故,造成损害。但从人类文明之发展而言,吾人却不得不进行此类活动。因此,现代社会推展科技,应用机械及管理危险物品的活动,便被统称为'危险活动',而此类机械设备亦被泛称为'危险设备'。"邱聪智:《危险责任与民法修正——以归责原理的检讨为中心》,载氏著《民法研究》(一),中国人民大学出版社 2002 年版,第 192 页。这一论述,不仅概括了危险活动的内涵,也非常精辟的论证了人类面对危险活动时的无奈,一方面需要享受这些活动所带来的文明成果,而另一方面却不得不面对由此所带来的损害。
③ 这一结论的得出,参见邱聪智:《危险责任与民法修正——以归责原理的检讨为中心》,载氏著《民法研究》(一),中国人民大学出版社 2002 年版,第 190—210 页。

恰是推进社会进步的强大力量,于是就有了限额赔偿、责任保险以及公力扶助等等的特殊措施。就此而言,危险责任不属于传统民法中的归责方式。① 加之考虑到本文所讨论的问题的特征,权利表象规则的适用一般是局限于普通市民之间,而与所谓的"危险活动"无涉,因此,本文秉持传统民法关于归责的理论,强调主观归责,坚持主观归责所具有的倡导理性、尊崇理性的原则。

## 二、权利表象规则中可归责性的特殊性

前述关于一般意义上可归责性的探讨,重点在于强调当行为人的侵害行为造成他人损害时,可归责性是应当承担损害赔偿责任的必要条件,由于是对他人的损害赔偿,因此其过失程度相对较重,一般而言,是指违反了保护他人利益的一般注意义务,而这一义务是一个正常理性的人均能想到并认真遵守的。与之相反,在权利表象规则的构成要件中,关于可归责性的考察并不是对他人承担损害赔偿责任的要件,而是在因自己的行为造成权利表象存在的情况下有可能承担相应的不利后果,即在表见权利人自称为权利人并与第三人为法律行为时,真实权利人应该承担该行为的后果。由此可见,在权利表象规则的构成要件中,可归责性所指向的过失要件其实是指行为人违背了对自己的权利保护义务,违背之并不能使自己对他人承担损害赔偿责任,而仅仅是自己的权利受到损失,并承担因此造成的一切后果,由此可见,在这里可归责性所指向的义务系属一种不真正义务。相对而言,其过失程度较轻。这样的论证会遭受的质疑是:民事权利本属当事人自身可控制的范畴,一般不会涉及公益,权利人原本享有放弃权利以及其他对权利进

---

① 传统民法中关于归责方式特别是过失责任的规定,仅适用于市民生活间权益侵害的一般情形,它强调的是对侵害行为人主观的谴责,其立足点在于向理性追溯责任,反映了民法对理性的尊崇。

行处分的自由,因此是否存在一个所谓对自己权利的保护义务？此外,即使存在这一义务,违反之而由真实权利人承担表见权利为真的结果,是否就属于归责？这两个问题涉及对概念的准确应用,尽管并不影响实质性判断。所谓"不真正义务"是本文借鉴王泽鉴的观点,是德文 Obliegenheiten 的中译,"为一种强度较弱的义务,其主要特征在于相对人通常不得请求履行,而其违反亦不发生损害赔偿责任,仅使负担此义务者遭受权利减损或丧失的不利益而已。"① 换言之,不真正义务系对自己利益的维护及照顾义务,违反之则构成所谓对自己的过失。当然这里的过失与固有意义的过失,即以违反法律上注意义务为要件者,确实存在一定的差异,但其实质则一。对于第二个质疑的回应,留待后述。

正由于此,在权利表象规则的构成中,关于真实权利人的可归责性的考察,就不得不结合善意第三人的具体情形而进行,当权利表象无可争议的存在,善意第三人又确实地相信该表象并有所作为时,就必须在真实权利人和善意第三人之间进行利益衡量,来决定究竟是尊重真实权利人的权利,否定相应法律行为的效力因而由第三人承担不利后果,还是肯认该法律行为,由善意第三人获得权利因而由真实权利人最终承担可能的损失。这种比较与其说是一种过失程度与信赖合理性的衡量,还不如说是一种风险分配,而这种分配并不是严格遵守过失责任的原则,而仅仅是一种政策选择的说辞而已。特别应强调的一点是,善意取得和表见代理制度对可归责性的要求并不一致,在前者,主要强调利益平衡,特定情境下可以不考虑可归责性。在后者,对可归责性的要求则相对较强。

---

① 王泽鉴:《债之关系的结构分析》,载氏著:《民法学说与判例研究》(第四册),中国政法大学出版社 1998 年版,第 104 页。

因此应该强调的是,在权利表象规则下,可归责性并不完全等同于一般意义上的过失,而只是从结果出发,认定真实权利人应该承担不利后果的一种根据,有时甚至与过失无关,正如此,1955年台上字第1424号判例谓:"第169条①系为保护善意第三人而设,故本人有使第三人信以为以代理权授予他人之行为而与之交易,即应使本人负其责任,由此本人责任系指履行责任而言,并非损害赔偿责任,故本人有无过失在所不问。"王泽鉴指出,该项判例以此项责任为履行责任而非损害赔偿责任,作为本人应负无过失责任的依据,固应商榷,但认为表见代理的成立不以本人有过失为必要,则深值赞同。② 此外,林诚二在论证表见代理的构成要件时指出,"表见代理既仅系在使本人负授权人责任,则:……4)本人有无故意或过失则不问。"③由此可见,一定要注意权利表象规则中的可归责性与损害赔偿法中可归责性的区分。不过,这种分担责任的依据,一般总是跟过失、可非难性联系在一起,否则,就出现文题不符的情况。

拉伦茨在论证与权利表象规则近似的问题——欠缺表示意识的意思表示的效力时,④涉及到"可归责性"的界定,具有重大参考价值,可

---

① 台湾民法第169条规定:"由自己的行为表示以代理权授予他人,或知他人表示为其代理人而不为反对之表示者,对于第三人应负授权人之责任。但第三人明知其无代理权或可得而知者,不在此限。"
② 王泽鉴:《债法原理》(第一册),中国政法大学出版社2001年版,第321页。
③ 林诚二:《民法债编总论——体系化解说》,中国人民大学出版社2003年版,第105页。
④ 二者的近似之处在于:都不存在侵害他人权利的情形,只是因自己的行为给他人某种误解,而这种误解原本是可以避免的,只要行为人尽到必要的注意。由此产生的结果也相同,即行为人将对因自己的行为对他人造成的误解负责,不真实被当作真实来处理。不过二者却有一重大差异,殊值重视,即在意思表示场合,如果应该归责于表意人的意思表示所具有的客观意义与自己真实的意思相违,表意人可以以表示错误为由,撤销其意思表示,而只就相对人的信赖利益损失予以赔偿,而在权利表象规则,却不允许行为人撤销之,在相对人主张时,承担自己的行为为真实的法律后果。

以帮助本文对这一问题作一总结。他认为,"在表意人的行为所包含的意义是可归责于表意人的情况下,如果他人对于表意人的行为,应该理解或已经理解成向自己发出的意思表示,那么,表意人的行为也属于为法律所承认的意思表示(应归责之意思表示)。所谓可归责性,是指表意人如尽必要之注意,本来能够认识到他的行为会被他人作出这样的理解的。在这些情形中,表意人未曾具备的自决,为责任原则所替代了。"① 这一观点恰当地说明了可归责性与过失之间若即若离的关系,可归责性强调的是本来应该预见到他人会对自己的行为产生某种积极信赖,而竟未能设法避免,或者放纵这种情形的发生。

由此可见,权利表象规则中的可归责性,体现在真实权利人与权利表象的联系之中,或者是由于自己的原因导致权利表象的产生,或者是对权利表象的存在采取放任态度,而他原本是可以防止权利表象的产生与存在的,这一点有时与过失无关。

### 三、可归责性是真实权利人承担责任的正当化依据

就其功能而言,可归责性是真实权利人承担责任的正当化依据,这一点无须多论。权利表象规则的法律效果是让真实权利人承受他人行为的后果。就最终的结果而言,或许存在并不违背真实权利人意思的情形——真实权利人对此并不反对甚至真实权利人确实想要追求这一法律效果,但在大多数情形下,这是与真实权利人的意志相冲突的,否则,当事人就能按其自身要求完成相应交易,因而就不会发生纠纷,对此即无需多加讨论。总之,未经自主决定就使自己负担权利义务是一个不争的事实,由此至少从行为自主的角度看,权利表象规则后果的承担对真实权利人构成一种不利益,从一定意义上说系为一种责任归属。

任何责任的承担必须具有正当化依据,权利表象规则中的责任亦

---

① [德]卡尔·拉伦茨:《德国民法通论》,法律出版社 2003 年版,第 484 页。

不例外。基于社会利益限制真实权利人的自决,必须考虑到这种做法的危险性,"因为事情往往是这样的,一旦做出了让步,对自由财产的进一步限制便不会就此罢休,人们总是不知道行动的界限。一旦人们放弃了自由财产的基本原理,在限制自由财产的改革是如此强烈的情形下,私的所有权便一步一步地退缩,最后暴露在不受保护的状态下。"① 因此必须有更为强大的理由。前文已述,第三人的合理信赖为真实权利人承担责任提供了部分正当性,但这一依据是间接的、侧面的,彰显的是这样一种精神:正是由于他人的行为是正当的、合理的,因此真实权利人应当承担责任。单纯这一依据会遭遇这样的质疑:固然他人具有保护的必要性,但为何一定要真实权利人承担相应法律行为的后果,而不通过让其承担损害赔偿的方式进行救济呢?这一方面关涉权利表象规则整体法律效果设计的目的——使善意第三人得其所欲,另一方面也表明使真实权利人承担责任还须具备其它更为强大的理由。

一般法理认为,责任承担必须有可归责的原因,真实权利人的可归责性就是其承担责任的直接的、正面的理由。《法国民法典》第 1382 条规定了过失责任,法国学者指出:对于那些基于表见而善意行事的人来说,如果幻象破灭后,他所认为已取得的权利被否定时,他将受到损害。然而,这种虚假的事实情况之所以能够形成,真正的权利人肯定忽视了其权利的行使,甚至主动地制造出引人误解的假象。忽视、过失,更不必说故意误导第三人,乃是构成行为人责任的过错。因此,最适当的补救,就是应该拒绝根据法律状况得出法律后果,并维护第三人已确信取得的权利,以阻止损害的发生。② 真实权利人的可归责性尽管存在程度的差异,从可非难性的角度言也呈现出一个从强到弱的变化,如果其

---

① 肖厚国:《所有权的兴起与衰落》,山东人民出版社 2003 年版,第 207 页。
② 参见[法]雅克·盖斯旦、吉勒·古博:《法国民法总论》,陈鹏等译,法律出版社 2004 年版,第 782 页。

可非难性较强,令其承担责任便是完全可以理解的,这其实是私法基本规则——过失原则的另类表现。但如果其可非难性较弱或很弱甚至没有,令其承担责任就完全是一种不得已的选择。尽管如此,终究属于一种理由。雅克、吉勒认为,"当真正的权利人完全与该情况的产生无关时,让其承担表见所产生的法律后果比当他自己的行为(或过错)产生了错误信任时,更为困难。即使我们不在民事责任的范围内讨论问题,也必须承认造成或容忍表见的人应当承担某种风险,即相对'动态安全'的需要而言,'静态安全'的必要性有被减弱的风险。"①

对此,王泽鉴也持同样的观点。他认为在无权代理时,"相对人不得以善意信赖代理人有代理权为理由,主张代理行为直接对本人发生效力。此就原则言,实属正当而合理,盖本人不应因他人擅以其名义为法律行为,而需负责也。然而在若干情形,本人因其行为创造了代理权存在的表征(权利外观),引起善意相对人的信赖时,为维护交易安全,自应使本人负其责任,因而产生表见代理制度。"②显然是将可归责性作为本人承担责任的依据来对待的。

### 四、可归责性的表现样态

#### (一)善意取得制度中的可归责性

1. 动产善意取得

在动产善意取得制度中,原权利人关于权利表象的形成所具有的可归责性主要表现在:使表见权利人获得标的物的占有。析言之,原权利人自愿地将自己的动产占有让与表见权利人,而一般立法都排除相反的情形适用善意取得制度,即在标的物被盗、遗失等非基于原权利人

---

① [法]雅克·盖斯旦、吉勒·古博:《法国民法总论》,陈鹏等译,法律出版社 2004 年版,第 789 页。

② 王泽鉴:《债法原理》(第一册),中国政法大学出版社 2001 年版,第 312—313 页。

的意思而占有时,不发生善意取得。这里的可归责性表现为,原权利人错误地判断了自己给予信用之人的诚信。一般情况下,双方当事人之间存在一种以标的物的移转占有为要件的法律关系,或借用、租赁,或条件成就前的附条件买卖,或其它,不一而足。原权利人原本相信对方会本着既定法律关系的内容支配标的物,并在实现其利益之后返还之或按约定处理,正是基于这种信任才给对方以信用,不料对方却背弃这种信任而对标的物为无权处分,正是原权利人的这种错误判断,充分了可归责性的要件,正如德国学者所言,"如果所有权人将自己的占有托付给第三人,而第三人通过处分所有权滥用了这种信任,所有人必须自己承担这种风险。如果该物是所有权人不情愿地丢失的,他则无须承担这种风险。"①

由此可以看出,在动产善意取得制度中,原权利人的可归责性主要表现在其积极地给予表见权利人以信任,在这里,积极作为构成可归责性的一个特征。

如果将这种情形下的可归责性用侵权行为法中过失的标准来衡量,就会发现这里所谓的可归责性难谓是一种过失,权利人将自己的物交付他人使用系属一种正常现象,况且人们对他人信任的背弃也可能出于一时的冲动或其它特殊原因,该人原本是一个守信之人,既如此,对该人授予信用本无可厚非。另外,将物交付他人从而使其发挥使用价值,有时是经济生活的需要。这样看来,在动产善意取得,原权利人的可归责性程度呈现一个较大的跨度:从为了特定目的恶意将标的物移转占有到完全是正常的经济交往。不过可以肯定的是,无权处分结果的发生,终归是由原权利人的判断错误造成的,因此让其承担不利后

---

① [德]曼弗雷德·沃尔夫:《物权法》,吴越、李大雪译,法律出版社 2002 年版,第 284 页。

果就是一种不得已的选择。

### 2. 不动产善意取得

在不动产善意取得中,原权利人的可归责性相对比较明显。其基本原则是,真实权利人的原因造成或维持了不动产权利表象的存续。可归责性至少表现在两个方面,一是使他人具有权利表象;① 二是使他人维持了权利表象,② 由此可见,可归责性既可能表现为积极的作为,也可能表现为消极的不作为,但其所贯穿的一条主线是,真实权利人忽视了对自己权利的保护,未能认真对待自己权利的表征形式,在发现错误后也未能积极予以消除。

至少在与动产善意取得制度中原权利人的可归责性相比,不动产善意取得制度中真实权利人的可归责性表现得更为明显,其所具有的可非难性也更加肯定,由此也构成了支持不动产善意取得的强大理由,亦即制度本身的构造说明了其自身的合理性。不过也可能存在这样的可能:原权利人对于登记错误确不知情,③ 因而未能及时请求消除权利表象,此时其可非难性就极其微弱。

最后补充说明一点,在善意取得中,由于所取得权利的性质有异,因而对可归责性的要求也不相同,高金松在关于票据权利的善意取得的论证中提到了这一点,"本书认为发票人认识票据为签名,其票据行为即为成立。惟票据系流通证券,必须发票人在票上所为之债务负担意思,到达相对人时始生效力。惟票据之交付乃属票据流通阶段之问题,票据纵欠缺交付时,其票据行为乃非不成立,善意第三人仍得占有

---

① 如为了特定目的(如逃避债务),将自己的不动产伪登记在他人名下。
② 如知悉他人登记为权利人而怠于请求变更、在发现登记机关登记错误后不积极申请更正等等,具体情形非常多样,通常都表现为对表彰他人享有权利的错误登记未能及时请求变更。
③ 诸如他人与登记机关工作人员串通而为虚伪登记。让权利人承担随时检查登记是否有错误,从而及时清除权利表象的义务似嫌过苛。

其票据所有权或质权,以善意取得其证券。盖其取得人信赖背书人为适合的执票人,具有背书连续的权利外观,而以善意取得其票据所有权者,应受保护自属当然。质言之,签名人既做成票据行为,即应负票据债务的归责原因(原因主义)。惟票据欠缺交付时,仍适用权利外观理论,其前手的无权利瑕疵,得因而为愈治,使取得人原始取得其票据关系也。"①观其要点,在票据权利善意取得,因为票据的流通特性,弱化了票据做成人的可归责性要求,只要其在票据上签名,纵使该票据非因自己的原因而脱离占有,辗转流入善意第三人之手,票据做成人仍应承担票据责任。其实这一点与我国票据法第12条的规定相一致,该条规定,"以欺诈、偷盗或者胁迫等手段取得票据的,或者明知有前列情形,出于恶意取得票据的,不得享有票据权利。持票人因重大过失取得不符合本法规定的票据的,也不得享有票据权利。"对该条进行反面解释可得的结论是,即使前手取得票据占有是基于欺诈、偷盗等非法原因因而无法取得票据权利,只要取得票据非出于恶意或重大过失,仍可取得票据权利。②

(二) 表见代理制度中的可归责性

表见代理制度中,关于本人的可归责性,其表现形式更加多样,必须结合具体情形认定之。概言之,可归责性主要表现在由于自己的原因造成他人享有代理权或继续享有代理权的假象,在此仅将本人具有可归责性的行为类型予以究明。

---

① 高金松:《空白票据新论》,五南图书出版公司1986年版,第45页。
② 这一点与本文前述可归责性的理论相一致;原权利人的可归责性是指对权利表象的形成予以原因,而在票据权利善意取得,如果其已经做成票据而尚未交付,依据本文前述关于特殊债权表象的论证,票据权利表象即为票面记载,这恰恰是由票据行为人完成的,这即意味着其对此予以了原因因而具有可归责性。在票据已经做成且已交付的情况下,票据权利表象就为票据书据的占有,此时关于票据权利就跟动产权利的情形相类似,既可发生票据权利善意取得,与之相伴又可发生票据书据所有权的善意取得。

第一类是积极作为,即以自己的行为向第三人表示以代理权授予他人,而事实上授权行为并未发生。这里所谓第三人,包括特定第三人和不特定第三人。第三人的特定与否,决定着行为人表示方式的不同,对于前者,应该通过"个别通知"的方式,而对于后者,则应通过"公开告示"的手段。与之相对应,行为人的不同表示方式决定了可以受到保护的相对人的范围,在前者,只能是特定的受通知人才能受到保护,而在后者,则一切第三人均可。① 应当指出的是,以自己的行为表示以代理权授予他人,与代理权的外部授权行为应严格区分开来。代理权的外部授权是一完整的意思表示,是指本人向代理人对之为代理行为的特定第三人表示意思,直接将代理权授予代理人,关于代理权的范围,应以第三人了解的观点加以认定。而所谓以自己的行为表示以代理权授予他人,仅是一种缺乏法效意思的观念通知,是一种准法律行为,意味着仅是以自己的行为通知可能是不特定的第三人,自己已经将代理权授予他人。第三人对此产生积极信赖是完全可以理解的,如果本人实际上并未授权,那其可归责性就十分明显。

需要研究的一个问题是,如果通知人在进行通知时对通知内容发生错误,或者他是因胁迫或诈欺而进行这种通知,能否类推适用关于意思表示的规定,通过撤销通知而排除法律后果? 这也取决于行为人的通知方式,在个别通知的场合,因为行为的相对人是特定的,行为人完全可以通过撤销的方式完全清除先前通知的效果,从而排除表见代理规则的适用,当然他应赔偿相对人的信赖利益损失;而在公开告示的情形,由于接收到信息的人处于不特定状态,即使行为人采用公开宣示的方式来撤销通知,也会存在先前获取信息的人不知撤销的情形,为了保

---

① 参见[德]卡尔·拉伦茨:《德国民法通论》(下册),王晓晔等译,法律出版社2003年版,第887页。

护相对人,应当认为在此场合应不允许撤销其通知。①

与上述个别通知的情形类似,代理人在代理权终止或受到限制后,仍将先前的授权委托书出示给相对人,而相对人对此予以积极信赖时,其处理方式相同。②

在此对前文所述的案件进行分析。A 公司董事长某甲将某乙留在其办公室而外出办事,此时某乙以 A 公司董事长的名义代表 A 公司为法律行为,是否发生表见代理的结果?③首先应当分析某丙对某乙作为董事长的信赖是否具有合理性,前文已述这一点是肯定的。除了前述的理由外,还需考虑的是,如果不能将办公室所坐之人看为董事长,在法律规则上则必然给他人附加一个确认义务,此时的问题是,这一义务附加的根据何在?特别是相对人可通过何种手段进行确认?相对人有无权利要求对方出示相应的证件(如果有证明身份的证件的话)?此外还有无其它办法来求证?对于一般交易行为人,这样的要求是否过苛?如此等等,很难给予恰当的回答。因此本文主张某丙的信赖是合理的。再从公司董事长的角度看,他将朋友单独留在办公室,其可归责性是明显的,这不仅与一般的公司管理规则相冲突,也与一个谨慎的公司董事长的行为习惯不符。这其实类似于在动产善意取得制度中原权

---

① 参见[德]卡尔·拉伦茨:《德国民法通论》(下册),王晓晔等译,法律出版社 2003 年版,第 889 页。

② 参见德国民法第 172 条,该条规定:"1. 授权人已向代理人交付授权书,并且代理人向第三人提示授权书的,视同授权人特别通知授予代理权。2. 在授权书交还授权人或在被宣告无效之前,代理权继续存在。"

③ 先应指出的是,董事长所为的行为是代表公司的行为,而并非代理行为,由此,某乙冒充公司董事长的行为也只可能是代表行为,而非代理行为,这一点不可不辨,但应注意的是,"代理与代表固不相同,惟关于公司(法人)机关的代表行为,解释上应类推适用关于代理的规定,故无代表权人代表公司(法人)所为的法律行为,若经公司(法人)承认,即对于公司(法人)发生效力。"林诚二:《民法债编总论——体系化解说》,中国人民大学出版社 2003 年版,第 92 页。由此,实际上是将代表行为视为代理行为来处理,因此这里才将这一案例作为代理的案件来分析。

利人给予他人信赖，而他人却背弃了这种信赖的情形。因此公司董事长的可归责性是可以肯定的，由于其为公司的代表人，因此其可归责性应当由公司承担。

这一问题的实质是，能否将这种情形看作是公司董事长以自己的行为表示将代表权授予他人？本文对此持肯定态度。公司董事长将他人单独留在办公室并让其在特定的办公桌后就座，就给人一种明确的宣示：该人是公司的董事长。但由于其实并无授权，因此就成了代表权的表象。①

第二类是消极的不作为，即本人明知他人表示为其代理人而不作否认表示，默许该代理人为代理行为，足使人相信他人有代理权。这里至少须具备两个条件：一是本人明知，二是相对人知悉本人明知且不作否认表示的事实。第一个要件证明了本人的某种过错和对本人归责的正当性，既然明知他人表示为其代理人并为代理行为，即应积极采取措施消除之，而竟不予处理，造成他人相信代理权存在的假象。第二个要件说明了对相对人进行保护的合理性，正是由于相对人知悉本人的知情和态度，他对代理权表象的信赖才是合理的。

这里需研究的一个问题是，如果本人并不知悉代理人的"代理行为"，因而并非"容忍"这种行为，但若他足够小心，如对其雇员进行必要的监督，原本是可以注意到的，竟未能注意，导致第三人因此认为本人

---

① 对这一案件的如此分析可能面对的质疑是：1. 对一般人而言，是否在董事长办公桌后所坐之人就是董事长？这需要进一步论证，这跟公司的管理制度、该公司的制度执行情况、一般交易习惯、进入办公室之人的谨慎程度特别是经常与公司进行交易的人应有的注意程度等因素相关，不可一概而论。如果存在诸如公司的管理制度较松，或者公司对其制度的执行不严，董事长办公室经常有闲杂人员出入等客观情况，结论可能就是完全相反的；2. 该公司董事长的办公室能否随便进入，某丙的进入似乎提供了反证；3. 在丙对董事长并不认识的情况下，是否有义务进行确认？4. 董事将他人留在办公室的行为，是否可以被解释为以自己的行为表示以代理权授予他人？此时的事实是相对人误他人为董事长，而并未认为该他人具有代理权。

知情并容忍该行为时,本人是否存在可归责性?对这一问题的一般性回答是:在这种情况下对本人的归责是非常困难的,不知情的纯属"过失"并不符合表见代理的规则。一般情况下,表见代理权存在的合理性在于本人对有关事实的知悉,并因此导致他人对代理权表象的信赖,而在本人并不知事实时,便缺乏充分的归责理由,即使法律欲使其承担始终监督雇员是否作为代理人进行活动这样的注意义务,那么违反之最多也只能产生损害赔偿义务,①而不至于令其承担表见代理的效果。此外,林诚二也认为,"所谓知,以本人实际知其事实为前提,相对人主张本人知此事实者,应负举证责任。惟若本人非明知,即因过失而不知者,则不能因沉默而不为反对表示,使之负授权人之责任。"②然本文的观点与此不同,本文主张,在本人不知情的情况下其消极的不作为是否具有可归责性,不可一概而论,应结合具体情形予以认定。首先应指出的是,一般学说将本人的"明知"作为一个纯粹主观的东西来对待,这一点是值得反思的,因为在法律层面,特别是在民事法领域,纯粹主观的东西意义甚微,特别是由于主观心理举证证明的困难,当本人实际内心明知但却矢口否认时,相对人所处的地位将极其不利,而这同时又给本人极大的实施机会主义的可能,当其认识到某一"代理行为"对己有利时,就会主张自己"明知",反之,则会主张自己根本就不知情,因此应当建立以客观情事推定本人"明知"的法律规则,即当他人的"代理行为"是如此明显,一般人只要略加必要注意即可发现这一事实,或者在一定的交易圈内,其他人都明知该他人的"代理行为"时,应当推定本人对此是"明知"的。建立这样的规则,不仅能够减轻善意相对人的举证责任,

---

① 参见[德]卡尔·拉伦茨:《德国民法通论》(下册),王晓晔等译,法律出版社2003年版,第893页。
② 林诚二:《民法债编总论——体系化解说》,中国人民大学出版社2003年版,第105页。

因而更方便其利益的实现,更重要的是,这其实是一种方法论上的重大变化,而这一转变体现了私法观念的根本性变革,即从追求行为人的内心意思真实到着重保护相对人的合理信赖,这一点留待后述。由此可见,对于"明知"认定的客观化,并不是简单的主观喜好,而是具有相当的根据的。

同时相对人的合理信赖也强化了上述观点。在一般人均知悉他人表示为本人的代理人并为代理行为且认为本人也知悉时,特定相对人的信赖就具有相当的合理性,这一问题存在的前提本身就说明了这一点。此时若采用主观"明知"的观点,一旦本人坚持自己不知情,相对人的信赖就会落空,其所追求的交易目的将难以实现,这不符合信赖保护的一般规则。在进行价值判断时,很容易得出支持相对人的结论。

由是,本文的观点是,当一般人均知道他人表示为本人的代理人,相对人也合理地对此予以信赖并为交易行为时,就推定本人"明知"而不作否认表示,由此使本人负授权人责任。这可能出现如下的结果:从主观心理角度考察,本人确实对此不知情而被法规则推定为知情,似乎构成过苛,但考虑到该推定存在的前提——特定交易圈内的一般人均知情,要本人承担授权人的责任即是可以理解的。这其实是本人在这一问题上存在重大过失,只要稍加注意,原本是可以发现的。如果本人实际上明知,只是对此予以否认,则其承担责任的合理性就为自明之理。

还应注意的是,王泽鉴指出,台湾民法第 107 条规定,"代理权的限制及撤回,不得以之对抗善意第三人。但第三人因过失而不知其事实者,不在此限。"亦属于表见代理的规定。[①] 这其实是一般性地提出了

---

① 参见王泽鉴:《民法总则》,中国政法大学出版社 2001 年版,第 468 页。

一种表见代理的形式,需要加以说明。所谓代理权的限制及撤回,[①]是指在本人已将代理权授予他人之后,对于代理权的范围予以限缩,或者对授予的代理权予以撤销的情形。代理权本属于由本人单方决定是否授予、授予何人及授权范围之事项,因此在代理权授予之后,应允许本人单方予以限制或撤销。但此时出现的问题是,如果这一限制或撤销行为仅是由本人向代理人为之,而未以适当的方式进行宣示,代理人凭借原有的代理权证明(或者因为先前具有代理权,第三人也会不要求其出示代理权证明)继续进行代理行为,第三人就会很容易陷于权利表象的陷阱,而且这种信赖具有相当的合理性。一般认为,这种情形主要发生在外部授权内部限制或撤销的情形,[②]而将内部授权内部限制或撤销的情形排除在外,其实后者也很容易造成对方的信赖,因为代理人先前享有代理权,第三人对代理权的继续存在有一个合理预期,认为如果代理权事后被限缩或撤销,应有适当的方式使自己知悉,特别是在双方已经进入实质性交易过程当中时,代理权被限制或撤销,第三人可能根本无法知悉,也就不会要求随时查验代理权证书,因此尽管情事已经发生改变,但第三人仍浑然不知。故林诚二指出,"为保护交易的安全,不论外部授权或内部授权,代理权的限制或撤回,均须外部为之,方能发生其限制或撤回的效力,以为交易之安全。"[③]本文对此深表赞同。不过应强调的是,在此场合必须以代理权表象的存在为前提,这在内部授权内部撤销或限制的情形更为重要,如果本人授权后并即撤销或限制,

---

[①] 在这里,关于"撤回"的使用不准,因为授予代理权的行为属于有相对人的单方法律行为,在意思表示到达对方并为其理解时即发生法律效力,因此衡诸实际,代理权既因授权而生效力,自不生撤回问题,而应当是撤销。

[②] 王泽鉴即持这种观点,参见王泽鉴:《债法原理》(第一册),中国政法大学出版社2001年版,第293页。

[③] 林诚二:《民法债编总论——体系化解说》,中国人民大学出版社2003年版,第98页。

且不存在代理权表征,而代理人仍以原代理权为标准进行代理行为,则与自始即无代理权相同,相对人并无足以信赖的依据,难以成立表见代理。当然,如果是外部授权内部撤销或限制,则不存在这一问题,因为外部授权本身即是代理权存在的表象。综上所述,这种情形下本人的可归责性表现为,为了交易安全,本应以适当的方式进行代理权的限制或撤销,竟未能采取该方式因而造成了他人的合理信赖。

最后指出一点,在考究我国的司法判决时,笔者发现可归责性的存在并非绝对,可能存在例外的情形。如"海南琼山市第二建筑公司诉海南省琼州海峡轮渡运输办公室工程投标质保金返还纠纷案",[①]在这一案例中,法院认定存在表见代理,但本人却无可归责性,因为对于他人私刻公章进行法律行为,本人是无法事先予以防范的。当然这一判决是否正确,有待于进一步的研究。

## 第三节 实施法律行为

### 一、为何需要法律行为

表见权利人与善意第三人之间存在一个有效的法律行为,是权利表象规则构成中的一个重要条件,也是这一规则区别于其它信赖保护

---

[①] 见海南省海口市中级人民法院(2000)海中法民终字第187号判决书。法院裁判要旨:对于被上诉人来说,原审第三人是作为上诉人的代表或代理人参与投标活动的,上诉人未中标,被上诉人应当将收取的上诉人的80万元工程质保金退还上诉人。原审第三人虽私刻上诉人公章以上诉人名义从被上诉人处支取了该80万元,但被上诉人有理由相信原审第三人是作为上诉人的代理人实施上述行为的,被上诉人无法,亦无义务审查原审第三人出具的有关上诉人的退款手续的真实性,原审第三人所实施的上述行为所产生的法律后果应由上诉人承担。被上诉人在原审第三人以上诉人名义办理退款手续过程中并无过错,其不再负有退还80万元款项的责任。

制度的重要标志。首先需要研究的是,在权利表象规则的构成中,为何需要法律行为这一要件?

将法律行为作为要件,揭示了权利表象规则的基本宗旨:保护交易安全。权利表象规则之所以重要,并需要在法律上作为一般规则确定下来,端在于这一规则的重要价值:保护交易中的正当信赖,促进交易安全,从而间接提高交易效率。由是观之,如果没有法律行为的存在,权利表象规则就丧失了基本的领地,当然就失去了进行研究的必要。

回归权利表象规则本身,它原本是指第三人善意相信表见权利人的权利表象并以之为基础进行法律行为,当充分其它要件时,善意第三人可主张该法律行为的结果。可见,法律行为是权利表象规则的重要前提,其必要性是无需讨论的。正如斯莱德(Slade)法官在一个案件的陈述中所指出的:"表面权利只不过是不容否认的一种,你不能提出不容否认,除非你使三项因素成立:1.一项声明;2.对声明的依赖;3.由于这样的依赖,你的处境改变了。"① 而对于第三个条件的理解是,"判例显示,依赖声明而成立合同已足以符合该要求,不论要求是处境改变还是损害。"② 即无论其处境如何变化,法律行为本身是不可或缺的。

## 二、法律行为的品质要求

概括而言,该法律行为除了权利表象所表彰的权利存在瑕疵之外,不应存在任何其它效力瑕疵,只有这样,才具有继续讨论的必要,如果还存在其它影响法律行为效力的情形,即使该权利不存在瑕疵,也无以发生当事人所追求的结果,因而再讨论权利表象规则的适用与否就显得多余。但由于权利表象规则所包含具体制度的多样性,因此应该分

---

① *Rama Corp. Ltd. v Proved Tin & General Investments Ltd.* [1952] 2 QB 147, p. 149—150.
② 何美欢:《香港代理法》(上册),北京大学出版社1996年版,第70页。

别加以研究。

**（一）在善意取得制度中**

表见权利人和善意第三人之间存在一个有偿性交易行为,通常情况下这一行为表现为买卖,但不以此为限,诸如设定担保物权的行为,亦足当之。① 正是这一要件的存在,才体现善意取得制度保护交易安全、平衡利益之本旨。物权变动模式有不同的立法例,在非物权形式主义立法例下,②这一行为既具有产生债权债务关系的意思,也存在物权变动的意思,这两种意思统一在一个行为之中,当然这并不影响从理论上对这一行为进行分解,将仅仅发生给付义务的意思表示界定为债权契约。在物权形式主义立法例中,由于存在单独的物权行为,因此这一契约仅限于产生给付义务,属于负担行为。后文的论证仅将当事人意欲发生给付义务的意思表示合意进行研究,并将其统称为债权契约。③本文在此重点探讨双方之间的这一行为的效力。

首先应予究明者,在债权契约存在其它效力瑕疵时,善意取得能否构成？对此应进行分类研究。

1. 在非物权形式主义立法例下

在这种立法例下,物权变动的法律基础存在于债权契约,④当这一

---

① 德国法规定无偿行为仍可发生善意取得,只是善意受让人对原权利人构成不当得利,应该予以返还。参见德国民法第816条。其实,这与承认无偿行为不构成善意取得的效果近乎相同。

② 所谓非物权形式主义立法例,是指物权变动模式采债权意思主义和债权形式主义的立法模式。

③ 其实,这种称谓不尽妥当。由于债权契约是和物权契约相对而存在的概念,在不存在物权契约时,难谓存在债权契约。本文只是为了论证的方便,统一使用债权契约这一概念,应予说明。很显然,这是对在非物权形式主义立法例下当事人意思的分割,剥离了物权变动的意思。在物权形式主义立法例下,就是指原本意义的债权契约。

④ 参见王茵:《不动产物权变动和交易安全》,商务印书馆2004年版,第196—220页;尹田:《法国物权法》,法律出版社1998年版,第196—199页。

契约存在效力瑕疵时,物权变动的结果不会发生。那在这种立法模式下,如果债权契约存在除处分权欠缺之外的效力瑕疵,善意取得能否构成?答案是否定的,其理由在于:善意取得制度是为了保护交易安全而特设的制度,其本身暗含了处分权瑕疵,除此之外,如果存在债权契约未成立、无效或可撤销的情形,当然不能善意取得物权。① 因为按照正常的交易规则,当不存在处分权瑕疵时,如果债权契约存在效力瑕疵,尽管受让人为善意,物权变动的结果尚不能发生,缘何在有处分权瑕疵时,却能取得权利?这其间的法理是不言而喻的,不应当让第三人处于比处分人有处分权时更为有利的法律地位,这是一个基本的平衡原则。此外,从交易过程观察,善意取得要件的完成,毕竟是履行当事人之间的债权契约的结果,如果这一契约本身存在效力瑕疵,则交易的基础即不复存在。

2. 在物权形式主义立法例下

在这种立法模式下,债权契约的效力瑕疵是否影响善意取得的构成,学者之间存在分歧。有学者主张不影响,其基本理由为:善意取得应适用物权行为的有关规则,故物权行为的独立性及无因性应具有适用余地,因此善意取得的构成应与债权契约相分离,而在债权契约存在效力瑕疵时,适用不当得利的规则进行救济。② 另有学者予以反对,认为:"受让人的善意取得占有,惟可补正权原之瑕疵。为权利取得原因

---

① 撤销的情形属于特殊,在撤销之前,物权变动的结果已经发生,而在撤销之后,物权变动的结果便会溯及地消灭,这与契约无效、未成立时物权变动从未发生不同。如果撤销权因当事人抛弃等原因而消灭,则不影响善意取得的构成。但从善意取得确定发生的角度言,可撤销仍然影响善意取得。后文在论证债权契约不存在除处分权之外的效力瑕疵时,均考虑可撤销的特殊情况。

② 参见王泽鉴:《民法物权 2:用益物权·占有》,中国政法大学出版社 2001 年版,第 256—259 页;陈自强:《民法第 948 条动产善意取得之检讨》,载苏永钦主编:《民法物权争议问题研究》,清华大学出版社 2004 年版,第 248—259 页。

的法律事实,必须客观的存在,假如无权原之瑕疵,其占有人应即可取得其动产上的权利,从而因无效行为或经撤销成为无效行为之法律行为,受物之交付之占有人,对于相对人之原状恢复之请求,不得主张善意取得之保护而拒绝占有物之返还。有谓物权行为为无因行为,其原因行为之无效或撤销,对于物权行为之效力不生影响,故原因行为虽为无效或可撤销,其物权行为人有善意取得之适用,然此与物权行为有因或无因,不生关系,盖纵以物权行为之原因事实如不存在,当事人间至少有不当得利返还之问题,无法律上之原因取得物权,当事人之一方,负有返还之义务,不得保有其权利,此则与善意取得制度之精神不符,故善意取得制度之规定,对基于无效或得撤销之行为而授受动产之当事人间,应不适用。其当事人之外的第三人,始得援用之。"①

本文主张,在物权形式主义立法例下,善意取得也应以债权契约的有效存在为前提,除了前引史尚宽的观点之外,尚有如下理由支持:第一,善意取得属否物权行为尚不确定。善意取得并不是对当事人物权变动意思尊重的结果,而是法律的特别规定,是否属于法律行为,颇受争议,②能否适用物权行为无因之规则,存有疑问。第二,在肯定债权契约的效力瑕疵不影响善意取得时,均肯定了当事人具有不当得利请求权,即善意受让人不能终局的享有权利,③这不仅与善意取得的本质相违,④更无端地使法律关系复杂化。先肯定善意取得后承认不当得利返还,与直接否认构成善意取得的实际不同在于:受让人破产时其普

---

① 史尚宽:《物权法论》,中国政法大学出版社2000年版,第559—560页。
② 有关争论,参见田士永:《物权行为理论研究》,中国政法大学出版社2002年版,第261—269页。
③ 参见陈自强:《民法第948条动产善意取得之检讨》,载苏永钦主编:《民法物权争议问题研究》,清华大学出版社2004年版,第248—259页。
④ 因为善意取得本身就是取得人终局保有利益的法律上原因,其本身是排斥不当得利返还制度的。

通债权人可参与标的物的分配,恶意的再受让人可获得权利。但在进行价值判断时,我们不难得出如下结论:原权利人比起受让人的普通债权人和恶意再受让人而言,其利益更值得保护。因此与其曲折往复,不如径直肯定在债权契约存有效力瑕疵时,不发生善意取得。第三,退一步讲,即使肯定善意取得是物权行为,按照克服无因性理论弊端之瑕疵同一、行为一体性、条件关联等理论,债权契约的效力瑕疵,多会影响物权行为的效力。[1]

综上所述,不管在哪种物权变动模式下,债权契约无处分权之外的瑕疵,是善意取得的必要条件。

既然善意取得要求债权契约不存在除了处分权以外的效力瑕疵,那无处分权的债权契约效力如何呢?此即无处分权的债权契约在理论上可否有效?[2]

无处分权的债权契约的效力问题,与物权变动模式的选择是否具有必然的联系?已有学者对此作了研究,[3]但在不同的物权变动模式下,回答这一问题的难度不尽相同。在物权形式主义立法例下,这一问题比较简单。债权契约仅仅是在当事人之间产生债的关系,而对标的物的权利本身并不直接产生影响,故其构成要件中转让人无需有处分

---

[1] 参见弗兰克·费拉利:《从抽象原则与合意原则到交付原则——论动产物权法律协调之可能性》,田士永译,《比较法研究》2001年第3期。

[2] 这里的讨论是从立法论的角度,探讨无处分权的债权契约在理论上的效力,至于各国实际上这一契约的效力如何,则留待后文讨论。就其实质而言,这一问题取决于法律的具体规定。需要重申的是,这里仅仅讨论无处分权对债权契约效力的影响,不考虑其它影响债权契约效力的情形。

[3] 如叶金强认为"物权变动模式立法选择与无权处分效力模式虽有牵连,但前者对后者并没有决定性的影响,二者之间没有必然的联系。物权变动立法模式涉及的是物权变动之公示要求,以及物权变动原因是否影响物权变动效果的问题,而无权处分的效力模式,涉及的是处分权对物权变动效力的影响,以及处分权欠缺是否应当进一步影响债权之发生问题。"叶金强:《公信力的法律构造》,北京大学出版社2004年8月版,第164—165页。

权,因而出卖他人之物(即无处分权的债权契约)当然是有效的,①对此不再赘述。有讨论必要的是,在物权变动非物权形式主义的立法例下,处分权的欠缺是否影响债权契约的效力,这是一个非常复杂的问题,下面对此予以重点研究。

有一种比较强有力的观点认为,在这种立法模式下,物权变动结果发生的依据存在于债权契约,除此之外并无另外的法律依据,由于债权契约直接导致物权的变动,而物权公示形式不过是履行行为(这限于债权形式主义,在债权意思主义立法例下不需要物权公示形式),故这一债权行为就具有理论上处分行为的性质,而处分人获得处分权就成为债权契约有效的必要条件。依法理,法律行为的法定生效要件"在处分行为,须有处分权。处分行为因直接产生财产变动的效果,故而处分行为人应对处分的标的具有处分权。若无处分权,则可能侵害处分权人的利益,故而不许其生效。但是处分行为得到处分权人追认,或者处分人事后取得处分权者,则变成有效。"②但在善意取得之情形,处分人并不具有处分权且事后也不能获得处分权或获得权利人的追认(否则,就转化为有权处分),故债权契约并不是有效的。我国有学者对此作了专门论证,"在中国现行法的背景下,买卖等合同作为法律事实就同时肩负着发生债权债务、使物权发生变动的双重任务,从最终目的考察,系完成发生物权变动的任务,实现典型交易目的。换言之,德国民法上由物权行为完成的工作在中国民法上要由买卖合同等来承担,买卖等合同使物权发生变动,才会达到合同目的,并且是买卖等合同的目的,否

---

① 参见王泽鉴:《出卖他人之物与无权处分》、《再论"出卖他人之物与无权处分"》、《二重买卖》,载氏著:《民法学说与判例研究》(第四册),中国政法大学出版社 1997 年版,第 136—181 页;黄茂荣:《买卖法》,中国政法大学出版社 2002 年版,第 186—187 页。

② 张俊浩主编:《民法学原理》(上册),中国政法大学出版社 2000 年版,第 256 页。

则这些合同的目的就会落空。"① "既然买卖合同的效力包括了所有权的转移,当然要求出卖人对出卖之物有处分权。"②因而,如果出让人无处分权,则买卖合同不能有效。

其实这一分析存在的问题是,将德国法中负担行为与处分行为的划分理论挪入来解释完全是不同模式下的问题。在德国法中,由于物权行为的独立存在,而物权行为要发生效力当然需要行为人有处分权,这其实是从行为效果的角度来推导行为要件的方法,具有一定的局限性,但因为合法的物权行为必然引起物权变动,这一推理仍具有其合理性。这其中隐含有这样一项法律规则:当法律行为直接导致权利变动时,行为人必须具有处分权。但在行为不产生权利变动效果时,行为人欠缺处分权是否必然导致行为不能有效,必须区分行为的性质而定。在非物权形式主义的立法例下,由于债权契约中仅包括债权意思,特别是这一行为并不必然导致物权的变动,这与德国法中物权行为的情形完全不同,因此在德国法中推导出物权行为的处分权要件的基础并不存在,那适用完全相同的行为要件就存有问题。其实可以对此进一步明晰化,在且仅在有权处分的情形下,这一行为可以导致物权变动,该行为即为理论上的处分行为,行为人有处分权是其前提条件;而在无权处分时,这一行为并不能引起物权变动的结果,性质上便难谓处分行为,此时处分权就不是行为有效的条件。

既然已经否定了把处分权作为行为有效的条件,那这一契约在理论上完全可以有效。在无处分权的情形下,之所以认为债权契约不能有效的基本理由是:第一,若债权契约有效,会损害原权利人的利益。其实这一理由是不成立的。无处分权的债权契约仅在契约当事人之间

---

① 崔建远:《无权处分辨——合同法第 51 条规定的解释与适用》,《法学研究》2003 年第 1 期。

② 梁慧星:《如何理解合同法第 51 条》,《人民法院报》2000 年 1 月 8 日。

产生相互请求给付的债法义务,对当事人之外的任何人均无法律影响,也不能导致他人之物的物权发生变动,基此,原权利人的利益不受损害。如果标的物被受让人善意取得导致自己的权利丧失,那真正造成损害的原因并不是有效的债权契约,而是自己对权利表象形成的可归责性及法律对交易安全的保护。与此相关的是人们的一种朴素的法感情:认为何以可出卖他人之物,这必然对他人造成损害,也会妨害正常的交易秩序。应该强调的是完全不能因为这种观念而否定具有高度专业性和技术性的法律规则。第二,如果处分人明知自己无处分权,或相对人明知处分人无处分权的,则构成了当事人主观上的恶意,债权契约可能受到诸如违反善良风俗、恶意串通损害他人利益等等的非难。[①] 其实这种指责也缺乏依据,市场经济中,出卖他人之物也是经济活动中的一种常见情形,且在对权利人不造成任何损害的情况下,用一种泛道德的观念来批评这种行为是不恰当的。[②] 当然,如果当事人双方确实存在诸如诈欺、恶意串通以损害他人利益的,这一契约无效,但应明确,导致其无效的原因是违反法律规定而非无处分权,而这在善意取得的背景下是被排除的。

无可否认,在生活层面,受让人一般不愿在不知情的情况下购买非出让人之物,因为这很容易导致契约目的不达,并使自己陷入烦忧,但这不能成为否定契约效力的理由,如果构成诈欺,受让人可撤销契约。

---

① 参见葛云松:《论无权处分》,载梁慧星主编:《民商法论丛》第21卷,金桥文化出版公司2001年版,第206页。

② 市场经济中,出卖尚未获得所有权之物,利用对未来的预期获取特定的利益,是一项较为经常的活动,在这种情况下,如果认定这一交易无效,这不仅与当事人的意思相违背,而且实践中的许多交易就无法完成,如期房买卖、在造物的买卖等等。其实在许多交易中,当事人双方对交易标的物的权利情况是清楚的,受让人明知权利不属于出让人,但预期出让人到期会获得权利,此时如法律硬性规定这一交易无效,显然不符合当事人的利益及真实的意愿,与意思自治的理念相违背。市场经济中的法律应尽量维护当事人的意思,除非在影响公共利益、社会公共秩序时才允许对此予以干预。这种限制是严格的,不能随意突破。

当然若受让人明知且自愿进入,法律则无需干预。①

按照契约效力的基本原则,在不存在影响契约效力的法定情形时成立的契约当然有效。由此,不管在哪种立法例下,处分权的欠缺都不能成为阻碍债权契约有效的理由。从实证的角度看,外国立法例都支持该契约有效这一结论。②

最后还应指出的是,上述探讨的重点是从债权契约的角度来论证法律行为的效力,除此之外,该法律行为还须具备何等品质?在善意取得的背景下,受让人必须已经完成取得权利所必需的公示行为。对动产权利而言,受让人必须获得占有,包括直接占有,也包括间接占有,③但必须是无权处分人彻底丧失对物的支配,否则,原权利人即可通过对无权处分人的占有恢复请求权主张自己的物权并不消灭,此时对原权利人不提供保护则乏依据。在此应说明者,考虑到有些动产物权以登记作为表征方式,相应应完成表征方式的变更方可。对不动产而言,必须获致物权的登记,至少是有相当于登记的法律事实,如德国民法典第873条第2款规定的产权证书的交付、登记的申请及买卖合同公证证书的交付等。唯其如此,受让人的利益才值得保护,才具有进一步考察

---

① 这一点是在讨论一般意义上的无处分权的债权契约,因为在善意取得场合,排除了受让人明知的情形,如果因详欺导致被撤销,也不构成善意取得。

② 具体分析,参见吴国喆:《善意取得制度的缺陷及其补正》,《法学研究》2005年第4期。

③ 简易交付、指示交付可构成善意取得,但有较严格的限制条件,在简易交付时,必须是受让人先前从无权处分人手中获得占有,以维持对权利表象的信赖;在指示交付,受让人所信赖者,仅为让与人所有权的主张,为了使动、静利益平衡,应认为在受让人取得物的直接占有时,才取得权利。占有改定时是否构成善意取得,学者间存有很大的争议,立法实际也有差异,如德国民法典第933条规定以占有改定移转动产所有权时,需受让人自让与人受让动产的交付,始取得所有权。台湾民法典则无类似规定。本文主张,占有改定不足以构成善意取得,以协调静的所有权保护利益和动的交易安全利益,毕竟此时无权处分人尚未丧失对物的控制。关于这方面的讨论,参见王泽鉴:《民法物权2:用益物权·占有》,中国政法大学出版社2001年版,第263—265页。

受让人能否取得实体权利的必要性。

概言之,上述论证说明在物权形式主义立法模式下,善意第三人已经完成了物权行为。那该物权行为的效力如何呢？根据前述一般规则,物权行为作为处分行为,其有效必须以处分人具有处分权为条件,而在善意取得场合,处分人恰恰不具有处分权,因此从原本效力而言,该物权行为应属效力待定。但有一点是肯定的,即该物权行为不存在除处分权之外的任何其它瑕疵,其理由跟前述关于债权契约的情形完全相同,兹不赘述。

(二) 表见代理制度中

在表见代理背景下,表见代理人和善意第三人之间必然存在一法律行为,这一行为外观表现为,表见代理人为了本人的利益而为意思表示或受意思表示。简言之,这一行为必须具备以下特质：

1. 表见代理人必须以本人的名义为法律行为。即在外观上必须满足代理行为的要件,尽管在学理上承认不显本人名义的所谓"间接代理",但在表见代理场合,则必须是显名主义。其理甚明,表见代理制度旨在使本人承担相应"代理行为"的后果,如果表见代理人在为法律行为时并未标明本人,则该行为即与"本人"无关,"本人"缘何承担责任？况且善意第三人所信赖者,乃代理人为特定本人的代理人,本人不确定,信赖就不会指向特定的人。

2. 该法律行为不能为无效。其理跟前述善意取得的情形基本相同,故而简言之。首先,该法律行为的效力不能是无效,盖若无效,即使是存在代理权时,亦不得发生代理效力,遑论无代理权；其次,该行为的效力可属于可撤销,如在为法律行为时存在诈欺、胁迫等情事。当然,在论及表见代理时,必然意味着撤销权人放弃或尚未行使撤销权,即仍维持该法律行为的效力,盖如果该行为已被撤销,则无进一步研究之必要。但存在的一个问题是,在撤销之前是否成立表见代理,涉及到撤销权人和撤销之后的信赖利益损害赔偿主体。如果已经成立表见代理，而表见代理人在行为时受到诈欺或胁迫，则撤销权人应属于本人；如果是第三人享有撤销权，则撤销之后承担赔偿义务的主体也是本人，而非表见代理人。这涉及该法律行为的主体问题。

法律行为可变更的情形与此相同，不再赘述。需要指出的一点不同是，在可撤销的情形，撤销之后就不会发生表见代理的固有效力，而在可变更的情形，变更之后，仍可发生表见代理的固有效力。

3. 该法律行为不得超越代理权表象所表彰的代理权的范围。亦即从形式观之，代理人的代理行为必须在表见代理权的范围之内。这一点更重要的是反映相对人信赖合理性的因素。相对人以合理信赖表见代理权为前提，如果代理人的代理行为超越了该代理权的范围，则难谓相对人的信赖是合理的。从另一角度言，即使假定该代理权真实，超越该代理权的行为也不会发生代理的固有效力，遑论该代理权并不真实。

我国法院的一个司法判决，在结论上可为上述论证提供佐证，在"张兴善诉中国建设银行成都市分行第三支行返还集资款案"中，①法院裁判要旨：法律法规早就明文禁止未经中国人民银行批准并由企业依照法定程序从事的债券发行活动，禁止国家机关、事业单位、社会团体向内部职工或向社会公众进行有偿集资活动，禁止商业银行未经中国人民银行批准发行金融债券。根据这些政策和法律的规定，张兴善明知或应当知道市建三支行不可能从事非法集资活动，却为追求高额红利，轻信他人谣传，参与集资，导致罗子二诈骗得逞。因此，张兴善具有重大过错。张兴善认为罗子二代表市建三支行进行集资活动，是其轻信的结果，而不是根据政策法律规定和各种表象得出的合理结论。因此，罗子二的行为不符合表见代理的法律特征，该行为的民事法律后

---

① 见四川省成都市中级人民法院1999年3月5日判决书。

果不应由市建三支行承担。市建三支行所述罗子二的行为不构成表见代理,该行无明显过错,不应承担民事责任的上诉理由成立。"法院首先认为本案中当事人所从事的是违法行为,然后否定成立表见代理。不过,法院否定的理由在于第三人"具有重大过错",而非"代理行为"本身的违法性,似乎未能找准理由。

### 三、法律行为理论对权利表象规则法效果的解释功能

权利表象规则的法效果是使第三人获得其所追求的交易目的,从而发生如同表见权利为真一样的结果。特别值得研究的是,这一法效果的获得根据何在?法律行为理论对此提供了有效的解释路径,其基本点是权利表象规则的法效果是法律行为的当然结论,换言之,正是法律行为支撑着第三人的权利取得。

#### (一)法律行为理论对权利表象规则法效果的解释力

1. 第三人获得的权利内容取决于法律行为中的意思表示因素。

第三人所取得的权利的种类、内容、受到的限制等等要素均由法律行为中的意思表示来决定。表见权利人与第三人之间的法律行为,具体约定了双方交易的内容以及权利义务关系,而这一约定恰好决定了第三人所可能获得的权利的边界。正是由于该意思表示,才决定了第三人所取得权利的具体内容,因此,该意思表示居于核心地位。这一点突显了意思表示的重大价值,同时也说明了法律行为自身的必要性。

2. 由法律行为理论来解释,会使该效果的获得更符合私法的精神。

由意思表示的内容来决定行为的效果,原本就是法律行为的本质属性,因此,用法律行为理论来解释权利表象规则的法效果,就会使这一效果的取得建立在特别稳固的基础之上,而且更符合私法的精神,解释上也更加顺畅。基于意思表示而发生权利义务关系的变动是私法的

基本原则,如是,法律行为始居于私法的中心,这是由私法调整社会生活的基本方式——给私主体自主决定的自由并在意思自治的基础上承受其行为结果——决定的。第三人通过自己的意思表示达成其交易目的,用法律行为理论来解释这一效果的取得会非常清晰且顺畅:这原本是法律行为的当然结论,更为重要的是,这样解释更符合私法的精神:尊重当事人的行为自治,尽量通过意思自治方式来实现权利义务关系的变动。

3. 基于法律行为而获得权利,会使第三人的权利取得成为继受取得。

继受取得与原始取得的区别点在于其权利取得是否尊重原有权利,基于法律行为的权利取得必然是继受取得,使原有权利经过意思表示以原有状态转归受者,换言之,原有权利之上的负担也一并转移。继受取得是权利变动的常态,符合私法的原则和精神,可以避免原始取得所应尽的说理义务:除了基于自然现象的权利取得,原始取得必须有更为充分的说理方可显示其正当性。

正因如此,有学者坚决主张善意取得为继受取得。①"善意取得的核心要素乃是出让行为。继承等非出让行为不得善意取得。出让行为由意思表示决定其法律效果,乃是法律行为。善意取得作为一项法律事实,由意思表示决定法律效果,其性质当然是法律行为。因此,善意取得乃是继受取得。"②支持其为继受取得的另一原因是,在第三人善

---

① 有学者认为,善意取得是基于法律行为的取得,法律考虑的是尊重当事人的意思而不是原权利人,因为原权利人毕竟是法律行为之外的第三人。参见田士永:《物权行为理论研究》,中国政法大学出版社 2002 年版,第 262 页。此外,王泽鉴指出,在此情形下,所有权的善意取得是基于让与行为,与因时效取得、先占或添附而取得所有权,尚有不同,法律所补足的,系让与人处分权的欠缺,继受取得的性质不因此而受影响。参见王泽鉴:《民法物权 2:用益物权·占有》,中国政法大学出版社 2001 年版,第 271 页。

② 田士永:《物权行为理论研究》,中国政法大学出版社 2002 年版,第 261—262 页。

意取得的权利之上,第三人所明知的权利负担仍然存在。

继受取得的观点,对于本文前述关于法律行为的品质要求具有一定的说明价值,正是由于其继受取得属性,决定了法律行为的品质必须是健全的,包括行为人的行为能力、意思表示等等,都必须符合有效法律行为的要件。

4. 在物权变动采纳抽象物权行为模式的立法例下,这一解释将善意取得的法效果界定为物权行为的结果,可以利用物权行为的抽象性,通过剥离原因因素对物权行为效力的影响而保障交易安全。因此,"善意取得对交易安全的保护具有双重性。首先,善意取得保护了自非权利人取得的交易安全,其次,善意取得的抽象性较之于善意取得要因的做法减少了影响善意取得有效性的因素。"①对善意取得通过抽象性的方式保障交易安全的做法应大为提倡。

正如此,在不采物权行为模式的立法例下,关于善意取得就有不同的解释路径。一般认为,日本民法第 192 条是关于动产善意取得的规定:"平稳而公然地开始占有动产者,如果系善意且无过失,则即时取得行使于该动产上的权利。"就本条而言,尽管日本学者认为与本文所论述的善意取得没有很大的差异,②但从本条的文义可以看出,其实这条是建立在对占有效力的规定上,"平稳而公平地占有动产者",显然强调的是占有的效力,这与本文所讨论的旨在保护交易安全的善意取得存有差异。法国民法关于物权变动采典型的意思主义。按照学者的解释,法国民法中的善意取得又叫即时取得,依据法国民法第 2279 条,当受让人与一非所有人的出让人实施交易行为时,由于出让人对标的物无处分权,该标的物的所有权不能根据交易行为而发生任何移转,但是

---

① 田士永:《物权行为理论研究》,中国政法大学出版社 2002 年版,第 264 页。
② 参见[日]田山辉明:《物权法》,法律出版社 2001 年版,第 100—111 页。

由于"自主占有"等同于权利证书,①故因转让行为而获得动产的占有人仅根据其占有事实即成为所有权人,真正的所有人不能要求返还。②这与日本民法第192条的规定几乎相同,仍然是对占有效力的规定。强调占有人必须是真正地、实实在在地自主占有财产,排斥暂时持有人。法国学者马洛利和埃勒斯认为,法国民法第2279条第1款的适用机会是比较少的,它主要适用于出卖人根据买卖合同中的"所有权保留条款"对抗出卖物的再受让人或担保债权人所发生的纠纷。③这里也是依赖于自主占有来解释善意取得的依据。

(二)这一解释的局限性

同时必须注意的是,用法律行为理论来解释权利表象规则的法效果,并非不存在挑战,而且有些是根本性的,这就决定了这一解释的局限性。

1.权利表象规则的前提是所进行的法律行为有一重大瑕疵:存在表见权利,而这恰恰影响法律行为的效力。在善意取得场合,无权处分人无处分权,而在表见代理场合,表见代理人无代理权,这就决定了该法律行为的效力并非处于有效状态,如此,通过法律行为理论来解释权利表象规则的效果取得就面临障碍:法律行为并非有效,何以可通过法律行为取得权利?正是这一致命性的缺陷导致了这一解释无法得到一致认可,于是就有了对这一缺陷的补救理论,有学者认为,"善意取得不过是以取得人善意代替了处分人处分权……善意取得是属一种法律行为,是发生物权法效果的法律行为,即物权行为,善意不过是无权处分

---

① 法国民法典第2279条第1款规定,涉及动产物品时,占有即等于所有权证书。
② 尹田指出,法国民法上,动产的即时取得为有形动产的直接取得方式之一,即基于自主占有而取得所有权,其理由在于:有形动产的特点在于其物理上的可移动性、同类动产相互间的可替代性,且动产的同一性的鉴别比较困难,因此,动产所有人与动产之间的关系,不得不更多地依赖于其对动产的占有。尹田:《法国物权法》,法律出版社1998年版,第199页。
③ 参见尹田:《法国物权法》,法律出版社1998年版,第192—212页。

情形对处分人处分权欠缺的一种补正而已。"①该说试图用取得人的善意来补正无权处分人的处分权,系属是一种颇具想象力的解释方式,严格意义上讲,无权处分人的处分权只能通过权利人的追认或事后取得权利得到补救,而第三人的善意不具有此等效力。因此,该解释的这一缺陷无法克服。

2.在善意取得场合,未经表征且为第三人所不知悉的权利负担将不复存在,这一点与继受取得的特点不符。前已述及,继受取得是按照权利的原状移转由受让人取得,未经表征的权利负担当然并不消灭,而这恰与善意取得不符,这也反映了这种解释方式的局限性。

鉴于用法律行为理论解释法效果的取得所面临的上述质疑,本文并不以此作为解释路径。但无可否认,这一解释对于说明第三人所获得权利的内容、说明关于法律行为的品质等问题,具有相当的说服力。

## 小　　结

本章是对权利表象规则构成要件的分析。

首先是对权利表象的合理信赖。这是权利表象规则的正当性依据之一,也是司法实践中遵从或否定权利表象规则的基本标准之一。信赖、善意、恶意都属于主观心理范畴,可以肯定的是,面对虚假信息传递途径,当事人只能有善意或恶意两种心态,二者处于非此即彼的关系,因此在认定一种心理状态是否存在时,可以通过认定另一状态是否存在进而通过反推的方式来实现。就善意与过失的关系来说,善意原本是与过失相分离的概念,善意是指对有关虚假情事的不知情,而过失则考量的是这种不知情是否是可以理解的,有无可归责的原因,二者属于

---

① 田士永:《物权行为理论研究》,中国政法大学出版社2002年版,第233—234页。

不同层面的问题,但基于利益衡量,善意应不包含重大过失,与之相对应,一般过失和轻过失并不影响善意的构成。善意其实是对信赖的品质考量,意味着合理信赖,即排除重大过失的存在。对善意的认定属于一种法律判断,其基本理由在于主观心态认定的综合判断属性、对客观事实的适度超越性、认定结论的弹性化和非检证性以及难以直接用反证推翻的特色。由于在认定过程中,恶意相对于善意更加容易认定,故而对善意的认定通常采用反推技术。

权利表象规则的第二个构成要件是真实权利人就权利表象的形成具有可归责性。在损害赔偿法领域,所谓的可归责性系指主体承担责任的基础性根据,基于向意思求责任的基本观念,可归责性就是行为人在主观上所具有的可非难性,未能达到一般人从事这一行为时所应有的注意,究其本质而言,系属有过失。在权利表象规则框架内,可归责性并不完全等同于一般意义上的过失,而只是从结果出发,认定其应该承担不利后果的一种根据,多数情形下总是跟过失联系在一起,但不排除特定情境下与过失无关。由此可见,权利表象规则中的可归责性与过失之间存在若隐若离的关系,可归责性强调的是本来应当预见到他人会对自己的行为产生某种积极信赖,而竟未能设法避免,或者放纵这种情形的发生。可归责性是真实权利人承担责任的正当化依据,而在不同的具体情境下,可归责性又有不同的表现样态。

权利表象规则的第三个要件是表见权利人与善意第三人之间存在一个有效的法律行为,这也是这一规则区别于其它信赖保护制度的重要标志。这一要件存在的必要性在于其彰显该规则保护交易安全之宗旨,权利表象规则之所以重要并需要在法律上作为一般规则确定下来,端在于这一规则的重要价值:保护交易中的正当信赖,促进交易安全,从而间接提高交易效率。由是观之,如果没有法律行为的存在,权利表象规则就丧失了基本的领地,当然也就失却了进行研究的必要。就该法律行为的品质而言，除了权利表象所表彰的权利存在瑕疵之外，不应存在任何效力瑕疵，只有这样，才具有继续讨论问题的必要，如果还存在其它影响法律行为效力的情形，即使该权利不存在瑕疵，也无以发生当事人所追求的结果，因而再讨论权利表象规则的适用与否就显得多余。法律行为理论可以对权利表象规则的法效果提供有效的解释路径，其基本点为该效果是法律行为的当然结论，换言之，正是法律行为支撑着第三人的权利取得。这一解释路径具有自己的优越性，但由于自身所无法回避的局限性，这样的解释也并非不存在争论。

# 第五章　权利表象规则的法律效果

首先应指出的是，权利表象规则的适用，对一般法律规则起校正作用，因此处于辅助性地位。诚如雅克、吉勒所言，"只有当审判者不能从法律条文中找到证明其认为必要的结果时，它才能应用这种方式。而且，正如其它使法律规定灵活化的矫正机制那样，对表见的考虑也有破坏法律秩序的危险，因此，它不应当优先于法律规定的解决方法而适用。"①

在权利表象规则的要件被生活事实充分之后，就会发生特定的法律后果，这一后果集中体现了法律对交易安全的保护，因而其权利义务的设计着力于保护善意第三人的利益。这一效果也是法律追求目的的集中体现，除了善意保护，法律还强调当事人之间的利益平衡，因此为真实权利人设计了一系列的救济措施。如此看来，权利表象规则的法律效果并非一个简单的权利义务关系，而是在不同主体之间存在的不同权利义务配置。这些配置取向于法律的目的——妥当地调整当事人之间的关系。下面进行分类研究。

---

① ［法］雅克·盖斯旦、吉勒·古博：《法国民法总论》，陈鹏等译，法律出版社2004年版，第790页。不过书中同时又指出，表见理论如此广泛的适用，可使我们在不动产所有权方面对表见理论的辅助性产生怀疑。它似乎只有在其自身适用条件未被满足时才能被排除，因而和法定的规则处于竞争状态。见同书第792页。

## 第一节　真实权利人与善意第三人之间

权利表象规则的突出结果是善意第三人可主张真实权利人承担如同权利表象完全真实的责任。换言之,真实权利人应当根据第三人的请求,按照表见权利状态承担履行责任,这是权利表象规则最重要的效果,尽管各个具体制度之间存在差异,但作为基本原则,这一效果是毋庸置疑的。

### 一、权利表象所表彰的权利被视为真实

表见权利人以自己所享有的表见权利参与法律行为,而第三人合理地对此予以信赖,在符合权利表象规则的构成要件时,善意第三人可主张表见权利为真实,由此所导致的结果是,真实权利人违背自己意愿地发生了权利变动,与之相对应,善意第三人非逻辑性地取得权利,因为这时权利义务的变动不符合生活真实,跟一般权利变动的规则也存在冲突。

首先应予探讨者,善意第三人的权利来自何处？对此学界颇有争论,以善意取得为例,受让人何以取得权利,主要有两种理论解释:一是本文前述的法律行为方式,另一是善意取得"是依法赋予第三人一个针对原物权出让人的抗辩权,使其在自己负有举证责任的情况下保护自己的物权取得。该理论的积极作用在于它把第三人的善意作为权利取得是否受保护的标准,从第三人的主观方面解决了交易公正问题。"[①]善意取得中无权处分人的处分权不能补正,而仅仅是因为取得人的善意值得保护而从法律上强制切断了原权利人的权利,使得取得人原始

---

① 孙宪忠:《中国物权法总论》,法律出版社2003年版,第301页。

取得权利。因此本文主张善意取得属原始取得,因为真正权利人的权利并未得到尊重,而这恰恰是原始取得的本质特征。① 此外,尽管在无权处分人和善意受让人之间存在一个交易行为,且这一行为决定善意取得的权利类型及范围,但权利的取得并非基于双方的法律行为,并不是法律尊重当事人变动物权的意思的结果,而是基于法律对合理信赖的保护,因此很难认定为继受取得。② 很显然物权变动效果的发生,系直接基于法律的规定。③

就表见代理而言,第三人获得有关权利,亦非基于被代理人的意思或权利,这是由其构成要件所决定的。因此无论是哪种具体制度,可以得出的一般结论是,第三人所获得的权利,并非基于真实权利人或表见权利人的权利,而是法律的特别规定。正如雅克、吉勒所言,"受共同错误支配的善意第三人不是从表见权利人那里,也不是从真正的所有人那里获得其权利,这些权利是法律赋予的。……在真正的权利人没有转让的意思,而表见权利人又没有权利转让的情况下,权利可根据仅相信表见的人的信任而产生。"④ "将权利表象所表彰的权利视为真实"无非是法律为了保护善意第三人而作的强行规定。

其次应予探讨者,真实权利人能否自己主张表见权利为真实,因而要求善意第三人承担履行责任? 这一点需要研究。权利表象规则本为保护善意第三人所设,对于真实权利人而言,表见权利人与善意第三人的行为属于无权处分或无权代理行为,因而效力待定,其生效要件在于

---

① 参见[德]卡尔·拉伦茨:《德国民法通论》(上册),王晓晔等译,法律出版社 2003 年版,第 312 页。

② 参见叶金强:《公信力的法律构造》,北京大学出版社 2004 年版,第 87—89 页。

③ 参见史尚宽:《论动产的善意取得》,载郑玉波主编:《民法物权论文选集》(上),台湾五南图书出版公司 1984 年版,第 231—253 页。

④ [法]雅克·盖斯旦、吉勒·古博:《法国民法总论》,陈鹏等译,法律出版社 2004 年版,第 783 页。

真实权利人的承认，真实权利人若要以该行为为基础而有所主张，就必须首先对该行为予以承认，使该行为充分生效要件方可。因此在真实权利人对无权处分行为进行追认后，即可主张表见权利为真实，这一点其实属于同义反复。对此，英美代理法的规则可以提供佐证，"不容否认的后果，是委托人对第三人而言，受合同约束。委托人本身是否可以就合同提出诉讼呢？不容否认的一般条规，是不容否认不是诉讼原因。因此，委托人若意图就合同提出诉讼，他必须先追认合同。"①在此前提下，下面具体分析真实权利人与善意第三人之间的法律关系。

具体而言，在善意取得场合，真实权利人的原有权利被无权处分：或者发生权利的移转，或者在原权利之上设定负担，而这种权利的变动对原权利人而言是无对价的，且与其真意不符。从善意第三人的角度观察，则意味着其取得公示所表彰的权利，包括所有权和限制物权。此外，善意第三人属无负担取得权利，即未经公示的权利视为不存在，换言之，受让人所获得的是没有负担的权利。② 而在表见代理场合，则本人必须承受表见代理人与善意第三人之间基于代理行为所设定的权利义务关系。

尽管对原权利人而言，权利义务的发生违背了自己的意愿，但善意取得和表见代理仍存在重要的区别，主要表现在前者原权利人的权利丧失不得通过请求相对人支付对价的方式得到弥补，原权利人对第三人不享有请求权，他们之间原本并不存在任何法律关系，只是由于在事实层面权利从前者移转到后者才使二者具有某种形式上的联系，但由于这一移转在法律上是可以瞬时完成的，不具有延续性，因此就其实质而言，他

---

① 何美欢：《香港代理法》（上册），北京大学出版社1996年版，第85页。

② 应予注意的是，对于未经公示但受让人知悉的权利负担能否随善意取得而转移，是一个值得研究的问题。基于善意取得的基础在于权利外观理论，既然权利负担为受让人所知悉，应该肯认受让人所获得者系有负担的权利。

们之间是不存在任何法律关系的;①而在后者,本人权利义务的变动,终归是对善意第三人享有相应的请求权,自己只是不自愿地进入了一个法律关系,除非表见代理人的行为是一个完全无对价的处分行为。

在此,必须对表见代理场合善意第三人与本人之间的法律关系的效力作一分析。表见代理人以本人的名义与相对人为法律行为,在符合表见代理的其它条件时,表见代理权被视为真实,这是否意味着相对人与本人之间所存在的通过表见代理人的媒介所达成的法律行为与完全的有权代理相同? 即双方当事人都被锁定在这一特定的法律关系之中,均必须严格按照其内容履行义务? 其实这一问题的实质是探讨这一法律行为的效力究竟如何,是否赋予善意第三人否定该行为效力的权利。

按一般通说,表见代理情形下本人与第三人之间的法律行为属于效力待定,而有权决定其效力的人是善意第三人。② 林诚二指出:"就其效果而言,表见代理属效力待定。由相对人主张有效或无效,若第三人不为此项主张,法院不得依职权径将法律上之效果,判决归属于第三人。"③此外,王泽鉴也指出,在表见代理场合,"第三人是否基于表见之事实,主张本人应负授权人责任,应由其决定。"④ 这其实也是肯定表见代理系属效力待定,而决定权人为第三人。悉言之,表见代理行为的效

---

① 关于善意取得,真实权利人与善意取得人之间是否存在法律关系,还有另一种理解,值得重视。即在抽象层面,双方当事人之间存在一个以标的物的权利移转或负担设定为内容的权利义务关系,这一关系是通过无权处分人的行为设定并已由其履行完毕,双方当事人相互之间不得有任何请求。这一理解具有更多的拟制色彩,是从生活层面抽象的产物,但这一理解对于后文所述的真实权利人的履行责任,却具有相当的说明价值。

② 这一点应与前文的论证相区分,前文指出,表见权利人与善意第三人之间的行为属于无权处分或无权代理(这一点在不同立法例中也有不同的解释),决定其效力的权利人是真实权利人,而此处所指的是真实权利人与善意第三人之间的关系,这一点不能不辨。

③ 林诚二:《民法债编总论——体系化解说》,中国人民大学出版社 2003 年版,第107—108 页。

④ 王泽鉴:《债法原理》(第一册),中国政法大学出版社 2001 年版,第 321 页。

力并非确定有效,而是由第三人来决定该行为的效力。其理在于,表见代理本属无权代理,只是为了保护善意第三人,才允许第三人主张表见代理的结果,即主张由本人承担授权人的责任,而本人不得以自己未授权为由进行抗辩。如果将这一行为的效力直接确定为有效,通常会与善意第三人的交易目的相符,但也存在相反的情形,对这一点应予足够的重视,也正是这一点,构成了法律上将这一行为确定为效力待定的强大理由。这主要表现在:在表见代理场合,善意第三人原本认为代理人是经过授权的,这意味着善意第三人认为本人是乐意进入跟自己的法律关系的,于是就有了代理行为,而这一行为要确实地按其本旨得到履行,就必须有本人认真的配合,特别是如果所产生的义务需要本人特别的技术、特别的心理支持且这一关系需要延续一段较长时间,而不属单纯且瞬时可以完成的金钱或财物给付时,本人的履约态度就尤显重要,当本人实际上对表见代理人为自己所设定的这一义务非常不满且表现出强烈的排斥情绪时,主张履行该代理行为对善意第三人反而不利,①第三人就不会主张表见代理的效果。如果将该行为直接确定为有效,善意第三人就丧失了自主决定的机会。因此,将该行为确定为效力待定,表现了表见代理制度重在保护善意第三人之本旨。②

在这一前提下,有下列问题需要说明。

1. **本人享有对表见代理行为的承认权**

表见代理属于无权代理,这一点是本人享有承认权的直接理由,而

---

① 在本人不积极配合时,善意第三人会遇到很多麻烦:履行义务的质量与品质达不到预期效果、履行迟延、丧失更好的机会,特别是由此给人带来的心理烦忧、焦虑等等。

② 对此,邱聪智也有精彩论述,他认为:表见代理制度"本为保护交易的相对人而设,非谓表见代理人所为的行为因而成为有权代理,故相对人未主张其为表见代理者,本人不得主动主张其为有权代理,而相对人是否主张本人应负授权人责任,则概属相对人的自由,法院亦不得依职权为相对人适用表见代理,使相对人对本人负担义务。"邱聪智:《新订民法债编通则》(上册),中国人民大学出版社2003年版,第50页。

将表见代理行为确定为效力待定也为本人享有承认权确立了基础。在表见代理行为完成后,本人在衡诸情事之后,认为该行为符合自己的内心意愿且与自己的交易目的相符,就会对该行为予以事后承认。应注意的是,该承认具有双重结果,一是补充对表见代理人的授权,使得表见代理人在为代理行为时就具有代理权;其二是让该表见代理行为溯及在行为成立时生效,其实第二个效果是第一个效果的反射结果,因为事后的补正授权,使得表见代理成为有权代理。本人承认权的行使属于有相对人的单方法律行为,为形成权效力的体现。其行使应当向表见代理人或向代理人对之为代理行为的第三人,以意思表示为之。

本人的承认权使得效力原本由善意第三人确定的表见代理行为,转化为确定有效的行为,从而剥夺了第三人在行为效力问题上的自主权,这是否侵害了善意第三人的利益?对此应持否定说。其理在于:表见代理行为原本是符合善意第三人的交易目的的,他对善意第三人可能造成不利的主要原因在于因为本人的不积极履约态度,或者说是因本人不愿进入该法律关系而产生的辐射效果,而在本人予以承认的场合,事实上已经对本人的履约态度予以了补正,这样就不会对第三人造成损害。此外,第三人原本就是以本人作为交易相对人的,因此本人的承认并未违背其意思自治。如果事后证明本人仍未认真地履行义务,那只能说明相对人料事失误,由自己承担后果便是自然的结论。因此,本人的承认权并不会对第三人造成损害。

但应注意的是,跟一般无权代理不同,本人不享有拒绝的权利,即在第三人主张表见代理的结果时,本人对此不得拒绝。

2. 善意第三人的撤回权

表见代理行为在本人承认前既属效力待定行为,而决定其效力的权利人为第三人,则其当然享有对该行为的撤回权,从而确定地使其失却效力,这一点本属自明。梁慧星指出,"相对人可以基于表见代理对被代理人主张有权代理的效果,但也不是非此不可。相对人也可以依狭义无权代理的规定,撤销其所为的法律行为。"① 不过应注意的是,这一点并非不存在争论。② 值得注意的是,该撤回权的行使,必须在本人为承认行为之前进行,因为本人的承认权一旦行使,该表见代理行为即确定地发生效力,自不得由第三人单方面予以否定。第三人撤回权的价值在于,及时终止这一法律关系,使自己能够尽快采取措施弥补因此给自己造成的损失,防止机会成本的扩大。这一点在本人态度暧昧、久拖不决时更具有价值。这一点也涉及对表见代理人的责任追究,留待后述。

应提出讨论者,第三人是否享有催告权? 按催告权之本旨,原在于催促本人尽快表达自己对无权代理行为的态度,而在表见代理场合,在第三人主张该行为有效时,本人不享有拒绝的权利,而第三人进行催告,其实是表达自己愿意主张表见代理的效果,此时本人无否决权。因此在此场合,规定第三人享有催告权似无实益,但应注意的是,第三人欲使本人承担表见代理的责任,就必须证明表见代理要件的充分,为了避免这一证明的困难,第三人得定相当的期限催告本人是否承认,如本人予以承认,则符合第三人的目的追求且避免了举证,如本人拒绝或逾期未为确答,视为拒绝,再问以表见代理之责,尚不为迟。③

---

① 梁慧星:《民法总论》,法律出版社 2001 年版,第 263 页。
② 如有学者指出,"既然表见代理中,相对人信赖行为人有代理权,若其行为重视本人之资质,则法律上为保护其利益,并尊重其意思,让本人对他承担责任,已甚为充分。于此情形,倘仍许相对人选择按无权代理之规定,撤回其行为,则有违禁反言之原则。另一方面在对相对人而言,本人是谁,其行为都具有同样意义的情形,或事后因市场等因素改变,交易条件对相对人不利时,其撤回权的行使,势必会成为逃避责任、损害本人之利器。"张谷:《略论合同行为的效力——兼评〈合同法〉第三章》,《中外法学》2000 年第 2 期。对此本文并不赞同,主要基于如下的考虑:一是表见代理原本属于无权代理的性质;二是表见代理制度的宗旨在于善意第三人的保护;三是相对人因对表见代理权的误解而为的行为并不一定符合自己利益最大化的要求。对此可参见本文前述善意取得部分中关于同一问题的讨论。
③ 参见史尚宽:《民法总论》,中国政法大学出版社 2000 年版,第 554 页。

3. 在特定情形下本人享有撤销权。

当表见代理行为是由于第三人诈欺、胁迫等原因而做成时,本人可享有撤销权。这其实是本人先追认了该表见代理行为,然后再以被诈欺、胁迫为由予以撤销。在有权代理场合,代理人受到诈欺或胁迫,本人是可以撤销代理行为的。

## 二、真实权利人承担履行责任

其实,所谓真实权利人所承担的履行责任,是对前述其所承担义务的另一种表达,由于这种表达是从另一个角度分析问题,具有重要意义,特别是相对于信赖利益损害赔偿责任,更值得特别予以说明。

对合理信赖的保护,通常的法律手段有两种:一是要求提供虚假信息的表见权利人承担信赖利益损害赔偿,另一是要求真实权利人承担履行责任。相比较而言,后者更能够保护善意第三人,因为这种方式能够确实地实现当事人的特定交易目的。根据履行责任的基本宗旨,这种责任的承担者应该如同自己所提供的虚假信息为真实时一样承担现实的履行义务。首先应当肯定真实权利人与第三人之间存在一个有效的法律关系,这一关系建立在权利表象的基础之上,其次通过真实权利人的现实履行,使得善意第三人的特定交易目的完全实现,真实权利人不得以该法律关系是建立在虚假表象的基础上为由而拒绝履行义务。而与此相反,如果仅是信赖利益损害赔偿,意味着真实权利人并不现实地履行义务,其前提在于否定建立在权利表象基础上的法律行为的效力,只是由于可归责于真实权利人的原因造成了权利表象的存在,引起相对人的积极信赖并有所支出,[①]真实权利人应当对此予以赔偿,其结

---

① 关于信赖利益损害,大致包括以下几个方面:一是缔约费用,包括调查、收集信息的费用、交通通讯费用及其它缔约成本支出;二是为准备履行契约而支出的费用,如为了接受货物而事先约定仓库而支出的仓储租金;三是因丧失缔约机会而增加的费用,即所谓机会成本。

果仅在于使相对人因此所遭受的损失得到弥补,最佳状态是恢复到相对人缔约前的状态,①而相对人的交易目的终究归于落空,所追求的经济增值也无法实现。由此可见,履行义务的承担,更加有利于保护善意第三人,是对第三人意思完全尊重的结果,从第三人的角度看,贯彻了意思自治的原则。

在作前述的论证时,必须对善意取得的特殊性予以足够的重视。在善意取得场合,前已论及,在真实权利人和善意取得人之间并不存在任何的法律关系,而且其构成要件本身就决定了善意取得人已经现实地获得了其所追求的利益,如果说真实权利人负有某种义务,那这一义务也早已履行完毕,因此难谓真实权利人承担履行责任。②但如果从另一个角度观察,这一说法也是可以理解的。即从结果看,善意取得的结果与真实权利人承担履行责任的结果完全相同,相对人获得权利就如同真实权利人现实履行其义务一样,不过是通过表见权利人实施履行,且已经履行完毕而已,因此正是在这一层面且在非严格的意义上,才一体适用了"履行责任"这一概念。

当然对于表见代理来说,本人承担履行责任则完全准确,无需多加说明。

由此,可对真实权利人与第三人之间的关系予以简要的总结。第三人所获得的权利能够对抗真实权利人,这种权利变动并不符合一般法律规则。权利表象规则的这一效果体现了其只能将既存的事实状态

---

① 信赖利益损害赔偿的最高目标是试图使第三人恢复到缔约前的状态,这其实是在制度上设计了这类赔偿的上限。现实中这往往是很困难的,赔偿人的财力限制、计算时的遗漏,加之相对人为此所支出的精神耗费根本无法恢复,同时其赔偿额也不得超过履行利益,故有此说。

② 在此,于不动产权利善意取得场合,存在特殊问题值得研究。无权处分人将他人的不动产所有权让与第三人并已登记完毕,第三人在获得该不动产的所有权之后要求原权利人移交不动产的占有,原权利人不得拒绝,这是否属于履行责任? 本文认为不属于,因为第三人请求移交不动产占有的根据是其所享有的所有权,而非双方之间存在的债的关系。

转化为法律状态,它并未废除一项法律,只是为了交易安全的考虑违背了该法律。严格意义上讲,真实权利人的权利变动并非基于第三人的原因,因此其损失只能向表见权利人主张救济。但无可否认,他的利益是牺牲了。当然,第三人可根据利益最大化的原则对是否承认该权利变动的结果进行选择。

## 第二节 表见权利人与善意第三人之间

在权利表象规则适用的前提下,真正的法律关系主体为真实权利人和善意第三人,而表见权利人只不过是他人形成权利义务关系的媒介,因此在善意第三人主张权利表象规则的适用时,可通过要求原权利人承担履行责任来实现自己的利益,①表见权利人就成为局外人,它与善意第三人之间似乎不存在法律关系。② 但在权利表象规则适用有障碍的时候,或者在第三人不主张该规则的适用时,就存在表见权利人与善意第三人之间的关系。下面分类来研究。

### 一、善意取得场合

善意受让人不符合一般逻辑地取得权利。③ 依法理,受让人不能从无权利人手中获得权利,因为要通过继受取得的方式获得权利,④处

---

① 在善意取得场合,善意取得人的利益已经实现,但可能存在利益实现不完全的问题。
② 应注意的是,在善意取得场合,第三人既可以主张善意取得的结果,也可以不主张善意取得,而要求无权处分人承担违约责任。
③ 有学者认为,这其实是赋予第三人根据法律一般规则不能获得的权利,因为行为人不是权利人或没有必要的授权,该行为原本是无效的。参见[法]雅克·盖斯旦、吉勒·古博:《法国民法总论》,陈鹏等译,法律出版社 2004 年版,第 802 页。
④ 在存在权利人的情况下要获得权利,一般情况下只能是继受取得,想通过原始取得必须有特别的法律规定,在无特别法律规定的情况下,应仅有继受取得。

分人必须具有这种权利或者获取处分权利的特别授权。但保护交易安全的法律原则要求必须对受让人提供保护，使其能够即时地、终局地获得权利，于是法律便设计了善意取得制度作为其理论根据。由此可见，善意取得制度所解决的核心问题是在无权处分情况下的权利取得，但却留下一个若大的法律漏洞：无权处分人所交付的标的物的质量瑕疵如何处理？不限于此，当无权处分人迟延交付、加害交付时，取得人如何获得救济？当受让人拒绝支付价金时，无权处分人能否主张？对这些问题，善意取得制度本身并不能提供答案。

善意取得仅仅解决无权处分情况下的物权变动问题，对于无权处分人与受让人之间的其它法律关系则不涉及，而这在法律生活中又非常重要。举例以明之：乙出卖了甲的电脑并交付与丙，丙在受让时合理信赖乙有处分权，根据善意取得制度丙即时取得了电脑的所有权，但事后丙发现电脑的配置低于当初的约定，问丙何以得到救济？无可争议的是，丙在接受电脑交付的同时即取得其所有权，但丙所取得的电脑的质量却不符合原来的约定，这如何处理呢？这其实就涉及到无权处分人与善意取得人之间的法律关系，而善意取得制度本身却不能为此提供答案，我们必须在这一制度之外去寻找。在法学思维方法中，必须坚持制度之间的分野。

本文在前述论证权利表象规则的构成要件时就已经指出，在善意取得场合，无权处分人与善意取得人之间存在一个有效的债权契约，而这一契约是处理双方当事人之间关系的基本准据。史尚宽指出，"善意取得权利，虽为原始取得，然占有人与让与人间之关系，仍发生与继受取得之同一效力。"[①]即原则上适用继受取得的规则，而有效的债权契

---

① 参见史尚宽：《论动产的善意取得》，载郑玉波主编：《民法物权论文选集》（上），台湾五南图书出版公司 1984 年版，第 231—253 页。

约不仅成为继受取得的依据,也为双方相互请求履行提供了基础,大大强化了双方的地位,也对二者提供均等的保护。可耐人寻味的是,在善意取得人完全认可取得效果,因而实现自己的交易目的时,这一契约实际上已经被完全履行且正常终止,而只有在出现违约情事时,这一契约才发挥调整无权处分人与善意第三人之间关系的作用。因此本文在研究表见权利人与善意取得人之间的关系时,偏重于探讨有关违约责任问题,但不以此为限。有效的债权契约为恰当调整双方的关系确立了前提依据。①

当善意取得结果发生但存在诸如质量瑕疵、迟延交付、善意取得者拒绝支付价金等违约情形时,当然适用契约法违约责任规则处理,这是自然而符合法理的结论。这与一般的违约责任无异,无需多言。下面主要论证在善意取得的背景下,因在当事人之外尚存在原权利人及无处分权这些特殊情况所导致的违约责任的独特之处。②

(一) 因一方严重违约,导致另一方解除债权契约时的情形

解除契约的理由通常由法律规定或当事人约定,表现适度的自治与限制的协调,这属于契约法规定的范畴。本文"因一方严重违约"仅是例示的解除原因,并不意味着当事人只能因此而解除债权契约。本文研究的重点是,在债权契约解除后,当事人之间产生如何的权利义务关系。

这一问题的回答,在采不同物权变动模式的立法例中,结论是不同的,下面分述之。

---

① 根据善意取得的结果是否发生,可将当事人间的违约责任划分为不发生善意取得时的违约责任和发生善意取得时的违约责任两种。如无权处分人拒绝交付动产,或者不办理不动产权利变更登记即属于前者,基于主题,本文的讨论仅限于后者。

② 本文所讨论者仅是一些典型情况,并未穷尽善意取得背景下的违约责任的全部类型,这一点应予说明。在分析这些问题时所坚持的一个原则是:将违约责任的基本理论与善意取得中债权契约的特殊性结合起来。

1. 在非物权形式主义立法例下

在这一模式下,物权变动的依据取决于债权契约,在该契约解除时,必然影响到权利变动结果的维持。契约解除的效果是,当事人一做出解除契约的意思表示并到达对方,契约的效力便溯及的消灭。① 对此还有一种观点认为,契约解除的效果是否具有溯及力,应该根据情况具体分析,可能出现效力向后发生的情形。② 本文先以溯及消灭作为论证的基础。通过行使解除权解除契约是一方的权利,无需对方同意。③ 在善意取得中,尽管权利的取得是基于法律的规定,但债权契约并不是可有可无的,其作为基础支撑着善意取得,且决定其取得权利的类型,④如果这一契约遭到否定,善意取得即丧失基础。善意受让人取得权利毕竟是处分人履行债权契约的结果,由此可见,债权契约是权利变动的基本事实根据。如此,在债权契约解除时,善意受让人所获得的权利便因失其基础而溯及地恢复。

此时,如果契约解除时权利仍在善意受让人手中,那在契约解除后,原权利状态即应恢复,无需赘述。有争议的是,如果善意受让人在契约解除前已将该权利进行了处分,那是否应该由第三人返还,抑或应当维持处分的效果?

这里有两种解决思路:一种是在债权契约解除前,善意受让人当然是真正权利人,其将权利进一步予以处分,比如让与、设定担保物权或者代物清偿,他人因继受当然取得权利,不因其主观因素的不同而异,

---

① 郑玉波:《民法债编总论》,中国政法大学出版社2004年版,第324页。
② 参见崔建远主编:《合同法》,法律出版社2002年版,第207—210页。
③ 应注意的是,契约解除还有另一种方式:合意解除,但由于其完全属于以一个新契约替代原契约,基于意思自治的原则,无需法律的特别规定,这与通过行使解除权的方式解除契约的情形不同。参见邱聪智:《新订民法债编通则》(下册),中国人民大学出版社2003年版,第351页。
④ 参见谢在全:《民法物权论》,中国政法大学出版社1999年版,第233页。

在债权契约解除后,这些权利义务关系不受影响;另一种是在债权契约解除后,善意受让人所取得的权利溯及消灭,因而在契约解除前的处分行为就构成无权处分,因而应根据无权处分的规则解决,即在符合善意取得的条件时,适用之,反之,就视真正权利人是否追认及无权处分人是否事后取得处分权而决定其效力。

其实这一问题的本质点在于契约解除是否具有对抗第三人的物权效力。从结果看,契约解除后双方应互负恢复原状的义务,"所谓恢复原状,性质上为不当得利之特殊形态,仅生债的效力,故当事人之间的物权,如于契约解除前业已变动,当事人仅得基于恢复原状请求返还,不得基于物权请求权请求返还。"① 此外,考察契约解除的效果,发现其仅发生债权效力,亦即仅在解除契约的当事人间存在恢复原状问题,故对契约解除之前已经进行的处分行为并无影响,可见,上述两种解决思路中,前者是符合契约解除恢复原状的法理的。

在将契约解除的效力解释为向后发生的情形,上述结论的正当性几乎是不言自明的,兹不赘述。

在契约解除恢复原状问题上,应遵循一般契约解除的规则,如一方受领的交付不能返还时,应赔偿其价额,这在善意取得的场合仍然适用。需讨论者乃恢复原状时无权处分人请求恢复的内容是什么?原权利人能否直接基于物权返还请求权请求返还原物?无权处分人怠于主张恢复原状时,有何等救济办法?无权处分人得以请求的内容跟交易的标的有关。对动产言,无权处分人原本只拥有对其的占有而无所有权,因此它只能请求返还占有,如果办理了登记手续(如设定了动产抵押),并得请求涂销登记。对不动产言,无权处分人得请求受让人变更

---

① 邱聪智:《新订民法债编通则》(下册),中国人民大学出版社 2003 年版,第 360 页。

登记,恢复登记的原有状态,①已经移转占有的,并得请求返还占有。契约解除后,原有的权利义务关系尽皆恢复,善意受让人也丧失了控制标的物的权利,因此原权利人似可直接请求所有物的原物返还。但考虑到契约解除仅在当事人之间发生效力,且在恢复原状过程中,存在着同时履行抗辩权规定的适用,为贯彻对善意取得者的保护原则,本文主张原权利人不得直接请求返还原物,特别是原权利人和无权处分人之间存在物之利用的契约关系而原权利人尚未对之解除时。如果无权处分人怠于行使其恢复原状请求权,原权利人可行使类似债的保全的"代位权",②即由原权利人代无权处分人行使原状恢复请求权。此外,还可将无权处分人所取得的恢复原状请求权作为不当得利,由原权利人请求返还给自己,然后自己再行使该权利,由此来保护自己的利益。

2. 在物权形式主义立法例下

在这一模式下,债权契约仅是物权变动的原因,原因行为解除时,由于物权行为的无因性,原有的权利变动结果并不受影响,③只是由于原因的丧失,取得人应承担不当得利返还义务。④

值得探讨者,是无权处分人抑或是原权利人享有不当得利请求权?按前述的契约解除仅具债的效力的原则,债权契约解除的效力当然应

---

① 但原有权利登记状态在实体法上为虚伪,登记机关能否直接进行更正登记,或者原权利人能否在此时请求登记机关为更正登记?按契约解除的效力相对性理论,仅为无权处分人得请求变更登记,以恢复到为处分行为前的登记状态,登记机关不得径为真实权利的更正登记,原权利人欲恢复真实权利表征,必须通过另案诉讼,在取得更正登记法定依据之后请求登记机关变更,而不得径为请求。

② 当然其要件不同于债的保全中的代位权,因为不存在债权不能实现之危险,因此只能说是类似。

③ 在善意取得情境下,将其取得权利界定为物权行为是不准确的,前已述及,善意取得属于原始取得,在这里只是由于其跟权利变动之间的紧密关系,在非严格的意义上使用物权行为的概念。

④ 参见王泽鉴:《民法物权 2:用益物权·占有》,中国政法大学出版社 2001 年版,第 274 页。

存在于无权处分人和善意受让人之间。因此，只有无权处分人才享有不当得利请求权，而原权利人则无此权利。至于请求返还的范围与前述恢复原状时请求的范围近似，兹不赘述。当然，这之间仍存在差异，比如在原权利已经被处分时，返还不当得利仅以所存利益为限，而恢复原状则应以原有价值予以赔偿，但这些差异不影响两者在基本方面的相同，如前述无权处分人得以请求的内容主要为动产的占有或不动产的变更登记，在不当得利情形应亦可适用。但应注意的是，这种立法例下，在债权契约解除后原状恢复前，原权利人的权利并不能自行恢复，[①]而必须在无权处分人获得物的占有或变更登记之后，其权利才得以恢复，这与非物权形式主义立法例下债权契约一解除，原权利人的权利即行恢复不同，因此前述原权利人的保护措施即难以适用。

不管在哪种立法例下，当债权契约因可归责于一方的原因而解除时，可归责一方应赔偿对方的履行利益损失，这是契约解除的法定效果。这一点在因可归责于无权处分人的原因导致契约解除时固可理解，但由于善意取得者的原因导致契约解除时，[②]无权处分人的利益是否应受到保护？这首先需讨论的是，无权处分人拥有因契约履行而获得的利益是否具有合法性，其次才能讨论它能否请求善意受让人赔偿。本文认为，对前一问题的正确回答，首先应建立这样一种观念，即拥有利益合法与否具有相对性，某种拥有对特定人而言是合法的，而同样的拥有对另一人而言却不具有合法性。比如说，某甲将其房屋出售于乙并为交付，其后某甲又将其卖给丙并办理了房屋所有权变更登记手续。此时乙占有房屋对甲而言是合法的，其基础在于双方之间的买卖契约，

---

① 其理由在于，在这一模式下，债的契约虽经解除，但物权变动的结果却仍在维持。
② 如善意取得者跟对方互易的标的物灭失无法交付，再如善意取得者在交付价金前明确表示不履行自己的义务等，均可导致契约解除。关于契约解除的条件，参见我国合同法第94条。

但对丙而言则构成无权占有,因为丙是所有权人而乙并无占有依据。在此观念基础上,再来考察善意取得情形下无权处分人的利益保护问题。依据善意取得事实,无权处分人因债权契约的履行所能获得的利益,是属于处分他人之物所取得的对价,对于原权利人而言,无权处分人当然无拥有该利益的根据,但对于善意取得者而言,其拥有利益是根据双方之间存在的债权契约,因而是有合法根据的。因此,当因可归责于善意取得者的事由导致契约解除时,无权处分人可以请求善意取得者就履行利益损害进行赔偿。①

契约解除时,还有一个问题值得研究。善意受让者所获得的标的物因特定原因不能返还时,如将动产添附到自己的不动产上,或者标的物自身灭失,此时该标的物所有权归于消灭,尽管由于善意取得人自己的原因导致该标的物不能返还,因此丧失了契约解除权,但无权处分人完全可以解除契约,在此情形下如果善意者原先交付给无权处分人的对价高于市场价值,在恢复原状时双方达成互不返还的协议,原权利人的利益如何保护?原权利人不管依据损害赔偿抑或不当得利,都不能获得超过价金部分的金额,此时学者倾向于准用无因管理的规定进行处理。②

(二) 债权契约因诈欺、胁迫等原因而撤销时③

前已述及,善意取得要求债权契约不得有处分权之外的效力瑕疵,

---

① 至于所获得的该部分利益如何处置,本文主张,在肯认了无处分权契约的效力及否定其道德上的指责之后,无权处分人保有该利益是正当的,当然,如果原权利人主张利益应归属于自己,则应在考察该双方之间法律关系的基础上对其主张的合理性进行判断。

② 参见易军、宁红丽:《合同法分则制度研究》,人民法院出版社 2002 年版,第 97—111 页。

③ 严格说来,这一点不属于违约责任,因为在契约撤销的情况下,违约的前提已不复存在。

因此通常认为,当债权契约因诈欺、胁迫而撤销时,应不发生善意取得。① 但本文认为,在债权契约撤销前,善意取得的结果即已发生,因此严格说来,应该是善意取得因债权契约的撤销而消灭,并非原本就不构成,这与因债权契约本身无效,善意取得自始不能发生的情形不同。

债权契约撤销后,发生的基本效力为债溯及的消灭,在未发生权利被进一步处分的情形下,原有权利应恢复原状,这一点与前述契约解除的情形相当。但应注意的是,这二者之间也存在差异,②从而导致其效果并不完全相同。主要表现为,在采物权行为无因性的立法例下,契约解除仅限于债权契约,对物权契约并无影响,因此会发生前述的不当得利返还请求问题,但在撤销情形,当事人完全可以以同样的理由一并撤销债权契约和物权契约,此时善意受让人所取得的权利便溯及消灭,原权利人的权利自行恢复。当然,当事人也可以仅撤销债权契约而不涉及物权契约,此时则不存在这一差异。

此外,在债权契约撤销后,当事人一方只能主张信赖利益的损害赔偿,③这点与契约解除时的情形不同。应予以讨论的是,在因可归责于善意取得者一方的原因而导致债权契约被撤销的情形,④无权处分人的信赖利益损害是否应得到赔偿? 对此也应予以肯定。尽管其在为债权契约时无处分权,但如前所述,债权契约并不因无处分权而影响其效力,无处分权并不能成为对其利益予以漠视的理由。从另一角度观察,信赖利益的赔偿,目的在于促使交易行为人在交易中谨慎从事,以维护交易秩序,善意取得者在交易中未尽到这一义务,对对方进行赔偿是有

---

① 参见佟柔主编:《中国民法》,法律出版社1990年版,第245页。
② 关于契约撤销与解除的比较,参见邱聪智:《新订民法债编通则》(下册),中国人民大学出版社2003年版,第353页。
③ 参见德国民法典第122条。
④ 比如善意取得者陷于错误、重大误解,或者对无权处分人予以诈欺、胁迫等,导致债权契约被撤销。

理由的。

特别应注意者,债权契约的撤销具有物权效力,可以对抗契约之外的第三人。① 由于撤销原因的不同,得以对抗第三人的范围也有所不同,②因此在撤销之前,如果善意取得者已将所获得的权利进行了处分,那撤销是否会影响到受让人的利益,就取决于撤销的原因和第三人的主观善意与否,这跟一般意思表示的撤销相同,兹不赘述。在前文论述债权契约解除时涉及到同样问题时本文所提出的两种解决思路中,解除时本文倾向于适用第一种办法,而在撤销时,第二种办法可能是唯一的选择,此外,还须考虑对抗的第三人的范围以作定夺。这一点对于他人利益的保护尤为重要,涉及到他人能否保有交易所得的利益及其孳息的归属等等。

### (三) 因交付的动产质量不合格,返还给无权处分人修理,从而使无权处分人又取得标的物的占有时

对这一情形,相关研究不多。现有资料多集中在研究回首取得,即在无权处分人以取得所有权为目的,重新取得标的物的占有时的权利义务关系。对此尽管有不同的观点,③但占主导地位的观点是,衡诸善意取得制度促进交易安全之本旨,无权处分人实无保护的必要,故在受让人以返还所有权为目的将标的物的占有返还给无权处分人时,原来所有权的状态即行恢复。④ 但在无权处分人因交付的标的物存有质量

---

① 参见[日]山本敬三:《民法讲义1:总则》,解亘译,北京大学出版社2004年版,第160—167页。

② 如台湾地区民法认为,因受胁迫而撤销,得以对抗善意第三人,但如因被诈欺而撤销的,则不能对抗善意第三人。参见黄立:《民法总则》,中国政法大学出版社2002年版,第314—322页。

③ 参见史尚宽:《物权法论》,中国政法大学出版社2000年版,第566页。

④ 参见王泽鉴:《民法物权2:用益物权·占有》,中国政法大学出版社2001年版,第272页;谢在全:《民法物权论》,中国政法大学出版社1999年版,第232页。

瑕疵,承担修理责任而获得物的占有时,会发生何等法律关系?此种情形是否如在回首取得时一样,原有的权利状态径予恢复?在回首取得时,肯定原有权利状态全部恢复的基本理由是,善意受让人的利益未受到任何损害。因为无权处分人获得物的占有,是基于善意受让人移转其所取得的权利的意思,在这一移转完成后,权利归属于无权处分人抑或原权利人,对善意受让人的利益不造成任何影响,而在无权处分人与原权利人之间进行利益衡量时,肯定应保护原权利人的利益,于是有了上述结论。但在无权处分人因修理而占有标的物的情形,善意受让人交易的目的并未实现,让与人的修理,其实是在继续履行自己的承诺,是受让人利益实现的必要手段。在这种情境下,如果标的物的权利恢复于原权利人,则善意取得制度之保护善意受让人的宗旨即难实现。此外,从权利变动情况看,在受让人获得标的物的占有时,其已取得相应的权利,在将标的物交给无权处分人修理时,当事人之间并无权利变动的意思,因此应不发生权利的移转。

此处还存在的一个问题是,若原权利人并不知悉发生过善意取得的事实,而对无权处分人的占有延续保持信赖,在其向无权处分人主张权利时,这种信赖是否值得保护?其实在这种情形下,原权利人对无权处分人占有延续的信赖并不具有特别的意义。他已经造成了权利的表象且因此而发生了权利的变更,自应承受不利后果。根据权利表象规则,对外观信赖的保护需要严格的条件,而这些条件在此情形下均不具备。

这种情形可与占有改定进行比较。占有改定不构成善意取得,即原权利人对无权处分人占有的信赖受到了保护,为何在返还修理情形下对原权利人不予保护呢?这其间的差别主要表现在:首先,在占有改定场合,无权处分人的占有是延续的,而在返还修理的场合,其占有则是在中断之后的恢复,这一不同甚明。其次,在返还修理的场合,善意受让人已经与该物建立了生活的联系,或许这种联系非常松散,但相较于占有改定场合受让人对物使用的极弱需求,这一联系仍然是需要特别保护的。最后,两种场合,原权利人对占有延续之信赖的合理性存在差异,在占有改定场合,占有本来是延续的,而在返还修理的场合,占有其实是中断过的,只是原权利人误认为是延续的,显然,对前者的信赖更具有合理性。

应与此区别者,善意受让人因对方交付的标的物的质量瑕疵而要求更换,将原标的物退还给无权处分人时,因受让人已经放弃了对该物的权利,该物上的原有权利状态即应恢复。

### (四) 无权处分人部分交付标的物时①

第一,无权处分人已完成了对主物的交付,在从物交付前,原权利人发现了无权处分的事实并主张权利,当事人间的权利义务关系如何?② 这一问题的关节点在于从物的权利是否移转于善意受让人,若然,则跟一般的善意取得无异。从物在法律上是独立的,可以单独进行所有权让与,这与物的成分不同。但法律也考虑到,从物处于主物的经济关联中,同主物处于同一特定空间关系之中,并具有服务主物的功能,因此在有疑问时,应使从物同其主物的法律命运。③ 在善意取得场合,既已实现了主物的交付,则主物的权利已发生了移转,在此情形下,根据主从物的一般变动规则,本文认为从物的所有权也已发生了变动,尽管其尚未交付,除非交易当时双方就从物的交易达成特别协议。④ 由此,当从物在无权处分人手中,甚至原权利人从无权处分人处取回而

---

① 为了论证方便,在这一部分将善意取得的标的仅限于动产。
② 当然这一问题存在的前提是双方达成的交易包括从物在内,如果仅是主物的交易,问题则不存在。
③ 参见[德]鲍尔、施蒂尔纳:《德国物权法》(上册),张双根译,法律出版社2004年版,第28—29页。
④ 让与主物的契约,其效力自然及于从物,当主物的权利发生变动时,从物的权利亦随之变动,无需对从物进行法律规定的交付手续,这主要是为了维护物的效用的发挥。参见黄立:《民法总则》,中国政法大学出版社2002年版,第177—179页。

占有时,善意取得人均可基于物权请求其返还。从契约义务角度言,如果无权处分人拒绝交付从物,则构成违约,纵使因原权利人的原因导致不能交付,无权处分人也应承担契约不履行的违约责任,因为这也属于债务人应负责的范围。

当然,如果仅完成从物的交付,而主物的交付受到原权利人的阻碍时,视为未交付。

第二,无权处分人已完成物的部分的交付,尚未完全交付时,原权利人发现并主张权利时当事人间的法律关系如何?这与前述从物的不同之处是未交付的部分为物的成分。在实际生活中,具体的物与物之间或近或远、或紧或松的关系"构成了对交易来说具有决定意义的功能整体性规则,即所有权人所希望的对物的整体性使用,而取得人对物的取得,恰也是基于其整体性功能。"①整体性功能的发挥是交易人所追求的基本目的,当善意受让人仅获得物的部分的占有时,不管其为重要成分抑或一般成分,其所追求的交易目的均未实现。从交易的过程观察,物的成分的交付应视为交付过程尚未完成,故不符合善意取得的构成要件。此时,因原权利人主张权利使得善意取得已不可能完成,只能向无权处分人主张违约责任。

有讨论价值者,上述原则有无例外?如果未交付的部分为物的一般成分,其对物的整体功能的发挥基本不发生影响,或者影响很小,亦即已交付部分已具有了使用功能,而善意取得者又主张获得该部分的所有权时,该如何处理?本文认为,对此从不同的视角可以得出完全不同的结论。从保护善意者的视角观察,既然已交付部分具有使用功能且其也主张善意取得,应该肯认善意者对该部分取得所有权,甚至从维

---

① [德]鲍尔、施蒂尔纳:《德国物权法》(上册),张双根译,法律出版社 2004 年版,第 24 页。

护物的效用发挥的角度考虑,还应肯认善意者对未交付部分也享有所有权,①这样就等于准用主物与从物的规则来处理物的成分问题。但从原权利人保护的角度观察,这一交付过程毕竟尚未完成,此时原权利人对其权利主张应该得到保护。由此,这一问题就转化为双方利益衡量的问题。本文倾向于保护善意取得者的利益。因为这种情况与前述主物与从物的情形非常类似,对无权处分人无特别的保护理由,因此应该维护善意取得的制度价值。但应强调的是,这只能是一种例外。

### (五) 善意受让人能否拒绝善意取得权利,而主张无权处分人承担权利瑕疵担保责任②

对这一问题,学界有较大的争议。比较占主流的观点是,善意受让人不得拒绝善意取得而主张权利瑕疵担保责任,③其基本理由为,善意取得为依法而生的效果,只要充分其构成要件,善意受让人即时取得系争的权利,由于善意取得为原始取得,因此善意受让人所取得者为不具有任何瑕疵的完整的权利,由此可推出无权处分人已尽到了其应履行的义务,故而不构成权利瑕疵。因此受让人不得抛弃善意取得而主张权利瑕疵担保。④ 这一推理的逻辑结构是从行为的结果去判定行为的性质,既然善意受让人已经取得其所欲的权利,当然让与人不承担权利瑕疵担保责任,其实这种思考方式是值得进一步深究的。从行为本身

---

① 承认对该部分享有所有权,不违背物的成分的规则,物的一般成分可以成为独立权利的客体。参见[德]鲍尔、施蒂尔纳:《德国物权法》(上册),张双根译,法律出版社2004年版,第27页。

② 应当说明的是,这点并不是研究违约责任的具体形态和内容,而是讨论无权处分人承担违约责任的前提问题。

③ 参见王泽鉴:《民法物权2:用益物权·占有》,中国政法大学出版社2001年版,第273页;黄立主编:《民法债编各论》,中国政法大学出版社2003年版,第27页。

④ 参见黄茂荣:《买卖法》,中国政法大学出版社2002年版,第192页。

来考察,无权处分人是欠缺处分权的,受让人获得权利,并不是因处分人具有权利,而是法律强制规定的结果。因此无权处分人的行为本身是违反了权利瑕疵担保义务的。值得研究的是,这种违反是否因受让人获得完整的权利而得到补救?这涉及对权利瑕疵担保责任的理解,如果将其理解为让与人担保第三人就交易对象对于受让人不得主张任何权利,①那在善意取得情形下,不存在权利瑕疵担保问题,但如果将其理解为让与人担保自己对交易对象享有处分权,②那在善意取得场合,让与人仍然违反了权利瑕疵担保义务,只是由于别的原因未实际造成受让人损害而不承担责任而已。

这仅是问题的一个方面,即在构成善意取得的前提下讨论问题,那接下来需要研究的是,善意取得者能否否定善意取得的效力,如果答案是肯定的,那在否定善意取得的效果后,要求无权处分人承担权利瑕疵担保责任,便不存在任何障碍。

善意取得者能否否定善意取得的效果呢?在正常情况下,其已实现了交易目的,从维护交易秩序的角度出发,应不允许其任意否定其效果。但从另一角度考虑,善意取得制度本身是为了保护善意受让人的利益而设的,不得为善意受让人增加任何负担。如果单纯从交易双方的关系来看,受让人是实现了其交易目的,但考虑到原权利人的存在,善意受让人很容易卷入无权处分人与原权利人之间的讼争,③使其自身宁静的生活受到干扰,尽管在法律上善意受让人并无义务予以配合,但在生活层面必然要面对原权利人的查询、质疑,必要时还需证明自己获得权利的根据,这和其本身就是从权利人手中获得权利相较,自然增加了生活负担。特别是如果自身与原权利人有特别关系时,会陷入一

---

① 参见黄立主编:《民法债编各论》,中国政法大学出版社 2003 年版,第 26 页。
② 参见黄茂荣:《买卖法》,中国政法大学出版社 2002 年版,第 172 页。
③ 参见黄茂荣:《买卖法》,中国政法大学出版社 2002 年版,第 192 页。

个尴尬的境地。受让人在伦理或经济方面均可能遭受不利，因此应该肯认在如果主张善意取得反而使取得人陷于更大的不利益时，善意受让人能够抛弃善意取得。

还可以就这一问题与表见代理的情形予以比较。众所周知，表见代理与善意取得的理论基础均为权利表象规则，在表见代理场合，因本人的行为使他人拥有了有代理权的表象，第三人基于对这一权利表象的信赖而与他人发生法律行为，则本人应负授权人的责任。[①] 就其法律效果言，本文后文将要论到，第三人除主张表见代理的成立，因而要求本人承担授权人的责任之外，还可以不主张成立表见代理，而选择以无权代理为理由，要求"代理人"承担责任。这里存在的一个价值冲突在于，表见代理与善意取得均为为保护他人对权利表象的信赖而设计的制度，二者的理论基础、理念及目的近乎一致，依据"同者相同，异者相异"的原则，应该作同一之处理，为何表见代理场合允许由相对人自主选择是否主张表见代理，而善意取得却不允许取得人否定善意取得呢，这之间的利益衡量如何把握？或认为，表见代理与善意取得毕竟不同，善意取得仅是一次性取得权利，而在表见代理场合，却要求本人在以后可能长期履行并非由于自己的本意而成立的契约，这容易导致冲突，因此应由相对人自主决定。但这一理由并不具有相当的说服力，一方面是因为善意取得尽管是瞬时完成，但权利的实现完全可能需要较长时间且需原权利人的配合（如善意取得的抵押权），而表见代理的效果完全可能是一次完成的（如代理本人出卖本人之动产），另一方面是因为即使有如上的区别甚或有其它的不同，都不影响二者在本质上及基本原理上的相似。

综上所述，本文主张，应该肯认善意取得人是否主张善意取得的自

---

[①] 参见郑玉波：《民法债编总论》，中国政法大学出版社 2004 年版，第 67—69 页。

主决定权,在善意取得对其自身不利时,完全可以不主张善意取得而主张权利瑕疵担保责任。不过应注意者,为了使法律关系早日确定,法律应当为第三人不主张善意取得的结果设定时限,以防止第三人实施机会主义行动。此外,当其所获标的物已灭失或遭受损害而不能恢复原状时,为了平衡当事人之间的利益,应不允许第三人否定善意取得的结果。

### 二、表见代理场合

首先应肯定的是,在表见代理人与第三人之间不存在债的关系,这可以从当事人行为时的心理状态及其行为方式得到确认,第三人交易时所设想的对方为本人而非表见代理人,从其行为方式看,表见代理人所为的代理行为也是以本人的名义进行的。因此,不能适用债的规则来调整这二者之间的关系,这就必须在债的关系之外寻找根据。无可否认,代理权表象的形成与本人有关,但多数情形下乃表见代理人所明知。对第三人而言,表见代理人应当担保自己享有代理权,如违反之且造成第三人损害的,应当承担损害赔偿责任,这属于一种法定担保责任。[①] 不过对此并非不存在争论,学者在探讨无权代理人应承担损害赔偿责任的根据时有很多观点,诸如契约责任说、默示的担保契约说、侵权行为说及无过失责任说等等。[②] 本文将其界定为法定担保责任,主要理由有:二者之间并不存在契约(这一点就本质性地否定了契约责任说和默示的担保契约说),无权代理人的责任并非以过失为必要(这一点与侵权责任不符),更为甚者,无权代理人原本应当担保自己享有代理权,这一点类似于买卖契约中卖方所应负担的权利瑕疵担保责任,虽然二者并不相同,这是诚信原则的基本要求。正是由于表见代理

---

[①] 参见邱聪智:《新订民法债编通则》(上),中国人民大学出版社2003年版,第53页。
[②] 参见郑玉波:《民法总则》,中国政法大学出版社2003年版,第436页。

人违反了其担保义务,二者之间才会发生特定的法律关系,就其要者,乃表见代理人对第三人承担损害赔偿责任。至于损害赔偿的范围,留待后述。

### (一) 第三人能否不主张表见代理的效果,而要求表见代理人承担无权代理责任?

在前文论证本人与善意第三人的关系问题时,本文基于表见代理的无权代理性质,主张善意第三人可享有撤回权。第三人通过行使撤回权而否定该表见代理行为的效力,转而向表见代理人追究无权代理的责任,这是完全符合法理的。下面需要研究的是,在善意第三人不行使撤回权的情形下,能否不主张表见代理的效力而向表见代理人要求承担无权代理责任?这一点在本人事实上难以履行相应义务时对相对人具有重大实益。王泽鉴认为,表见代理的结果即在于使本人承担授权人的责任,其法律效果同于有权代理,其代理行为的效力直接及于本人,交易目的既已达成,衡诸代理制度的规范功能及当事人的利益,似无许相对人得向无权代理人请求损害赔偿之必要。[①] 但同时王泽鉴又指出,在表见代理场合,"第三人是否基于表见之事实,主张本人应负授权人责任,应由其决定;若第三人不为此项主张,法院不得径将法律上之效果,归属于第三人。易言之,即表见代理的本质为无权代理,须由第三人主张表见代理之事实且对此事实负举证之责,法院不得依职权认定之。"[②] 从上引论证可以看出,王泽鉴在这一问题上,似乎陷入了自相矛盾之中。

对这一问题,本文持肯定说。这一观点建立的依据在于:赋予善意第三人这一自由,可以极大地保护其利益,而与之相对应,善意第三人

---

① 参见王泽鉴:《债法原理》(第一册),中国政法大学出版社 2001 年版,第 315—316 页。

② 王泽鉴:《债法原理》(第一册),中国政法大学出版社 2001 年版,第 321 页。

的这一自由,却对本人并未造成任何损害,本人完全可以通过承认权的行使使表见代理行为确定地发生效力。从另一角度看,本人原本并未对表见代理的行为有所期待,相对人不主张表见代理的效果,并不与本人的原有意思相冲突。至于让表见代理人承担信赖利益损害赔偿责任,这一点更为清楚,表见代理人并未获得授权,原本属于无权代理,让其承担责任是法律规则的必然要求。本文将重点论证在赋予善意第三人这一自由后其将获得何等利益。

在前文论证善意第三人的撤回权时,本文指出,直接确认该表见代理行为有效,可能会不利于善意第三人,这其实是从一个角度说明了由善意第三人决定该行为效力的重要意义,前文主要是从本人履约的态度这一角度论证的,除此之外,还有如下重要利益的实现,需保护善意第三人的自由。

1. 善意第三人在向本人主张表见代理的效果时,必须承担严格的举证责任来证明表见代理的要件完全具备。表见代理的构成要件十分复杂,要举证证明有时确非易事,特别是关于本人可归责性的证明就非常困难。因此在向本人主张表见代理的结果时,善意第三人便冒着很大的风险;与之相反,要举证证明表见代理人无权代理,就相对容易得多,因为根据举证责任分配规则,表见代理人应当对自己享有代理权负证明责任。当相对人向本人主张代理的结果而遭到本人拒绝时,这一拒绝本身就足以证明代理人的代理权存有问题,除非表见代理人能够证明代理权的存在,否则其无代理权就是十分确定的。① 由此可见,允许相对人不主张表见代理的效果而要求表见代理人承担信赖利益损害赔偿责任,有利于减轻相对人的证明责任,从而减少败诉的风险。正如

---

① 其实,代理人是否享有代理权的证明责任,应当由代理人自己承担,因为第三人主张无权代理效果时,"无代理权"本属一消极事实,第三人无法举证,只能由代理人反证之。这是举证责任分配的一般原则。

拉伦茨所言，如果承认只要存在表见代理的情形，就不存在代理人的无权代理责任，会对善意第三人造成极大的不利，因为如果相对人"依据代理权表象"事实上能够向本人行使请求权，那么便没有必要追究代理人的责任，但是，由此会给相对人带来一个非常困难的局面。他常常很难去判断表见代理权的前提条件是否具备，如果他先指控被代理人，而他又不能证明基于代理权表象所产生的委托代理权的前提存在，那么他有被驳回的风险。如果他先指控代理人，他也冒有被驳回的风险。因为代理人在诉讼中要努力去说明存在表见代理权，因而他不承担责任。正因为这种困难的结果，因此拉伦茨认为，在这种情况下允许交易对方当事人自己选择或是基于存在代理权表象而向被代理人主张表见代理的结果，或是基于德国民法典第179条规定而向代理人行使请求权，是一种非常有理的主张。①

2.赋予相对人不主张表见代理的结果而主张无权代理责任，有利于相对人及时从与被代理人之间的法律关系中解脱出来，及时订立新的契约以防止机会的丧失而扩大损失。这一点与被代理人的履约态度有关，但又有其独立性。相对人可能与被代理人之间存在特别的关系，如二者曾有情感纠葛，当相对人得知代理人并未经过授权时，可能基于该特定的关系而不愿与被代理人继续法律关系，原先所存在的行为是以相对人误认为经过授权为条件的，特别是如果相对人之所以同意该表见代理行为是由于考虑了被代理人的特殊主观因素时就更加明显。此外也可能存在这样的情形：相对人性格高傲，不愿意强制本人承认表见代理行为，如此等等，相对人就需要及时从与本人的关系中解脱以寻求新的关系。

---

① 参见[德]卡尔·拉伦茨:《德国民法通论》(下册)，王晓晔等译，法律出版社2003年版，第894—895页。

3. 在本人的履约能力存有问题时,赋予相对人不主张表见代理的自由,具有重大实益。就其实质而言,关于本人的履约能力问题,原本属于相对人应当负担的交易风险,是其在进入该法律关系之前应当予以了解并认真对待的,如果出现料事失误,只能由相对人自己承担责任,无以将这种风险转嫁给第三人。但在表见代理的场合,由于其原本就具有的无权代理属性,就赋予了相对人不主张表见代理而要求代理人承担无权代理责任的自由,这一点对相对人也是非常有利的。

（二）表见代理人承担损害赔偿的范围

表见代理人承担损害赔偿责任的范围是一重大问题,值得关注。无权代理人的责任,主要表现为对善意第三人承担信赖利益损害赔偿,这是其违反担保义务从而导致代理行为无效的必然结论。但其是否仅限于信赖利益损害赔偿并非不存在争论。台湾民法第110条规定:"无代理权人,以他人之代理人名义所为之法律行为,对于善意之相对人,负损害赔偿之责。"仅仅规定为"损害赔偿",至其赔偿范围,郑玉波认为,"不独信任利益,即履行利益,亦应赔偿,但信任利益之请求,不得大于履行之利益,是又不待言也。"①史尚宽的观点与此完全相同。② 可见,在特别的情境下,表见代理人亦应承担履行利益损害赔偿。这就必须寻找划分的依据,通常情况下是由表见代理人对无代理权是否知情的内心状态决定的。无权代理的事实尽管在多数情形为无权代理人所明知,但不排除在特定情形下为其所不自知的情况,例如授予代理权者原系精神病人,本无行为能力而妄以授权书给与代理人,而代理人不知其为无行为能力,假设相对人对此亦不知情,此时一方面构成表见代理,另一方面表见代理人对自己无代理权并不知情。在此情形下,表见

---

① 郑玉波:《民法总则》,中国政法大学出版社2003年版,第437页。
② 史尚宽认为,"在我民法则不独信任的利益,即履行的利益,亦应赔偿。"史尚宽:《民法总论》,中国政法大学出版社2000年版,第560页。

代理人所承担的赔偿责任与其明知自己无代理权的情形应当存在差异。诚如梅仲协在论证台湾民法第 110 条关于无权代理人的责任时指出的，"惟无权代理的原因，有时为无权代理人所明知者，有时为其所不自知者。该条仅规定损害赔偿责任之负担，而于无权代理之原因，不加区别，于无权代理人之责任，亦不分轻重，似嫌率略。"①

对此德国民法典提供了有益借鉴，②首先是确认了相对人对无权代理人承担责任享有选择权，既可要其承担履行责任，也可要其承担损害赔偿责任。就赔偿而言，根据无权代理人对其无代理权是否明知而规定了不同的责任，详言之，无权代理人的责任主要有两种类型：③

1. 承担履行责任

以本人代理人的身份，明知自己无代理权而为代理行为，与他人订立契约，又不能证明其代理权确已取得，其契约又经本人拒绝承认者，相对人得请求该无权代理人履行该契约，或请求赔偿契约不履行所受之损害。即在代理人明知自己无代理权而仍以他人代理人的名义为代理行为时，相对人可直接请求其履行义务，在其不履行时承担履行利益损害赔偿。这一点重在强调实现相对人的交易目的。因为代理人属故意所为，因此对其加重责任是可以理解的。

---

① 梅仲协：《民法要义》，中国政法大学出版社 1998 年版，第 143 页。

② 德国民法第 179 条第 1、2 项对此有明文规定："(1)作为代理人订立合同的人，以其不证明其代理权为限，在被代理人拒绝承认合同时，依另一方的选择对另一方负有履行或损害赔偿的义务。(2)代理人不知无代理权的，只对另一方因信赖代理权而遭受的损害负有赔偿的义务，但不超过另一方在合同有效时所具有的利益的数额。"拉伦茨认为该条规定系属无权代理人的法定担保义务，其宗旨在于保护交易安全及相对人的信赖。参见[德]卡尔·拉伦茨：《德国法上损害赔偿之归责原则》，王泽鉴译，载《民法学说与判例研究》（第五册），中国政法大学出版社 1998 年版。与此非常相似，日本民法典第 117 条规定，"(一)作为他人代理人缔结契约者，如不能证明其代理权，且得不到本人追认时，应依相对人的选择，或履行契约，或负损害赔偿责任。(二)前款规定，不适用于相对人已知或因过失而不知无代理权情形或者作为代理人缔结契约者无其能力情形。"

③ 梅仲协：《民法要义》，中国政法大学出版社 1998 年版，第 143—144 页。

## 2. 承担信赖利益损害赔偿

在代理人不知其代理权的欠缺而为代理行为者,对于相对人仅就因信任其为有权代理而受的损害负赔偿责任,且相对人所请求的赔偿额,不得超过其在契约有效时所得利益的数额。此即为一般规则所说的信赖利益损害赔偿责任。

上述两点,尽管是从一般意义上论证无权代理人的责任,但对于表见代理人完全适用,而且由于在表见代理场合相对人总处于善意状态,因此要求表见代理人承担履行责任更有依据。就损害赔偿而言,可以对比瑞士债法的规定,该法典第 39 条规定,"名义上的委托人明示或者暗示地拒绝追认的,以代理人名义行为的人应当承担因合同不能成立而造成的一切损失,但其能够证明合同的另一方当事人知道或者应当知道其未经授权的除外。代理人有重大过失的,法院依照公平原则可以要求其承担其他损害赔偿责任。"可见,瑞士债务法区别无权代理人有无过失及其程度确定赔偿责任,无过失者仅就信赖利益损害负赔偿责任,如有过失,法官基于利益衡量,可以令其承担其他损害的赔偿责任。①

将表见代理人的责任根据其对自己无代理权是否知情分为两种类型,有利于促进相对人交易目的的实现,同时也会使表见代理人的责任与其心理相关联,体现主观归责的基本原则。但应当指出的是,令表见代理人承担履行责任,并非意味着表见代理人与第三人之间的法律行为被认为有效,②而是指其结果是根据权利表象规则直接获得。权利表象规则并不是纯粹简单地以表见状态代替真实状态。"它确认第三人本身的权利,从而保护他们的利益。当这些权利并没有因真相大白

---

① 参见史尚宽:《民法总论》,中国政法大学出版社 2000 年版,第 560 页。
② 应当注意这里所谓"行为"与前述"债权契约"的区分,这里是就整体行为或处分行为而言。

而有被取消的危险时,没有理由使幻象优于法律真实。既然第三人获得的权利可以对抗所有权人,既然真正的财产所有人负有义务,那么就没有必要用表见权利人的义务代替他的义务。"① 由此可见,将表见权利视为真实,并非自由任意,而必须在"动态安全"的要求范围之内。表见本身不能成为权利状态,它仅为第三人获得权利提供基础,正是为了保护交易安全的需要而且也只能在此范围内,才可以违背法律的一般原则。

### (三) 在第三人主张损害赔偿时,表见代理人能否以实际履行来替代?

当第三人不主张表见代理的后果,而向表见代理人主张损害赔偿责任,表见代理人能否以实际履行来替代?这一点对表见代理人具有实益,特别是当出现契约所约定的标的物价格在履行时下降,而作为买方的第三人不主张实际履行而要求表见代理人承担信赖利益损害赔偿责任这样的情形时,对表见代理人利益影响甚巨。本文对此持肯定态度,但首先应指出的是,表见代理人能否实际履行首先取决于契约债务的性质,如果属于专属性、人身性债务,其履行质量与债务人本身特有的技术、品行有关,无法替代履行自不待言,下面主要论述一般性债务,即债务履行质量并不与债务人有紧密联系。这类债务可由表见代理人实际履行,主要理由是:

1. 表见代理人实际履行,并不损害第三人的权益

表见代理制度中,不管是由本人抑或由代理人实际履行,都会使第三人实现其交易目的。第三人进行法律行为的目的在于追求一定结果的发生,由于该债务不具有专属性,因此由表见代理人履行并不影响第

---

① [法]雅克·盖斯旦、吉勒·古博:《法国民法总论》,陈鹏等译,法律出版社 2004 年版,第 807 页。

三人实现交易目的。正如史尚宽所言,"如无权代理人向相对人为履行,则相对人的损害赔偿请求权,因目的之达到而消灭,盖相对人由无权代理人受契约之履行,与于有权代理成立时由本人受履行,享受同一之利益也。"① 当第三人主张表见代理人承担损害赔偿责任时,其所设想的交易相对人已不再是被代理人,故而也不存在预期落空问题。同时当代理人已实际履行时,也不存在由于代理人的履约能力比本人差而导致第三人的交易风险增加问题,更退一步,即使表见代理人无法实际履行,第三人可转而向其主张损害赔偿责任,这相比较直接主张损害赔偿而言,并不对第三人造成损失。

2. 可以防止第三人获得比实际履行更大的利益

债法上承担损害赔偿责任的一个基本原则是,请求权人所获的赔偿额不得超过契约正常履行时其所得的利益,这一点本属自明。在表见代理场合,如果不允许表见代理人实际履行,就可能违反这一原则。如果交易标的物价格在契约履行时下降,即作为买方的第三人对交易对象的价值评价出现差错,这原本就是一个亏本的交易,契约得以履行,第三人就会遭受损失,如果其在缔结契约时又支付了大量的费用,如此若第三人向表见代理人主张信赖利益损害赔偿而不允许后者以实际履行来对抗,就会使第三人获得超过契约正常履行时所得的利益,这相当于将第三人的交易风险转嫁给表见代理人,而这恰恰是法律秩序所不允许的。

3. 允许表见代理人实际履行,给与其选择的自由符合法的价值追求

允许表见代理人实际履行,其实是给予其一定程度的自由——在前述所指出的情形下,从经济理性角度看,意味着表见代理人可以不承

---

① 史尚宽:《民法总论》,中国政法大学出版社 2000 年版,第 561 页。

担责任,因为表见代理人的实际履行意味着第三人遭受更大损失。这种自由也不对第三人造成影响,因此表见代理人的这一自由应当得到法律的确认与保护。私法的基本原则是在不影响他人的前提下尽量给民事主体以自由,这种自由是私法所鼓励和提倡的,是发展人的个性、促进实现人的价值所必要的,也是私法的价值追求之所在。同时第三人保护原则是为了交易安全而不得已的选择,并不会因保护第三人而使其获得特别利益,从而过分限制相对人的自由。给表见代理人以选择权并非是对其行为予以鼓励或褒奖,而是试图通过发挥私主体自身的主动性而实现资源的最佳配置。

## 第三节 真实权利人与表见权利人之间

真实权利人与表见权利人之间的法律关系,因具体情形的不同而异,特别是与善意第三人是否主张适用权利表象规则的结果有关,本文分类论证。

### 一、第三人主张权利表象规则适用的场合

当善意第三人主张权利表象规则的结果时,真实权利人必须承担如同表见权利为真实时的权利义务关系,此时,真实权利人的权利消灭,或者自己负担原本不愿承担的履行责任,法律就必须设计相应的制度,使得真实权利人的利益可以通过一定的手段得到保护,这一手段主要体现为真实权利人对表见权利人的有关救济性请求权。

(一) 善意取得场合

在此场合,当取得人主张善意取得结果,真实权利人的权利就会无对价地消灭或被设定负担。所谓无对价,是指真实权利人不得向善意取得人主张权利变动的对价。那真实权利人的损失是否应当由自己承

担？答案显然是否定的,因为在善意取得场合,真实权利人的可归责性主要体现为造成他人享有权利的表象,但这一点不足以导致其权利的消灭或被设定负担。私法的基本规则在于权利的得丧变更必须有其坚实的基础且必须获得相应的对价。在此场合,真实权利人的损失只能要求表见权利人——即无权处分人——进行赔偿。

1. 无权处分人承担侵权损害赔偿责任

当无权处分人明知自己无处分权或因过失不知自己无处分权,却实施了处分行为造成第三人取得权利,由此导致了真实权利人权利的丧失或被设定负担,真实权利人的损失是确定的,而无权处分人主观上具有故意或过失,同时也符合因果关系要件及侵权行为要件,因此,无权处分人构成侵权行为,应该对因此给真实权利人所造成的损失承担损害赔偿责任。我国《最高人民法院关于适用〈中华人民共和国担保法〉若干问题的解释》第84条规定,"出质人以其不具有所有权但合法占有的动产出质的,不知出质人无处分权的质权人行使质权后,因此给动产所有人造成损失的,由出质人承担赔偿责任。"这一规定,既确认了质权的善意取得,同时规定因无权处分人的行为造成所有权人损失的,应当承担赔偿责任。但遗憾之处在于并未指明损害赔偿的责任基础究为侵权抑或违约,从字面观之,似为侵权责任。

不过应注意的是,并非在善意取得场合,无权处分人的行为均构成侵权责任,因为其构成必须具备严格的要件,而行为人主观上具有过失是其基本条件,而在无权处分场合,无权处分人有时在主观上并无过失,[①]此时当不构成侵权责任。

---

① 如无权处分人的父亲借用他人之动产,在归还之前死亡,其子作为继承人继承了父亲的全部遗产,包括他人的动产,该子对借用之事毫不知情,在继承之后,该子将该他人的动产予以处分。此时,其主观上不存在过失,因为根据客观情况他确实不可能判断出是属他人之物,尤其如果该子与父亲不在一起生活的情形结论就更加肯定。

## 2. 无权处分人承担违约责任

若真实权利人与无权处分人原先存在债的关系,而无权处分人违反债的规定,擅自处分他人之物,导致他人权利消灭或其上增加负担,此时即应承担违约责任。这一点无须多论。

当然,如果无权处分人的行为既构成侵权,又构成违约,则可出现责任的竞合,而由真实权利人选择主张之。

## 3. 真实权利人享有不当得利请求权

除了上述法律关系之外,原权利人和无权处分人之间还可能存在不当得利法律关系。这主要表现在,无权处分人擅自处分他人之物并获得对价,造成原权利人的损失,而这缺乏法律依据,且一方之得利与另一方的受损之间存在因果关系,因此,无权处分人不得保有所获得的利益,应当将该利益返还给原权利人。在此应强调的是,不当得利所返还的范围,跟处分人的心态有关,这一点与不当得利的一般返还规则相同。

在此存在的一个问题是,不当得利的返还受到一个限制,即返还的数额不得超过受损人所受到的损失。此时就会出现这样一个问题,如果无权处分人因处分他人之物所获得的利益超过原权利人的损失,超过部分如何处理?本文主张,对此部分应类推适用无因管理的规定,由原权利人主张将管理的利益返还给自己,但其应当承担无权处分人因此支出的必要费用。采用这种方式,一方面可适当调整当事人之间的权利义务关系:防止无权处分人因自己的不法行为获得利益,但其对因此支出的必要费用应有权得到补偿;另一方面不违背不当得利的规则。此时需考究的是原权利人获得多余利益的根据何在?这一点只能从拟制无权处分人的意思来得到解释:无权处分人实施处分行为,就是为了原权利人的利益,因此由原权利人获得利益是正当的。这也正是本文主张类推适用无因管理规则的理由。①

本文不主张将多余部分由国库收回的规则,由于一方面这样的规定经常落空,另一方面,这本属于当事人之间的私事,完全可以适用私法规则解决,不需要进行公法干预。

4. 形成无因管理

如果无权处分人处分他人财产确实具有管理他人事务的意思,且为本人计算,则构成适法无因管理,本人可享有管理的利益,管理人因此而支出的必要费用,有权请求本人偿还。在此应强调的是,成立无因管理,系以管理人明知为他人事务而有为他人管理事务的意思,且其管理事务必须符合本人明示或可推知的意思,以有利于本人的方法为之,否则可能成立不适法的无因管理,应当按照侵权行为或不当得利的规则处理之。

---

① 王泽鉴在论证无因管理制度的类推适用或准用时指出:"如上所述,于不法管理,被害人得依侵权行为规定行使权利,然而依侵权行为之规定,只能请求损害赔偿,依不当得利亦只能以所受损害为最高限度。例如,甲将乙所有时值 40 万元之汽车,以 50 万元出售与丙,由丙善意取得时,则无论依侵权行为或不当得利规定,乙仅能请求 40 万元,对于超过之部分,则不得请求。倘甲因此而有保有此项超过的利益时,于情理显有不合,且足诱导他人为侵权行为,故就利益衡量及价值判断言,应由乙取得此项利益,较为妥适。"在为此寻找请求权基础时,他认为"就法学方法论言,以类推适用第 177 条规定较为稳妥"(王泽鉴:《债法原理》(第一册),中国政法大学出版社 2001 年版,第 356—357 页。)所谓第 177 条,其实是指关于不当无因管理的规定,该条指出:"管理事务不合于前条之规定时,本人仍得享有因管理所得的利益,而本人所负前条第 1 项对于管理人的义务,以其所得的利益为限。"同时台湾民法修正于第 177 条增列第 2 项规定:"前项规定,于管理人明知为他人的事务,而为自己的利益管理之者,准用。"其立法理由有重大参考价值:"无因管理的成立,以管理人有'为他人管理事务'的管理意思为要件。如因误信他人事务为自己事务,或误信自己事务为他人事务而为管理,均因欠缺上揭主观要件而无适用无因管理规定的余地。同理,明知系他人事务,而为自己的利益管理时,管理人并无'为他人管理事务'的意思,原非无因管理。然而,本人依侵权行为或不当得利的规定请求损害赔偿或返还利益时,其请求的范围却不及于管理人因管理行为所获致的利益,如此不啻承认管理人得保有不法管理所得的利益,显与正义有违。因此宜使不法的管理准用适法无因管理的规定,使不法管理所生的利益仍归诸本人享有,俾能除去经济上的诱因而减少不法管理的发生,爰增订第 2 项。"

最后还需强调的是,在善意取得的背景下,原权利人和无权处分人之间的关系,很可能存在上述几种关系的竞合,每一种法律关系都有自己独特的构成要件和法律效果,同时也附随有举证责任分配问题,此时,可以由权利人选择对自己最为有利的关系主张之。当然,权利人主张某种关系给自己带来的权利时,必须承担该关系所确定的相应义务,从而使得双方的权利义务得以平衡。

### (二) 表见代理场合

在此场合,本人非自觉地进入一个由他人为自己设定的法律关系当中,本人和表见代理人之间的关系存在如下可能:

#### 1. 无因管理

表见代理人完全是为本人的利益而为本人管理事务,且其管理事务符合本人明示或可推知的意思,以有利于本人的方法为之,则构成适法无因管理,此时应适用无因管理的规定处理之。表见代理人以本人名义所购买之物应交付于本人,其并有所支付或负债时,本人应当承担之。

#### 2. 构成违约行为

本人与表见代理人之间原存在有关代理的委托契约,该契约有关于代理权的约定,表见代理人超越代理权、在代理权终止后从事代理行为,均构成违约行为,对因此给本人造成的损害应承担赔偿责任。

#### 3. 是否构成侵权行为

需要探讨者,无权代理人的代理行为,是否构成对本人的侵权?对此应根据侵权行为的要件判断之。首当其冲要判断者乃表见代理人的行为是否为不法行为?这一点在前述关于权利表象规则的构成要件部分已有论述,权利表象规则本身要求表见代理行为本身不存在代理权之外的任何瑕疵,因此表见代理行为本身是合法的,不具有违法性。但需研究的是,未经本人的同意,擅自以本人的名义为法律行为而使本人非自愿地进入一个法律关系,这是否侵害了本人的权利?本文对此持肯定态度。设若本人确实因此受到损害,①则应进行侵权损害赔偿。有争议的是,这一侵权行为的侵害客体是什么?本文认为属于自决权,但尚需进一步研究。② 当然,如果表见代理人主观上具有恶意,即其以损害本人为目的,或者表见代理人与第三人之间存在串通时,不构成表见代理,仅成立侵权行为。

如果表见代理人所签订的合同显失公平,则本人可以主张撤销。

4. 是否构成不当得利

在表见代理人代理本人有所受领时,可构成不当得利。不过在一般情况下,因为表见代理行为仅使本人与第三人之间产生一个法律关系,而表见代理人并无所得,因此不构成不当得利,仅在例外情形,如第三人向表见代理人为给付且表见代理人受领时,可构成不当得利。

最后也应说明,与善意取得的情形相同,本人与表见代理人之间的关系也存在上述几种关系竞合的可能,此时可以由当事人择优选择。

从前文的论述可以看出,表见权利人不能为了自己的利益而主张适用权利表象规则,特别是表见所有权人不能对抗真正权利人所提起的给付之诉的结果,而应当向其归还财产。这一规则是为保护合理信赖权利表象的人而设定的,但是,"这并不意味着在所有方面表见法律状况一定优先于事实真相:虽然第三人基于表见权利人的特权或授权而相信获得的权利被认可,表见权利人本身一般不能为其利益主张表见。"③这构成一个基本原则。因为在绝大多数情况下,表见权利人知

---

① 如表见代理人为本人订立合同所约定的义务比本人自己谈妥的为高,或本人不知表见代理人为表见代理行为而自己已经签订合同所面临的违约责任等等。

② 从一定意义上说,本人所遭受的属于纯粹经济损失,似乎没有哪一具体权利受到侵害。

③ [法]雅克·盖斯旦、吉勒·古博:《法国民法总论》,陈鹏等译,法律出版社 2004 年版,第 802 页。

道事实真相,他的恶意足以排除其成为权利表象规则的受益人。其实这一限制,也是为了防止背离法律规则一般结果的做法走向极端。

## 二、第三人不主张权利表象规则适用的场合

前文已述,善意第三人享有不主张适用权利表象规则的自主权,在此情形下,真实权利人并未发生任何的权利变动,善意取得的权利在相对人宣告不主张取得该权利时就瞬时回复,而表见代理场合基于代理行为而产生的权利义务也归于消灭。此时存在的一个疑问是,权利表象规则的效果是自始即未发生,还是在善意第三人主张不承受该效果时溯及地消灭?这一问题关涉标的物灭失时的风险承担,具有重要意义。本文认为,当善意取得的要件全部具备时,其效果就已发生,而无待于第三人的意思,①当第三人选择不主张善意取得的结果时,此时原已发生的权利变动就会溯及消灭。在这期间如果发生标的物的意外灭失,则应由第三人承担损失,因为他是这一阶段的所有人。对于表见代理,一般不会涉及标的物的灭失问题,但也存在例外,如表见代理人与善意第三人之间的代理行为是一要物行为,在双方达成协议时已完成对标的物的交付,或者事后表见代理人代理本人履行交付义务等,都涉及标的物移转问题。

此时问题的关键是恢复原状。第三人应当将其所获得的标的物返还给表见权利人。在善意取得场合,尽管该标的物的所有权复归原权利人,但由于在原权利人与无权处分人之间存在债的关系,而且由于第三人是从无权处分人手中获得标的物的占有或登记,因此应当向表见

---

① 就发生权利表象规则的要件看,第三人原本是具有权利变动的意思的。此时所谓不待于第三人的意思,是指在第三人获悉权利表象的信息后,是否愿意维持权利变动的结果的意思。

权利人恢复原状。① 在表见代理,如果涉及到标的物的移转,则应当将其返还给自己所由获得之人。而如果出现标的物因毁损或其它情形无法恢复,对于真实权利人言,相当于发生了权利变动的效果,此时二者的法律关系同于前文所述第三人承认权利表象规则的结果时的情形。

此时真实权利人与表见权利人之间存在何种法律关系?本文认为,由于真实权利人的权利得以恢复,未遭受实际损失,因此一般情况下二者不发生新的法律关系。值得讨论者,表见权利人从事的法律行为,是否构成对真实权利人的侵权或无因管理?从行为本身观察,结论很可能是肯定的,但从其结果观察,由于这一行为并未对真实权利人造成些许影响,加之私法中对一行为定性的目的在于对行为结果进行校正,因此在此情形下对表见权利人的行为进行定性是无意义的,也无此必要。

无可否认,表见权利人的这番行为,会使真实权利人对其品行等产生新的评价,而促使真实权利人采取积极措施消除权利表象。但这属于事实层面的关系,法律并不涉及。

当然在第三人明确表示其不主张权利表象规则的适用之前,真实权利人可以对无权处分、无权代理行为进行追认,从而使其溯及地发生

---

① 王泽鉴在论证无法律上原因的无权处分的不当得利返还问题时指出,在无权处分场合且无权处分人与第三人之间不存在有效的债权契约,第三人善意取得该标的物的所有权时,究竟应当由真实权利人抑或无权处分人向第三人请求不当得利返还?约有二说,一说为直接请求权说,主张由原权利人直接向第三人请求返还其所受的利益;另一说为双重请求权说,主张只有无权处分人对第三人享有不当得利返还请求权,而原权利人得依不当得利的规定向无权处分人请求返还其对第三人的不当得利请求权,且认为双重请求权强调给付关系,符合不当得利的基本原则,兼顾当事人利益,故较可采。参见王泽鉴:《无权处分与不当得利》,载氏著:《民法学说与判例研究》(第二册),中国政法大学出版社 1998 年版。尽管笔者不赞成这一论说中关于善意取得可以在无有效债权契约的基础上成立的观点,但其所主张的不当得利应当考虑各当事人之间原有的关系,以便妥当地照顾当事人之间的对抗与利益平衡,而不得从终极结果的角度简化问题的处理的思路,很具有启发意义。

法律效果,此时,不存在权利表象规则适用的余地。

## 小　　结

本章是对权利表象规则法效果的探讨。

权利表象规则的适用对一般法规则起校正作用,因此处于辅助性地位。在权利表象规则的要件被生活事实充分之后,就会发生特定的法效果,这一后果集中体现在对交易安全的保护,因而其权利义务的设计着力于保护善意第三人。这一效果也是法律追求目的的集中体现,除了善意保护,法律还强调当事人之间的利益平衡,因此为原权利人设计了一系列的救济措施。如此看来,权利表象规则的法律效果并非一个简单的权利义务关系,而是在不同主体之间存在的不同权利义务配置,这些配置取向于法律的目的——妥当地调整当事人之间的关系,因此必须区分不同的当事人进行研究。

首先,在真实权利人与善意第三人之间。权利表象规则的突出结果是善意第三人可主张真实权利人承担如同权利表象完全真实时的责任。换言之,真实权利人应当根据第三人的请求,按照表见权利状态承担履行责任,与之相对应,善意第三人可主张表见权利为真实。由此所导致的结果是,真实权利人违背自己意愿地发生了权利变动,而善意第三人非逻辑性地取得权利,因为这时权利义务的变动不符合生活真实,跟一般权利变动的规则也存在冲突。这是权利表象规则最重要的效果,尽管各个具体制度之间存在差异,但作为基本原则,这一效果是毋庸置疑的。

这里需要研究的问题是,第三人取得权利的根据何在？真实权利人能否自己主张表见权利为真实,因而要求善意第三人承担履行责任？二者之间权利义务的配置内容究竟如何等。

其次，在表见权利人与善意第三人之间。在权利表象规则适用的前提下，真正的法律关系主体为真实权利人和善意第三人，而表见权利人只不过是他人形成权利义务关系的媒介，因此在善意第三人主张权利表象规则的适用时，可通过要求真实权利人承担履行责任来实现自己的利益，表见权利人就成为局外人，它与善意第三人之间似乎不存在法律关系。但在权利表象规则适用有障碍的情形下，或者在第三人不主张该规则的适用时，就存在表见权利人与善意第三人之间的关系。

在善意取得场合，无权处分人与善意第三人之间存在一个有效的债权契约，因此，这二者之间的关系就适用契约法规则来调整；而在表见代理场合，第三人可以否定表见代理的成立而向无权代理人主张损害赔偿责任。这样安排的正当性在于尽量给第三人更多的自由，而对相关当事人并未造成额外的负担。

最后是在真实权利人与表见权利人之间。这与善意第三人是否主张适用权利表象规则的法效果有关，当第三人主张权利表象规则的效果时，真实权利人必须承担如同表见权利为真实时的权利义务，此时，真实权利人的权利消灭，或者自己负担原本不愿承担的履行责任。法律在此必须设计相应的制度，使得真实权利人的利益可以通过一定的手段得到保护，这一手段主要体现为真实权利人对表见权利人的有关救济性请求权。在第三人不主张适用权利表象规则的情形下，真实权利人并未发生任何的权利变动，善意取得的权利在相对人宣告不主张取得该权利时就瞬时回复，而表见代理场合基于代理行为而产生的权利义务也归于消灭，此时的关键问题便是恢复原状。这当然并不意味着在真实权利人与表见权利人之间不发生任何关系，只是因为有些是在法律的视野之外而不引起法律的注意而已。

# 第六章 权利表象规则的适用界限

## 第一节 权利表象规则确立的关节点

寻找权利表象规则确立的关节点,其旨在于寻找确定这一规则适用界限的关键因素。权利表象规则得以作为一个法规则而存在,其所面对的最大质疑在于,为了保护善意第三人的信赖,就可以牺牲真实权利人的意思自决吗?私法自治的原则何以维持?因此这一规则得以确立的关节点就在于能否实现私法自治与信赖保护之间关系的协调,前者是传统私法的基本原则,而后者又是随着保护交易安全的日趋重要而演化形成的一项重大原则,这二者均关涉基本私法价值,故不可偏废,究竟如何实现二者的协调而使其充分发挥各自的功能呢?

### 一、私法自治与信赖保护的冲突

#### (一) 自治:私法的基本原则

自治是私法的精髓与灵魂。拉伦茨在其《德国民法通论》中开宗明义指出,"私法是整个法律制度中的一个组成部分,它以个人与个人之间的平等和自决(私法自治)为基础,规定个人与个人之间的关系。"[①] 私法自治是一公理性命题,其含义是指当事人依照自己的理性判断去

---

[①] [德]卡尔·拉伦茨:《德国民法通论》,王晓晔等译,法律出版社2003年版,第3页。

设计自己的生活,管理自己的事务。① 私法自治首先体现了对人的尊重,它预设的一个基本前提是每个人都是理性的,张俊浩指出,"理性是意思自治的主观条件,是人类赖进化获得的实现自治的主体性资源,同时,理性又是有限的。由于分工使然,知识是分立的,个人所能掌握的知识是极其有限的。不看到人有理性,是不顾事实和悲观主义;不看到理性的有限性,而走上计划经济或者'科学主义',便是致命的自负。"② 理性的承认,是对客观现实的总结,正是这一点使得私法自治建立在可靠的基础之上,而理性有限性的认定,促使人们在行为时谨慎从事。正是理性使人们有能力判断、决策及处理自己的事务。不仅如此,民法中的人是经济理性者,他被剥离了人的具体特征,而是寻求最大化自我利益之人,对他人的福利仅给予有限的关心;③其次,它体现的是对私人个性的张扬,因而从根本上排斥他律,将有关自己的私法生活完全交由自己决定,自主决策就成为私法自治的重要内容之一。从这个意义上说,自由成为自治的同义词。梅迪库斯指出,民法通过"私法自治给个人提供一种受法律保护的自由,使个人获得自主决定的可能性。这是私法自治的优越性所在。"④私法自治给每个人最大的自由,因而使其充分发挥自己的能量,给人提供展示自己的广阔舞台。自由的主要目的在于,向个人提供机会和动因,以使个人所具有的知识得到最大限度的使用。

私法自治的典型制度体现是契约自由,契约自由要求在私法关系

---

① 参见张俊浩主编:《民法学原理》(修订第三版),上册,中国政法大学出版社 2000 年版,第 30 页。
② 张俊浩主编:《民法学原理》(修订第三版),上册,中国政法大学出版社 2000 年版,第 31 页。
③ 参见林诚二:《民法理论与问题研究》,中国政法大学出版社 2000 年版,第 125 页。
④ [德]迪特尔·梅迪库斯:《德国民法总论》,邵建东译,法律出版社 2000 年版,第 143 页。

中权利的取得和义务的负担,都应当基于个人的自由意思,而他人包括国家都不得干预,基于自由意思所形成的契约,不论缔约的方式及其约定的内容如何,法律一概予以保护。有学者指出,"基于个人意志,任何人都可以随意地订立契约,公共秩序是对这种自由唯一的限制,而公共秩序的内容主要是政治的和道德的,而非经济的或社会的,且内容极其有限。"①不过,给予当事人充分的自由能否实现契约公正?尽管在一般意义上言,如果契约谈判真正是建立在自主决策基础之上的,则其程序本身会保障结果的公正,但由于实际存在的当事人缔约地位的实质不平等及其它情况,契约正义实际又会成为一个重大问题。

私法自治建立的另一个基础是人只能自治,而无法利用外在的力量来安排自己的生活。这很类似于一种义务附加,但其并非法律义务,在自由经济且高度竞争的时代,每个主体只有自治方能实现体面的生活。

自主选择与自主参与的逻辑结果是自主负责。正是由于私主体对任何事务的处理都是在自己慎重决策的基础上进行的,那只能自己承受决策的结果,"尊重个人的原则意味着个人应对自己行为所造成的后果负责"。②哈耶克指出,"自由不仅意味着个人拥有选择的机会并承受选择的重负,而且还意味着他必须承担其行动的后果,接受对其行动的赞扬或谴责。自由与责任实不可分。如果一个自由社会的成员不将'每个个人所处的境况乃源出于其行动'这种现象视为正当,亦不将这种情况作为其行动的结果来接受,那么这个自由的社会就不可能发挥作用或维续自身。"③行为人取得自己行为的积极成果,实现自主的生

---

① [法]雅克·盖斯旦、吉勒·古博:《法国民法总论》,陈鹏等译,法律出版社2004年版,第93页。

② [英]彼得·斯坦、约翰·香德:《西方社会的法律价值》,王献平译,中国法制出版社2004年版,第172页。

③ [英]弗里德里希·冯·哈耶克:《自由秩序原理》(上册),邓正来译,生活·读书·新知三联书店1997年版,第83页。

活是私法自治所鼓励的,与之相对应,如果因自己的行为给他人造成不利,或者因此而致自己受损,承受不利益就是非常恰当的。

此时所面对的一个问题是,是否行为人的任何行为造成他人损害均要承担责任？从私法自治的原本含义言,答案似乎是肯定的,但这一问题较为复杂,一方面关涉他人正当利益的保护,另一方面也关涉行为人的行为自由范围及行为激情。这两个方面都属于重大实益因而需要妥善兼顾。如果采纳严格的责任原则,尽管有利于他人静态利益的维护,但这会制约人们行为的积极性,特别是会抑制人们创造技术与财富的冲动,终究会影响社会的进步与财富的增长。因此合理的归责原则是过失责任,行为人只对自己有过失的行为负责。这样就能很好地协调前述两项重大利益。

私法自治作为一种良好的社会治理模式,就在于通过对责任的课负,促使行为人采取社会秩序所要求的行为方式,以实现自己的利益最大化。哈耶克指出,"课以责任的正当理由,因此是以这样的假设为基础的,即这种做法会对人们在将来采取的行动产生影响,它旨在告知人们在未来的类似情形中采取行动时所应当考虑的各种因素……如果我们因假定人具有理性而赋予其自由,那么我们也必须通过使他们对其决策的后果承担责任而肯定他们会一如具有理性的人那样去行事。"[①]同时,人们在追求自身的利益时能够实现社会整体利益的增加。斯密

---

[①] [英]弗里德里希·冯·哈耶克:《自由秩序原理》(上册),邓正来译,生活·读书·新知三联书店1997年版,第90页。他同时指出,"因此,我们的问题,在一般意义上讲,并不是某些精神因素是否会对某一特定场合的行动具有作用,而是如何使某些理智的考虑尽可能有效地引导行动。这就要求对个人进行赞扬或谴责,而不论对这种奖惩的期望是否在事实上能够影响此人的行动。对于有关责任的预期或知识在特定事例中的具体影响,我们可能无从确知,但是我们却坚信,在一般意义上讲,有关某人将被视为具有责任能力的知识,将对他的行动产生影响,并使其趋向于一可欲的方向。就此一意义而言,课以责任并不是对一事实的断定。它毋宁具有了惯例的性质,亦即那种使人们遵循某些规则的惯例之性质。"见该书第88—89页。

认为,在每个人关心自己利益的同时,社会利益得以增进,在每个人保护自己利益的同时,社会利益得以维护。①

　　反复的博弈会导致人们反思,只有尊重他人利益,自己的利益才能实现,这样的观念会逐步成为共识,由此逐渐形成良好的社会秩序。秩序并非一种从外部强加给社会的压力,而是一种从内部建立起来的平衡。在一个相对自由的社会,个人能够执行一项一以贯之的行动计划,而这种行动计划能够得到执行的原因是他几乎在执行该计划的每一个阶段上,都能够预期其他社会成员的行为。这是由社会所存在的秩序、一贯性和恒常性所决定的。设想如果不存在秩序、一贯性和恒常性的话,则任何人都不可能从事其事业,甚至连最基本的需求都无法满足。"如果我们希望个人根据那些在很大程度上只为他们本人所知而绝不可能为任何其他个人所完全知道的特殊环境来调适其行动,那么这种有序性就不可能是统一指挥的结果。因此所谓社会的秩序,在本质上便意味着个人的行动是由成功的预见所指导的,这亦即是说人们不仅可以有效地运用他们的知识,而且还能够极有信心地预见到他们能从其他人那里所获得的合作。这样一种与环境相调适的秩序,显然不可能通过集中指挥的方式得到建构,因为关于这种环境的知识乃是由众多的个人分散掌握的。这种秩序只能产生于作为社会要素的个人间的相互调适以及他们对那些直接作用于他们的事件的回应的过程之中。这就是博兰尼所谓的自生自发形成的'多元中心秩序'。"②

　　至此,可以对私法自治作一简要的总结。私法自治是全部私法

---

① 参见[英]亚当·斯密:《国民财富的性质和原因的研究》(下册),郭大力、王亚南译,商务印书馆1979年版,第361页。

② [英]弗里德里希·冯·哈耶克:《自由秩序原理》(上册),邓正来译,生活·读书·新知三联书店1997年版,第199页。

的基本原则,其核心思想是当事人任何权利义务的变动,都必须基于其意思自决而实现,非经其同意,任何变动都是无效的,且当事人必须对自己的行为结果负责。这一原则的确立具有强大的哲学与社会学基础。

（二）信赖保护:一个新视角

彻底的私法自治适用于完全竞争的经济领域,它对于激发人们创造财富及拥有财富的积极性具有重大意义。但随着社会的发展,特别是当社会的交易频率与交易总量发生根本性变化时,交易安全的保护就逐渐成为一个重大课题,信赖保护于焉产生,它是作为对私法自治的校正因素而存在的。正如有的学者所说,必须借助具有校正性质的信赖保护原则以限制"意志自由论"下的自己责任原则及其它的权利义务关系,以实现对信赖者的保护。① 信赖保护在私法领域有广泛的适用范围,本文已述。其基本规则是行为人合理信赖一定的外观事实为真且在此基础上改变自己,则其利益应当受到保护。

信赖保护与民法的基本原则——诚实信用——之间存在紧密的联系,诚实信用是道德原则的法律化,强调在民事活动中除了追逐自己的利益之外,必须兼顾对方利益的最大化,考虑在此情境下本应有的行为模式,从而为对方服务。简言之,诚信原则是将交易对方利益最大化作为考虑重点的思维方式,并在此基础上决定自己的行动。② 首先应肯定者,诚信原则是信赖得以成立的前提。行为人为何会对原本并不真实的权利表象产生信赖？一个非常重要的理由就在于行

---

① 参见丁南:《信赖保护与法律行为的强制有效——兼论信赖利益赔偿与权利表见责任之比较》,《现代法学》2004年第1期。

② 有学者指出,诚信原则作为民法的基本原则,具有克服成文法局限性的功能,通过赋予法官一定限度的自由裁量权,可以克服基于技术性要求而导致的成文法的不合目的性、不周延性、模糊性以及滞后性等局限。参见徐国栋:《民法基本原则解释——成文法局限性之克服》,中国政法大学出版社1996年版,第133—318页。

为人相信他人会诚信行动,别人是可信赖的,因此一般情况下外在事实总是反映内在真实,如果抽掉了这一基础,行为人的信赖就无法产生,社会交往的基础就不复存在。其次,信赖保护会促进诚信原则的形成与发展,信赖保护通过使对该外观的形成具有原因之人承担某种责任的方式,客观上维护了外观的效力,从而不允许任意否定该外观的存在而主张与之相反的事实,这其实是维护了诚信原则,可归责之当事人应当心悦诚服地对自己的行为负责。再次,从信赖人的角度讲,其对外观事实为信赖并诚信行动,就应当得到其所追求的目的,这也是诚信原则的体现。诚信原则一方面督促人们诚信行动,另一方面通过使诚信者得其所欲、使违背诚信者遭受损失的方式强制这一原则的实现。拉伦茨指出,"在《德国民法典》中,这种不辜负他人已经表示和付出的信赖的命令,首先体现在遵守'诚实信用'的要求中。司法判例和法学学说对这项原则的适用,已远远超出了它法定的适用范围。"①

应当说明的是,信赖保护并不是简单的对交易安全进行保护的法律技术手段,②而涉及私法规则的视角转换。对此,埃森伯格针对合同领域的信赖保护问题曾指出:被 Fried 视为立基于侵权的合同自治理论之竞争者的信赖视角(reliance view),不是关注允诺人的自治,而是关注受诺人遭受的损害。③ 这里,关注点的转变,反映的正是视角的转换。这一私法视角的转换集中表现在以下几个方面:

---

① 拉伦茨认为,信赖保护与遵守"诚实信用"的要求不同,因为它没有伦理方面的基础,因此认为它只是一种旨在提高法律行为交易稳定性的法律技术手段。参见[德]卡尔·拉伦茨:《德国民法通论》,王晓晔等译,法律出版社 2003 年版,第 58 页。

② 参见[德]卡尔·拉伦茨:《德国民法通论》,王晓晔等译,法律出版社 2003 年版,第 59—60 页。

③ Melvin A. Eisenberg, *The Theory of Contracts*, in Peter Benson, ed. *The Theory of Contract Law*, Cambridge University Press, 2001, P225.

1.法律将关注的重心从集中于当事人的内心意思、真实权利状态转向了法律事实的外在表现形式、相对人的合理信赖。这一点同时体现了私法方法的重大变化:从探寻真实到注重形式。真实状态原本是法律追求的目的,但求真的路途漫漫,不仅耗时费力有时且属不能,加之在一些其它原因的共同作用下,①法律逐渐将关注重心转向了外在表现。

2.前者以追求权利的真实、意思的自决为宗旨,而后者则更关注信赖者的善意、交易的安全。前者以私法自治为其根本,以自由为其追求之目的,而后者则强调交易安全,因而更加关注信赖者的善意。静态利益与动态安全的冲突尤为显著。

3.就其关注的当事人而言,前者更关注法律行为的施动者,而后者则更倾向于受动者。换言之,处于法律考察中心地位的主体已发生重大变化。

4.前者以时序性的方式来考察法律行为的效果,而后者则以颠倒的方式为之。这一点需要说明。诸如在意思表示的解释场合,前者是从表意人的真实意思来推演该表示的含义,是随着时间的进程及事物的发展顺序来考察行为的效果,而后者首先是从意思表示受领人的角度来解析该表示的含义,是一种从后续结果来反观先前行为效果的方法。在其它场合也是如此,其基本程序是从某一外在表现形式给他人造成的理解来反推该表现形式的内在真实状态,因而具有一定的反时序特征。

5.法学方法的重大变化。前者主要是个体化操作方式,而后者则采用类型化模式。探寻权利真实状态及当事人的真意,必须就该当事

---

① 比如说对形式的认定相对简单易行,利于确定权利义务关系,就是一个较为有力的理由。

人个体进行分析判断,研究其所处的客观处境及行为方式,进而据此得出结论,这样的考察必然是个体化的。与之相对,在后者则采用类型化模式,考察重点并非特定相对人对外在表现的理解,尽管这样的考察也非常重要,①而是集中在该外在形式对理性的普通人所具有的意义,其他人是否会对此产生信赖?人们一般会采取何种行动?这样的问题常常成为必须回答的问题。如果说前者尚具有事实判断的性质,因而可以通过一定的事实支持获得确定的结论,后者则完全表现为是一种法律判断,必须在一定事实基础上进行演绎推理,其所得的结论只能是判断者所得的法律结论,②而关于一般人会怎样理解的认定本身就极其困难。在此,推断技术及或然性的结论是不可避免的。此外,就其确定的法律效果言,后者必须采用综合考量的方法,目光往返于相关当事人之间,既考察信赖的合理性,又不得忽视他人的可归责性,对双方的利益进行比较权衡,从而确定相对弹性化的法律效果;而前者只考察施动者的真实状态,他人如何理解是无关紧要的,此外,其所得出的往往是或是或否的确定化结论。

---

① 比如可以确定该相对人的真实心理,如果其系明知,则自然无需进行进一步的考察。此外,如果该相对人对之有不同于常人的一般理解,而造成外观的人对之知情时,则应以该意思确定权利义务关系。比如在意思表示解释的场合,如果双方当事人对意思表示的理解不同于一般人,但双方的理解却是一致的,此时应当以双方一致的意思为准来确定意思表示的含义。拉伦茨即持此种观点,他认为,"在需受领的意思表示中,表意人和受领人一致表达的意义才具有决定性的意义,因为只有这样才能最好地估计双方的意图。……虽然表意人的表示存在歧义或者表示得不正确,但是,只要受领人对表示的理解同表意人所表达的内容互相符合,那么仍然应以表意人的表示为准。在普通法中就被承认的法律原则,即'错误的表示不生影响'就表明了这一点。"[德]卡尔·拉伦茨:《德国民法通论》,王晓晔等译,法律出版社 2003 年版,第 458 页。

② 比如拉伦茨在论证意思表示的解释时认为"毋宁说,如果表意人和受领人对某项需受领的意思表示的意义持有不同意见,那么,对该项意思表示进行解释,目的在于得出一种客观的、规范的意义,这种意义必须适用于表意人和受领人双方。"[德]卡尔·拉伦茨:《德国民法通论》,王晓晔等译,法律出版社 2003 年版,第 458 页。而其所谓"客观的、规范的意义",即明示为法律判断属性。

同时就方法论而言,体现了整体主义对个人主义的渗透。重视个体价值、忽视社会总体或使之处于从属地位的意识形态为个体主义意识形态;重视社会总体性的价值、忽视个体人或使之处于从属地位的意识形态为整体主义意识形态。①"方法论上的个人主义以个人作为学科分析的基点和基本研究单位,通过对单个人行为的分析,展开该学科的一般原理以及规律性问题。"②哈姆林(Hamlin)认为,方法论个人主义包括三项基本命题:第一,人之个体乃是社会、政治和经济生活中唯一积极主动的参与者;第二,个人在进行决策的时候将为了自己的利益行事,除非受到强制;第三,没有人能够像利益者个人那样了解他自身的利益。③ 传统民法坚持个人主义方法论,强调个人是私法规范的基本单元,以个体利益最大化为其唯一诉求。而整体主义方法论的思想基础在于,社会是一有机体,社会的集体意识使人们连接在一起,形成社会连带关系,而这恰好构成了法律和一切规则的真正基础。④整体主义方法论因为强调社会的整体利益,导致的结果是为了整体可以适当限制个人的权利,尽管有学者主张,"整体主义不能作为私法上主导的方法论,在法学研究中适用整体主义方法论只有在不得已的情况下才能进行。"⑤但整体主义终究会对个人主义形成某种程度的制约。

私法视角的转换,与其说是一种技术性选择,毋宁说是社会发展的要求使然。尽管有学者对从经济的角度论证法律制度的正当性提出批评,如孙鹏认为,"强调交易安全保护要求和国民经济的考虑,从而推崇善意取得制度的立场是纯粹功利主义立场的考察法。牺牲所有者以促

---

① 参见[法]路易·迪蒙:《论个体主义——对现代意识形态的人类学观点》,谷方译,上海人民出版社2003年版,第243页。
② 易军:《个体主义方法论与私法》,《法学研究》2006年第1期。
③ 参见易军:《个体主义方法论与私法》,《法学研究》2006年第1期。
④ 参见[法]涂尔干:《社会分工论》,渠东译,商务印书馆2000年版,第73页。
⑤ 易军:《个体主义方法论与私法》,《法学研究》2006年第1期。

进交易，是牺牲财货利用的安全以图财货的流通，而后者无非是实现前者的手段，故牺牲所有的安全以图交易的畅达，无异于牺牲目的以求手段。国民经济的考虑绝非善意取得正当化的决定性因素，至少，仅以此作为根据是不充分的。因为所有超越经济之上的是伦理，超越所有效用之上的是正义。在有必要实现某法律制度内部的正当化时，问题不在于该制度有什么样的功用，而在于该制度自身是否具有合理性，即是否符合正义要求。"[1]但从经济的角度进行论证是一非常有力的方法，尽管它并非唯一的方法。私法视角的转换背后有极为复杂的制度性原因。从施动者的视角观察问题，判断有关行为的法律后果，便利于静态利益的保护和自由观念的维持，在一个社会财富尚未足够充分、人们对其财产权利的掌控还只能依赖自主占有的方式进行，因而无法依托相应的交易制度实现其增值时，静态权利安全就是法律保护的首要目的，因为此时的交易一方面数量较少，另一方面在经济生活中的作用有限。同时在人们的观念当中，摆脱专制禁锢思想的要求使人们对自由抱有神圣的崇敬，在此情景下，选择从施动者的视角解决问题便是必然的。而当社会财富有了丰富的增长，资产的流动逐渐成为私人财富的主要存在形式时，交易安全保护的要求急剧上升，同时公共利益保护的观念开始张扬，整个社会形成一个紧密相连的整体，单个的个人在离开社会之后根本无法生存，这就促使私法进行制度性转换，从受动者的视角观察问题就成为一个典型表现。惟其如此，始可建立受动者的稳定行为预期并实现交易安全。哈贝马斯对私法的视角转换也有过论证，尽管他是立基于法的实质化这一层面，但与本文的表述具有相同的实质，即私法不再仅仅追求个人的自决，而呈现为从其它的视角关注社会正义、

---

[1] 孙鹏：《民法上信赖保护制度及其法的构成——在静的安全与交易安全之间》，《西南民族大学学报》（人文社科版），2005年第7期。

社会利益等等。① 而保护交易安全本属于重大社会利益。

视角转换意味着利益保护的重点发生变化，因此会出现基于特定目的而对另一利益进行制度化的压制。私法视角从施动者转向受动者，就典型的体现了这一点。施动者的真实意思并非可有可无，但在决定其权利义务的变动时，这一意思并未能受到尊重，只要受动者符合特定的条件，权利义务的变动就依其信赖的外观表现为基准，由此，施动者的真实权利因而丧失或其负担了原本无意负担的权利义务，尽管可以通过一定的方式获得救济，但在同受动者的关系中，施动者的利益终究受到了影响。

### （三）私法自治与信赖保护的冲突

日本学者在继受德国的信赖保护法理时，一开始就将其与交易安全直接联系起来。早期继受德国权利外观理论并对日本信赖保护法学产生持续影响的鸠山秀夫认为，信赖保护乃静的安全和动的安全之调节，其法的性质为损害分配，而关于损害分配的基准，与其说是法的公平正义，不如说是在两个个人利益发生冲突的时候，偏重保护谁的利益更能实现社会整体的"便宜"。优先保护动的安全，即能增进社会整体的便宜。② 鸠山秀夫明确揭示了信赖保护与静态安全利益的对立和冲突，而静态安全的实质就在于私法自治。概言之，私法自治与信赖保护的冲突集中体现在二者确定法律效果的根据完全不同。私法自治在权

---

① 他指出，"整个私法现在似乎超越了保障个人自决的目标，而要服务于社会正义的实现：这样，对公民生存的确保、对弱者的保护，即使在私法中也获得了与追随个人利益同样的地位，从这个角度来看，社会伦理视角也进入了一些法律领域——在此之前这些领域的共同点仅仅在于确保私人自主这样一个视角。社会正义的视角要求对形式上平等、但实质上有差别的种种法律关系作重视分化的诠释，从而同样的法律范畴和法律建制履行不同的社会功能。"[德]哈贝马斯：《在事实与规范之间——关于法律和民主法治国的商谈理论》，童世骏译，生活・读书・新知・三联书店2003年版，第495—496页。

② 参见孙鹏：《民法上信赖保护制度及其法的构成——在静的安全与交易安全之间》，《西南民族大学学报》（人文社科版），2005年第7期。

利变动方面的基本体现是:任何权利变动都必须建立在权利确定与意思真实的基础之上,但信赖保护的规则是根据相对人的合理信赖,依其所信赖的外观事实所表彰的情形作为确定权利义务变动的标准。比如权利失效制度,如果某人通过他的行为给他人造成一种他将不行使某种形成权的印象,而对方信任了这一点,并采取了相应的措施,那么这个人就丧失了该项形成权。[①] 可见,这里权利的丧失跟权利人的意志近乎无关,而完全是为了保护相对人的信赖而作的强制性规定。

就这一效果确定的客观意义看,其实是为了保护动态安全而不得不对静态利益作出牺牲。日本学者石田文次郎认为,民法理论上根本的对立是"物体的规范"与"机能的规范"之间的对立,并表现为静的理论和动的理论的对立。静的理论立足于个人主义,渊源于罗马法,动的理论立足于团体理论,渊源于日耳曼法。信赖保护制度在总体上被承认,发生在实证的理论战胜形式的概念,个人利益保护让位于社会利益保护的时候。这就是个人本位向社会本位财产法的转移。[②]

私法自治与信赖保护的另一冲突表现在二者所关注的问题已发生了根本的变化。前者关注人的理性、自由、责任等,而后者则关注信赖、善意、交易安全等等,前文已述,后者是对前者的限制与校正。

但应当注意的是,后文将要论到,这二者的紧张与冲突并非以直接对抗、你死我活的形式表现出来,而呈现为一种相互的挤压与推拉,其中信赖保护对私法自治形成强有力的压制,但私法自治仍然以特定的方式表达着自己,而并非在与信赖原理的角力中丧失自我。

---

[①] 参见[德]卡尔·拉伦茨:《德国民法通论》,王晓晔等译,法律出版社2003年版,第59页。

[②] 参见孙鹏:《民法上信赖保护制度及其法的构成——在静的安全与交易安全之间》,《西南民族大学学报》(人文社科版),2005年第7期。

## 二、私法自治与信赖保护的协调

首先应当指出的是,法律中任何原则之间的冲突,都不会表现为一项原则的完全胜利及对另一项原则的彻底取代,而往往以相互妥协、相互挤压的方式共存,尽管可能是一项原则在特定领域内在与对方的竞争中相对占优,但对方并非甘愿屈居第二,而是在力所能及的空间尽量伸展着自己,并努力争取自己所内含价值的实现。由此,原则之间的张力与协调就是一个相互博弈、相互协作的过程。私法自治和信赖保护都属于重大私法原则,关涉人的基本自由与安全,且与社会整体利益相关,因此任何一个原则都不可能被忽略,同时也不可能占据绝对优势,尽管在自由与安全的直接对抗中,后者处于相对优势的地位。这二者必然以既相互冲突,又相互妥协的方式并存。由此,在法律效果的确定上,必然表现为判断者的眼光在双方当事人之间来回穿梭,既要审视相对人的信赖是否合理,又不得不适当顾及行为人的行为自由,最终达到二者利益的相对平衡。拉伦茨指出,"伦理学上的人格主义以每个人都具有自主决定以及自己承担责任的能力为出发点,将尊重每一个人的尊严上升为最高的道德命令。不过,仅凭这种人格主义,而不另外加入社会伦理方面的因素,那也还无法构筑某项法律制度,就连构筑私法法律制度也是不够的。《德国民法典》中的这一社会伦理因素就是信赖保护原则。"①明确指出了这二者的相互协调所具有的重大意义。

同时在方法论上,也必须予以兼顾。有学者指出:"个人主义方法论奉独立于整体的个体为圭臬,承认个人的主体地位,确认私人利益,保障私法自治,要求自己责任,追逐交换正义与程序正义,由此确保了一个独立于国家管制的私域的存在,从而成就了私法的生成与存续。

---

① [德]卡尔·拉伦茨:《德国民法通论》,王晓晔等译,法律出版社2003年版,第3页。

如果放弃个人主义方法论转而诉诸整体主义方法论,势必导致私法的衰亡。"[1]本文赞成这一说法,但同时认为,在特定的情形下适当采用整体主义方法论并非不可理解,即使是力主个体主义方法论的学者也不得不承认,"在一定的范围和程度内,整体确实具有独立并超越于个体的价值,此际,在保障个体价值的基础上通过对个人价值的一定限制来实现整体价值,毫无疑问是必要的。"[2]但应强调的是,这种选择必须是不得已的情形,必须同时兼顾个体主义方法论。只有在整体的考量中兼顾到私人,这种方法论才能在私法中得以立足,否则,纯粹的整体主义就会因与私法的整体系统产生排异反应而坏死。

私法自治与信赖保护的协调集中表现在在权利表象规则这一重点保护信赖的法制度中,可归责性与信赖合理性这两个要素的存在,内含了对私法自治的尊重,因而体现了对私法自治的兼顾。

### (一) 可归责性:私法自治的回归

权利表象规则中的可归责性要件,意味着对私法自治的尊重。其基本理由是,真实权利人要承担权利表象所表彰的权利为真的法律效果,就必须具有可归责性。这意味着真实权利人必须对权利表象的形成有过助力,或者默认了权利表象的存在。正是由于真实权利人自己的行为,才导致其承担了对己不利的后果,这恰恰是私法自治原则中自己责任的典型表现。哈耶克指出,"尽管自由能向个人提供的只是种种机会,而且个人努力的结果还将取决于无数偶然因素的作用,但是它仍将强有力的把行动者的关注点集中在它所能够控制的那些境况上,一如这些境况才是唯一重要的因素。由于个人被赋予了利用可能只有他才知道的境况的机会,而且一般而言,任何其他人都不可能知道他是否

---

[1] 易军:《个体主义方法论与私法》,《法学研究》2006 年第 1 期。
[2] 易军:《个体主义方法论与私法》,《法学研究》2006 年第 1 期。

业已最好地利用了这些境况,所以当然的预设就是,他的行动的结果决定于他的行动,除非有显见的反证。"①显然,哈耶克是将自己责任作为私法自治的当然结论来对待的。

从表面上看,权利表象规则似乎为了保护善意第三人的利益,忽视了真实权利人的意思自主。但从可归责性的要件看,恰恰表现为对私法自治的回归。这样的回归表现在对私法自治的一项重要规则的遵循。私法自治一方面表现为自主决策,但为了督促其审慎行使选择权,发挥对行为人的行为导向作用,更重要的表现是对自己行为的结果负责。哈耶克论证了自己责任的重要意义,"因此,此一概念(指责任)的重要意义远远超出了强制的范围,而且它所具有的最为重要的意义很可能在于他在引导人们进行自由决策时所发挥的作用。"②他进一步论证到,"因此,课以责任,……是立基于我们相信它可能会产生的效果或作用,即那种鼓励人们在考虑周到的情况下理性地采取行动的效果或作用。这是人类社会为了应对我们无力洞见他人心智的状况而逐渐发展出来的一种手段,也是人类社会为了在无需诉诸强制的情况下便把秩序引入我们生活之中而逐渐发展出来的一种手段。"③

无论如何,私法自治中包含有自己责任,由此可见,权利表象规则

---

① [英]弗里德里希·冯·哈耶克:《自由秩序原理》(上册),邓正来译,生活·读书·新知三联书店1997年版,第83—84页。

② [英]弗里德里希·冯·哈耶克:《自由秩序原理》(上册),邓正来译,生活·读书·新知三联书店1997年版,第83至84页。同时,他还指出,"我们说个人自由的领域也是个人责任的领域,并不意味着我们对任何特定的人士都负有说明我们行动的责任。的确,我们之所以会面对他人对我们的指责,乃是因为我们的所作所为惹怒了他们。但是我们之所以应当被视为对我们的决定负有完全的责任,其主要原因就是它将我们的关注力集中在那些依我们自己的行动方能达成的种种事业。信奉个人责任,其主要的作用就在于它能使我们在实现我们的目的的过程中充分运用我们自己的知识和能力。"见同书第94页。由此可见,哈耶克是从个人责任能够激励行为人充分发挥自己这一角度来论证其必要性的。

③ [英]弗里德里希·冯·哈耶克:《自由秩序原理》(上册),邓正来译,生活·读书·新知三联书店1997年版,第91页。

的可归责性要件就成为私法自治的体现。就可归责性本身而言,尽管存在一些例外,但其最根本者为过失责任,而过失责任是私法自治的当然组成部分。在这里,私法自治与信赖保护之间的内在关系,有了相互协调的基础。拉伦茨指出,在民事法中"信赖原则"乃是并随私法自治原则而出现的。① 这深刻地揭示了私法原则相互间的竞争与协调。

(二)信赖合理性:意思自治的辅助与本身

有学者指出,"当真实难以达到时,不顾现实情况死守法律逻辑,会使整个诉讼陷于瘫痪。当然也应该避免无序和轻视法律的现象发生。当误信是权利的来源时,危险可能会从保护原状态方面转移到激励轻率行为方面。因此,基于表见的错误还应当具备一定的条件。"②这里明确指出了关于信赖的品质要求。由于基于信赖会导致真实权利人的权利发生变动,事关当事人之间的利益平衡,因此该信赖必须符合一定的要求方具备正当性。正如有的学者所指出的,"信赖保护不同于公用征收,其首先表现为私人利益之调节,即便在政策上为社会全体的利益做出孰为优先的判断,也必须首先力图个人之间的利益调节符合正义和衡平。作为信赖保护成立要件的善意、无过失等要件,对于个人利益调节有重大意义,如果将这些因素埋没,解消在社会利益中,是对信赖保护所涉及到的利益冲突性质的无视。"③

信赖合理性要素是从相对人的角度,对未经真实权利人同意的权利变动进行限制。其实质是,相对人欲获得特定的法律效果,就必须符合严格的条件。这等同于从反面维持了真实权利人的权利义务变动必

---

① 参见[德]卡尔·拉伦茨:《法学方法论》,陈爱娥译,五南图书出版股份有限公司1996年版,第392页。

② [法]雅克·盖斯旦、吉勒·古博:《法国民法总论》,陈鹏等译,法律出版社2004年版,第784页。

③ 孙鹏:《民法上信赖保护制度及其法的构成——在静的安全与交易安全之间》,《西南民族大学学报》(人文社科版),2005年第7期。

须经其同意这样的原则。换言之,这一要素是通过限制权利表象规则法效果的适用来间接维护私法自治。从一定意义上说,限制与私法自治相反的情形发生,就等同于贯彻私法自治的原则。因此,信赖合理性要件具有兼顾私法自治的功能。

不仅如此,信赖合理性要件也从保障善意第三人的自治的角度达到兼顾私法自治的目的,其本身即为意思自治的体现。前文关于信赖合理性的论证表明,从善意第三人的角度看,只要尽到了交易上的必要注意,其对权利表象的信赖就能够产生如下的效果:表见权利为真,这意味着善意第三人实现了自己的交易目的,也意味着他以自己的意思自决为基础所进行的法律交易得到了法律的保障,第三人在合理信赖的基础上为法律行为,虽然其进行意思自治的知识基础为虚假,但这不影响意思自治的构成。意思自治的知识基础系属主观的东西,以自己的认识为基础并作为决策的前提,虽然一般认为意思自治的基础在于客观真实的知识,但这一认识是错误的。在社会生活层面,客观真实究竟为何的判断绝非易事,行为人在决策之时,并非是以客观真实的知识作为决策的基础,而是以自己确信为真实的知识为背景,在此基础上通过意思自治来实现自己的利益,这一点很类似于司法判决的做出,虽然追求客观真实是法官的目标,但这仅仅是一目标而无法作为行动的指南,如果以此作为裁判的基础,则绝大多数裁判都无法做出,因此只能以法律真实——当前证据下的唯一可能事实——作为裁判依据,因此,第三人在虚假信息基础上所为的法律行为,就是意思自治的典型体现。一个中等理性之人,面对权利表象而有所作为,原本就是自治。

这是从过程角度做的考察,从结果看,存在着关于法律效果解释的路径选择问题,将权利表象规则的法律效果解释为是法律为了保护合理信赖而作的强制性规定,抑或将其解释为是善意第三人自主行为所追求的目的,是完全不同的两种解释路径。本文的倾向是采纳第一种解释方法,但这并不意味着第二种解释方法就毫无道理,它至少表明了在考察权利表象规则的法律效果时,第三人的法律行为必须不能具有瑕疵,即在法律行为本身不存在影响其效力的任何因素,在此情形下,将该法律效果的赋予拟制为是法律行为的结果,并非是不可理解的。① 但可以肯定的一点是,不管采用哪种解释方式,善意第三人实现了自己的交易目的,因而在特定意义上贯彻了私法自治的原则,②则是完全可以肯定的。

这仅是从积极的方面立论,从消极的方面讲,这一结论也同样成立。面对权利表象的存在,第三人交易目的的实现,仰仗于其必须尽到交易上必要的注意,即其对权利表象的信赖是合理的。反之,如果其未达到这样的要求,则其所追求的交易效果自然无法实现。③ 这里存在的法律原理是行为人因自己未能达到法律规则限定的行为要求,因而

---

① 这样的解释存在的问题是,表见权利人缺乏权利的处分行为,是否能够发生法律行为的效力,这一点并非没有疑问。在善意取得场合,尽管在无权处分人与第三人之间存在有效的债权契约,但其物权变动却依赖于处分行为,而一般认为该行为的效力系属待定(但也有因第三人的善意弥补了无权处分人的处分权的观点);表见代理场合,代理行为发生的当事人是本人("被代理人")与第三人,而这一行为原本属于无权代理,在缺少了善意保护的支撑下其是否有效,并非不存在争议。此外,将其视为是法律行为的结果,不利于善意第三人利益的保护,在行为本身有效时,第三人就没有根据实际情况选择不主张该行为效果的自由,即限制了第三人的自主权。

② 在这里,选取不同的解释路径,对私法自治的兼顾就会呈现不同的情况。如果采法律行为有效说,则本身就是私法自治原则的表现,在说明时不存在任何问题。而在采法律强制保障说的情形下,就必须对此予以说明。在这种背景下,之所以说是贯彻了私法自治的原则,主要是立基于善意第三人交易目的实现的角度。第三人既实现了其目的,且这一效果是其自愿追求的,那自然是体现了私法自治。可见,之所以说是"在特定意义上",系因为是从结果进行的推论。

③ 未能尽到交易上的必要注意,其实质是本不应对该权利表象产生信赖而竟予以信赖,可以视为是一种过失。未能实现其交易目的,可以视为是承担了不利后果,由此,这里的情形是由于第三人自己的过失行为,导致其承担对己不利的后果。这是典型的私法自治原则的体现。

不能获得该规则所内含的法律效果。这正是私法自治理念的体现,不过是从消极角度展现出来而已。

综合上述讨论,在权利表象规则中,信赖与自治具有极强的亲和关系。自治存在于当事人双方,对真实权利人的自治进行限制,意味着对第三人自治与信赖予以保护,而对第三人的信赖保护程度又决定着信赖者自治的实现。这样关联的根本原因在于,支撑权利表象规则的基础理念,除了信赖保护之外,还有当事人的私法自治。

## 第二节 确定界限的技术手段及弹性化机制

遵从或否定权利表象规则,成为其能否发挥实际作用的重大理论难题,也是在实践中亟待明确的问题。这一问题存在的前提是:面对个案,是否适用权利表象规则处于一种模糊状态。审判实践中不时出现偏差,其原因就在于未能准确界定该规则适用与否的界限,这成为本文所研究的重要问题。决定是否适用权利表象规则所采用的基本方法是从整体上进行分析判断,综合考察真实权利人与善意第三人的相关因素,目光在双方当事人之间流连往返,从实质性判断的角度得出平衡双方当事人利益的结论。前文已经指出,权利表象规则确立的关键因素在于私法自治与信赖保护,而这与特定的主体相结合,就成为可归责性与信赖合理性的比较权衡,这些相关因素的考量比较是问题解决的关键点。尽管对这一问题的回答应当是针对个案,但本文的论证方式仍然是从理论的角度对其进行一般性研究。

### 一、可归责性与信赖合理性的比较权衡

首先应当指出的是,这样的提法会遭遇形式逻辑的质疑,因为可比较者,必限于两个或多个具有共性的事物之间且只能就其共性程度进行比较,而无法对两个并不相关的对象进行比较。可归责性与信赖合

理性似乎属于两个并无共性的对象,因此难以进行一般意义的比较。但本文的观点是,第三人信赖的合理性其实就是信赖者的可归责性,不该信赖时信赖了,意味着其存在过失。因此二者的比较权衡从一定意义上说是进行可归责性的比较,或者说是过失程度的比较,只是其表述的方式不同而已:可归责性是从正面直接论述其与过失的相关程度,而信赖合理性是从反面间接指出其信赖是否具有过失,二者都跟过失有关。

### (一) 二者比较权衡的规定性及其目的

这里所谓的比较权衡,是指在总体上通过对特定因素的考量,来平衡当事人双方的权利义务关系,从而确定是否适用权利表象规则的界限。此时存在着两个相互冲突的利益主体:真实权利人与善意第三人,而这两个主体分别代表不同的社会利益,并且还关涉基本的私法价值:私法自治和信赖保护,这两个价值之间进行挤压与妥协是不得已的选择。但作为法律规则,有其自身的要件和效果,在面对一个具体案件时,其结论只能是或适用或不适用两种情形,而不可能存在另外的选择。如果说在法律的价值理念上存在相互的挤压与协调,那这只能在法律规则的适用要件中体现出来,而无法通过肢解某一法律规则、修正该规则法律效果的方式达到目的。尽管法律效果并非就是绝对化的,但对法律效果的弹性化处理只能表现在对具体要件的确定上,而无法通过赋予与法定结果相冲突的效果实现相关利益的兼顾。例如,在一般性的信赖保护制度中,当确定责任者信赖利益损害赔偿义务较为勉强时,法官可以在确定赔偿义务的同时,通过否定某些损失与信赖之间的联系,而将这些损失排除出去,从而降低赔偿的数额,以达到平衡利益之目的,而不能通过对其法律效果的变动来完成。因此,试图从法律效果上来实现个案的正义,达到妥当平衡相关当事人的利益,就必须从其生活事实是否充分法规则的构成要件入手,这即所谓要件的动态化处理模式。①

具体而言,要件的动态化是这样一种技术措施:在分析构成要件的某一因素是否被生活事实所充分时,不能仅仅将眼光集中在该要件所涉及的事实本身,还必须综合考察其他相关因素,从而通过整体性的评价来确定是否适用法规则所设定的法律效果。如此操作的理由在于:立法者在创制法规则时,其所设定的任何一个要件,都反映了不同主体之间的正当利益诉求,通过对要件本身的增删选择,来实现立法者特定的立法政策。生活事实原本就是浑然一体发生的,而法技术却只能采用人为化的要件分割,如此,立法者就渴望法官在面对具体个案时,必须将这些分割的要件进行综合,以回归生活事实的原本状态,从而在整体上得出结论。如果将各要件的考察割裂开来,"放弃比较权衡的努力,有背私法衡平的目标。而要件间的综合判断,可以将各要件的满足程度充分考虑进去。"②从而实现各相关当事人之间的利益平衡。而在进行综合判断的过程中,各构成要件之间相互会发生影响,一个要件被确定的事实所充分,会相应的增强或者减弱另一要件的被充分程度。因此,问题的关键就在于探寻各要件之间是如何相互影响的,而这必须面对个案情境进行具体分析方可得出答案。

此外,立法者在创制法规则的构成要件时,其所使用的术语往往并非内涵特别清晰,为了适用于同类的社会生活而不至于使法规则的创制过于繁琐,法律所使用的术语经常是舍弃了具体案件的个性,而呈现出一定的模糊性和抽象性,有时甚至是故意采用逃避手段,在立法者无

---

① 叶金强认为,要件的动态化体现在两个方面:一是放弃要件判断的隔绝模式而采行数要件综合判断模式;二是将各个要件背后的因素揭示出来加以考察,使要件背后的因素得以显现,纳入整个的综合考量框架中进行评价。参见叶金强:《私法效果的弹性化机制——以不合意、错误与合同解释为例》,《法学研究》2006年第1期。

② 叶金强:《私法效果的弹性化机制——以不合意、错误与合同解释为例》,《法学研究》2006年第1期。

法对具体要件界定清晰边界时,将这些问题授权给法官解决,如此这般,在面对具体个案时,就存在对这些术语进行解释和认定的广阔空间。即使是概念清晰的术语,都存在解释和认定问题,遑论模糊性术语。从某种意义上说,这种情况其实是法官不得不分享了部分立法权力,尽管在大陆法传统这种做法是不受欢迎且法官并不愿意的。拉伦茨指出,"之所以会对法律文字的精确意义,一再产生怀疑,首要的原因是:法律经常利用的日常用语与数理逻辑及科学性语言不同,它并不是外延明确的概念,毋宁是多少具有弹性的表达方式,后者的可能意义在一定的波段宽度之间摇摆不定,端视该当的情况、指涉的事物、言说的脉络、在句中的位置以及用语的强调,而可能有不同的意涵。即使是较为明确的概念,仍然经常包含一些本身欠缺明确界限的要素。"[1]

就权利表象规则而言,正当化这一制度就必须回答且在一定意义上决定其制度宗旨的一个问题是:真实权利人为何要对他人的行为承担责任?这一方面关涉权利表象规则的构造要件,另一方面关涉其制度价值。对此,一般性的回答是,真实权利人的行为导致了他人享有权利的表象,而相对人合理地对之予以了信赖,并因此改变了自己的地位和处境。换言之,真实权利人的可归责性和第三人的信赖合理性从不同侧面为真实权利人承担责任提供正当性支撑,前者是直接的、正面的理由,而后者则是间接的、侧面的。由此可见,真实权利人所具有的可归责性与相对人所具有的信赖合理性是决定性因素,这二者的比较权衡成了权利表象规则的核心命题,直接决定着权利表象规则的构成及相应的效果。因此要件的动态化操作就表现在对此二者进行综合考量。进行这种考量的目的在于确定是否适用权利表象规则,从而实质性地调整当事人之间的利益平衡,以实现具体个案的正义。这一方面

---

[1] [德]卡尔·拉伦茨:《法学方法论》,商务印书馆2003年版,第193页。

涉及这两个因素之间的相互影响,另一方面涉及对每一因素的解释和认定。当然,这样的界限划分只能是多种选择中的一种,可能还存在其他的区别标准,因此这里所述的界限不具有唯一性。

(二) 可归责性与信赖合理性的类型化

就其实质而言,比较权衡表现为首先分别对真实权利人的可归责性和第三人的信赖状况进行认定,然后将其可归责性程度进行比较,从整体上得出是否适用权利表象规则的结论。

首先应当对可归责性进行类型化。类型化具有重大认识论价值,考夫曼明确指出了这一点,特别是在法规则的解释适用过程中。[①] 前文已述,就权利表象规则的适用而言,真实权利人的可归责性并非必以过失为要件,由此,根据其对权利表象的形成所抱持的主观心态,可以将其大致分为如下类型:[②]

1. 故意。系指真实权利人有意识地创设了权利表象或者明知存在权利表象而对之采取放任态度。在这里,基于故意的原本意义,将真实权利人有意识创设权利表象的情形限于其追求非正当化的目的,而与其为了正常交易所从事的制造权利表象行为——如为了获得租金将其

---

① 他认为,在立法当中,"概念没有类型是空洞的,类型没有概念是盲目的。立法的目的,完全将概念类型化,是不可能达到的,因此在具体的法律发现中必须一再地回溯到制定法所意涵的类型,回溯到作为制定法基础的模范概念。因而'目的论解释'的本质在于:它并非以抽象的一被定义的法律概念,而是以存于该概念背后的类型来进行操作的,亦即,它是从'事物本质'来进行论证的。"[德]亚图·考夫曼:《类推与"事物的本质"——兼论类型理论》,吴从周译,学林文化事业有限公司1999年版,第119页。

② 由于此处研究的目的在于探寻是否适用权利表象规则的界限,因此对可归责性的分类是建立在一般逻辑化的基础之上,即把真实权利人对权利表象的形成所具有的可非难性的各种情形,一并进行罗列,所得的结论中某些类型并不一定符合权利表象规则适用的条件。此外还有一点需加补充,这里对可归责性的类型化,跟侵权行为法中的概念不尽相同。侵权法中的可归责性是指向不法行为的,因此具有强烈的道德上的可非难性,而在权利表象规则,可归责性是其对权利表象的形成所具有心态的表达,只有当其不符合一般惯例而具有不正当的目的时,才具有道德上的可谴责性。

动产出租于他人——相区别。在此,由于权利表象的形成是真实权利人有意制造的,或者是其放任这一结果的存在,意味着其对自己的权利缺少保护意识,甚至自己采取损害其权利的行为。如所有权人为了逃避债务而将自己的房屋所有权伪登记于他人名下,而被该他人处分之。因此由真实权利人承担失权效果,就具有相当充分的理由。

此外,在故意的类型之中,还包含有重大过失。系指真实权利人对权利表象的形成虽非明知,但只要稍加注意原本是可以发现的,而且一般人对此都可以知情且能采取措施消除,而竟未能知悉导致权利被处分或其它情事发生。

2. 过失。是指真实权利人原本是可以防止权利表象的产生或消除其存在而竟未能防止和消除的状态。过失建立在行为人的应然行为模式与其实然行为模式的差距之上,且其程度与这二者之间的差距大小呈正相关关系。真实权利人的应然行为状态,体现的是一种抽象化的价值判断,其确定依赖于判断者根据一般情况下普通人的行为模式,结合该人的具体特殊性而进行。这一进程无可避免地夹杂有判断者的价值倾向,且包含有其试图通过该行为模式的确定引导人们如何行动的诉求,其结论在另外的判断者看来,并非总是无可挑剔的。不过,尽管其确定的结果具有浓厚的判断者的个人气质,但这种判断也并非随心所欲,而需根据社会的一般交易惯例、习俗、普通人的一般行为等因素来判定。真实权利人的实然行为状态是可以直接通过证据进行法律上的复原的,尽管在个例情形下可能与真实状态不完全相符,但这肯定是在当前证据条件下的唯一真实。通过对这二者的比较,真实权利人是否存在过失就是一个显见的结论。无可否认,由于应然状态确定的价值判断属性,过失认定就不是一个简单的事实判断,而具有了法律判断的性质。

3. 无过失。是指对于权利表象的形成和存在,真实权利人并无道德上或法律上的可非难性。这里存在的具体情形主要有两种,一是由于真实权利人的原因造成了权利表象的产生与存在,但这是由于其进行正常的法律交易或其符合一般道德观念的追求正当利益的行为导致的,二是因为他人的行为造成了权利表象,但真实权利人对此根本不知情,而且根据该表象发生的实际情况,一般人是无法知情的。比如所有人将其动产通过出租、使用借贷等形式转移占有与他人,系属正常且必要的权利行使行为,尽管他人事后背弃了权利人的信任,但真实权利人的先前行为本无可厚非,并不会因为后续情况的出现而使其性质发生变化。①

此外,由于生活本身的多面性,真实权利人对权利表象的存在并不知情是完全可能的,比如房屋权利登记部门与第三人恶意串通将权利登记在他人名下,而该他人对之予以处分。在这里,对于权利表象的形成,真实权利人并无任何过错。不过应注意的是,这里存在弹性化处理的空间。如果登记于他人后他人立即进行了处分,真实权利人的无过失是可以肯定的,但如果他人在很长一段时间之后才予以处分,真实权利人有可能面对如此的责难:竟然在如此长的时间内未能关注到错误登记的存在,至少意味着其对自己权利的关心尚未达到应有的要求,因此对该权利表象的维持难辞其咎。当然这样的责难并非无可争议,因为赋予权利人经常性地去查看权利登记状态的义务,似乎是一个过重的负担,②且该义务赋予的基础何在并不是一个轻易能够回答的问题。

上述关于真实权利人可归责性的分类,是建立在抽象化的基础之

---

① 当然,这里存在弹性化解释的余地,信赖了一个本不该信赖之人,则难辞其咎。
② 梅迪库斯在论证一个"菜单案"(一客人信任了该店另一客人带入饭店的旧菜单而过渡消费,事后发现新菜单的菜价已经大涨)时指出,"如果认为店主负有一种合同前的组织义务,要求他不断追缴重新出现的旧菜单,则不免过分提高了对店主应负的注意义务的要求。"[德]迪特尔·梅迪库斯:《德国民法总论》,邵建东译,法律出版社2001年版,第241页。拿这一观点来类比本文所述的情景,答案是不言自明的。

上的,而真实的状态并非如此的泾渭分明,往往是相互之间边界模糊,由此就存在较大的弹性化处理空间。究竟将其可归责性界定为哪一种类型,可能存在结论上的出入。这就不得不进行信赖合理性的分级工作。

信赖合理性程度原本具有复杂多样的形态,生活的许多情形根本不符合某些严格的标准,这就产生了相对不确定性,这一不确定性其实是可以理解的,表见理论的灵活性是必要的:作为法律规则一般作用的纠正机制,它应当随时准备适用于需要它的地方,但又要防止法律秩序遭受破坏。正是由于信赖合理性本身表现形式的多样性,决定了对其认定的困难和复杂。

第三人的信赖,依据其是否具有合理性及其程度,可以作如下的分类:

1. 合理性程度很高。即对权利表象的信赖符合一般人在同样情况下的反应,他人均不会对此发生怀疑,且要求证权利的真实状态确非轻易即可实现。其意相当于对权利表象所宣示的虚假信息发生错误,而且属于前文所述的共同错误。"共同错误则常常出现在表见所有权的案件中。即当某个人与一般人都认为是所有人的人交易,而购买了不动产或取得了该财产某一权利的情况。这样做其实可以理解。不动产交易不是匆忙进行的,一般都有一些严格的预防措施。而且,表见所有权表现为所有的人都可见的情况,一般是占有的事实。还有,不动产所有权的证明很困难,这使发现真正的权利状态,事实上几乎不可能。在这种情况下,可能存在共同错误,并且只有此时对表见的确信力才可使通常采取的预防措施失去效力。"①

---

① [法]雅克·盖斯旦、吉勒·古博:《法国民法总论》,法律出版社 2004 年版,第 788 页。

共同错误意味着一般人都会对权利表象产生错误,与前述关于过失的认定一样,一般人的行为方式系属通过判断者经验之上的推理而构建的,其结论无法通过实验进行确证或证伪,可观察的现象都是个案的、具有自身特殊性的,而永远无法达到抽取个性特色而实现行为模式的一般化,这一点就为信赖合理性的判断留下难题,且有了弹性化处理的余地。

2. 合理性程度尚可。即在当时当地行为人对权利表象的信赖是可以理解的,是具有一定的合理性的,尽管普通人是否会如此行动尚存在疑问。这即对权利表象发生合理过错。"大部分适用合理错误的判决是关于表见代理的……在表见代理的情况下,涉及的通常是商务关系,需要某种速决性,不允许进行深入调查。由于这些关系只和合同当事人相关,第三人可不必介意。但是只要稍微做些调查,并不是不可能获得确切的信息:如向委托人询问一下,就可知道他对委托确认与否。因此在这个领域中要求共同和不可避免的错误,会完全排除表见理论的适用。为了保障常见交易关系的安全,应仅要求合理错误为妥。"①

合理错误的判断,集中于第三人的特殊情况,诸如其行为方式、思维习惯等,同时还考虑所处情事的急迫性、事件本身的特点等等。毋庸置疑,这样的认定相对具有确定性,灵活处理的幅度不大,尽管并非结论就是非常确定的。

3. 无合理性。即权利表象所显示信息的虚假性是如此明显,以致只要稍加注意,即可发现权利表象的虚假性,而由于自己的疏忽大意,竟未能发现。当然一般人在此情形下也是不可能信赖该表象的。从本文的前述观点,无合理性的信赖,意味着其对该权利表象的信赖具有重大过失。

(三) 比较权衡

在进行了可归责性与信赖合理性的类型化研究之后,可以其结果

---

① [法]雅克·盖斯旦、吉勒·古博:《法国民法总论》,法律出版社 2004 年版,第 788 页。

为基础进行综合评价。可归责性与信赖合理性都存在程度的差异,从高到低呈现出一个相互关联的序列,这二者之间可以发生相互交叉性的搭配,可归责性中的任一类型都可以与信赖合理性中的每一类型搭配,其搭配结果呈现出多样性(见下表)。

可归责性与信赖合理性搭配结果表

| 1. 故意且信赖合理性高 | 2. 故意且信赖合理性尚可 | 3. 故意且无合理性 |
|---|---|---|
| 4. 过失且信赖合理性高 | 5. 过失且信赖合理性尚可 | 6. 过失且无合理性 |
| 7. 无过失且信赖合理性高 | 8. 无过失且信赖合理性尚可 | 9. 无过失且无合理性 |

从权利表象规则的结果看,让真实权利人承担表见权利为真的效果,意味着由其承受不利益,而相应地第三人实现其交易目的。因此,对双方当事人的情况进行综合考量,真实权利人可归责性中的过错程度越大,第三人的信赖合理性越高,则适用权利表象规则的正当性越强。①反之,真实权利人可归责性中的过失程度越小,第三人的信赖合理性越低,则适用权利表象规则的正当性越弱,甚至不能适用该规则。这背后存在的法理基础是:真实权利人的可归责性支撑着其责任承担,而仅有这样的可归责性,尚不足以导致其权利的消灭或其它义务的负担,承担损害赔偿是一个更合理的选择,因此还需要第三人信赖合理性的配合,正是由于第三人的行为是无可挑剔的,因此真实权利人应当承担责任。只有信赖保护的强大需要才可打破真实权利人的意思自治,

---

① 其实,这里体现的是责任原则,拉伦茨在论证意思表示错误但仍发生其内容与自己内心不一致的法律效力时指出,在此情形下,"法律后果的产生不符合表意人的效果意思,法律后果并不是依据表意人的自决行为产生的。法律之所以不顾这一事实,仍然规定法律后果应该产生,是出于责任原则方面的考虑。责任原则是私法自治的必要的纠正手段"。[德]卡尔·拉伦茨:《德国民法通论》(下),王晓晔等译,法律出版社 2003 年版,第 503—504 页。

在此深刻地体现着信赖与自治的冲突与协调。

由此,上表所列的各种情形中,首尾两种情形的答案是确定的,第1应当适用权利表象规则,而第9不能适用,这其中的理由是显见的,无须多论。而特别需要研究的系为中间过渡类型。对于第2、4、5三种情形,由于真实权利人的过错程度较大或者很大,而相对应的第三人的信赖合理性程度也较高或很高,因此,综合衡量的结果是应当倾向于适用权利表象规则,而对于第3、6、7、8四种类型,或者是真实权利人无过错,或者是第三人缺乏信赖合理性,此时是否适用权利表象规则并不能得出确定的结论,由于真实权利人无过失并不是权利表象规则适用的阻碍条件,因此第7、8两种可以考虑适用权利表象规则,而第3、6两者则倾向于不适用。

显然,这样的界限仍然是模糊的。因为它并不能提供确定的答案。但作为一般性的理论抽象,所能做的也只能如此,太过于具体化或者肯定化,将无法面对丰富多彩的社会生活,而且会在实践面前碰壁,这里所强调的只能是思考问题的方法及大致的倾向。概言之,在确定权利表象规则是否适用时,应当综合考量真实权利人的可归责性与第三人的信赖合理性,目光在二者之间往返穿梭,以达到尽可能地考虑各种情况,以实现双方当事人的利益平衡。① 权利表象规则本质上系属一种裁判规范,尽管其具有一定的行为导向功能,但这主要是通过对一定结果的附加,从而间接影响人的行为。从裁判规范角度讲,是给法官一个裁判的参酌因素,可归责性与信赖合理性就成为法官裁判时所采用的重要技术手段。

---

① 史尚宽指出,"在法国民法,无论在所谓委任终了时委任之残存、委任之撤回以及因其他原因之终了,若未采取使第三人知其委任关系消灭的手段,认为有过失,应对于第三人履行契约,但第三人之误信,较之委任人充分未除去委任外观而归咎于其本人(第三人)的不注意者,委任人得证明第三人之过失而免其责。"史尚宽:《民法总论》中国政法大学出版社 2000年版,第 554 页。这里其实也使用了比较权衡的方法,当第三人的误信重于委任人的过失时,委任人即可免责。

这里涉及一个重要的法学技术手段：利益衡量。所谓利益衡量，简单地讲，就是在解释、适用法律时着眼于当事人的利益状况的做法。这种衡量可以为了说明一个法规则本身的正当性而进行，也可以为了解决具体个案而实施，其基本操作方式是对相关当事人所涉及的利益进行比较权衡，根据法律本身的价值位阶或者法律之外的价值标准来确定利益取舍，然后做出法律选择。"利益衡量法进行如下追问：在出现问题的情况下相对立的是相关者的何种利益？如果进行一定的解释、适用的话，那么就会使何种利益受到保护而使何种利益受到损失？以这样的分析为前提，应该考虑优先保护哪种利益？将哪种利益放在后面考虑？等等。"①特别值得一提的是，在宏观层面上，利益衡量是根据内在价值理解、批判、接受民法的研究方法，在微观的层面上，利益衡量是通过个别纠纷的解决，在考虑法律外在价值的同时生成法律的技法。② 在权利表象规则，必须进行衡量的是真实权利人的静态权利与第三人的信赖利益、交易安全之间的冲突。这之间究竟应当如何做出取舍，并非就是十分清晰的，因为每个个案具有自身的特性，具有决定性影响的因素就是前文所述的可归责性与信赖合理性，而此会影响相关结论的得出。因此在权利表象规则，利益衡量不仅可以保障个案处理的公平性，更为重要的是，这样的方法可以促进法规则本身的完善。

二、基本结论：弹性化机制的应用

前面的讨论为遵从或否定权利表象规则确立了一个原则界限：当真实权利人的可归责性较高，而第三人的信赖合理性也较高时，则应当适用权利表象规则，反之，当真实权利人的可归责性很低或者没有，而

---

① ［日］大村敦志：《民法总论》，北京大学出版社 2004 年版，第 95 页。
② 参见［日］大村敦志：《民法总论》，北京大学出版社 2004 年版，第 103 页。

第三人的信赖合理性也很低或没有时,倾向于不适用该规则。其基础在于双方之间可归责性的比较,将法律效果的确定与各个主体的可归责性关联起来,既体现对双方自治的尊重,又体现对第三人信赖的保护,因而其支撑原理在于责任原理和信赖原理。不过这样的界限也是很不清晰的,存在着弹性处理的极大空间。

  弹性化处理的价值在于实现个案的正义。法规则所设定的价值追求的实现,是通过对不同的生活事实赋予不同的法效果来完成的。由于法律无法穷尽生活的所有状态而分别赋予法效果,其所能做的只能是采用类型化的法技术手段以实现对生活的概括调整,以实现相同类型相同对待的正义目标,也即让法律效果与类型对应起来,类型构成要件具备即可发生相应的法律效果。但这样处理存在的问题是,生活的个性被裁减掉了,尽管这是必需的,但由此会导致两方面的问题,一是刚性化地适用法律效果会导致该结果并不符合具体个案的特征,从而导致非正义;另一是建立了这样一种预设:可以在剔除个案特色的前提下确定性地认定构成要件,在此基础上赋加法律效果,而这原本是不可能的。解决上述问题的重要手段就是弹性化机制的应用,这既包括法律效果的弹性化,也包括构成要件认定的弹性化。① 对于权利表象规

---

  ① 有学者论证了弹性化处理的价值在于实现个案的正义,"法律中价值取向的最终实现,需要通过赋予不同的生活事实以不同的法律效果来完成。然而,生活事实千差万别,不可能采取完全个别化的调整方式。在法律技术上,通过抽象加以类型化是一种主要的方法,如此既可以实现相同类型相同对待的正义目标,也即让法律效果与类型对应起来,类型构成要件具备即可发生相应的法律效果。不过,这样的方法中,已含有对生活事实的剪裁。剪裁虽是必需的,但是,其中潜在的冲突是:由此而带来的法律效果'全有或全无'模式,将无法反映对生活事实的价值评判的量度。刚性的'要件—效果'模式,可能导致个案的非正义。由此,我们感到了柔化'要件—效果'模型的必要,法律效果弹性化的必要也随之凸现出来。"叶金强:《私法效果的弹性化机制——以不合意、错误与合同解释为例》,《法学研究》2006年第1期。尽管这一论述提出的目的在于论证法律效果的弹性化,而对于权利表象规则而言,其效果是确定的,不存在弹性化处理的余地,但这样的思路对于界定权利表象规则适用的界限,仍然有重要的参考价值。

则而言,其效果是确定的,不存在弹性化处理的余地,因此本文的重点就集中在对其构成要件的弹性化认定上。

权利表象规则适用中的弹性化,主要是由构成要件认定的弹性化而实现的。

### (一) 可归责性认定的弹性化

首先需要明确的是,可归责性的认定问题是需要通过综合评价的方法才能够回答的,因此需要斟酌多种因素;其次,可归责性的考察其实是对行为瑕疵性的认定。恰如巴尔所言,"正因为因果关系问题实际上就是可归责性问题,而可归责性问题又只能通过综合评价的方法回答,因此,一系列的法律政策考虑也就在因果链的认定过程中发挥了作用,在这个侧面上,对因果关系的认定无异于对行为瑕疵性的认定。"[①]可归责性认定的基本思考方式是:考察真实权利人的行为是否对权利表象存在及延续具有原因力,即对真实权利人的外在行为进行定性,分析其内心状态,同时必须结合权利表象存在的情况、相对人行为的情况及其信赖的合理性等等相关因素进行考量。由此,对可归责性的认定结论并非总是确定而清晰的。由于其本身属于法律判断,同一生活事实在不同的判断者眼中,可能会得出不同的结论。这里存在的问题经常是:关于权利表象的形成与存续,或多或少、或近或远总是跟真实权利人有关,那何种范围、何种距离的行为始可认定具有可归责性?本文所关注的并不是要求所认定的结论绝对一致,而是关注在认定时应该考虑哪些因素、过失辐射的范围究竟在多大范围内能影响认定的结论

---

[①] [德]克雷斯蒂安·冯·巴尔:《欧洲比较侵权行为法》(下卷),焦美华译,张新宝审校,法律出版社 2004 年 5 月版,第 567 页。

等等。① 换言之,在考虑可归责性时,究竟应当把真实权利人的哪些行为因为其对权利表象的形成具有相当的原因力而认定为具有可归责性? 即应当如何截取真实权利人与权利表象之间的因果链。

真实权利人原本享有权利,而之所以会出现与真实权利人意志无关的权利表象,无非有两种原因,一种是由于真实权利人自己的原因所造成,②另一种是由于他人的原因所造成,前者跟真实权利人有关自不待言,后者虽然表面上似乎与真实权利人无关,但应注意的是,这里存在弹性化处理的空间,因为该表象之所以得以出现并延续,尽管并非自己的原因造成的,但总是跟真实权利人未能采取积极的行动防止或消除该表象有关,如果真实权利人时刻高度谨慎,权利表象原则上是可以杜绝的。

既然权利表象的出现总是跟真实权利人有关,是否意味着只要出现权利表象,真实权利人就当然具有可归责性? 这一点显然是否定的,因为这样就会导致对可归责性的认定显得多余,且这样对可归责性的扩大化会导致由真实权利人承担不利益的正当依据丧失,从而对真实权利人构成不公。不仅如此,它还关涉真实权利人的意志自由这一重大问题。因此必须把真实权利人的行为进行类型化,根据不同的情形进行具体判断。概言之,真实权利人的行为可以分为两类,一类是对权

---

① 比如在如下情形:某甲是某保险公司的代办员,经常去某乙家办理保险事宜,后某甲被保险公司辞退,但盖有公司财务专用章的空白收据未被收回,某甲仍以该公司代理人的身份去某乙家办理保险,在某乙相信其仍具有代理权的基础上,委托某甲签订保险合同并预交了保险费,出具的收据为盖有公司财务专用章的财务收据。后某甲不知去向,此时,保险公司应否负责? 参见"杨诗刚、梁军诉中国人寿保险公司海南省分公司返还保险费纠纷案",海口市新华区人民法院(1999)新民初字第266号判决书。这里存在的问题是,盖有公司印章的财务收据能否作为代理权的表象? 公司未能收回该财物收据具有过失,但该过失辐射的范围究竟有多大? 是否对某甲所有因此而发生的行为均应承担责任? 这些问题都需进行深入的研究。

② 就其主观心态来说,或者是故意,或者是过失。

利表象的形成具有相当的原因力，因而即可凭此认定真实权利人存在可归责性；另一类是对权利表象的形成尽管具有影响，但其所起的作用极其微弱，在该表象形成的原因链上所处的位置过于遥远，因而尚不足以据此认定真实权利人具有可归责性。如此，问题就转化为对真实权利人"引起"权利表象的行为如何定性，而这恰恰没有清晰的楚河汉界。与权利表象的形成有关的行为可能是积极作为，也可能是消极的不作为，这些行为与权利表象的形成之间具有不同的联系，如果将其根据对表象形成的原因力进行排序，就会出现一个由强到弱的连续序列，在这一序列上进行人为切分，切分点之前的行为由于对权利表象具有较强的原因力，因而可以据此认定真实权利人具有可归责性，而真实权利人从事了切分点之后的行为则不具有可归责性。这样，问题的关键就在于应当将切分点界定在哪里。实际的情形是，该切分点的确定是一个弹性因素，完全可以根据实际情况取向于第三人的信赖合理性进行有意识地前后挪动。面对个案，如果真实权利人的行为恰好处于切分点的边缘地带，而相对人的信赖却具有相当高的合理性，此时就可以将该切分点向后挪动，使得真实权利人的行为处于具有可归责性的行为范围内，从而认定其具有可归责性，通过这种手段来平衡当事人之间的利益。反之，如果第三人的信赖合理性较低，就可以采取反向操作的方式，通过排除真实权利人的可归责性的手段否定权利表象规则的适用。

（二）信赖合理性认定的弹性化

信赖合理性程度原本有复杂多样的形态，有学者指出，"有关表见心理要素的判例处理方式仍五花八门。从共同错误到合理错误，再到一般可谅解的错误，程度差异巨大，而且还可无限细分。被采纳的定性根本不符合某些严格的标准。这就产生了相对不确定性。这一不确定性并不使人感到意外。表见理论的灵活性是必要的：作为法律规则一般作用的纠正机制，它应当随时准备适用于需要它的地方,但又要防止法律秩序遭受破坏。"①正是由于信赖合理性本身表现形式的多样性,决定了对其认定的困难和复杂,特别是对其级别的认定,更是如此。

首先,信赖合理性认定的弹性化表现为参照标准的非确定化。之所以将当事人信赖合理性的考察认为属于一种弹性判断,是因为作为认定基准的规范并不存在,而仅仅存在一些经验,究竟需要斟酌哪些因素尚未有明确且公认的观点,这些都处在摸索及整理阶段,相应地,不同的判断者根据不同的标准可能会得出完全相反的结论。② 本文前述对信赖合理性的判断方法界定为在考虑具体情事的基础上将第三人的行为与处于相同境地的普通理性人的行为模式相比较,这一方法存在的难题是:如何确定普通理性人面对代理权表象时的行为方式?一般性地考察问题往往会遭遇困境,因为这样的考察离不开考察者的主观判断,在实践中并不存在一种所谓一般人的行为模式,可观察的现象都是个案的、具有自身特殊性的,永远无法达到抽取个性特色而实现行为模式的一般化,因此该参考标准只能通过判断者经验之上的推理来构建,这就决定了这一标准本身的主观性。加上对第三人实际情况的考虑,信赖合理性的判断就更加困难,因此认定结论具有一定的灵活性是完全可以理解的。可以想象,总是存在这样一些情形,第三人应否认识到权利表象的虚伪确实无法进行准确的判定,这就为信赖合理性认定的弹性化奠定了基础。

其次,信赖合理性认定的弹性化还表现在其总是在权衡双方当

---

① [法]雅克·盖斯旦、吉勒·古博:《法国民法总论》,法律出版社 2004 年版,第 802 页。
② 具备何等条件为过失是一个众说纷纭的命题,重大过失的标准也是如此。王泽鉴指出,"'过失'的认定是一个有待具体化的标准,应由法官就该事件的具体情况,考量相关因素而为客观的判断。惟在所谓边缘案件,法官个人的价值判断,亦属重要性,自不待言。"王泽鉴:《侵权行为法》(第一册),中国政法大学出版社 2001 年版,第 262 页。

事人利益的基础上进行。权利表象规则涉及利益相冲突的双方当事人，因此必须设法促进二者利益的衡平。对此最基本的技术手段是在真实权利人的可归责性与第三人的信赖合理性之间进行比较权衡，在此前提下，判断者完全可以根据本人的可归责性程度，来决定第三人的信赖合理与否。基本操作方式为：第三人的信赖其合理与否总是存在模棱两可的情形，此时就可以根据实际情况取向于真实权利人的可归责性进行有意识地控制。面对个案，如果真实权利人对权利表象的形成具有故意，而第三人的信赖是否具有合理性处于边缘地带，此时就可以适当提升过失认定的标准，从而将第三人的信赖认定为不存在过失，从而通过适用权利表象规则来平衡双方的利益。反之，如果真实权利人的可归责性程度较弱，就可以采取反向操作的方式，通过排除第三人的信赖合理性的手段否定权利表象规则的适用。由此可见，信赖合理性与可归责性之间相互影响，相互配合，任一要素可以基于特定的目的而严格化或者相反，从而成为实现特定利益的手段。

由此可见，可归责性以及信赖合理性要件的弹性化处理，集中表现在认定本身的非唯一性与非固定化上，在认定一方时可以参酌另一方相应变动其认定结论，而呈现出认定结果一定程度的灵活性。总体说来，可归责性与信赖合理性这两个要素原本是为了平衡当事人之间的利益而采用的技术性手段，其中任一要件不仅为本方承担权利义务提供正当性，同时也为对方法效果的承担提供一定的支撑。这二者之间相互影响，相互配合，任一要素都可以基于特定的目的而严格化或者弱化，从而成为实现特定利益的手段，因此这两个因素必然是紧密联系在一起的。在认定时，判断者必须结合这两个因素进行总体化的判断，为了适用或不适用权利表象规则而有意识地促成或限制某一要件的达成。这也正是通过要件认定的弹性化实现权利表象规则适用的灵活性。这里深刻地体现了法官处理案件的一种司法技术。① 其实这是借鉴了维尔伯格(Wilburg)的动态系统理论,该理论的基本思想是:就一定的法律领域,特定可能发挥作用的作用力,通过这些作用力的动态协动作用说明各个法律规范、法律效果及其变迁,并将其正当化。② 换言之,动态系统理论是首先确定一些重要的要素,并通过这些要素之间的相互作用、相互协作来确定有关法规则的适用及其法律效果,并将之作为正当化的理由。③

由于信赖合理性与可归责性认定本身的弹性化,导致权利表象规则的适用具有较大的灵活性。但是必须指出,本文所主张的弹性化处理,是指向那些处于模糊地带、性质可左可右的一些行为,如果其行为性质非常明显,尽管可能存在进行相反认定的强大理由,也不得做出相反的认定。弹性化并不意味随意化,并不表明法官享有无限程度的自由裁量权,而只能是一定原则约束下的某种灵活性。法律规则的适用如果完全取决于法官的随意,那就会成为自由的敌人。这涉及到法的安定性价值,考夫曼曾分析过弹性化处理与法的安全性之间的冲突,他指出,"类型无法被'定义',而只能被'描述',因此对立法者而言有两种极端情况:或者整个放弃描述类型而只给予该类型一个名称,……此方

---

① 其实这其中体现了一种"风险"分配规则:可以以较小代价防范风险的一方当事人,应当承担该风险,由此,应当在真实权利人和善意第三人之间进行风险防范成本的计算,从而确定是否遵从权利表象规则。实际上,当真实权利人的可归责性超过第三人时,本身就意味着其预防风险发生的成本要低于第三人,因此要其承担该风险就是可以理解的。不过这里所谓的风险,并非在严格意义上使用,而是为了说明问题的一种借用而已。

② 参见[日]山本敬三:《民法中的动态系统论》,解亘译,载梁慧星主编:《民商法论丛》第23卷,金桥文化出版有限公司2002年版,第235页。

③ 其实不仅法律要件之间会相互协调而实现特定目的,即使在构成要件和法律效果之间,也存在取向于法律效果而构建法律要件的情形。德国学者施瓦布指出,解释者在对生活事实进行法律定性时,首先要考虑这种定性所产生的法律效果,"这样的话,就不只是从制定法中推导出结论,而且同时也从可能得出的结论中推导出制定法的内容。"[德]迪特尔·施瓦布:《民法导论》,法律出版社2006年版,第74页。

式将使法律的适用上获得较大的弹性,但相对地也换来法律的不安定性;或者试着尽可能地描述类型,……此种方式具有较大法律安定之优点,但也造成谨慎拘泥以及与实际生活脱节的结果——耗费大而收获小。"并且认为,"实质正义与法的安定性之间永恒不断的紧张关系是无法消解的,然而法律安定性本身就是正义的一种属性,因而这种紧张关系就是正义本身的一种紧张关系。"①

本文的主张是,为了实现个案的妥当化而导致法规则适用的随意,这将完全是一个本末颠倒的结果。

### 三、实例分析

案例1:②

案情简介:

原告:洛阳市郊区古城第一建筑工程队。

被告:洛阳高新绿洲制冷有限公司。

1999年9月底原告法定代表人刘守毛经他人介绍到洛阳市南昌路天鹰家具城对面的被告办公室商谈工程承包事宜。在被告办公室,原告经理刘守毛认识了董文,并得知董文是工程的具体负责人。经协商后原告支付了5000元图纸押金,董文向原告出具了一份收条,该收条记载:"今收到古城第一建筑工程队图纸押金5000(伍仟元)整",落款是"洛阳高新绿洲制冷有限公司董文。"董文将载明有洛阳高新绿洲制冷有限公司的工程设计图纸交于原告。之后原告在董文及被告公司其他人员陪同下到汝阳县桃营乡范滩村查看了工程场地。原告做出工

---

① [德]亚图·考夫曼:《类推与"事物的本质"——兼论类型理论》,吴从周译,学林文化事业有限公司1999年版,第117、119页。

② 见洛阳高新技术产业开发区人民法院(2000)洛开经初字第15号判决书。案名:洛阳市郊区古城第一建筑工程队诉洛阳高新绿洲制冷有限公司建设工程合同纠纷案。

程预算后,被告既不通知原告施工,也不给原告返还图纸押金,双方因此发生纠纷。

**双方主张:**

原告主张:董文是被告的代理人,被告应当归还图纸押金及利息,并赔偿原告为其所做工程预算费用及相关费用。

被告主张:我公司与原告未发生过任何业务往来,更没有收到原告的图纸押金。收原告图纸押金的是董文,此人与我公司主管基建的经理认识,他以帮我公司作基础变更为由,领走我公司工程图纸五份,我公司至今与他也无法联系。由于董文不是我公司职员,他的行为与我公司无关。

**争议焦点:**

被告是否应当对董文的行为负责?

**法院裁判要旨:**

原告虽然没有见到董文的身份证明及其与被告之间的关系证明,但是在原告与董文发生业务过程中,董文的一系列行为使原告有理由相信其完全能够代表被告实施。该行为符合法律规定的表见代理。因此,董文收取原告5000元图纸押金应认定为被告公司行为。原告请求被告返还图纸押金并支付利息,理由正当,应予支持。

**简要评析:**

本案中,法院认定应当适用表见代理规则。此处的分析集中在适用权利表象规则的要件是否具备。

1. 是否存在代理权的表象?

在法院的裁判要旨中指明,"原告虽然没有见到董文的身份证明及其与被告之间的关系证明,但是在原告与董文发生业务过程中,董文的一系列行为使原告有理由相信其完全能够代表被告实施。"这里似乎是将董文的一系列行为视为是代理权表象。本文认为,这是一种错误认定,因为董文的一系列行为发生在原告向董文支付了图纸押金之后,而本案争议的焦点是关于该笔押金的返还问题,因此法院审查的重点应当是在原告支付该押金时是否存在代理权表象,而与其后董文的行为无涉。不过董文事后的行为可以强化原告已经形成的信赖,客观上阻止了原告及时进行纠正的行为,因而也是有意义的。另外,法院使用"代表"一词也未尽准确。

可以成为代理权表象的因素有如下一些:第一,被告办公室这一特定地点。该地点会给普通人造成某种信赖,认为其中活动的人可能会是该公司的工作人员;第二,原告经理刘守毛得知董文是工程的具体负责人,这一情节不太清晰,不知是由被告的工作人员告知抑或通过其它途径获知,如果是前者,那可以将之作为信赖代理权存在的某种理由;第三,董文将载明有被告名称的工程设计图纸交于原告,这是一个重要的信息载体,传递的内容是董文与被告有关。

上述三个因素中的任何一个都无法单独构成代理权存在的表象,因为其无法传递董文享有代理权的信息,而且其本身无法充任代理权的表征。但是如果将三者结合起来,就足以使一个即使是谨慎之人也会认为董文具有代理权。由此也可看出,代理权表象并非单一的事实构成,许多情形下可以由多个因素合成。

2. 原告对董文代理权的信赖是否具有合理性?

其实在对前一问题的分析中已经为这一问题提供了答案。需要考察的是,一个理性之人处于原告的地位,是否会产生同样的信赖?这既是一个实践经验的概括,也属于理性构建。首先是构建在此情形下一般人的行为模式,然后将特定人的特殊性因素融入,以建立一个参照标准,来与该特定人的行为相比较,以判断该特定人的行为是否达到要求。本案中,一个一般的理性人处于与原告相同的地位,应该会产生对董文的信赖。本文对此持肯定态度。

3. 被告是否具有可归责性?

对此,原判决未见涉及。本文认为,被告的可归责性主要体现在将载有自己名称的工程设计图纸交由董文占有,这一点是肯定的。被告辩称"此人与我公司主管基建的赵经理认识,他以帮我公司作基础变更为由,领走我公司工程图纸五份。"恰恰证明了自己在公司的文件管理上存在疏漏,这一点是很清楚的。

综合上述,一方面确定了原告的信赖合理性,一方面认定了被告的可归责性,因此适用表见代理的规则是完全正确的。本文赞同法院的判决,但认为法院的说理未尽充分。

案例 2:①

案情简介:

上诉人(原审原告、反诉被告):山西省第六建筑工程公司,简称省六建。

被上诉人(原审被告、反诉原告):大同矿务局云岗矿,简称云岗矿。

1992年以来,原被告双方多次订立建筑工程合同,云岗矿累计欠省六建工程款94万。马桂平系省六建雇用的民建队负责人,系省六建驻云岗矿工程的下属单位一分公司被免去经理职务一年的刘润全的女婿。1997年8月,马桂平用盖有一分公司公章的便笺、盖有刘润全名章、内有保证字样的便函及盖有一分公司财务公章的收据,支取了应支付省六建的工程款70万元。马桂平承认该行为均采取不法手段所为。

上诉人认为,马桂平提取70万元工程款是与对方恶意串通所为,不应让我方承担损失结果,对方应当清偿全部工程款94万元。

被上诉人主张,马桂平所支取70万元应视为已付省六建,因此只

---

① 见山西省高级人民法院(2000)晋经二终字第60号判决书,案名:山西省第六建筑工程公司诉大同矿务局云岗矿建筑工程承包合同纠纷案。

负担余额。

**争议焦点：**

云岗矿对马桂平所支付的70万元是否属于对省六建的有效清偿？

**法院裁判要旨：**

法院认为，双方共同确认的工程款，建设单位云岗矿应予支付。刘润全被免职一年多，根据双方长期的合作关系，云岗矿应当知道其非现任经理，办款人员及其手续有重大疑点，且云岗矿违背双方在长期结算中把应付款直接转入一分公司固定的单位账户的常规，轻易将巨额工程款支付他人，对省六建工程款的流失负有主要责任，故该70万元工程款应由云岗矿支付省六建，但省六建也有管理不当的过失，自行承担利息损失。

**简要评析：**

本案的焦点问题是云岗矿交付给马桂平的70万元是否构成对省六建的有效给付？因而就转化为马桂平的行为是否构成表见代理，这需要从以下几方面分析：

1. 是否存在代理权表象？

本案中，这一问题比较清楚，盖有一分公司公章的便笺、盖有刘润全名章、内有保证字样的便函及盖有一分公司财务公章的收据，构成了马桂平享有代理权的表象。

2. 云岗矿对该代理权表象的信赖是否具有合理性？

本案省六建提出的主张是，马桂平提取70万元工程款是与对方恶意串通所为，案件事实对此不能提供支持，如果是恶意串通，就不存在信赖问题，更遑论信赖合理性。因此下面的分析是以信赖为前提的。

对于这一问题，下列因素具有重要价值：第一，云岗矿与省六建一分公司有长期业务往来，应当知悉马桂平的岳父刘润全已经被解职的事实。在权利表象规则适用与否的判断中，在确定第三人是否具有信赖合理性时，第三人自身的特殊性具有重要意义，如果其应当知悉的事实促使其应当对代理权表象产生怀疑，而竟未能注意时，则难谓不存在过失。本案中，代理权表象中包含盖有刘润全印章的便函，云岗矿应当对这一情况产生警觉，因为刘润全已经在一年前被解职，其印章已无特殊效力，在此却加盖，是有一定的可疑性的。第二，双方当事人之间存在的交易惯例。这一点对认定第三人信赖的合理性具有重要意义，如果第三人违背惯例地从事一定的行为，而其行为的基础是对权利表象的信赖，则其信赖不具有合理性。云岗矿与省六建之间存在一惯例，即由云岗矿把应付款直接转入一分公司固定的单位账户。这次其违背这一惯例而直接将应付款交付他人，难谓不存在过失。第三，支付数额特别巨大。双方交易数量的大小，决定着其是否应当向真实权利人求证代理权是否存在，当数额极大时，谨慎的行为人应当向被代理人求证。

由此可见，处于与云岗矿同样境地的谨慎的一般人，是不会对该代理权表象产生信赖的，因此其行为方式不符合理性人的要求，其信赖不具有合理性。

3. 省六建是否具有可归责性？

在第三人不具有信赖合理性时，一般已无必要探究真实权利人的可归责性问题，因为已不具备适用权利表象规则的要件。但本案有一特殊情况，即利息的支付，因此需要进行可归责性的分析。本案中马桂平承认所持有的盖有一分公司公章的便笺、盖有刘润全名章、内有保证字样的便函及盖有一分公司财务公章的收据系其不法行为所得。法院凭此直接认定省六建具有可归责性，理由在于对相关印章、文件管理不当。本文对此持有异议，主张应根据不同情况进行认定。关键因素在于马桂平不法手段的方式决定着省六建是否具有可归责性。如果其是通过省六建即使采取合理的保护措施也无法防止的手段获得的（如盗窃、暴力等），则省六建不具有可归责性；反之，如果其所采取的是省六建若采取合理措施原本是可以防止的手段获得的（如通过贿赂管理人员而取得），则省六建当然具有可归责性。

这一点体现了可归责性的认定，涉及到真实权人的自由限度，亦即其所应负担义务的范围。他应当尽到通常应有的注意义务，以防止因有关证件的遗失导致权利表象的发生。对于超过合理谨慎范围的预防措施，真实权利人并无义务去实施，因此违背之并不构成可归责性。

由此可见，法院采取不适用表见代理的规则，本文是同意的。

此外，本案关于利息的支付，涉及另一法律关系，即云岗矿违约责任的承担。因为不成立表见代理，云岗矿的支付行为不对省六建构成有效给付，因此其不支付价款的行为构成违约，此时如果认定省六建也存在过失，则应适用过失相抵规则。

## 小　　结

在研究了权利表象规则本身的构造之后，必须研究这一规则的司法应用。尤为重要的一个问题是，究竟如何确定这一规则适用与否的界限？即在什么样的情况下应当适用权利表象规则，而又在什么样的情况下不适用，这成为本章的研究重点。

本章分为两个步骤展开，首先是探寻权利表象规则得以确立的关节点，其旨在于寻找确定这一规则适用界限的关键因素。权利表象规则作为一个法规则所面对的最大质疑在于，为了保护善意第三人的信赖，就可以牺牲真实权利人的意思自决吗？私法自治的原则何以维持？因此这一规则得以确立的关节点就在于能否实现私法自治与信赖保护之间关系的协调。

自治属于私法的基本原则，也是私法得以确立的基本正当性依据，而信赖保护属于在交易日益频繁情形下出现的一个新视角，它本身是作为私法自治的校正因素而存在的,因此,这二者之间的矛盾无可避免,基于信赖的权利取得必然与真实权利人的意思相冲突。但同时,这二者之间的矛盾并非不可协调,信赖保护在一定意义上实现了对私法自治的兼顾。在权利表象规则的背景下,可归责性要件的附加其实是对私法自治的回归,而信赖合理性要件则是从第三人的视角贯彻了意思自治。总体而言,在权利表象规则中,信赖与自治具有极强的亲和关系。自治存在于当事人双方,对真实权利人的自治进行限制意味着对第三人自治与信赖予以保护,而对第三人的信赖保护程度又决定着信赖者自治的实现。这样关联的根本原因在于,支撑权利表象规则的背后理念,除了信赖保护之外,还有当事人的意思自治。

在确定了权利表象规则得以确立的关键因素之后,探寻其适用界限的技术手段就在于可归责性与信赖合理性的比较权衡。这里所谓的比较权衡,是指在总体上通过对特定因素的考量来平衡当事人双方的权利义务关系,从而确定是否适用权利表象规则的界限。此时存在着两个相互冲突的利益主体:真实权利人与善意第三人,而这两个主体分别代表不同的社会层面,并且还关涉基本的私法价值,这两个价值之间进行挤压与妥协便是不得已的选择。比较权衡的目的在于考察相冲突双方的过失程度,从而决定是否适用权利表象规则。

在具体的方式上,首先是进行可归责性与信赖合理性的类型化,然后在此基础上将二者进行搭配,从而确定该规则适用的大致界限:当真实权利人的可归责性较高,而第三人的信赖合理性也较高时,则应当适用权利表象规则;反之,当真实权利人的可归责性很低或者没有,而第三人的信赖合理性也很低或没有时,倾向于不适用该规则。应当指出的是,这一界限并非是泾渭分明的,无疑需要弹性化机制的介入。这集中表现在认定本身的非唯一性与非固定化上,在认定一方时可以参酌另一方相应变动其认定结论,而呈现出认定结果一定程度的灵活性。

总体说来,可归责性与信赖合理性这两个要素原本是为了平衡当事人之间的利益而采用的技术性手段,其中任一要件不仅为本方承担权利义务提供正当性,同时也为对方法效果的承担提供一定的支撑。这二者之间相互影响,相互配合,任一要素可以基于特定的目的而严格化或者弱化,从而成为实现特定利益的手段,因此这两个因素必然是紧密联系在一起的。在认定时,判断者必须结合这两个因素进行总体化的判断,为了适用或不适用权利表象规则而有意识地促成或限制某一要件的达成。这也正是通过要件认定的弹性化实现权利表象规则适用的灵活化。

# 第七章 权利表象规则适用时的举证责任分配

举证责任的分配属于民事诉讼中最为重要的问题之一。张卫平指出,"如果要论及当前我国民事诉讼法学界和实务界最关注的问题是什么的话,则可以不加考虑地回答是民事证据问题。若要问民事诉讼证据的若干问题中,哪一个问题最重要,也同样可以不假思索地回答是证明责任问题。"①举证责任的分配关涉实体法功能和目的的实现,恰当的分配可以保证某一法规则的顺利运行。权利表象规则的司法实现,离不开举证责任的分配,可以说举证责任的恰当分配是保障这一规则顺利实现的前提条件。就举证责任本身而言,是一个聚讼纷纭、尚未形成定论的问题,是随着司法实践及其法学理论的演进而不断发展的理论观点。

## 第一节 举证责任分配的一般理论②

### 一、举证责任及其分配的涵义

举证责任是指在诉讼上当待证事实存否不明时,由当事人一方承

---

① 张卫平:《证明责任:世纪之猜想》,载[德]莱奥·罗森贝克《证明责任论》,庄敬华译,中国法制出版社2002年版,序言第2—3页。

② 这部分的讨论,主要参考陈荣宗:《举证责任之分配》,载于1977年6月及1978年6月《法学论丛》第6卷第2期及第7卷第2期。

担败诉判决的不利后果。①在诉讼中,当事人欲获得法院的支持,必须在事实层面证明存在其请求权规范所指涉的事实,当这些事实确定存在或确定不存在时,法律效果的得出便是简单而确定的,而当这些事实存否不明时,法院不得因此拒绝做出判决,根据经验法则,尽管不能得出当事实存否不明时,其不存在的或然性高于其存在的或然性的结论,但作为一种诉讼风险,事实不明所导致的不利只能由主张之人承担,同时基于公平性的考虑,法院就会判决因该事实的存在而有利的一方当事人败诉。其实,这种做法包含着重大的价值追求:通过这一手段,从不利结果的承担角度促使当事人积极提供证据,尽量证明待证事实;从另一个角度看,可以促使当事人在行为当时注意收集证据,慎重进行有关交易行为,使得交易行为的进程更加理性和规范;同时也有利于防止当事人的滥诉,避免他人无辜涉讼。事实上,"证明责任规范的本质和价值就在于,在重要的事实主张的真实性不能被认定的情况下,它告诉法官应当做出判决的内容。也就是说对不确定的事实主张承担证明责任的当事人将承受对其不利的判决。"②正是由于此,举证责任规范才成为其它实体法律规范的必要补充,也是其它法律规范适用的前提。③

---

① 参见叶自强:《民事证据研究》,法律出版社1996年版,第136页。他将举证责任定义为:"指诉讼上无法确定某种事实(确定一定法律效果的权利发生、变更或消灭所必要的事实)的存在时,对当事人产生的不利后果(其所主张的有利的法律效果不被承认的后果)。"

② [德]莱奥·罗森贝克:《证明责任论》,庄敬华译,中国法制出版社2002年版,第2—3页。

③ 这里存在一个关于举证责任所属法域的问题,对之必须予以究明,因为这关涉本章的问题属性。从形式上观之,民法典中的规定应属于实体法,而民事诉讼法中的规定应属于诉讼法,但从实质观之,则虽为民法典中的规定,若为规定裁判或执行的方法者,属于诉讼法的范畴;同样,虽为民事诉讼法中的规定,若规定私人间的权利义务者,则属于实体法。关于举证责任的分配,立法例上,有在诉讼法中不作一般性的规定,而委之于实体法及学说者,如德国、瑞士、意大利等;有在民事诉讼法中规定其原则者,如匈牙利民诉法及我国台湾民诉法。那举证责任究竟何属?采实体法说的学者认为,何种要件事实原告负有举证责任,何种要件事实被告负有举证责任,是依实体法的规定而决定的,故举证责任应属实体法。反之,采诉讼法说的学者则认为,举证责任的原则存在于诉讼法上,证据的概念也仅在诉讼法上有之,举证

特别应予指出者,在大陆法特别是德、日民事诉讼法中,存在着客观的举证责任和主观的举证责任之分。①二者均为积极提供证据的一种必要性,最为主要的区别在于举证不力的后果不同,在客观的举证责任,当待证事实存否不明时其承担者将受到不利的判决,而在主观举证责任,仅对法官的心证形成不利影响,于事实不明的场合并不当然发生不利的判决。如果法官基于其它证据能够形成关于事实的心证,完全可以作有利于主观举证责任承担者的判决。由此,客观的举证责任无转换于对方的问题,而主观的举证责任却有举证责任的转换问题。通常所说的举证责任,均是指客观的举证责任而言。

就举证责任的性质而言,因为在民事诉讼当中,当事人对自己的权利享有处分的自由,因此举证责任并非一种义务,而是一种败诉风险负担。

举证责任究竟应由哪方当事人承担,这即为举证责任的分配问题。换言之,举证责任的分配是指何人应就何种事实为举证,及于该事实存

---

责任在事实至最后仍真伪不明时,供法院作为判决的依据,故举证责任规范应被视为诉讼法上的规则。其实,举证责任是与规定要件事实的法条属于同一法域,因为举证责任为决定民事诉讼判决内容的规定,同时,必须从相关的实体法规则中推知举证责任的具体分配,因此应属于实体法范畴,这也成为德国、日本的通说。参见骆永家:《民事举证责任论》,台湾商务印书馆发行1981年版,第64—65页。其实,举证责任主要是配合实体法规则的司法实现,是从实体法规则中推导出其分配规则的,当然应属于实体法领域。

①"主观的举证责任重在何人必须提出证据的问题。在诉讼中,若当事人均未向法院提出证据时,法官应如何审理? 采职权调查主义的诉讼程序,法官应设法为证据的收集,当事人双方均无提出证据的义务。于采辩论主义的诉讼程序,证据的提出为当事人的义务,法官不得代当事人提出证据。当事人此种证据提出责任,则为主观的举证责任,亦即当事人有向法院提出证据的行为责任也。所以法院于审理之际必问,本件诉讼应由何方当事人负责提出证据。应提出证据而不提出之人,其诉讼无证据可支持其主张,应受败诉判决。客观的举证责任重点在,当事人双方虽已尽力提出证据,但法官仍然无法判断待证事实之真相,或由于当事人双方均提不出证据,致待证事实的真相不明的场合,法官应判决何方当事人败诉的问题。亦即于待证事实不明的场合,此种不利结果应由何方当事人为负担问题。因为在职权调查主义之下,亦可发生事实真相不明的情形,所以客观的举证责任概念,在职权调查主义及辩论主义之下均有存在可能。"陈荣宗:《举证责任分配与民事程序法》(第二册),三民书局有限公司1984年版,第7页。

否不明时,法院应对何人为败诉的判决。任何一个民事诉讼的进行,其前提条件在于首先确定举证责任的承担,然后才可以在待证事实不明时做出判决;否则,很多的案件就可能陷于事实不清而无法得出结论。因此,举证责任的分配成为一个民事诉讼的前提性问题。

在此有必要简要分析一下举证责任分配的功能的依据。通常情形下举证责任分配存在一般规则和特别规则之分,由于很少有法规范专门就举证责任的一般规则做出特别规定,①因此其仰仗于判例学说的整理,尤其是有关理论学说的应用。在生活事实层面,某一事实是否发生是确定的,但由于司法活动的事后特性,原有事实不可能如影像般地重现在法官面前,法官也无法亲历案件现场,只能依靠证据来还原事实而达到不断接近事实真相的目的,而其最终结果无非有待证事实被证明存在、待证事实被证明不存在、待证事实存否不明这三种情形。前两种情形,法官的处理比较容易,而对于待证事实存否不明的情况,基于举证责任自身的规定性,在处理时将其视为待证事实不存在,从而对请求方做出不利的判决。其根据何在?这种做法的主要目的在于发挥举证责任对当事人的行为激励作用,如果情形恰好相反,这等于是对主张权利者一个消极的行为激励:在待证事实存否不明时不去设法尽力证明案件事实,而对方当事人则必须设法证明该待证事实不存在。"此种将事实或权利存否不明的状态,拟制为事实存在而认定权利存在的设计,系违背一般社会的共同观念,盖吾人一般通念认为,事实存否不明

---

① 德国民法第一草案第 193 条至 198 条有关于举证责任分配的规定,后来在正式的立法中被取消,主要原因为,立法者认为利用法律明文规定举证责任是不必要的,举证责任的规定必须以推理基础、注重公平及符合目的为标准,才能够完成其任务,如果就一般性条文为规定则无法实现,每一个具体的法律规则均应在设计时考虑到举证责任的分配,而不仅仅是实体权利义务的规定。抽象性的一般规定并不能涵盖各种情形。参见陈荣宗:《举证责任分配与民事程序法》(第二册),三民书局有限公司 1984 年版,第 15 页。

的状态应认定其事实不存在,从而认定其权利不存在也。"①

除了关于举证责任分配的一般规则外,在法律规范中还存在着关于举证责任的特别规定,可以称之为举证责任分配的特别规则。其通常有三种表现形式:一是法律有明文的特别规则,规定了举证责任的具体分配;二是立法者在法律文句的用词方面,特别考虑举证责任分配问题,而以但书或限制、除外等特殊的法律用语为规定,使法律所规定的原则事项与例外事项相对立,从而区分举证责任的分配,当事人要对这些例外的情形为主张,就必须予以举证证明;三是法规范中有关法律上推定的特别规则,而这种推定包括事实的推定和权利的推定。事实的推定是指某事实的存在就可以推出另一事实的存在,除非存在反证。已存在的事实称为前提事实,而被推定的事实称为推定事实。事实推定的规则改变了一般的举证责任分配原则,使得主张者无需对推定事实为举证,而仅需对前提事实举证,相对人必须对推定事实的不存在负举证责任。这些特别规则的功能及立法上依据何在? 其实,立法理由多集中于证据法上的考虑:让容易证明的一方当事人承担举证责任,避免规定由难以举证的一方为证明,因此凡是能由一方当事人任意支配的事实,应尽量设法规定由其举证,如此才能使该相应的事实获得证明。利于举证、便于举证是举证责任分配的一个重要原则。同时还需要考虑的一个因素是,应当适当分配举证责任,不至于使当事人之间的举证责任过分失衡。此外,法律还需要考虑诸如事实发生的盖然性、特殊的政策选择等等情况。

## 二、举证责任分配的代表性学说

根据何种标准进行举证责任的分配? 有无一个统一的能够适用于

---

① 陈荣宗:《举证责任分配与民事程序法》(第二册),三民书局有限公司1984年版,第45页。

各个案件的举证责任分配原则？这一直是一个仁者见仁的颇具争议的问题,从罗马法至今有过很多不同的理论学说来探讨这一问题,基于笔者的能力所限,在此仅能将有代表性的观点予以简要梳理,期能在对历史的回顾中找到可能的答案。

### (一) 罗马法关于举证责任分配的基本原则

罗马法上对于举证责任分配定有两大原则,一为"原告应负举证义务",另一为"举证义务存于主张之人,不存于否认之人"。[①] 换言之,原告应当负责举证,当其不尽举证责任时,应为被告胜诉的裁判,但原告若提供了证据证明待证事实的存在,被告可以反证推翻之。假使被告提出抗辩,就该抗辩有举证的必要。[②] 这两大原则,奠定了举证责任分配的基本框架,成为解决这一问题的经典原则,到目前为止,这两大原则仍然发挥着基础性价值。不过应注意的是,这两大原则在一定意义上存在交叉的情形,因为一般情况下,当然是原告有一定的主张,而被告否定之,由是,与其说是两大原则,毋宁说是一项原则。其精义在于,在诉讼中有所主张之人,应该承担举证责任。

受罗马法诉讼程式的影响,罗马法中仅存在主观的举证责任的概念,而无客观举证责任的观念,法官仅是责令当事人一方提供证据,而当其举证不力时,则承担相应的不利后果。这原本是作为一种行为义务而存在的。

### (二) 待证事实分类说与法律要件分类说

罗马法上的举证责任原则,经中世纪寺院法的演变,确立了原告就其诉讼原因的事实为举证,被告就其抗辩的要件事实为举证的一般原

---

① 参见陈荣宗:《举证责任分配与民事程序法》(第二册),三民书局有限公司1984年版,第5页。

② 参见骆永家:《民事举证责任论》,台湾商务印书馆发行1981年版,第69页。

则,这一原则仅在法律有推定以及于消极性的事实两种情形,始有例外。① 这一原则在取得统治地位一段时间以后,司法实践发现其并不能无限制地适用于各个案件,出现了许多例外情形,而当例外成为一种常态时,原则的价值就不复存在。在此之后,出现了各种不同的学说,均试图一劳永逸地解决举证责任的分配问题,可以说是进入了在举证责任分配问题上的大争论时代。

对这一时期的学说进行分类,可以采用不同的标准,但常用的标准是根据研究举证责任的不同方法,当时的方法主要有两种,一种是所谓待证事实分类法,另一种是所谓法律要件分类法。以下对之进行简要叙述。

1. 待证事实分类说

所谓待证事实分类说是指,专就待证事实本身的性质内容为研究,而不关涉待证事实在法律构成要件上的地位,也不问其为何种法律上效果的要件事实。析言之,是指纯粹从待证事实本身的性质或内容入手,某一类型的待证事实确定由原告举证,而另一类型的待证事实则分配给被告。这种分配不关注举证责任的分配对于实现社会正义、发挥实体法的价值所应起的作用,而是单纯从待证事实的形式上来决定举证责任的分配。

待证事实分类说主要有以下几种类型:第一,消极事实说。即主张消极事实者,不负举证责任,而主张积极事实者,应就该事实负举证责任。这一学说有相当的影响力。其建立的理论基础,一在于消极事实的证明困难;二在于依据因果关系之法则,消极事实本身无以引起一定的效果发生,故即使对其为举证,也不具有实益。消极事实说尽管具有

---

① 参见陈荣宗:《举证责任分配与民事程序法》(第二册),三民书局有限公司1984年版,第6页。

相当的说服力,但自身却具有无法克服的弊端。主要表现在,消极事实与积极事实本身很难有清晰的区分界限,[①]同一事实,往往由于表达方式的不同而具有不同的性质,这就为当事人利用表达方式的技巧,将积极事实变为消极事实进而逃避举证责任提供了可能性。[②] 其次,消极事实尽管很难用直接证明方法来证实,但并非不能证明,多数情形下可以用间接证明的方法,通过相当数量的间接证据形成证据链而达到目的。最后,消极事实说认为消极事实对于法律效果的发生无原因力,这一点也非确论。法律效果与法律要件的原因关系并不等同于客观自然的原因关系,而属一种法律拟制,既如此,法律完全可以将一定的法律效果规定为一定消极事实的结果。不过,消极事实说尽管有许多的不足,但仍然被广泛地应用。

第二,外界事实说。此说认为主张外界事实之人有举证责任,但主张内界事实之人则无举证责任,因为内界事实不能证明之故。[③] 所谓的外界事实,是指可以通过人的感官直接感知的事实,而内界事实是指与外界事实相对应的,存在于当事人内心且他人无法直接感知的事实,典型形态为当事人的内心意思。[④] 可以肯定的是,内界事实并非无可

---

[①] 陈聪富认为,侵权行为可分为积极的作为与消极的不作为,但作为与不作为有时区分不易,例如开车时,因未踩刹车,致撞伤行人;持枪者未将子弹卸除,不慎射发,致伤友人。参见陈聪富:《侵权归责原则与损害赔偿》,北京大学出版社 2005 年版,第 5 页。作为与不作为的这种难以区分彰显了积极事实与消极事实的划分困难。当然这二者并非同一问题,前者是关于侵权行为本身的界定问题,而后者则属于对同一行为的定性问题。

[②] 比如从形式的角度观察,"善意"是一个积极事实,如果将其视为是一种主观心态,意味着相信虚假的信息为真实,如果将其表述为"不知情",即对虚假信息的不知,尽管其意思未发生任何变化,但其性质已转化为一个消极事实。显然,同一事实,会因其表述的不同而异其性质。

[③] 参见骆永家:《民事举证责任论》,台湾商务印书馆发行 1981 年版,第 73 页。

[④] 意思表示的构造要素可以清晰地说明外界事实和内界事实,表示行为属于外界事实,而在表意人心中所存在的效果意思、行为意思及表示意识,则属于内界事实,甚至包括行为能力皆是。

证明,可以通过一定的间接方式证明之,但考虑到其举证难度,法律创设了减轻举证责任的方式,诸如法律上的推定或事实上的推定等等。

第三,推定事实说。认为就法律所推定的事实为争执者,主张与法律推定的事实相同的一方免为举证,而应当由主张与法律推定的事实相反的一方负举证责任。① 积极性事实若无特别的推定情形,应认为消极性事实受推定而存在,主张消极性事实之人免为举证,其举证责任由主张积极性事实之人负担。其理论基础在于一是以消极持续事实的推定、事实发生的可能性为基础,二是立于因果法则的现象观察方法之上。依推定事实说,凡由不断发生变化的状态变为别种状态的可能性,远比持续不变的状态产生变化的可能性大。不断发生变化的状态属于积极性事实,而持续不变的状态系消极性事实。所以持续不变的消极事实,应受推定而认为存在,凡对此推定存在的事实为争执者,应就其事实发生变化的积极事实为举证,这是合并消极事实说及推定事实说

---

① 在此应注意的是,一般所谓的推定,有事实上的推定及法律上的推定二者,这里所涉及的是法律上的推定。就其具体含义而言,系指某法律规定(A)的要件事实(甲)(即推定事实)有待证明时,通常就较该事实易于证明的别个事实(乙)(即前提事实)获得证明时,如无相反的证明(甲事实仍为不存在的证明),则认为(甲)事实已获证明之事,为其它法律规定(B)(即推定规定)所规定者而言。参见骆永家:《民事举证责任论》,台湾商务印书馆发行1981年版,第121页。法律上的推定通常情况下与一定的经验法则相符,但经验法则并非法律上推定的立法基础,其根据或在于当事人双方在诉讼上地位的均衡要求,使其迅速解决争议,或为给某方当事人以实际的优待(相对而言,证明前提事实要比证明推定事实容易得多,法律上的推定其实是通过对前提事实的证明替代了对推定事实的证明,因而属于一种优待),方合乎正义等的要求之考虑。法律上与事实上的推定二者主要区别点在于,前者导致了举证责任的转换,而后者并无。在法律上的推定场合,只要主张者证明了前提事实的存在,推定事实的存在就是法律规定的,而非依托法官的自由心证,对造要推翻推定事实的存在,只能有两种选择,一是以充分的证据证明该前提事实不存在,二是证明存在与推定事实相反的事实,对对造而言,这两种选择都属于新的本证,其实是将推定事实的不存在转由对造负责举证;在事实上推定的场合,推定事实是法官自由心证的结果,在前提事实得以证明后,根据经验法则,法官会形成推定事实存在的心证,对造要对推定事实提出质疑,只需提供证据使得法官关于推定事实的心证产生动摇即可,无需确证相反事实的存在。对对造而言,不存在一个新的本证。如此可见,此时关于推定事实存在仍属于主张者举证责任的范畴。

的见解所作的说明。以因果法则的方法为说明者认为,无任何原因而发生变化的情形,是不可想象的,所以若别无发生变化的原因存在时,应认为系原状态存在,从而一定发生的状态应推定其持续存在,对此种推定的持续事实为争执之人,应就其发生变化的原因存在事实为举证。① 这一学说的缺陷同于消极事实说,兹不赘述。

2. 法律要件分类说

首先应说明者,法律要件分类说属于基础事实说的另一种表述方式,所谓基础事实说,意味着当事人就其在诉讼上主张权利的事实基础应为举证,换言之,当事人须对支撑其法律主张的事实基础负责举证。而由于规定当事人权利主张的法规范类型不同,相应所涉及的事实也不相同,就有了所谓法律要件分类说。法律要件分类说,是指就个别具体的法律构成要件的事实,按照法律构成要件的性质内容,依不同价值的标准为分类,凡归属于某一类法律构成要件的事实,当事人就该事实应负举证责任。该说取向于具体的法律构成要件,根据构成要件事实的性质决定举证责任的分配。代表性的观点主要有韦伯的举证责任学说和因果关系说。

(三) 罗森贝克(Rosenberg)的规范说

罗氏的规范说,长时间内占据着举证责任的统治地位,成为德、日等国的主流学说,也支配着具体的司法实践。这一学说具有重大理论与实践价值,目前为止仍发挥着重要作用。

罗氏认为举证责任可以进行抽象的统一分配,而这种统一分配可根据法规范自身的特征来决定。法规范自身已经包含有举证责任分配的规则,因为立法者在立法时,已将举证责任分配的问题予以了充分考

---

① 上述论证,参见陈荣宗:《举证责任分配与民事程序法》(第二册),三民书局有限公司1984年版,第10页。

虑,而在法规范的措词、条文的写法中具体体现出来,法官如就全部民法法条进行认真的研究,就不难得出举证责任的一般规则。在司法层面,法律规范的适用必须以其构成要件被生活事实所充分为前提。"客观的法律作为人们彼此之间外在联系的制度,将其规范与外在的假定已经发生的事件相联系。也就是说,法律以一个假定的在其规范中抽象表达的要件为出发点,但是,只有当此种抽象的要件变成了具体的事实之后,易言之,只有当法秩序规定的作为其法律命令的前提条件的外在事件已经发生,与此相关的命令才可能被执行。"① 其实,罗氏学说的基本点建立在,请求权规范基础要被适用来支撑当事人的主张,就必须其要件被生活事实所充分。

罗氏认为法规范之间并非相互独立,而是存在相互关联,或相互支援、对抗或相互排斥。举证责任的分配原理,可自法规范的这种关系中获得。他将法规范分为对立的两大类,一类称为基本规范,凡是能发生一定权利的法规范,均属此类,罗氏称这类规范为权利发生规范。另一类为所谓对立规范,此类规范又分为权利妨害规范、权利消灭规范、权利受制规范。所谓权利妨害规范,是指在权利成立之时妨害权利效力发生的规范;而权利消灭规范,是指在权利成立后导致权利消灭的法规范;而权利受制规范,是指对权利的效力予以遏制或排除而使其效力无法实现的法规范。罗氏在将法规范分为这四小类之后,提出了自己的举证责任分配原则:"不适用特定的法规范其诉讼请求就不可能有结果的当事人,必须对法规范要素在真实的事件中得到实现承担主张责任和证明责任。""如果我们以下列简短的句子代替上面的表述就会更加明了而不至于产生误解:每一方当事人均必须主张和证明对自己有利

---

① [德]莱奥·罗森贝克:《证明责任论》,庄敬华译,中国法制出版社2002年版,第2—3页。

的法规范(=法律效力对自己有利的法规范)的条件。"①换言之,主张权利存在之人,应就权利发生的法律要件所指涉的事实为举证,而否认权利存在之人,应就权利妨害法律要件、权利消灭法律要件或权利受制法律要件所指涉的事实为举证。② 因为这种举证责任的分配是以法规范的形式为分析方法,因此学者称之为规范说。

  罗氏的规范说提供了若干举证责任分配的基本原则和规则,由于它能够维持法律形式上的公平,与人们普遍的法感情相吻合,且能够维护法的安全性,因此在一段很长时间内占据主流地位,但还是不断受到学者的质疑,最主要的批评集中在其对法规范的分类上,权利发生规范和权利妨害规范很难准确的区分。由于权利发生要件事实和权利妨害要件事实,在发生的时间上立于同一时间,并不存在先后之分,所以成为权利发生要件的事实,其事实的不存在同时就成为权利妨害要件的事实,与之相对应,成为权利妨害要件的事实,其事实的不存在,同时就成为权利发生的事实。由此,这两类规范是很难清晰区分开来的,因为二者的实质内容是相同的,只是其表达方式不同而已。③ 此外,莱伊波尔特(Leipold)认为,"罗森贝克理论只是阐述了无法查清事实时具体

---

  ① [德]莱奥·罗森贝克:《证明责任论》,庄敬华译,中国法制出版社2002年版,第104页。此外,叶自强将罗氏的规范说概括为一句话,他认为,罗氏的"举证责任分配在原则上只有一个原理,即:各当事人应就其有利之规范要件为主张及举证。"叶自强:《民事证据研究》,法律出版社1996年版,第151页。
  ② 参见陈荣宗:《举证责任分配与民事程序法》(第二册),三民书局有限公司1984年版,第18页。
  ③ 可以通过一个实例清楚地说明这一问题。比如说意思表示虚假属于一个要件事实,但究竟应将其视为意思表示效力发生的妨害要件,抑或将意思表示不虚假视为意思表示生效的要件? 对规范说的这一批评非常有力,因此在罗森贝克去世后,他的《证明责任论》经舒瓦普教授的修订而不断重版,然而,"就是这本古典的教科书最终也不得不承认权利障碍规定与权利根据规定原本在理论上就是无法加以区别。这本书最近的版本已经删除了权利障碍规定的概念。"见[日]谷口安平:《程序的正义与诉讼》,王亚新、刘荣军译,中国政法大学出版社1996年版,第239页。

应该如何处理,却不能说明为什么在事实不清时就不能适用法律,或者说就不能真正提供不适用法律的根据。他主张,事实不清时不能适用法律并不是逻辑上的必然,是否适用法规以及在多大程度上适用的问题仍然存在。"[1]对规范说的批评还指向了该学说的功能缺陷,"法律要件分类说过于注重法律规定的形式构成,完全不考虑举证难易、对权利救济的社会保护,使证明责任制度的适用走入教条,从而影响证明责任分配的实质公平与公正。尤其是消费者保护诉讼和环境污染侵权诉讼中,如果按照规范说分配证明责任,则受害人很难有效地维护自己的合法权益。"[2]即面对工业社会存在的特殊侵权,除了上述之外,还比如公害医疗纠纷、交通事故、商品制作瑕疵等造成损害的诉讼,规范说所给出的举证责任分配原则就近乎等于剥夺了受害人的赔偿请求权。

正是由于对罗氏学说的批判性反思,才产生了一些新的理论学说,进一步修正和完善了规范说,但应当肯定的是,举证责任分配理论还远未达到完美。

(四) 举证责任分配的新观点

罗森贝克的主流学说所受到的批判之一是,基于法条规定文句的形式来决定举证责任的分配,不重视隐藏于法规范之中的实质价值及实质公平问题,没有考虑举证的难易,不能很好地解决现代社会出现的特殊侵权所造成的损害赔偿问题,因此学者提出了很多理论来替代或者修正罗氏的规范说,其主导思想是以利益衡量、实质公平、危险领域及社会分担等更为具体、更加多元的标准来解决举证责任的分配问题。主要学说有以下一些:第一,危险领域说。该说的核心观点是,若损害

---

[1] [日]谷口安平:《程序的正义与诉讼》,王亚新、刘荣军译,中国政法大学出版社1996年版,第236页。

[2] 张卫平:《证明责任:世纪之猜想》,载[德]莱奥·罗森贝克:《证明责任论》,庄敬华译,中国法制出版社2002年版,序言第12页。

原因是出自加害人所控制的危险领域范围之内者,应由加害人就发生损害的客观及主观要件的不存在负举证责任。第二,盖然性说。其基本观点是,举证责任应当在当事人之间进行公平合理的分配,其分配的标准应当符合人们的正义观念。当待证事实存否不明时,应当根据待证事实发生的盖然性高低、统计上的原则及例外情况等为基础进行举证责任的分配,以避免发生法院对事实的错误认定。具体而言,"于待证事实不明的情形,该待证事实,依人类生活经验及统计上,其发生的盖然性高者,主张该事实发生的当事人不负举证责任,相对人就该事实的不发生应为举证。"[1]该说建立的基础在于,当待证事实存否不明时,认定生活经验上发生盖然性高的事实存在,比认定发生盖然性低的事实存在,可能更接近生活真实,因此由主张发生盖然性低的事实的当事人承担举证责任,就是合理而有说服力的。第三,损害归属说。该说的主要观点是根据每一法规则所确定的损害的归属来决定举证责任的分配,法规则将损害归属于谁,就应当由谁承担相应的举证责任。其实这一观点是将举证责任的分配问题作为适用实体法时所发生的法律解释问题或法律补充问题,因此,举证责任的分配不能与实体法规范相分离。法院对待证事实存否不明的情形,必须对应为举证之人为败诉判决,此种危险,固为应举证之人在诉讼法上应负担之危险,但就应负担举证之人在实体法上的关系观察,则此种危险,实为损害赔偿归属于应举证之人负担。第四,表见证明(事实推定说)。该说是针对通说的规范说关于举证责任分配的理论所面临的重大问题:当无直接证据证明待证事实而必须依赖间接事实时,规范说所提供的举证责任分配原则无法达到公平、正义的结果,特别是在一些特殊侵权行为场合,如在医

---

[1] 陈荣宗:《举证责任分配与民事程序法》(第二册),三民书局有限公司1984年版,第53页。

疗纠纷、交通事故、商品瑕疵损害、环境污染损害、核辐射、现代工业损害赔偿等案件,就加害人的故意过失及因果关系存在的事实,受害人多无法直接举证,其举证十分困难。所谓表见证明是指"法院利用一般生活经验法则,就一再重复出现的典型事项,由一定客观存在事实,以推断某一待证事实的证据提出过程。"[①]换言之,表见证明是指当一定的事项发生,根据一般生活经验法则,就可以推知另一事项的存在,从而主张另一事实存在的一方无需举证,而否定该另一事实存在的一方应承担举证责任。第五,举证责任转换。这属于减轻受害人举证责任的措施,其前提是必须有关于举证责任分配的一般规则,然后在此基础上才发生原本由一方当事人承担的举证责任,转由另一方当事人承担的问题。对于一些新型的损害赔偿案件,受害人要举证证明加害人的故意、过失及存在因果关系相当困难,因此法院判例及学者主张对这些特殊情况不由受害人进行举证,而是由加害人对自己不存在故意过失及因果关系的事实承担举证责任。第六,证明的妨害。诉讼实务上,由于一方当事人的故意或过失行为,导致关键性的证据灭失,从而使得待证事实存否不明,如果造成证据灭失的当事人原本就是负有举证责任的一方,则对其举证责任不发生影响,如果造成证据灭失的当事人原本不负有举证责任,因自己的行为导致待证事实无法证明而处于存否不明,此时如果让原负有举证责任的当事人一方承担败诉的不利后果,其结果相当于肯认了因自己的故意或过失行为而受益,这显然与一般正义观念不符,因此必须对此予以纠正。通常所采用的办法有二,其一是当出现这种情形时适用举证责任转换规则,让导致关键证据灭失的当事人一方承担举证责任;其二是在这种情形下由法官依其具体情形进行

---

① 陈荣宗:《举证责任分配与民事程序法》(第二册),三民书局有限公司1984年版,第53页。

判断,采用表见证明的方法,让妨害证明的当事人负证据提出责任,即首先推定妨害方有过错,令其承担反证责任,当其提不出反证时,则承担败诉的后果。

本文对举证责任的分配理论作了一个简要的梳理,由此可以得出如下简单的结论:在举证责任领域,基本的分配规则是由主张适用对自己有利的法规则的一方当事人就该规则的要件事实承担举证责任,即取向于法规则决定举证责任分配。在这一规则之外,考虑到侵权行为的特殊情况及举证责任在当事人之间的公平合理配置,对这一基本规则进行适当的变革,就构成举证责任分配的全部规则。在这些规则中,消极事实说、事实上推定、举证责任转换、危险领域说等等都具有非常重要的意义。

再来考察我国法律关于举证责任分配的规定。最为典型的规定是我国《民事诉讼法》第64条第1款:"当事人对自己提出的主张,有责任提供证据。"根据我国权威学者的解释,认为该规定是对举证责任分配的规定,"当事人在民事诉讼中,对自己所主张的事实,有提供证据加以证明的责任。提供证据是当事人的一项重要诉讼权利,从查清案件事实的角度来说,它又是当事人义不容辞的义务。""原告和被告都有举证责任。在诉讼活动中,原告向人民法院提出诉讼请求和事实的同时,应该提出证据,说明起诉的合理性和合法性;被告对原告的起诉抗辩,提出反驳或者反诉时,必须列举出事实和证据加以反驳。"[①]根据该学理解释,我国民事诉讼法的该条规定,其实仅属于主观举证责任的范畴,而没有规定当待证事实存否不明时,究竟应由何方当事人承担败诉结果。其实仔细推敲这一规定,会发现其存在重大问题:原告一方主张某一事实存在,应当提供证据证明,这一点容易理解,被告反驳该事实存

---

[①] 柴发邦主编:《民事诉讼法学》(修订本),北京大学出版社1998年版,第192页。

在即主张该事实不存在时,也应当承担证明责任,这其实是规定双方当事人就同一事实同时举证,而在该事实不清时,法官不能根据举证责任分配的规则判决某一方败诉。这种规定显然是值得反思的。

值得注意的是,最高人民法院于2001年发布了《关于民事诉讼证据的若干规定》,系统规定了关于举证责任的分配规则。其中第2条是关于举证责任分配的一般规定:"当事人对自己提出的诉讼请求所依据的事实或者反驳对方诉讼请求所依据的事实有责任提供证据加以证明。没有证据或者证据不足以证明当事人的事实主张的,由负有证明责任的当事人承担不利后果。"这一规定与前述举证责任的一般规则近乎相同,具有重大价值,可以说是我国关于举证责任问题的重要进步,《规定》中的其它详细规定很有参考价值,殊值重视。不过,我们必须借鉴关于举证责任分配的一些新理论、新学说,以指导我们的司法实践。

### 三、举证责任分配对权利表象规则功能实现的意义

从前述对举证责任分配的一般理论来看,举证责任的分配对法规则的司法实现具有决定性影响。当然,如果当事人对实际发生的权利义务关系的内容不存在争议,义务人能够自觉履行自己的义务,则举证责任的分配可能对法规则的适用不起作用。尽管这属于社会生活的常态,但同时也应看到,当事人之所以能够自觉地履行义务,一个虽非唯一但却至关重要的原因在于有司法强制力的存在,正是由于人们对司法判决结果的稳定预期,才促使人们做出理性的行为选择。而人们预测判决结果,总是跟举证责任的分配联系在一起,因此在制度设计上,必须将举证责任的分配作为某一法规则司法实现的重要前提。这一点对权利表象规则而言也不例外。

权利表象规则的司法实现离不开举证责任的分配。举证责任的分配不是一个纯粹的诉讼程序问题,它关涉法规则所追求的正义目的的

实现,也关涉当事人之间的利益平衡。就权利表象规则而言,举证责任的分配实质性地影响其所追求的目的——保护人们的合理信赖及交易安全——的实现,特别是涉及到善意第三人与真实权利人之间的利益平衡与风险分配,可以说举证责任的分配是权利表象规则不可分割的构成部分。举例而言,权利表象规则适用的一个要件是第三人必须为善意,如果将善意的证明责任分配给第三人,那几乎等于剥夺了其主张适用权利表象规则的机会,因为第三人要证明自己对虚假信息的不知情,确实是相当困难的,正由于此,才将这一事实不存在的举证,交由相对人承担,以减轻第三人的举证负担,从而促使权利表象规则所追求目的的实现。由此可见,举证责任直接影响着权利表象规则的司法实现,因而成为重大问题。

具体而言,举证责任的分配对权利表象规则的司法实现所具有的作用主要表现在:1.举证责任的分配决定当事人主张适用权利表象规则的难易。主张适用该规则的一方所负担的举证责任越轻,其主张就越容易得到法官的支持,反之则反是。2.举证责任分配决定当事人败诉风险的大小。举证责任之所在,败诉风险之所在也,因此举证责任的负担与败诉风险是紧密结合在一起的。3.举证责任分配决定当事人双方之间的利益平衡。权利表象规则本身是平衡当事人利益的结果,举证责任的分配会对这种平衡造成影响,因此应当适用恰当的举证责任分配规则来维持这种平衡。4.举证责任分配决定着当事人主张适用权利表象规则的积极性。如果举证责任的分配有利于主张之人,则必然对其主张权利表象规则产生积极激励。

在英美法中,将权利表象规则所内涵的法理界定为"不容否认",且认为不容否认是日益重要的、在成长中的法律。霍尔斯伯里给不容否认下这样的定义:"不论真相如何,不允许某方说某事实的陈述是不正确的,这便是不容否认……不容否认常常被形容为举证的条规,但较正确的观念是:整个观念属于实体的法律条规。"①由此可以看出,在英美法中权利表象规则是与举证责任的分配密不可分的。

## 第二节 权利表象规则适用中当事人所争辩的关键点

对当事人在有关权利表象规则的诉讼中所争辩的关键点的考察,可以总结这类诉讼的核心问题点之所在,从而为确定举证责任的分配奠定基础。在此首先应予说明的是,权利表象规则所涉的当事人之间可能存在复杂的请求权关系,这一点在本文关于权利表象规则的法律效果部分已有详尽的论述,基于讨论目的在于权利表象规则的司法实现,此处的讨论将主体仅限于第三人与真实权利人,而双方所争议的内容也限定为一方主张适用权利表象规则,而他方则对此主张予以否认。②

### 一、当事人双方的主张概说

由于权利表象规则的概括性,在不同的具体制度中,当事人的诉求不尽一致,因此必须分类进行描述。

#### (一) 在表见代理制度中

在表见代理诉讼中,通常是由善意第三人作为原告启动诉讼,而由本人作为被告与之相对抗。双方的主张为:

---

① 何美欢:《香港代理法》(上册),北京大学出版社1996年版,第69页。从这一引述也可以看出,至少在英美法中,类似权利表象规则的法律原理原本是从举证责任中演化而来的。
② 应注意的是,善意第三人基于特殊的考虑,完全可以不主张权利表象规则的适用而要求表见权利人承担责任或者提出其它主张,因而涉讼的当事人及诉讼主张可能呈现多样化的特征,这里是有意识做了限缩处理。

1. 善意第三人的主张

自己在同表见代理人为法律行为时,符合表见代理的构成要件,因此要本人承担相应的行为后果。但应注意的是,善意第三人的请求通常分两步进行,第一步是直接请求本人承担代理行为的后果,其请求的根据是有权代理。这种主张彰显了当事人的诉讼策略,既表明自己对无权代理情事的善意,又试探对方的态度,如果本人能够承担代理行为的后果,则可以省却复杂的诉讼。面对这一诉求,本人通常会以表见代理人根本就无代理权,因此自己不承担任何责任为由进行抗辩。① 面对这一抗辩,善意第三人必须表明自己在同表见代理人为法律行为时,符合表见代理的要件,详言之,其会以表见代理的构成来支持自己的诉讼请求,而且作为原告,其必须主张所有要件全部具备。

由此可见,在表见代理的诉讼中,善意第三人的第一次诉求是一种策略性选择,他比较清楚对方并不会简单承认代理行为的法律后果,因此他必须将第二次主张作为自己诉讼的重点,即主张表见代理的成立,而要实现这一主张的有效化,就必须要证明表见代理规则构成要件的被充分。

2. 本人的主张

针对善意第三人的前述主张,本人所采用的抗辩通常也分为两步,首先主张自己不承担代理行为的后果,其理由在于与第三人为法律行为的一方无代理权且自己并不对此无权代理行为予以追认,第二步是否定表见代理的成立,即不存在表见代理适用的条件,换言之,其构成要件并未被生活事实所充分。但与善意第三人要主张全部要件都具备的情形不同,在否定表见代理构成的场合,本人只要主张其要件中的任何一项欠缺,就足以推翻表见代理的成立。

---

① 这也是对一般情形的概括,当事人双方能形成诉讼,表明本人对无权代理的行为不想追认,因此在诉讼中承认自己承担行为后果的情形属于特例。

## (二) 在善意取得制度中

与前述表见代理制度不同,在善意取得的诉讼中,由于在形式上第三人已获得相应的权利表征,比如获得动产的占有或不动产权利的登记,而这些表征的存在对认为不应适用善意取得制度的原权利人而言则构成妨害,因此通常是由原权利人作为原告启动诉讼,其诉讼请求为主张排除对自己权利的妨害,详言之,包括请求原物返还和登记涂销两种情形。其根据是第三人从无权处分人手中获得所谓权利,因此根本无法取得权利,其对自己权利标的物的控制构成侵权,因而应当恢复原状。

针对这一诉讼请求,第三人想要主张自己对系争标的物享有权利,就必须提出构成善意取得的要件,而且他还必须对善意取得的全部构成要件的具备进行主张才能是有效的。

对此,原权利人会针对善意取得的构成要件进行反驳,主张不符合善意取得的要件,当然,原权利人只要主张善意取得的任何一个要件不具备,就足以推翻第三人关于善意取得的主张。

## 二、双方所争辩的焦点

通过对具体制度中双方当事人主张的简单叙述,可以看出双方当事人所争辩的焦点。无论是由谁提起诉讼,也无论主张的一方究竟系属原告还是被告,双方争辩的实质性焦点都是围绕着权利表象规则的构成要件进行的,析言之,双方争论围绕以下核心问题进行:

1. 是否存在权利表象?
2. 真实权利人对权利表象的形成是否具有可归责性?
3. 第三人是否为善意且具有合理性?
4. 是否有适格的法律行为?

对于上述四项争辩的焦点问题,主张适用权利表象规则的一方,就会尽力争辩这些要件全部具备,而与之相反,否定权利表象规则适用的一方,就会尽力表明这些要件中至少有一项不存在,当事人双方围绕这些问题的争论,构成这一诉讼的主旋律。无可否认,当事人在诉讼中,还会有其它的争议,但上述四个问题的解决具有关键性的影响,能够直接决定案件的结果,因此无可置疑的成为当事人所争辩的焦点。

## 第三节 举证责任的具体分配

前文概括了当事人所争辩的焦点问题,本节关于举证责任的具体分配的研究,集中在关于当事人争辩焦点的举证责任上。

根据前述关于举证责任分配的基本规则,①当事人必须对对自己有利的法规则的构成要件事实负举证责任,换言之,当事人要主张某一对自己有利的法规则的适用,就必须对该规则的构成要件事实举证,而当该事实存否不明时,就应当承担不利的后果。曾世雄也指出,"证明责任分配的一般原则,请求人应当就有利于己的事实举证证明之。民事诉讼经验有此启示,举证责任所在,败诉之因潜存。"②在权利表象规则的适用中,对第三人③有利的规则当然是权利表象规则,因此,第三

---

① 关于举证责任分配的一般规则,骆永家的观点与本文前述近乎相同,在此作为佐证,他指出,关于举证责任的分配,"前述的多数说中,其说明的方法虽有不同,但结果上可得同样的举证责任分配原则。此即主张权利(或法律关系,亦即法律效果)存在的原告,就权利发生事实(权利发生的特别要件事实)与权利消灭的一般要件欠缺的事实,负有举证责任。反之,主张权利不存在的被告,就权利障碍事实(权利发生的一般要件欠缺的事实)及权利消灭事实(权利消灭的特别要件事实),负有举证责任。"见骆永家:《民事举证责任论》,台湾商务印书馆发行 1981 年版,第 79 页。不过应注意的是,该观点中将主张权利存在的人肯定为原告,而将否定权利存在的人肯定为被告,这一点并不准确,原告完全可以否定对方权利的存在,而被告也可以主张自己权利的存在。当然,如果将否定对方权利的存在视为主张自己权利存在,则前述观点并不存在问题。但似乎还是可以感觉到二者的不同。

② 曾世雄:《损害赔偿法原理》,中国政法大学出版社 2001 年版,第 83 页。

③ 由于第三人在诉讼中所处的地位不同,或者作为原告出现,或者作为被告出现,因此在此不以原告或被告的名义称呼,而直接称为第三人。应注意的是,此所谓第三人,非诉讼法上所谓的"第三人",而是在权利表象规则这一实体法规则中的第三人,是一个特定化的概念。

人对权利表象规则的构成要件所指涉的事实应承担举证责任。王泽鉴指出,"表见代理的本质为无权代理,须由第三人主张表见代理的事实且对此事实负举证之责,法院不得依职权认定之。"①明确肯定了第三人应当对表见代理的事实举证。但应注意的是,应当对权利表象规则的上述四项构成要件的事实均承担举证责任,还是存在例外?要对此进行正确的回答,就必须进行具体分析。同时,对于真实权利人而言,对其有利的主张当然是否定权利表象规则的适用,即其构成要件不具备,那他仅仅是否定构成要件的成立还是应该承担其它的举证责任呢?下面针对每一个待证事实来分析举证责任的分配。

## 一、关于权利表象存在的举证责任

权利表象的存在属于积极的外在事实,该事实的存在是权利表象规则适用的重要条件之一,其实也是适用该规则的首要前提,至少在人们关于这一问题的思考顺序上处于最为优先的地位。对该事实的存在也比较容易证明,因此主张适用该规则的第三人应承担举证责任,对此不存在任何争议。在表见代理场合,第三人必须证明表见代理人存在代理权表象,而在善意取得场合,第三人同样应当证明无权处分人存有处分权表象,尽管在这两类诉讼中,第三人所处的地位不同,在前者,第三人处于原告人的地位,而在后者,第三人通常处于被告人的地位。前文已述,权利表象的存在有多种表现形式,第三人可选择性地进行举证,任何一种有效的形式均可以支撑自己的主张。诸如,在我国旧民法中规定,知他人表示为其代理人而不作否认表示,是代理权的表象之一,台湾的有关判例认为,"所谓知他人表示为其代理人而不为反对之表示者,以本人实际知其事实为前提,主张本人知此事实者,应负举证

---

① 王泽鉴:《债法原理》(第一册),中国政法大学出版社2001年版,第321页。

之责,"①明确了应当由第三人对该代理权表象承担举证责任。

其实在关于权利表象的证明中,经常存在很难证明的情形。诸如在动产善意取得场合,无权处分人将标的物处分于第三人并已交付,事后第三人要对无权处分人占有标的物的事实进行举证,确实有一定的难度。第三人由于在交易时信赖对方的处分权存在,因此一般很少注意收集证据,此时对该事实的证明就仰仗于无权处分人的配合,在该人不予支持时,极少情形下也许可通过证人证言或其它证据予以证明,但经常会陷于难于举证的困境,此时就不得不求助于其它举证技术,比如说利用事实推定的方法:第三人只要证明自己对标的物的占有及其与无权处分人之间存在的交易行为,无权处分人对该标的物的占有事实就是可以推定的,法官完全可在这些事实基础上形成确定的心证。由此可以看出,在许多情形下当无直接证据可供利用时,间接证据就具有重要意义。

对于第三人所提出的存在权利表象的主张,真实权利人有权进行反驳,并提供证据证明自己的主张。在此,权利表象的不存在成为对真实权利人有利的事实,那真实权利人是否对此应负举证责任?回答是否定的。在第三人已经提供证据证明存在权利表象的情况下,真实权利人对此提出异议,就应当对此提供证据支持,但应注意的是,这里真实权利人所负的仅是证据提出责任,即所谓主观的举证责任,仅仅要求其提供证据,而权利表象存在与否的举证责任仍然由第三人承担,在出现该事实存否不明的情形时,只能由第三人承担败诉的结果。换言之,即使真实权利人对权利表象的不存在不能进行充分的举证,法官也应综合考量各种因素形成心证,不一定做出令真实权利人败诉的结果,这一点必须注意。

---

① 1979年台上字第1081号判例。

## 二、关于真实权利人是否具有可归责性的举证责任

就真实权利人的可归责性,作为一项事实而言,原本是属于真实权利人的生活范围之内的,同时,它并不像权利表象那样可以通过直接的证据进行证明,故只能通过一系列的间接证据形成证据链而从中推知。可归责性原本是属于主观的东西,因此,由谁承担,其证明都有相当的难度。

根据前述关于举证责任分配的一般规则,真实权利人的可归责性,应当由第三人承担举证责任。因为这也是权利表象规则适用的必不可少的条件,因此只能由主张该规则适用的第三人承担举证责任。接下来需要研究的是,由于第三人要证明真实权利人的可归责性具有相当的难度,能否将举证责任予以转换,而由真实权利人对自己无可归责性进行举证,或者还存在其它的例外?

根据举证责任分配的一般原理,实行举证责任转换或者其它减轻原当事人举证责任的做法,必须有充分的理由,而最为重要者系当事人举证的困难、双方当事人之间举证责任的公正平衡。前已述及,要证明真实权利人的可归责性确非易事,但这能否作为举证责任转换的充分理由?本文对此持否定态度,其理由在于,因为举证的困难实行举证责任的转换,其通常情形是由于要证明的事实具有很强的专业技术特征,且通常属于特定职业领域范围内的事实,这只能由专业人员才能证明,而之外的普通人正常根本无法证明,只有在这种情况下,实施举证责任转换才具有合理性。而在关于可归责性的证明中,尽管有一定的难度,但并非无法完成,而且属于普通人就可完成的,不需要具备特别的专业知识。因此,这种尽管有一定难度但一般人完全可以完成的举证责任,是不允许实行转换的。其实,在一般侵权行为中关于故意过失的举证,并不比可归责性的证明容易,特别是关于过失的证明,其实跟可归责性的证明难度是相同的,但鲜见有学者主张一般侵权行为的构成要件中

关于过失的证明应实行举证责任转换。

此外,就双方当事人之间关于举证责任的公平分配而言,让第三人承担关于可归责性的举证责任,并不会使其承担过重的证明责任。第三人意欲使真实权利人承担法律行为的后果,对真实权利人而言属于其意志之外的义务承担,此时当然应当有充分的理由予以支持,可归责性就成为其应承担责任的主要理由之一,第三人应当对此承担举证责任。相反,如果要使真实权利人对自己并无可归责性承担举证责任,反而会使其处于显著不利的地位:一方面要证明自己不存在可归责性本身比较困难,另一方面,也使得双方当事人之间的利益关系不平衡,第三人不仅要真实权利人承担责任,而且要其就自己无可归责性承担举证责任,这显然导致了双方之间利益关系的失衡。

尽管如此,真实权利人可归责性的证明确非易事。真实权利人与表见权利人之间的关系对于第三人而言完全属于另一个生活领域,它们之间如何约定、是否存在真实的法律关系等等都很难直接证明。对第三人而言,表见代理与善意取得制度相比,真实权利人与表见权利人之间的关系证明相对容易一些,因为在表见代理场合,表见代理人在与第三人为法律行为时,总会揭示其与本人之间的关系,并给予恰当的代理权表征以促使第三人产生信赖。因为代理权表象原本就是关系到本人的,故第三人在审核代理权表象时就会关注到本人的存在,因此事后就相对容易证明代理权表象与本人的关系。而在所有权善意取得的场合,当第三人为法律行为时,可能完全不知道原权利人的存在,特别是动产所有权善意取得,原权利人与无权处分人之间的关系对第三人而言,完全是一个属于自己无法预料与控制的外在事实,事后予以举证有相当的困难。不动产的所有权取得与此类似,但至少第三人在交易时,会通过查阅登记簿得知前权利人的存在。而在所有权之外的其它权利善意取得,第三人会知悉所有权人的存在,因此会考察并追问无权处分人与所有权人之间的关系,这导致在事后相对容易证明这一点。那在动产善意取得场合,原权利人否认无权处分人获得标的物的占有是基于自己的意思,无权处分人又不配合证明时,究竟应当如何对之予以证明?本文认为,此时就得依靠经验法则与事实推定技术,来辅助第三人进行证明。第三人可以证明以下事实:1.自己是从无权处分人之手获得系争标的物的占有;2.自己同无权处分人之间存在一个交易行为。这两项事实获得证明,就能够得出如下的结论:在第三人获得标的物的占有之前该物是由无权处分人占有的。在此就可以根据经验法则建立这样的推定:无权处分人获得标的物的占有是原权利人的意思自主决定的,即原权利人对权利表象的形成具有可归责性。① 在这一推定建立时,法官可以根据其它的情形予以判断,比如原权利人与无权处分人是否认识,如果是肯定的,就可以进一步强化这一推定。此时,原权利人要对这一推定进行反驳,就必须反证是由于失窃或遗失造成其对标的物占有的丧失,②因此自己对权利表象的形成不具有可归责性。③ 在这一问题上建立这种推定,对原权利人并不构成过苛。因为如果真是

---

① 可以肯定的是,单纯从生活经验的角度论,建立这种推定的合理性似值商榷。因为标的物由无权处分人占有,其占有的原因可以有多种,较难认定为是由于原权利人的意思导致的,但正是由于考虑到原权利人对相反事实举证的相对容易,才不得不建立这一推定。可以说,这种推定是对第三人在举证责任上的一种优惠,这种优惠有利于实现善意取得制度所追求的目的,同时又不对原权利人造成过重的负担。因此笔者支持法官在这一问题上采取较为宽松的心证原则。

② 对善意取得效果的发生产生排除作用的情形,通常限于两种情况,即盗赃和遗失物,因为在这两种情形,原权利人对标的物的丧失占有不具有可归责性。但也应注意例外的存在。

③ 有意思的是,根据中世纪德国法中的以手护手原则,一切物权变动均以占有(Gewere)的存在为前提,真正权利纵不存在,只要 Gewere 为存在,得推定其权利的存在。动产被窃盗而丧失时,其取回该动产的手续,须在诉讼开始时,由原告宣誓该动产系背于自己的意思而为丧失,以表示权利表现形式的 Gewere,具有公知的瑕疵。参见高金松:《空白票据新论》,五南图书出版公司 1987 年版,第 61—62 页。这等于是将丧失占有非出于原权利人的意思的举证责任,转由原权利人自己承担,而不是第三人承担,只不过其所使用的方法是宣誓。

由于遗失或被盗造成权利表象的存在，原权利人会比较容易举证证明，①不会因此遭受不利益。

不过应当注意，原权利人对推定事实的反证，并不是客观举证责任的转换，而是属于所谓主观举证责任，这意味着，关于可归责性的客观举证责任终究由第三人负责。

### 三、关于第三人善意且具有合理性的举证责任

前文已述，第三人的善意是指对权利表象所表达的虚假信息的不知情。对于第三人来说，对真实信息的不知原本属于一个消极事实，②根据前述关于举证责任分配的原理，对消极事实，主张者并不对之承担举证责任，这也是待证事实分类说对举证责任分配的一个重大贡献。其实，从可能性的角度言，当事人要证明自己的不知情是非常困难的，而与之相反，对方想要证明当事人的非善意却相对容易，只要通过一定的事实证明其对事实真相是知情的即可，这可以通过很多的证明途径实现。③

正是由于这一原因，关于消极事实的举证，通常都规定由主张相反事实的一方承担举证责任，这在前述关于举证责任分配的一般理论中

---

① 因为自己在发现标的物遗失或被盗后，一般会采取相应的行为，这就会留下相应的证据。比如有关寻找的行为被他人获知而提供证言、报案记录、寻物启事等等。

② 当然对于善意本身是属于一个积极事实抑或消极事实是存在争论的，但通常的理解是将其视为是对虚假信息的不知情，因此是将其作为一个消极事实来对待。当然，这种理解也利于第三人的举证，因为主张消极事实者无需举证，而相应转由对造负责反证。从这个意义上说，对一问题的性质认定，总会取向于一定的目的性与价值追求。

③ 应当承认，第三人证明自己的善意是有一定的难度，但并非根本无法证明，他完全可以通过大量的间接且客观事实来证明自己的主观状态，这一点应予注意。但相较于真实权利人对非善意的证明而言，还是有相当的难度。真实权利人的反证是比较容易实现的，可以使用直接证据，也可以使用间接证据。双方在举证上难易程度的巨大悬殊，是举证责任转换的强大理由。

已作了说明,兹不赘述。其实,这种举证责任分配的规则,也包含着一种生活的经验与法律的推定。就生活经验而言,当事人在面对权利表象而为法律行为时,通常表现为对虚假信息的不知情,一个理性之人如果知悉真实情况,是不会主动进入这样一个明显会带来麻烦的法律交易,因为自己所追求的行为目的很可能不会实现。正是基于这一原因,才假定在通常情况下,理性的交易主体面对权利表象而进行交易时是处于善意的状态。也正由于此,法律的态度是通常会推定当事人在这种情况下处于善意。所谓善意,"是一种被法律推定的且无需由受让人举证证明的主观心态……"①根据前述曾世雄的观点,推定具有表见性、权宜性、假设性的特征,可以通过反证推翻之,但在反证推翻之前被认定为是真实的,有减轻赔偿请求权人举证责任之功能。

同时应当注意,"法律上的事实推定系以前提事实的证明代替推定事实的证明。即以变更证明主题为目的,故必有前提事实,且此等前提事实不属于推定规定的要件,而为独立的别个规定的要件事实。……因此,法律条文虽使用'推定'的用语,若系欠缺前提事实的无条件推定,则实为将某规定的要件事实不存在的举证责任,令对该规定的法律效果有争执的当事人负担,纯为举证责任转换的一种方法而已。……学者将其与真正的推定加以区别而称之为'暂定的真实'"。②本文这里所谓的推定,实际意义是指"暂定的真实",因为如果将其视为是一种法律的推定,则这种推定是无需前提事实的,即只要发生系争行为,就会有善意的推定。故实质是主张将举证责任直接转换,从而使得原本由第三人承担的关于善意的举证责任,完全转由真实权利人承担。这一点与事实的推定不同,应值注意。

---

① 吴国喆:《善意取得制度的缺陷及其补正》,《法学研究》2005年第4期。
② 骆永家:《民事举证责任论》,台湾商务印书馆发行1981年版,第127页。

在此可以考证德国法对善意举证责任规定的变迁。① 《德国民法第一草案》规定，主张善意者负有举证责任，第一委员会也认为善意人应负举证责任，而第二委员会认为这一规定不妥，"考虑到交易利益，就会发现，侵犯第877条中已经包括的原所有权，存在其正当性。因此，条文表述应充分保护正当取得人。如果指望正当取得人在取得动产经过很长时间以后，还要在法庭上证明其取得的正当性，显然对正当取得人非常危险。所有权人将其物托付他人，就应负担所有权丧失的风险，作为不利后果应负担举证责任，而不由作为第三人的取得人负担。"② 德国民法典继承了这一观点，其第932条第一款规定："通过依第929条进行的出让，取得人即使在物不属于出让人时，仍成为所有权人，但其在依此种规定取得所有权时非为善意的，不在此限。"依该规定，推定取得人取得时存在善意，主张取得人非为善意者，应证明取得人不具有善意。这与本文的主张完全吻合。

王泽鉴在论证表见代理制度时，认为，"第三人明知其无代理权或可得而知者，本人不负授权人之责任，故本人对此应负举证责任。"③ 高金松在论证票据权利善意取得时也认为，"依外观理论，签名人之负责任，须以取得人之值得保护的信赖状态的存在为必要。一般认为交付欠缺的场合，应类推适用第14条善意取得的规定，以取得人之善意无过失为其要件。但交付欠缺的事实，执票人乃无法为举证。故将此原则予以修正，使签名人负交付欠缺事实的举证责任，亦即对于取得人的恶意重大过失应负举证责任。此说为日本之通说。"④ 上述所引，为本

---

① 这一考察，主要参考田士永：《物权行为理论研究》，中国政法大学出版社2002年版，第257—258页。

② 《德国第二委员会记录》，第3073页，转引自田士永：《物权行为理论研究》，中国政法大学出版社2002年版，第257—258页。

③ 王泽鉴：《债法原理》（第一册），中国政法大学出版社2001年版，第322页。

④ 高金松：《空白票据新论》，五南图书出版公司1986年版，第48—49页。

文的观点提供了佐证。

此外,这一点也为我国的司法判决所支持。在"南安市官桥信用合作社诉官国章、陈水利不当处分财产要求撤销案"中,法院认为,"就本案而言,关键是第(3)个要件,即受让人官国章在购买陈水利房地产时是否知道陈水利欠官桥信用社巨额借款未还,购买陈水利的房地产将对官桥信用社造成损害。如果官国章知道,就是属于恶意购买,不知道则属于不知情的善意买人。而本案中,官桥信用社不能举出证据证明官国章是恶意购买,而官国章对'知道该情形'予以否认。根据《中华人民共和国民事诉讼法》第64条'当事人对自己提出的主张,有责任提供证据'的规定,官桥信用社对自己主张的官国章'知道该情形',不能提供其'知道'的证据,应负举证不能的责任,承担败诉的后果。"[①]显然,法院是将证明恶意的举证责任交由主张方承担。

第三人对于自己的信赖具有合理性(即无重大过失或无过失,在不同的情境中其要求不同,但其举证责任的分配是相同的,为了论证方便,用无过失来统称)的证明,要比对自己善意的证明容易得多。第三人可以通过证明自己尽到了合理谨慎之人应做的各种调查、核实活动,以及其他跟自己处于同样情境之人所可能做的行为,来证明自己已经尽到了足够的注意,对虚假信息的不知情是正常的、可以理解的,是处于相同情境之人一般的心态。但反过来,真实权利人要举证证明第三人存在过失似乎更为容易,可以通过证明第三人违背了该领域的一般交易惯例、未能尽到适当的注意义务、对于如此大额交易竟然轻信他人的标榜而未能进行实际的核查等等来证明第三人存在过失。因此在制度设计上,本文赞同对无过失的举证与对善意的举证相同对待,首先对第三人实行无过失推定,然后让真实权利人对相反事实承担举证责任。

---

① 见福建省泉州市中级人民法院(2002)泉经终字第329号判决书。

当然这属于举证责任的真正转换。

史尚宽对于由代理权的限制所生的表见代理情形下善意和过失的论证，具有一定的参考价值。他认为，对于这一问题学说纷歧，有很多不同的主张。根据日本学者我妻荣的观点，代理权受有法定限制者，推定第三人有过失。在意定代理，如授权行为向第三人为之，而于代理权受限制后未对该第三人为通知，曾以特殊的通知方式或公告向第三人表示其代理权的授与，而未依同一方法为代理权受限制的通知或公告，曾以授权书交与代理人，而于代理权受限制后，未将限制事由记入该授权书或宣告其限制，授与一般代理权而仅限制对特定行为无代理权，对于他人交付空白委任书等，皆可谓第三人无过失。根据史尚宽的观点，有无过失，应按各种情事具体认定，至于善意恶意，也应按其情形予以推定。推定其为恶意者，第三人应证明其为善意；推定其为善意者，应由本人证明其为恶意。①

## 四、关于适格法律行为存在的举证责任

首先，关于法律行为存在的特别要件事实的存在应当由第三人承担举证责任，这一点已在前文有关举证责任分配的基本理论部分作了说明。法律行为的存在，是第三人主张权利的基本根据，理应由第三人承担举证责任，而且在一般情况下，当事人双方常常对此并不争执，因为对第三人而言，证明这一点是比较容易的，一般的、谨慎的交易人通常都会留下有关交易的证据，如果不能证明这一点，那只能自己承担不利后果。在这里，对方的自认是减轻第三人举证责任的重要方式。

在此需要说明的是，所谓法律行为存在的特别要件事实，主要是指双方意思表示一致的事实，这是法律行为成立最为重要的条件，对这一

---

① 参见史尚宽：《民法总论》，中国政法大学出版社 2000 年版，第 548 页。

事实,第三人必须予以证明,如果该事实存否不明,则理应由第三人承担败诉的结果。但在法律行为的生效,还必须存在其它的要件,诸如当事人应当具备适格的行为能力,不存在其它影响法律行为效力的情形等等,这些要件事实,称之为一般要件事实,如果将这些要件的举证都要由第三人来承担,则使第三人的举证责任过重,因此举证责任分配的一般规则是将欠缺权利成立的一般要件的举证责任交由反对方承担。① 如此,在权利表象规则的适用中,第三人已经证明了存在交易行为,其举证责任即告完毕,如果真实权利人认为系争法律行为欠缺有效要件,比如说主张存在意思表示的重大瑕疵,则必须对之举证。其实这一规则也是顺应生活事实一般规律的结果,在通常情况下,当事人从事交易行为,在双方意思表示一致时就会发生法律效力,影响该行为发生效力的因素的存在毕竟是个别情况。正是基于这一判断,才有了上述的举证责任分配规则。

## 五、实例分析

下面本文通过对一个案件的具体分析,来解析权利表象的司法实现中举证责任的分配规则。本文所选取的是云南省红河哈尼族彝族自治州中级人民法院所做出的关于"个旧市锡城农村信用合作社诉个旧市新冠经济技术开发公司、个旧市开源实业有限责任公司借款合同纠纷案"的终审判决,②这是一个关于表见代理(代表)的案例,本文根据判决书来分析当事人的举证责任承担问题。先来看案件的审理情况。

上诉人(原审第一被告):个旧市新冠经济技术开发公司。

---

① 关于权利成立的一般要件欠缺,其实是罗森贝克举证责任理论中的有关权利妨害规范的事实证明问题,根据罗氏的观点,对权利妨害规范所涉的事实,只能由反对权利成立的一方当事人承担,以适当平衡当事人之间的举证责任。

② 见红河哈尼族彝族自治州中级人民法院(2000)红中经终字第84号判决书。

被上诉人(原审原告):个旧市锡城农村信用合作社。

原审第二被告:个旧市开源实业有限责任公司。

**原审认定的事实及裁决:**

1998年4月23日原告与第一被告经协商签订了一份借款合同,约定:由原告贷款26万元给被告用于购买燃料,月利率为9.24‰,借款期限至1999年4月20日止。同日第二被告为此笔借款与原告签订了保证合同,约定由第二被告担保第一被告借款26万元本金、利息以及实现债权所产生的费用,担保方式为连带保证责任。保证期限至该笔贷款的有关债权清灭时止。1998年4月27日原告将26万元贷款发放给第一被告,其支付了1999年9月21日以前的借款利息。后因被告拒绝履行还款义务而涉讼。

原审认为,(一)原、被告之间的借款合同不违反法律法规的规定,该合同有效,第一被告不按约定期限归还借款对酿成纠纷应负全部责任。(二)第二被告担保的保证合同也不违反法律规定,保证合同有效,被告应按约定对26万元的借款承担连带清偿责任。(三)第一被告辩解借款行为不是公司行为的理由不能成立,本院不予支持。

**二审审理时当事人双方的主张**

在二审审理过程中,上诉人、被上诉人对一审认定的以下事实无异议:1.1998年4月23日双方签订的借款合同约定的内容无异议;2.对借款合同上加盖的"个旧市新冠经济技术开发公司"印章的真实性无异议。

上诉人对一审认定合同有效、应由上诉人承担责任提出异议:上诉人认为:1.该合同的签订是在变更法定代表人之后,在公司没有授权的情况下,张朝林用公司印章与信用社签订的。而公章是因张朝林被免职后,拒不交出,才导致张朝林持有公司印章,从而实施了对外签订合同的行为,张朝林隐瞒事实真相,骗取贷款,上诉人认为该行为属张朝林的个人行为,合同无效。2.信用社在签订合同时,不认真审查贷款人的资格,导致张朝林提供虚假营业执照蒙混过关,信用社在本案中负有过错责任,应承担全部损失。3.张朝林隐瞒事实真相,提供虚假营业执照、欺骗信用社、非法占有26万元的贷款,其行为已构成诈骗罪,应移交公安机关处理。

而被上诉人认为,签订借款合同使用的印章是上诉人的,从1995年至1998年间双方有借款往来,在公司变更法定代表人后未通知我方,在借款之后,继续用该公司的账户赔还从借款至1999年9月21日以前的利息。公司变更法定代表人之后仍由张朝林承包经营。故被上诉人认为该借款行为属公司行为,应由公司承担责任。

原审第二被告认为,为借款担保是事实,如没有上诉人对26万元贷款合同的认可,张朝林是不可能从上诉人账户提走该款的,所以张朝林所为之贷款行为实质上是上诉人之所为。

争议焦点:

张朝林以公司名义与信用社借款的行为究竟是公司行为还是个人行为。

二审法院裁判要旨:

法院认为,上诉人在变更法定代表人之后,公司印章仍由原法定代表人张朝林持有,上诉人未采取有效措施将公章收回,变更法定代表人也未及时采取措施告知相对人,才导致张朝林持公司印章与被上诉人签订了借款合同。在签订借款合同之前,公司曾与信用社有过贷款业务往来,对原法定代表人张朝林持有公司公章,足以使信用社相信其有签订合同的资格。因此,张朝林以公司之名与被上诉人签订借款合同的行为应认定是公司行为,该借款合同有效,应由公司承担该笔借款的清偿责任。原审第二被告为上诉人借款担保,与被上诉人签订的担保合同有效,应按约定承担连带保证责任。上诉人的上诉理由不能成立,本院不予支持。

**简要分析:**

从法院的裁判来看,这是一起典型的表见代表案件。在此将表见代表与表见代理制度作一简要比较,就其构造要件及其法律效果而言,二者近乎相同,只是其理论根据不同。在后者,表见代理人所为的法律行为的效果直接归属于本人,但这一行为的主体并非本人而是表见代理人;在前者,表见代表人所为的法律行为的效果也直接归属于本人,但从事法律行为的表见代表人就是本人的代表,因此其行为的主体是本人而非表见代表人。① 从总体而言,这两者的要件和效果是基本相同的,其区别不具有实质意义。正如郑玉波所言,"代表与代理固不相同,惟关于公司机关的代表行为,解释上应类推适用关于代理的规定。"②

为了便于分析问题,本文将上诉审在理论上视为是一审的延续,从而将一、二审结合起来,作为一个诉讼来分析当事人的举证责任。为集中讨论问题,将本案中担保人排除在讨论之外,仅讨论原告(个旧市锡城农村信用合作社)、被告(个旧市新冠经济技术开发公司)及张朝林这三者之间的关系。如果用权利表象规则中的一般称呼,则原告为第三人,被告为本人,张朝林为表见权利人。为了简化,下面的讨论简称为原告、被告。

---

① 表见代理和表见代表还存在其它一些差异,这主要源于代理和代表制度的不同,诸如在代理制度中,本人可以是自然人,也可以是公司等法人单位,而代表制度中本人通常为法人;在我国存在独特的法定代表人制度,但却不存在同样意义上的法定代理人制度;当出现意思表示瑕疵时,应当就何人进行判断,在代理和代表制度也存在差异,此外,代表行为的范围不限于法律行为,事实行为亦可为之。参见张俊浩主编:《民法学原理》(上册),中国政法大学出版社2000年版,第310页。不过,在隶属于权利表象规则的表见代理制度和表见代表制度,上述区别不具有价值。

② 郑玉波:《民法债编总论》(修订二版),陈荣隆修订,中国政法大学出版社2004年版,第70页。

首先来看原告的主张及其举证责任。其主张为：请求被告偿还所借款项及其利息，基本依据为1998年4月23日原被告双方签订的借款合同。从举证责任的角度看，双方签订的借款合同是证明原告主张合法性的充分且唯一根据，在首回合的交锋中，原告根本不提张朝林的问题，前已述及，这是一个策略性选择。在这里，原告请求被告履行义务的请求权规范基础是债法中的合同制度，具体而言，即合同应当履行的法规则，其所应承担的举证责任就是证明合同的存在，而且其仅就合同成立的特别要件即意思表示一致承担举证责任，而对其有关效力瑕疵的要件事实不存在并不承担举证责任。

对于借款合同的存在本身，双方当事人并无争执，只是被告对合同的当事人存在异议，同时双方对合同上所加盖的被告的印章表示认可。这其实等于免除了原告关于存在适格法律行为的举证责任。不过即使被告对法律行为的存在不予承认，也是很容易证明的，双方所签订的书面合同就是非常有力的证据。这也印证了前述关于法律行为存在的证明相对容易的结论。至于被告主张的合同主体问题，留待后述。

再来看被告的主张及其举证。可以肯定的是被告拒绝履行义务，这一点非常清楚，关键在于其支持根据。被告的主张及其理由是：1.合同无效。其理由在于，该合同的签订人是张朝林，尽管其使用了公司的印章，但一方面是他已失去公司法定代表人职务且未经过公司的授权，另一方面是其在被免职后拒绝交出印章的情况下签订合同的，因而属于个人行为；2.如果说张朝林拥有表见代表权，那被告对该表见权利的形成不具有可归责性，因为这是由张朝林拒不交出公司印章而造成的。3.原告在为借款行为时存在过失，未能尽到谨慎审查签约人身份的义务，同时，也未能发现张朝林所提供的虚假营业执照，正是由于其自身存在的过失，因此应当承担全部责任。

其实，被告的这些抗辩理由，完全是用来对抗原告提出的表见代表的主张的,原告提出张朝林的行为就是代表公司的行为,其重点强调了存在代表权的表象,理由有三:1. 张朝林持有公司的印章,而该印章是真实的,这是代表权的强力表征;2. 先前一贯的行为,在本次借款发生之前,张朝林作为被告的法定代表人代表公司与原告有过借款往来,这也构成代表权的表征,因为长期以法定代表人的身份与他人为法律行为,在其丧失法定代表人身份后,该他人会仍然认为其为法定代表人,而对其自称为法定代表人的身份不予怀疑。在张朝林被免职后,被告未尽到说明义务,使原告对其被免职不知情;3. 在借款之后,继续用公司的账户进行还款行为,强化了原告对张朝林为公司法定代表人的误认。

在整个诉讼中,对于被告对表见代理权是否存在可归责性未予说明,不知是由哪方承担举证责任,但从前文被告的抗辩理由中,认为张朝林持有公司印章是其拒绝交出印章的缘故,对其不存在可归责性进行说明,但这并不能得出将可归责性的问题交由被告证明的结论。再来看法院的裁判要旨,法院认定了代表权表象的存在,其理由与前述原告的主张完全相同,同时认定了被告对表见代表权的存在所具有的可归责性:未采取有效措施将公章收回,使公章仍掌握在前法定代表人之手。从其措词来看,似采用了事实推定的方式,原告对被告的可归责性未能举证,而是根据印章在张朝林之手的事实,推定其未能采取措施收回印章。至于被告主张是由于张朝林拒不交出印章所致,不知是因为未能提供充分证据,还是即使该事实获得证明,法院仍认为不能说明被告无可归责性。① 本文赞同法院所采的结论,但关于这一事实的举证责任分配,似有进一步研究之必要。另外,法院对被告提出的原告在

---

① 从法律的角度言,本文认为即使该事实被证实,仍不能说明被告无可归责性,因为完全可以采取其它有效措施,起到如同公章被收回的效果,比如采用公示方式宣示该公章失效、向先前的交易对象进行通知等等。

借款时存在过失的主张未能发表意见,但从其判决结论为适用表见代表规则来看,对该事实是采用否定态度。有缺憾的是,未能说明理由。①

由此可见,本案件的审理,法院立基于表见代表制度的构成要件,比较妥善地分配了举证责任,保证该规则能够顺利的实现。原告负责证明代表权表象的存在、法律行为的存在,而对被告的可归责性及自己的善意且无过失不承担举证责任,而被告恰恰重点在于主张自己无可归责性和原告存在过失。在对这两个问题的证明中,经验法则及事实的推定具有重要价值,法官恰恰是利用这些方法来最终认定事实。法官根据张朝林在被免职后仍然持有公司印章的行为,认定了公司"未采取有效措施将公章收回",且由于被告也未能证明在变更法定代表人后及时采取措施告知相对人,因而存在可归责性,而没有将被告所主张的张朝林拒绝交出印章的行为作为被告无可归责性的有效抗辩,可以说法官的这一认定是很准确的。在一定事实基础上推定可归责性的存在,而在真实权利人不能提供有效的证据对之为抗辩时就认定可归责性的存在,是可归责性举证的基本手段。本案中对原告的信赖双方似乎并无争议,争执点在于原告是否存在过失,对此原告并不负举证责任,而是由被告对原告存在过失承担举证责任,这已经属于举证责任的直接转换,而非简单的事实推定。法官对被告的主张做出了法律上的认定,认为原告并不存在过失。赞同这一结论。

---

① 本文认为,即使被告所主张的事实被证明,原告也不存在过失。被告认为原告未能认真审查签约人资格,导致签约人用虚假的营业执照签订合同,因此存在过失。首先,原告在认定印章为真且张朝林先前一贯为被告的法定代表人的基础上,没有进一步验证签约人身份的必要;否则,则构成对原告要求的过苛,原告已经尽到了一个谨慎交易人的义务。此外,签约人所提供的营业执照是否真实,对合同的签订并无影响,合同有效的关键因素是主体及意思表示因素,在原告已经知悉被告情况的前提下,营业执照交付与否没有意义。

## 小 结

本章是对权利表象规则适用中举证责任分配问题的研究。

举证责任是指在诉讼中当待证事实存否不明时,由当事人一方承担败诉判决的不利后果。举证责任的分配意味着究竟应当由哪方当事人承担举证责任。在法学发展的历史长河中,有过许多关于举证责任分配的经典学说,这些学说从不同的方面、不同的角度推进了举证责任分配理论的完善。典型者有待证事实分类说、法律要件分类说、规范说等等。

举证责任的分配不是一个纯粹的诉讼程序问题,它关涉法规则所追求的正义目的的实现,也关涉当事人之间的利益平衡。就权利表象规则而言,举证责任的分配实质性地影响其所追求的目的——保护人们的合理信赖及交易安全——的实现,特别是涉及到善意第三人与真实权利人之间的利益平衡与风险分配,可以说举证责任的分配是权利表象规则不可分割的构成部分。

在权利表象规则的适用案件当中,双方当事人争辩的实质性焦点都是围绕着权利表象规则的构成要件进行的,析言之,双方争论围绕以下核心问题进行:是否存在权利表象、真实权利人对权利表象的形成是否具有可归责性、第三人是否为善意且具有合理性、是否存在适格的法律行为,因此举证责任的分配也就紧紧围绕这几方面进行。具体而言,关于前两项事实的举证责任,应当由第三人承担,而关于第三人善意且具有合理性的事实,原则上由法律予以推定,而由主张相反事实者承担举证责任。这一方面出于对生活一般经验的肯定,另一方面也是由举证责任分配中关于消极事实举证的一般规则所决定的。关于存在适格法律行为的举证,应当由第三人负责,这一点并不存在争议。

# 结　　语

　　权利表象规则的法律构造，体现了将表见权利视为真实的正当性依据。其效果典型地体现了保护交易安全之本旨，由于善意第三人能够得其所欲，因此系属最为强烈的保护，可归责性与信赖合理性从两个方面支撑了这一结果，而且是从不同的当事人立论。不仅如此，这二者也体现了信赖保护向私法自治的回归，可归责性是从真实权利人的角度贯彻了过失责任的基本原则，而信赖合理性则从第三人的角度宣示了只要尽到交易上的必要注意，就能实现自己的典型交易目的，从而实现自主。同时这二者的比较权衡也确定了是否遵从权利表象规则的界限。尽管这一点终究是模糊的，但毕竟能够找到大致标准。这一问题的解决，仰赖于弹性化的技术手段。

　　权利表象规则的司法实现，取决于其自身的举证责任分配原则，完全可以根据举证责任分配的原则及其例外对有关权利表象规则的诉讼中当事人所争辩的焦点事实进行举证责任配置，从而保障这一规则功能的实现。

　　权利表象规则具有重大私法价值。它不仅保护交易安全，提高交易效率，而且具有强大社会功能。同时，这一规则建立在坚实的理论基础之上，有着丰富的理论渊源及理论深度。

　　因此，结论是，权利表象规则是一一般性的法规则，其所指向的问题是权利表象，换言之，该规则专为解决权利表象问题而生，尽管是作为一般原则的例外，但由于其具有协调信赖保护与私法自治的强大功能，是保护交易安全最为重要的制度，因此是解决权利表象问题且能够兼顾其它价值的理想方式。因此在具体制度之外，建构这一一般化的规则，具有重大实益。权利表象规则离不开具体制度，但其自身又并非单个具体制度，它毋宁是一个抽象化的规则而具有原则性。

尽管在理论上建构出能涵盖各项具体制度的统一规则具有相当的难度，也许并不存在一个普适的法律规则能够适用于各个案件，就立法层面而言，也不会存在一个单独于具体制度的一般性权利表象规则，至多可能在总则部分有关于这一规则的原则性规定。但总是能够抽象出一个相对具体化的规则，其具有大致确定的法律构造及相应的制度框架。这样一个规则的价值在于弥补具体法律制度的漏洞，同时为具体制度的实施提供借鉴与参考，因此这样的建构并非没有意义。

面对这一一般化的规则，将其具体化以及完善我国的具体制度，是下一步应当进行的工作。同时在司法实践中，应当遵循或借鉴该规则的相关规定。

# 主要参考文献

**著作类**

1. [德]卡尔·拉伦茨:《德国民法通论》,王晓晔等译,法律出版社 2003 年版。
2. 王泽鉴:《民法物权 2:用益物权·占有》,中国政法大学出版社 2001 年版。
3. 叶金强:《公信力的法律构造》,北京大学出版社 2004 年 8 月版。
4. [日]我妻荣:《日本物权法》,有泉亨修订,李宜芬律师校订,五南图书出版公司印行 1999 年版。
5. 王泽鉴:《民法学说与判例研究》(第 1—8 册),中国政法大学出版社 1997 年版。
6. 张俊浩主编:《民法学原理》(上册),中国政法大学出版社 2000 年版。
7. 林纪东、郑玉波、蔡墩铭、古登美:《新编六法(参考法令判解)全书》,台湾五南图书出版公司 1986 年版。
8. [德]迪特尔·梅迪库斯:《德国民法总论》,邵建东译,法律出版社 2001 年版。
9. [日]山本敬三:《民法讲义 1:总则》,解亘译,北京大学出版社 2004 年版。
10. 黄立:《民法总则》,中国政法大学出版社 2002 年版。
11. [法]雅克·盖斯丹、吉勒·古博:《法国民法总论》,陈鹏、张丽娟等译,谢汉琪审校,法律出版社 2004 年版。
12. 孙宪忠:《德国当代物权法》,法律出版社 1997 年版。
13. 王轶:《物权变动论》,中国人民大学出版社 2001 年版。
14. 梁慧星主编:《中国物权法草案建议稿:条文、说明、理由与参考立法例》,社会科学文献出版社 2000 年版。
15. 陈华彬:《物权法原理》,国家行政学院出版社 1998 年版。
16. 刘德宽:《民法诸问题与新展望》,中国政法大学出版社 2002 年版。
17. 谢怀栻:《票据法概论》,法律出版社 1990 年版。

18. 施文森:《票据法新论》,台湾三民书局1997年版。
19. [英]A.G.盖斯特:《英国合同法与案例》,张文镇等译,中国大百科全书出版社1998年版。
20. 林诚二:《民法债编总论——体系化解说》,中国人民大学出版社2003年版。
21. 王泽鉴:《债法原理》(第一册),中国政法大学出版社2001年版。
22. 谢在全:《民法物权论》(上),中国政法大学出版社1999年版。
23. [德]哈贝马斯:《在事实与规范之间——关于法律和民主法治国的商谈理论》,童世骏译,生活·读书·新知三联书店2003年版。
24. [德]阿图尔·考夫曼、温弗里德·哈斯默尔主编:《当代法哲学和法律理论导论》,郑永流译,法律出版社2002年版。
25. [美]罗纳德·德沃金:《认真对待权利》,信春鹰、吴玉章译,中国大百科全书出版社1998年版。
26. [英]弗里德里希·冯·哈耶克:《自由秩序原理》(上册),邓正来译,生活·读书·新知三联书店1997年版。
27. [德]卡尔·拉伦茨:《法学方法论》,陈爱娥译,商务印书馆2003年版。
28. 叶金强:《信赖原理的司法构造》,清华大学2005届博士学位论文。
29. 梅仲协:《民法要义》,中国政法大学出版社1998年版。
30. 肖厚国:《所有权的兴起与衰落》,山东人民出版社2003年版。
31. 郑玉波:《民法总则》,中国政法大学出版社2003年版。
32. 史尚宽:《民法总论》,中国政法大学出版社2000年版。
33. 高金松:《空白票据新论》,五南图书出版公司1987年版。
34. 全先银:《外观主义研究——以商法为中心》,中国社会科学院法学研究所2002届博士论文。
35. 丁南:《民法外观主义的法理学研究》,2003年吉林大学博士论文。
36. 王泽鉴:《民法物权1:通则·所有权》,中国政法大学出版社2001年版。
37. 史尚宽:《物权法论》,中国政法大学出版社2000年版。
38. 《德国民法典》,杜景林、卢谌译,中国政法大学出版社1999年版。
39. 林诚二:《民法理论与问题研究》,中国政法大学出版社2000年版。
40. 黄茂荣:《法学方法与现代民法》,中国政法大学出版社2001年版。
41. 中国社会科学院语言研究所辞典编辑室编:《现代汉语辞典》,商务印书馆1982年版。
42. 曾世雄:《民法总则之现在与未来》,中国政法大学出版社2001年版。

43. 《法学词典》编辑委员会:《法学词典》(增订版),上海辞书出版社 1984 年版。

44. 曾世雄:《损害赔偿法原理》,中国政法大学出版社 2001 年版。

45. [日]棚濑孝雄:《纠纷的解决与审判制度》,中国政法大学出版社 1994 年版。

46. 马骏驹、余延满:《民法原论》(上),法律出版社 1998 年版。

47. [德]克雷斯蒂安·冯·巴尔:《欧洲比较侵权行为法》(下卷),焦美华译,张新宝审校,法律出版社 2004 年版。

48. [德]曼弗雷德·沃尔夫:《物权法》,吴越、李大雪译,法律出版社 2002 年版。

49. 王泽鉴:《民法总则》,中国政法大学出版社 2001 年版。

50. 何美欢:《香港代理法》(上、下册),北京大学出版社 1996 年版。

51. 王茵:《不动产物权变动和交易安全》,商务印书馆 2004 年版。

52. 尹田:《法国物权法》,法律出版社 1998 年版。

53. 田士永:《物权行为理论研究》,中国政法大学出版社 2002 年版。

54. 黄茂荣:《买卖法》,中国政法大学出版社 2002 年版。

55. 崔建远:《准物权研究》,法律出版社 2003 年版。

56. 孙宪忠:《中国物权法总论》,法律出版社 2003 年版。

57. 邱聪智:《新订民法债编通则》(上、下册),中国人民大学出版社 2003 年版。

58. 梁慧星:《民法总论》,法律出版社 2001 年版。

59. [英]亚当·斯密:《国民财富的性质和原因的研究》(下册),郭大力、王亚南译,商务印书馆 1979 年版。

60. [英]彼得·斯坦、约翰·香德:《西方社会的法律价值》,王献平译,中国法制出版社 2004 年版。

61. 郑玉波:《民法债编总论》,中国政法大学出版社 2004 年版。

62. 崔建远主编:《合同法》,法律出版社 2002 年版。

63. 易军、宁红丽:《合同法分则制度研究》,人民法院出版社 2002 年版。

64. 佟柔主编:《中国民法》,法律出版社 1990 年版。

65. 黄立:《民法总则》,中国政法大学出版社 2002 年版。

66. [德]鲍尔、施蒂尔纳:《德国物权法》(上册),张双根译,法律出版社 2004 年版。

67. 黄立主编:《民法债编各论》,中国政法大学出版社 2003 年版。

68. [德]康德:《法的形而上学原理——权利的科学》,沈叔平译,商务印书馆 2005 年版。

69. [美]弗兰西斯·福山:《信任——社会道德与繁荣的创造》,李宛蓉译,远方出版社 1998 年版。

70. [英]安东尼·吉登斯:《现代性的后果》,田禾译,黄平校,译林出版社 2002 年版。

71. 郑也夫:《信任论》,中国广播电视出版社 2001 年版。

71. [德]亚图·考夫曼:《类推与"事物的本质"——兼论类型理论》,吴从周译,学林文化事业有限公司 1999 年版。

72. 叶自强:《民事证据研究》,法律出版社 1996 年版。

73. [德]莱奥·罗森贝克:《证明责任论》,庄敬华译,中国法制出版社 2002 年版。

74. 陈荣宗:《举证责任分配与民事程序法》(第二册),三民书局有限公司 1984 年版。

75. 骆永家:《民事举证责任论》,台湾商务印书馆发行 1981 年版。

76. [日]谷口安平:《程序的正义与诉讼》,王亚新、刘荣军译,中国政法大学出版社 1996 年版。

77. 柴发邦主编:《民事诉讼法学》(修订本),北京大学出版社 1998 年版。

78. 杨与龄:《民法概要》,中国政法大学出版社 2002 年版。

79. [日]大村敦志:《民法总论》,江溯、张立艳译,王轶校订,北京大学出版社 2004 年版。

80. 孙宪忠:《论物权法》,法律出版社 2001 年版。

81. 陈聪富:《侵权归责原则与损害赔偿》,北京大学出版社 2005 年版。

82. 王利明:《侵权行为法归责原则研究》,中国政法大学出版社 1996 年版。

83. 王卫国:《过错责任原则:第三次勃兴》,中国法制出版社 2000 年版。

84. [美]约翰·亨利·梅利曼:《大陆法系》,顾培东、禄正平译,法律出版社 2004 年版。

85. [罗马]查士丁尼:《法学总论——法学阶梯》,张企泰译,商务印书馆 1989 年版。

86. [意]彼德罗·彭梵得:《罗马法教科书》,黄风译,中国政法大学出版社 1992 年版。

87. [日]北川善太郎:《日本民法体系》,李毅多、仇京春译,科学出版社 1995 年版。

88.［美］艾伦·沃森:《民法法系的演变及形成》,李静冰、姚新华译,中国政法大学出版社1992年版。

89.［日］川岛武宜:《现代化与法》,申政武、渠涛、李旺、王志安译,中国政法大学出版社2004年版。

90.［德］卡尔·恩吉施:《法律思维导论》,郑永流译,法律出版社2004年版。

91.［德］加达默尔:《哲学解释学》,夏镇平、宋建平译,上海译文出版社1994年版。

92.［德］加达默尔:《真理与方法》,洪汉鼎译,上海译文出版社1999年版。

93.江怡主编:《走向新世纪的西方哲学》,中国社会科学出版社1998年版。

94.［英］韦恩·莫里森:《法理学:从古希腊到后现代》,李桂林等译,武汉大学出版社2003年版。

95.颜厥安:《法与实践理性》,中国政法大学出版社2003年版。

96.［美］埃克伦德、赫伯特:《经济理论和方法史》,杨玉生等译,中国人民大学出版社2001年版。

97.［德］柯武刚、史漫飞:《制度经济学:社会秩序与公共政策》,韩朝华译,商务印书馆2002年版。

98.［瑞］拉斯·沃因、汉斯·韦坎德编:《契约经济学》,李风圣等译,经济科学出版社1999年版。

99.［美］马克·波斯特:《信息方式——后结构主义与社会语境》,范静哗译,周宪校,商务印书馆2001年版。

100.［英］马克斯·H.布瓦索:《信息空间——认识组织、制度、文化的一种框架》,王寅通译,上海译文出版社2000年版。

101.张维迎:《信息、信任与法律》,生活·读书·新知三联书店2003年版。

102.［美］拜尔、格特纳、皮克:《法律的博弈分析》,严旭阳译,法律出版社1999年版。

103.［美］罗伯特·考特、托马斯·尤伦:《法与经济学》,张军等译,上海三联书店、上海人民出版社1994年版。

104.［美］理查德·A.波斯纳:《法律的经济分析》,蒋兆康译,林毅夫校,中国大百科全书出版社1997年版。

105.［英］巴里·尼古拉斯:《罗马法概论》,黄风译,法律出版社2000年版。

106. Elizabeth Cooke, *The Modern Law of Estoppel*, Oxford University Press, 2000.

107. *Black's Law Dictionary* (fifth edition), west publishing co. 1979.

108. George P. Fletcher, *The Fault of Not Knowing*, 3 Theoretical Inq. L. (2002).

109. Warren F. Schwartz, *Objective and Subjective Standards of Negligence: Defining the Reasonable Person to Induce Optimal Care and Optimal Populations of Injurers and Victims*, 78 Geo. L. J. (1989).

110. Banks McDowell, *Foreseeability in Contract and Tort: The Problems of Responsibility and Remoteness*, 36 Case W. Res. (1985/1986).

111. B. S. Markesinis & S. F. Deakin, *Tort Law*, Clrendon Press. Oxford, 4th. ed. 1999.

112. Oliver Wendell Holmes, *The Common Law*, in Robert L. Rabin, ed. *Perspectives on Tort Law*, Little, Brown and Company, 4th. ed. 1995.

113. *Rama Corp Ltd. V Proved Tin & General Investments Ltd.* [1952] 2 QB.

114. P. S. Atiyah, *Essays on Contract*, Oxford University Press, 1986.

115. Melvin A. Eisenberg, *The Theory of Contracts*, in Peter Benson, ed. *The Theory of Contract Law*, Cambridge University Press, 2001.

## 论文类

1. 吴国喆:《物权登记制度一般研究》,载江平、杨振山主编:《民商法律评论》(第一卷),中国方正出版社2004年版。

2. 田土城:《民法之外观理论初探》,《中国法学》2002年增刊。

3. 陈荣宗:《举证责任之分配》,载于1977年6月及1978年6月《法学论丛》第6卷第2期及第7卷第2期。

4. 吴国喆:《建构我国物权登记的效力体系》,《西北师大学报》(哲学社会科学版)1999年第5期。

5. 易军:《个体主义方法论与私法》,《法学研究》2006年第1期。

6. [日]加贺山茂:《日本物权法中的对抗问题》,于敏译,《外国法译评》2000年第2期。

7. 吴国喆:《善意取得制度的缺陷及其补正:无权处分人与善意受让人间法律关系之协调》,《法学研究》2005年第4期。

8. [德]罗伯特·阿列克希:《权利、法律推理与理性言说》,季涛译,《浙江大学法律评论》2003年卷,中国社会科学出版社2004年版。

9. 史尚宽:《德国土地登记之公信力》,《法学杂志》第 2 卷第 1 期,1951 年 1 月。

10. 张卫平:《证明责任:世纪之猜想》,载[德]莱奥·罗森贝克:《证明责任论》,庄敬华译,中国法制出版社 2002 年版。

11. 陈聪富:《环境污染责任之违法性判断》,《中国法学》2006 年第 5 期。

12. 王泽鉴:《信赖利益之损害赔偿》,载《民法学说与判例研究》(第五册),中国政法大学出版社 1998 年版。

13. 张嘉尹:《法律原则、法律体系与法概念论》,《辅仁法学》第 24 期。

14. [韩]李井杓:《韩国商法上的表见责任制度之研究》,载王保树主编:《商事法论集》(第 3 卷),法律出版社 1999 年版。

15. 丁南:《论公信力与交易主体的善意——从民法信赖保护角度的阐释》,《社会科学战线》2004 年第 2 期。

16. 邱聪智:《庞德民事归责理论之评介》,载氏著:《民法研究》(一),中国人民大学出版社 2002 年版。

17. 邱聪智:《危险责任与民法修正——以归责原理的检讨为中心》,载氏著:《民法研究》(一),中国人民大学出版社 2002 年版。

18. 陈自强:《民法第 948 条动产善意取得之检讨》,载苏永钦主编:《民法物权争议问题研究》,清华大学出版社 2004 年版。

19. 弗兰克·费拉利:《从抽象原则与合意原则到交付原则——论动产物权法律协调之可能性》,田士永译,《比较法研究》2001 年第 3 期。

20. 王泽鉴:《出卖他人之物与无权处分》、《再论"出卖他人之物与无权处分"》、《二重买卖》,载《民法学说与判例研究》(第四册),中国政法大学出版社 1997 年版。

21. 崔建远:《无权处分辨——合同法第 51 条规定的解释与适用》,《法学研究》2003 年第 1 期。

22. 梁慧星:《如何理解合同法第 51 条》,《人民法院报》2000 年 1 月 8 日。

23. 葛云松:《论无权处分》,载梁慧星主编:《民商法论丛》第 21 卷,金桥文化出版公司 2001 年版。

24. 史尚宽:《论动产的善意取得》,载郑玉波主编:《民法物权论文选集》(上),台湾五南图书出版公司 1984 年版。

25. 张谷:《略论合同行为的效力——兼评〈合同法〉第三章》,《中外法学》2000 年第 2 期。

26. 王泽鉴:《无权处分与不当得利》,载《民法学说与判例研究》(第二册),中国政法大学出版社 1998 年版。

27. 孙鹏:《民法上信赖保护制度及其法的构成——在静的安全与交易安全之间》,《西南民族大学学报》(人文社科版)2005 年第 7 期。

28. 彭泗清:《诚信的根基是什么》,《博览群书》2002 年第 5 期。

29. 丁南:《信赖保护与法律行为的强制有效——兼论信赖利益赔偿与权利表见责任之比较》,《现代法学》2004 年第 1 期。

30. 叶金强:《私法效果的弹性化机制——以不合意、错误与合同解释为例》,《法学研究》2006 年第 1 期。

31. [日]山本敬三:《民法中的动态系统论》,解亘译,载梁慧星主编:《民商法论丛》第 23 卷,金桥文化出版有限公司 2002 年版。

32. [德]卡尔·拉伦茨:《德国法上损害赔偿之归责原则》,王泽鉴译,载《民法学说与判例研究》(第 5 册),中国政法大学出版社 1998 年版。

33. Robertson, Andrew, *Reliance, Conscience and the new Equitable Estoppel*, Melbourne University Law Review v. 24 no1 (Apr. 2000).

34. Sidney W. Delong, *The New Requirement of Enforcement Reliance in Commercial Promissory Estoppel*, Wis. L. Rew. 943, 971. (1997).

35. Bailey H. Kuklin, *The Justification for Protecting Reasonable Expectations*, 29 Hofstra L. Rev. 863, 867. (2001).

36. Larry A. Dimatteo, *The Counterpoise of Contracts : The Reasonable Person Standard and the Subjectivity of Judgment*, 48 S. C. Rev. 293, (1997).

37. Henry T. Tery, *Negligence*, 29, Harv. L. Rev. 40(1915), in Lawrence C. Levine, Julie A. Davies、Edward J. Kink, eds. *A Torts Anthology*, Anderson Publishing Co. 1993.

38. L. L. Fuller; William R. Perdue, Jr. *The Reliance Interest in Contract Damages*: 1. The Yale Law Journal, Vol. 46, NO. 1(Nov. 1936).

# 后　　记

书稿终告修改完竣，然先前所设想的兴奋并未如期而至，相反内心却是沉甸甸的，间或夹杂着一丝失落。我想在严肃枯燥的学术表达之外再说点别的，为了记忆，为了感恩，也为了尽到说明之责。

本书稿是在我的博士论文基础上修改而成的，既如此，就必须说明文章的缘起，记录在写作过程中让我感动的点点滴滴。

当我在硕士毕业五年之后，第二次进入中国政法大学攻读博士学位之日起，我就为将来毕业论文的选题困惑着，这种困惑来源于知识人的天性，也来自于自己思维的固化——曾经自鸣得意的传统大陆民法的思维模式，特别是以抽象思维、理论建构为基本特征的研究方法。回想当年当我从地处边远、消息闭塞的西北边陲来到中国法学研究的重镇攻读硕士学位时，我惊讶于图书馆藏书的丰富，特别是当我捧起王泽鉴先生的"天龙八部"时，我才发现竟然有如此美妙的法学著作，也就是从那时开始，我深深喜欢上了台湾的民法学著作，对此竟有一种相见恨晚、久旱甘霖的韵味。由于这些书当时还未在大陆正式出版，而图书馆收藏的原版又非常有限，不得已竟也在图书馆偷偷藏书以便改天再读。那是一段辛苦而快乐的日子，就是在此期间，我基本上读完了图书馆可以见到的台湾民法著作。我叹服于其著者推理之缜密、思维之精细，我开始体悟民法的博大精深。在此之后，又见到了中译本的德国、法国及日本的民法著作，正是在这些著作的熏陶下，我的思维也习惯了大陆法的传统，喜欢构建和逻辑推演。

可是这一思维方式却具有自身的缺陷,特别是面对英美法解决具体问题的传统以及相对务实的做法时,就会产生一种系统的排异反应。经常会遭受的一个质疑是,所研究者究竟属于一个真实的法律问题,抑或仅仅属于一种思维的游戏?我的导师方流芳先生熟谙于英美法的研究传统,在他面前我惶恐、不安,我觉得自己的知识系统与他格格不入,于是我逼迫自己进行思维转型,我想自己的选题一定要符合老师的兴趣,于是我绞尽脑汁,茫然地在证券法、公司法等老师熟悉的领域寻找话题,我曾经想过诸如"商品房买卖中的利益冲突与法律协调"、"国企破产中的利益诉求"、"名誉侵权的历史演进与扩展"、"证券市场二元分治之弊端及其克服"等问题,每一次我都搜集了大量的资料,并拟出了写作大纲,当我给老师汇报我的思路时,方老师总会指出,从研究提纲看,基础知识准备不足,创新点不够,问题的研究不够深入。尽管老师并不反对继续研究,但我自己就退却了,因为我很清楚自己除了重复别人已有的表述之外,我并不能为增长他人的知识贡献些什么。

方老师最终知道了我的困境,他给我提出了论文选题的三大原则,瞬间使我有醍醐灌顶之感,录此存照:第一,选择自己熟悉的领域与问题,在自己已经掌握相关背景与研究前沿的前提下,觉得自己有话要说的情形下选定;第二,选择研究中国的问题,这是中国学者的优势所在;第三,要研究真实的法律问题,而不能针对一个虚构的话题。这确实是一个大师级的点拨,至此,我开始思考我的优势所在,开始真正以自己为基础展开思考。

一直以来,我的兴趣点及研究的重心都在物权变动及其公示,无论是当年的硕士论文还是现在的研究都围绕这个问题进行,于是我又回到这一领域。苦苦思索之际,我的同窗同室好友叶金强给予我诸多的建议,帮我分析有关的研究现状与存在的问题——我佩服金强兄的学识与人品,他给予我的帮助绝不限于此——当时讨论的范围局限于表见代理，因为这方面的研究较少且深度不够，我将其做了扩展，将善意取得也包含其中，试图寻找对权利表象这一现象进行私法处置的统一规则。我时常感叹思维惯性的强大力量，它往往在人陷于困境时挺身而出，我在偏离轨道探索新路而终告无果之后又回到了起点，可能这也属于螺旋式上升吧。之后我将自己的想法告知我的恩师张俊浩先生，他认为这是一个值得研究的问题，并给我很多的建议。当我怀着忐忑不安的心情面见方老师听取他对我选题的意见时，没想到他竟给予了充分的肯定，他当时的评论至今记忆犹新：这一研究折射出这样一个困惑法学家多年的难题：法律究竟应当托起怎样的信赖？在法律的视野中，究竟哪些事实必须得到确证，而那些事实却无需探寻实质真实而仅以其外在形式为依托进行法律处理？此外，当事人在诉讼中的争辩焦点及其举证责任配置具有重大意义。显然，方老师是提升了我论文的学术层次，并对进一步研究点明了重点。我暗自嘲笑自己，老师怎么可能因为自己的兴趣而决定学生的选题呢？

难以忘记在开题报告会上几位专家所提的意见，我必须在此记下他们的名字，因为是他们的智慧给了我启迪。他们是江平教授、方流芳教授、王卫国教授——我常常感恩上苍，今生能够得到这些名师的指点，真乃幸事！江老师以其一贯的宽容鼓励后学，方老师进一步深化问题，提出了为何抽象化及这一规则与具体制度的关系等问题。

论文的写作是艰辛而痛苦的，那是对自己的一种直接拷问，伴随着对自己无力超越前学的自责和懊恼，原本以一颗朝圣的心情上路，猛回头却发现走过的依然是一条世俗之路。当然也有过短暂的快乐体验，既有思维游戏与表达自己的快乐，也有对某一问题有所发现时的欣喜。记得在写作过程中遭遇难题时不止一次地逃避，有时甚至好几天都不敢打开电脑，如果没有妻子的催促与激励，我真担心自己会半途而废。整整花了十个月的时间，与孕育一个小生命的周期相同，我终于完成了论文初稿。

这之后,我第一时间将初稿给了张老师、方老师和孙宪忠老师,他们很快给了修改意见。我清晰记得张老师所提的问题:权利表象规则的体系归属如何?私法规范的生活选择性决定了其无意志属性,故规则本身是否有其价值及目的?另两位老师也给了极其具体的意见。在此我又不得不提到金强兄,他在忙于办理出国事务及装修房屋的间隙阅读我的论文并提出了许多建设性的修改意见。

特别感谢答辩委员的质疑。应当铭记这个日子,2006年5月15日,由中国社科院陈甦教授、清华大学施天涛教授、中国政法大学王卫国教授、李永军教授和费安玲教授组成的答辩委员会正式对我的论文进行实质审查,各位教授从不同的视角对其进行了评析和质疑,我乐意接受这样的审查,因为对我来说,这份文稿是稚嫩的,外在的营养一定会使其趋于成熟。特别感谢陈甦教授的提问,对此我已在正文中做了回应,另外,李永军教授所提的关于权利表象规则与物权行为的关系问题也颇具启发。欣慰的是,我的论文最终全票通过,这不仅意味着我将获得自己孜孜以求的博士学位,同时也意味着我的论文通过了专家的审查!

之后方老师又提出了很多意见,督促我进行更深入的研究,他一直认为,如果研究到位,这样的选题是可以做出有价值的成果的。我愿在此与大家分享方老师对我的论文的评价[①]:

该生的博士论文"权利表象及其私法处置规则",是以善意取得、表见代理为主要分析对象,抽象出权利内涵与权利表现形式相关性的命题,构建法律解释学的理论。在论述过程中,归纳、演绎方法得到较好的运用。论文是在继续探究一个长期困扰法学家的问题:在某些情况

---

[①] 摘自学位论文指导教师推荐意见。

下，法律的天平为什么不是倾向于所谓"真实权利人"，而是倾向于那位和真实权利人存在利益对立的善意相对人？法律如此取舍，其正当性何在？这确实是值得进行学术研究的一般性问题。

论文的结构保持了形式逻辑的高度一致：交易安全是权利表象规则背后的价值判断，因此，无论作为诉愿或抗辩，权利表象规则只适用于交易关系中发生的权利内涵与表现形式不一致的情形，因此，权利表象规则须有相对人对交易的合理信赖，须有交易行为，须有真实权利人自身的疏忽或过失。

这之后便是枯燥的修改与完善，这不比当初撰写初稿轻松多少，这期间我又查阅大量资料，向有关专家求教，几经周折，方成此状。

最后不能不提商务印书馆的王兰萍博士，是她发现了文稿中的许多细节性问题，正是她的细腻和耐心使我的文稿增色不少。

这是一个流水账式的记忆，虽然是单调了一些，但脑海中这些印记是如此强烈以致使我不得不一吐为快。我得对我提到的各位表示感谢，是他们给了我智慧、信心和扶持，此时此刻，我能够深刻感受到语言表达的苍白无力，它远不能满足我内心感恩的需要。言说感谢是轻飘的，我唯有不懈的努力才能回报他们。

我还得对与我一起攻读博士学位的各位表达并非属于程式的谢意，是他们陪伴我度过那紧张而有趣的三年时光。蓟门校园是绿色而宁静的，虽然空间狭小，甚至有些破烂，但每每想起的时候，心中总会泛起温馨，那不是诗人的多情，而是因为有一帮才华横溢、帅气靓丽的学兄学妹们曾经与我一起欢笑、一起紧张，有多少美好的画面永远在记忆中定格。董惠江、来小鹏、郑永宽、韩光明、邓丽、许冰梅、司艳丽、席志国、王国骞、秦国辉、刘锐……相信他们会成为中国法律人中的佼佼者，能与他们同学，是我无上的骄傲。

本书的出版，得到西北师大政法学院重点学科经费的资助，这归功于政法学院的领导们提携后学、促进学术之心境,对他们表示谢意是必须的。我所在的法律系同仁能够齐心协力,在这样一个充满温情的小集体中工作,让人感到惬意与自在,我乐意享受这里的和谐。

得感谢母亲。天底下最无私之爱莫过于母爱,虽无太多的语言,但我能感受到母亲的那份关心、期盼。快一年了,母亲跟我们生活,与妻子一起料理着家务,这正是我改写论文最繁忙的一段时间。母亲已经老了,为了支撑贫寒的家庭和养育我们姊妹五人,经历了太多的辛酸与劳苦,我愿她的有生之年能够健康、快乐,愿主能赐她幸福!

妻子陶彦玲女士是我著作的第一读者,虽然未必能够读懂,但她却常常提出令"法律人"吃惊的法律问题。她的督促是我勤耕不辍的强大动力。我很幸运,有这样一位知心爱人陪伴在左右,我也在此为她祈福。

我的硕士生李爱萍、李虹、李星、唐湘珍担任校雠之劳,特别是李爱萍,是她发现了文稿中的许多表达疏漏,特此感谢。

在边远的西北进行学术探索是孤独的,无法得到一流的图书资料和学术资源,但好在网络已经将这个世界浓缩,我们可以几乎同时分享大师的思维成果,也可以方便地与之外的世界联系。这里的气氛是宁静的,远离竞争的激烈与喧嚣,可以使人有闲暇静静地坐在书桌前畅想,我乐意在这个美丽的校园里阅读、思考,与我的学生分享自己的快乐。既然自己已选择了一个读书人的生活方式,我便不能有一丝的懈怠,我愿继续在这条路上跋涉,并将此书作为一个新的起点。

吴 国 喆

2007年6月20日于西北师大

2